永州市地方志丛书

永州市司法行政志

永州市司法行政志编纂委员会　编

方志出版社
Publishing House of Local Records

图书在版编目（CIP）数据

永州市司法行政志/永州市司法行政志编纂委员会编.—北京：方志出版社，2020.3
ISBN 978-7-5144-4138-3

Ⅰ.①永… Ⅱ.①永… Ⅲ.①司法机关—行政管理—工作概况—永州—1980-2015 Ⅳ.①D927.643.61

中国版本图书馆CIP数据核字（2020）第046822号

永州市司法行政志

编　　者：永州市司法行政志编纂委员会
责任编辑：王海荣

出 版 者：方志出版社
地址　北京市朝阳区潘家园东里9号（国家方志馆4层）
邮编　100021
网址　http：//www.fzph.org
发　　行：方志出版社图书经销中心
电话（010）67110500
经　　销：各地新华书店
印　　刷：衡阳顺地印务有限公司

开　　本：889×1194　1/16
印　　张：24.75
字　　数：494千
版　　次：2020年3月第1版　2020年3月第1次印刷
印　　数：0001～1000册

ISBN 978-7-5144-4138-3　定价：300.00元

《永州市司法行政志》
编纂委员会

《永州市司法行政志》
编辑部

承修单位编纂主笔

（排名不分先后）

祝世兴	傅治安	姜　华	冯岳东	荣　剑	龙　娴	黄立军
陈文明	何光彩	罗春花	邓仕斌	黄雅萍	罗盼生	贺　明
唐　平	彭　华	贺玉春	秦春元	邓忠宝	黄高峰	周林海
王爱忠	高　纯	蒋颖华	熊华富	奉玉兰	黄　红	义建强
邱华明	奉飞月	郑国华	彭平胜	雷柏生	乐朝勇	陈玖彬
李绍兰	何红梅	朱建祥	汪剑锋	刘　伟	何洪琼	谢林利

《永州市司法行政志》审稿人员

初　审　赵常斌

复　审　雷廷玉

《永州市司法行政志》终审人员

蒋政平　　高　波

序

《永州市司法行政志》是永州市第一部司法行政专志。它的编修和出版，是永州市司法行政文化建设上一件有重要意义的大事、喜事。

志寓褒贬，鉴古知今。自古以来就有“治天下者以史为鉴，治郡国者以志为鉴”之说，历朝历代莫不重视修志用志。20 世纪 90 年代，原零陵地区司法局曾组织人员编纂全区司法志，但由于种种原因，未能成书。2016 年，根据市委、市政府的统一部署，市司法局决定重新编修司法行政志，把修志纳入重要议事日程，成立领导小组，组建编纂机构，选聘编修人员，落实修志责任。《永州市司法行政志》自 2016 年 3 月启动，整个修志工作紧张有序进行，经数十人笔耕，寒暑易节，数易其稿，终成 40 余万字之巨著。此志记永州市司法行政历史之沿革，描司法行政行业之特色，述司法行政体制之变化，表司法行政事业之兴衰，陈司法行政理念之演变，是一部永州市司法行政的百科全书，是社会观察了解永州司法行政工作的“窗口”。它为昨天的司法行政创业者树立历史丰碑，为今天的司法行政建设者提供借鉴和科学依据，更为后世司法行政工作者留下一份经世致用的珍贵馆藏。一书在手，可以明行情、观兴废、知得失、识规律，收“资政教化”之功，获继往开来之效，具有重要的现实意义和深远的历史意义。

志载盛世，传承文明。1980—2015 年，正值改革开放纵深发展，经济社会全面进步时期。永州市司法行政机关既是全市各级政府的重要职能部门，也是全市司法体系的有机构成部分，肩负全市法制宣传、依法治理、律师、公证、人民调解、基层和公共法律服务、司法鉴定、监狱劳教、社区矫正、安置帮教、司法考试和强制隔离戒毒等重要职责。经过 36 年的开拓创新，司法行政事业的发展不断掀开新篇章。司法行政机构不断建立健全和完善，不仅健全了市、县（区）两级司法行政机关，而且在乡镇和街道建立了司法所，形成完整的司法行政机构体系；法律服务组织日趋完善，队伍不断发展壮大，综合素质显著提升，服务领域不断拓展，服务质量不断提升；法制宣传深入人心，学法、用法、护法成为人们的自觉行为；依法治理和创建法治永州逐步实现向规范化、制度化、常态化转变，一个以基层依法治理为基础、地方依法治理为依托、行业依法治理为支柱的全市普法依法治理网络初步形成；人民调解、基层法律服务以及公共法律服务为维护社会稳定构筑坚固的“第一道防线”；社区矫正和安置帮教组织机构、机制制度以及场所逐步建立健全，初步形成市、县（区）、乡镇（街道）、村（社区）四级社区矫正、安置帮教工作网络；司法鉴定、强制隔离戒毒等各项事业均有长足发展。

《永州市司法行政志》付印出版，是全市司法行政工作的实事、盛事。我谨代表市司法局，对市司法局历任领导重视修志的远见卓识表示钦佩，对全市司法行政部门的老同志、各部门各单位的领导及专家学者对这部志书的关心支持表示感谢，对呕心沥血、伏案笔耕、备极辛苦、默默奉献的编纂人员，一并致以崇高的敬意和诚挚的谢忱。

志寄希望，务当勤勉。“往者不可谏，来者犹可追。”在建设中国特色社会主义新时代之际，回顾历史，我们无愧于时代；正视现实，我们从容应对；展望未来，我们信心百倍，豪情满怀。我们深信在市委、市政府的正确领导下，全市司法行政干警职工以《永州市司法行政志》为鉴，戮力同心，抢抓机遇，开拓进取，奋力拼搏，就一定能够谱写永州市司法行政壮丽新篇章。

永州市司法局党组书记、局长　雷廷玉

2018 年 12 月

凡　例

一、《永州市司法行政志》以马克思列宁主义、毛泽东思想、邓小平理论、“三个代表”重要思想、科学发展观和习近平新时代中国特色社会主义思想为指导，力求用辩证唯物主义和历史唯物主义的立场、观点和方法，坚持实事求是的原则，客观准确记述永州市司法行政事业36年改革、发展的历史和现状。

二、本志记述内容上限起自1980年永州市司法行政机关开始组建时，下限截至2015年年底，个别章节内容有所延伸。记载史料尊重史实，力求体现永州市司法行政各项工作特点，以期发挥资世垂鉴作用。

三、本志记述范围为现行永州市行政区划内的市、县（区）司法行政机关和司法行政工作。行政区划名称据实记录。总体概述1980—2015年情况时称永州市；介绍有具体时间的行政地名时，1980年至1996年4月称零陵地区，1996年5月至2015年称永州市；介绍没有具体时间限定的行政地名时称永州市。

四、志书中提及的法律名称《中华人民共和国＊＊法》，均省略“中华人民共和国”，简称法律本名《＊＊法》，如《中华人民共和国宪法》简称为《宪法》。

五、本志体裁以志为主，述、记、传、录、表、图并用，力求图文并茂，互为辅佐。按照司法行政工作类别，分设司法行政机构、司法行政队伍、法制宣传教育和依法治理、律师、公证、人民调解、基层法律服务、法律援助、司法鉴定、监狱、劳动教养与强制隔离戒毒、安置帮教与社区矫正、法学教育与国家司法考试共13章，另设人物和附录。

六、本志行文规范，严格按《〈永州市志〉编写行文通则》执行，采用横排竖写，按类别横向排列章节，依时序纵向记述历史的发展和变化。

永州市行政区划图

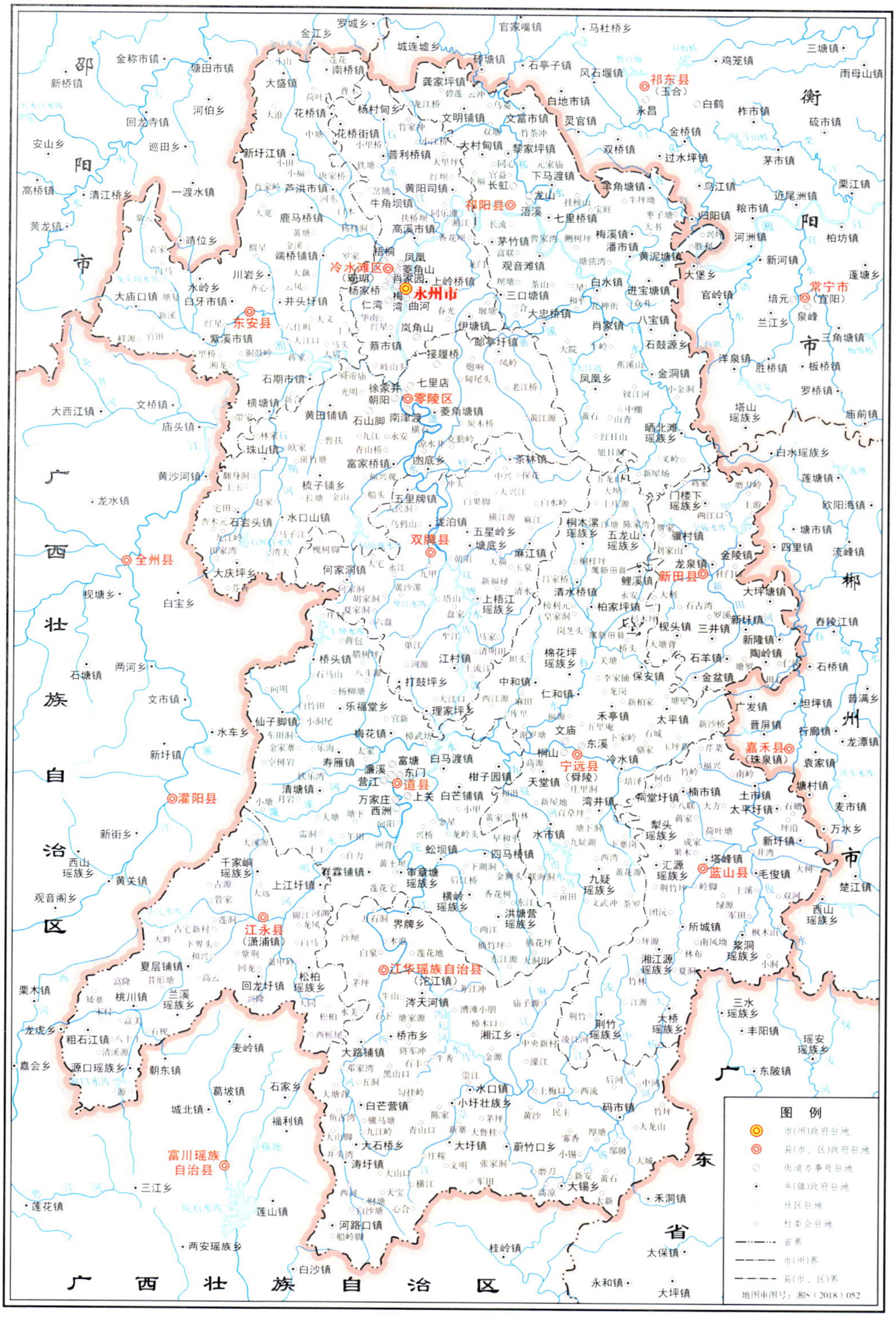

永州市
冷水滩区
零陵区
祁阳县
东安县
双牌县
道县
宁远县
新田县
江永县
江华瑶族自治县
蓝山县
嘉禾县
祁东县
常宁市
全州县
灌阳县
富川瑶族自治县
邵阳市
衡阳市
郴州市
广东省
广西壮族自治区
图例
市(州)政府驻地
县(市、区)政府驻地
街道办事处驻地
乡(镇)政府驻地
社区驻地
村委会驻地
省界
市(州)界
县(市、区)界
地图审图号：湘S（2018）052

领导关怀

①

②

③

④

⑤

① 2006年9月14日，永州市委常委会议研究部署“五五”普法工作（居中为市委书记曾庆炎）

② 2007年3月15日，市委常委、政法委书记蒋善生（前排右二）到永州市劳动教养管理所调研

③ 2012年11月6日，市委副书记、市长魏旋君（左六）到市司法局调研

④ 2011年10月29日，司法部原常务副部长金鉴（左二）在宁远文庙广场调研法制宣传工作

⑤ 2007年6月5日，省司法厅副厅长杨翔（左二）到永州督查专项维稳工作

⑥ 2013年9月4日，省司法厅厅长谈敬纯（左一）到永州调研

⑦ 2014年4月23日，永州市委书记张硕辅（右一）到双牌县尚仁里司法所调研司法行政工作

⑧ 2014年6月17日，副省长盛茂林（左二）到永州市强制隔离戒毒所调研

⑨ 2012年2月7日，省委常委、政法委书记孙建国（前排右四）到零陵区司法局七里店司法所调研（前排右五为永州市委书记张硕辅）

⑥

⑦

⑧

⑨

历史回眸

①

②

③

① 1986—2002年，市司法局办公用房

② 2002年，市司法局办公楼

③ 1981年1月，零陵地区司法局挂牌成立

④ 1995年12月，零陵地区第一次律师代表大会暨律师协会成立大会

⑤ 2009年11月24日，永州市委常委会研究全市开展专项法律服务活动

⑥ 2011年10月20日，“法治永州”创建暨第七次法制宣传教育工作会议召开（主席台居中为市委书记张硕辅）

⑦ 2012年8月16日，永州市委书记张硕辅（主席台居中）主持召开全市推进法治永州建设创建法治先进城市会议

⑧ 2013年12月13日，贺州-永州人民调解工作座谈会

⑨ 1985年3月22日，零陵地区司法行政系统首届先代会代表合影

一次律师代表大会暨律协成立大会
④

⑤

“法治永州”创建暨第七次法制宣传教育工作会议
⑥

永州市推进法治永州建设创建法治先进城市会议
⑦

⑧

⑨

履职尽责

① 2015年10月29日，市司法局党组书记、局长雷廷玉深入精准帮扶对象家中嘘寒问暖

② 2006年12月4日，国家法制宣传日，市司法局在零陵区开展街头普法宣传活动

③ 2006年5月11日，市司法局等9个主办单位和冷水滩区对口单位在冷水滩蔡市镇举行第五届农村法制宣传教育月活动启动仪式

④ 2009年11月25日，湖南省厅级干部学法考试永州考点现场

⑤ 2012年8月4日，市司法局举行首次律师宣誓仪式

⑥ 2012年10月16日，湖南省济人律师事务所主任、市人大代表郑安陵在“市级领导信访接待日”参与接访

⑦ 2012年6月26日，市劳教所“爱心家园 回归之旅”活动现场

⑧ 2008年11月16日，法制讲座走进校园

机关文化

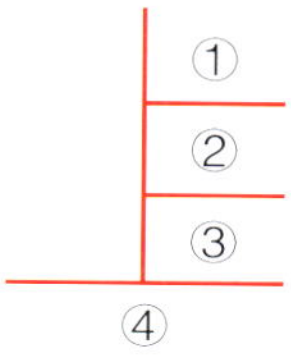

① 2001年6月，市司法局选送大型舞蹈《解放》荣获全省司法行政系统庆祝建党八十周年文艺汇演一等奖

② 2013年10月14日，市司法局举办首届气排球比赛

③ 2014年6月24日，市司法局组织干部职工参加市直机关素质拓展比赛

④ 2011年1月18日，2010永州市政法系统“双十佳”颁奖晚会现场——市司法局选送小品《百姓贴心人》

司法荣光

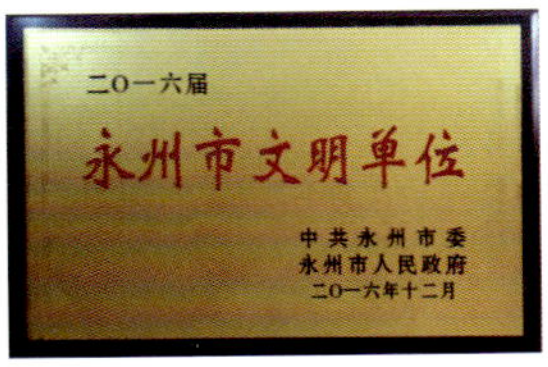
二〇一六届
永州市文明单位
中共永州市委
永州市人民政府
二〇一六年十二月

2012年度永州市社会管理综合治理工作
平安单位
中共永州市委
永州市人民政府
二〇一三年一月

第五届湖南省司法行政系统
先进集体
湖南省人事厅 湖南省司法厅
二〇〇九年二月

2011年度全市社会治安综合治理
先进单位
中共永州市委
永州市人民政府
二〇一一年十二月

2016年度全市社会管理综合治理
先进单位

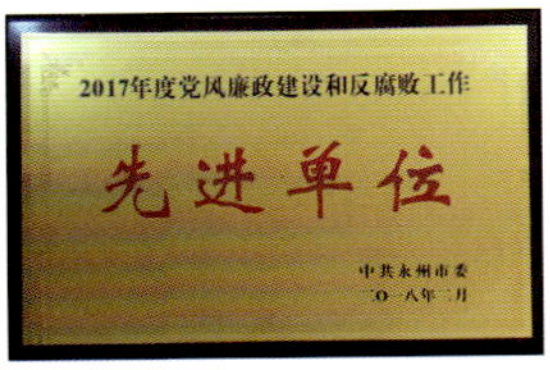
2017年度党风廉政建设和反腐败工作
先进单位

2016年度全市法治政府建设工作
先进单位
永州市人民政府办公室
二〇一七年二月

全省"调解化积案、息讼保平安"人民调解专项活动
先进集体
湖南省司法厅
二〇一三年一月

2014年度全市社会管理综合治理
先进单位

2010年度普法依法治理工作专项活动
先进单位
湖南省依法治省领导小组办公室
二〇一一年二月

湖南省"双联"和困难职工帮扶工作
先进单位
湖南省"双联"和困难职工帮扶工作领导小组
二〇一〇年十二月

2011年度市州普法依法治理工作
先进单位
二〇一二年三月

2012年度市州普法依法治理工作
先进单位
二〇一三年五月

全省"六五"普法依法治理
先进办公室
二〇一六年十月

2015年度全市禁毒工作
先进单位
永州市禁毒委员会
2016年2月

敬老文明号
全国老龄工作委员会
二〇一三年

目　录

概 述

一

永州，地处湖南南部、五岭北麓、湘粤桂三省结合部，因潇水与湘江在零陵蘋岛汇合而雅称“潇湘”。总面积 2.24 万平方公里，辖九县两区。2015 年年底，全市总人口约 635.28 万人。永州是道德文化和理学文化的发源地，自古以来就有勤劳守信、遵纪守律的传统。

1978 年，中国共产党十一届三中全会提出“健全社会主义民主政治，加强社会主义法制建设”的方针；1979 年 9 月，中共中央、国务院决定恢复司法行政机关，重建司法行政制度。1985 年 7 月 25 日，中共中央书记处在听取司法部党组汇报时指出：“要在本世纪末把中国建设成为高度文明、高度民主的社会主义现代化强国，必须有严格的法制作保障”。2014 年，中国共产党十八届四中全会专题研究部署全面依法治国，把法治建设提升到一个新的高度。永州市委、市政府历来重视法治建设。36 年来，积极实施六个“五年普法规划”，提高全民法治意识；从推进普法依法治理上升到建设法治永州，为全市司法行政事业的发展提供坚实的支撑。

36 年来，永州市司法局历届领导班子带领全市司法行政系统的干部职工，始终把司法行政事业的发展作为第一要务，为此进行不懈努力。始终坚持以人为本，以全面建设法治永州为目标，以党委、政府的中心工作为导向，紧紧围绕经济建设、社会稳定、民主法治建设和依法治理等中心任务，与时俱进、开拓创新，创造性地开展工作，积极拓展司法行政工作领域，使全市司法行政工作不断完善和发展。涌现出一大批全省乃至全国的司法行政工作先进单位和先进个人：祁阳县、双牌县分别于 2006 年和 2011 年被中宣部、司法部授予 2001—2005 年和 2006—2010 年“全国法制宣传教育先进县”荣誉称号；零陵区司法局七里店司法所于 2015 年 12 月被司法部授予“全国模范司法所”荣誉称号；道县司法局仙子脚司法所原所长胡贵军于 2011 年被司法部追授“全国司法行政系统一级英雄模范”称号。1980—2015 年，全市司法行政系统荣获省部级以上表彰的先进集体 38 个、先进个人 42 人。

二

1980—1983年，零陵地区相继组建地区司法局和11个县（市）司法局，开展司法行政工作。当时，乡镇（街道）基层政权机关只设一名司法助理员，司法行政工作很难在基层落实。1984年，开始在部分乡镇（街道）组建司法办公室。经过多年的实践，1995年，地委、地区行署决定“建立乡镇（街道）司法所”，作为乡镇（街道）司法行政机构。2015年年底，全市已建司法所211个，占应建数的100%。

1980—2015年，全市各类法律服务机构发展壮大，为社会提供全方面法律服务。2015年，全市设有律师事务所34家，公证处12个，法律援助中心12个，乡镇（街道）法律服务所24个，面向社会服务的司法鉴定机构16家。法律援助中心是国家出资、定编组建的事业单位。法律援助服务不收费。律师事务所、公证处、乡镇（街道）法律服务所、司法鉴定机构均实行自收自支、自负盈亏。

2015年年底，建立健全群众性自治组织——人民调解委员会（以下简称“调委会”）5588个，其中村（社区）调委会5191个、乡镇（街道）调委会205个、企事业调委会53个、社会团体及其他组织调委会139个。在乡镇（街道）建立刑满释放和期满解矫人员安置帮教站188个，群众性帮教组织3590个。

2015年年底，全市司法行政队伍（含社会法律服务人员）发展至1831人，其中司法行政机关公务员297人、机关直属单位干部25人、乡镇（街道）司法助理员300人、强制隔离戒毒警察99人、在编工人224人、律师（含辅助人员）502人、公证员35人、基层法律服务工作者214人、司法鉴定人135人。

三

1980—2015年，永州市法制宣传教育和依法治理的发展，大体经历三个阶段：1980—1985年，适应解放思想、更新观念、加强民主法制建设和实现社会治安由乱到治的需要，新颁布一个法律，及时宣传一个法律，解决一个方面的问题。1986年始，在继续坚持广泛、深入、全面基础上，总结经验，采取一个又一个“五年规划”的运作模式，进行普及法律常识（简称“普法”）的宣传教育；1996—2015年为普治结合期。1996—2010年，普治并举，普法与依法治理相结合，启动地方、基层、行业依法治理工程，整体推进依法治市。2011—2015年，全面启动法治永州创建工程。1986—2015年，已连续实施6个五年普法规划。普法与依法治理，法治永州创建关系到各级各部门各行业，关系到千家万户。全市司法行政部门在各级党委和政府的领导下，与有关部门密切配合，依靠和发动群众，坚持不懈开展普法教育、依法治理和法治永州创建，切实履行组织协调和督促指导职责。1980—2015 年的 36 年里，公民学法守法用法的意识普遍增强；一个以基层依法治理为基础，地方依法治理为依托、行业依法治理为支柱的全市普法依法治理网络基本形成，法治永州创建全面推进；社会各行各业依法治理的理念逐年提升；国家机关工作人员依法决策、依法行政和依法办事的能力不断增强；以领导干部、执法人员和青少年作为普法重点形成制度化、常态化，广大人民群众学法、守法、用法、尊法渐成风尚。

四

1980—2015 年，全市律师、公证员和基层法律服务工作者发挥专业优势，为全市经济建设、民主法治建设和社会和谐稳定做出贡献。

全市律师事务所和律师接受政府委托担任常年法律顾问，为政府实施经济宏观调控，优化经济环境当好参谋助手；律师应聘担任企业法律顾问，为企业依法经营、维护其合法权益以及进行体制改革发挥作用；律师通过经济纠纷案件诉讼代理，调解经济纠纷，促进经济健康协调发展；律师参与涉法涉诉信访，解答群众法律咨询和代写法律文书，为民生和谐稳定服务。1982—2015 年，全市律师代理刑事辩护、民事、经济、行政诉讼案件 126057 件，办理非诉讼法律事务 39783 件，解答群众法律咨询 34 万余件，代写法律文书 49306 件。

1980—2015 年，全市公证业务实现由以民事公证为主向以经济公证为主再由经济公证为主向以民事公证和经济公证并重的转变，由简单的证明向以为社会提供多样化法律服务的转变。公证项目由 20 世纪 80 年代初尝试性办理国内民间权利义务公证拓展到 2015 年办理经济、涉外、涉港澳台和国内民事公证等 50 多项，为全市经济发展和富民强市提供法律服务。1981—2015 年，全市公证机关办理各类公证 512384 件。

1985 年，适应农村经济体制改革和城乡居民的需要以及弥补专业律师人才的不足，全区司法行政部门以乡镇司法办公室为依托，逐步建立覆盖农村、社区、街道的基层法律服务所。1986—2015 年，全市乡镇（街道）法律服务所调解各类纠纷 10 万余件，代理各类诉讼 47021 件，代理非诉讼法律事务 33940 件，解答法律咨询 73 万余件，代写法律文书 85384 件。

五

1980—2015 年，全市各级司法行政机关根据形势发展需要，不断探索和改革人民调解制度。人民调解工作由单一调解发展成“调防结合，以防为主”，工作重点逐步转移到防止纠纷激化上，对有可能酿成群体性纠纷和群众械斗的苗头，或多发性、易激化纠纷，在基层政权组织统一领导下，采取大排查或专项治理等方法，把各种矛盾和隐患化解在基层，解决在萌芽状态。人民调解的范围，由对传统的婚姻、家庭、邻里、赔偿等常规性、多发性民间纠纷的调解，扩大到积极参与调解生产经营性纠纷、直接影响农村治安秩序的纠纷、公民与法人及其社会组织之间涉及民事权益的纠纷、影响党群干群关系的纠纷和城乡、工农、跨区域之间的纠纷等等。人民调解和民事诉讼两项法律制度实行有机衔接，明确人民调解协议具有民事合同性质，提升人民调解的法律地位，增强人民调解的法律效力。人民调解的机制，在“一次调解”的基础上，探索创建“二次调解”，并将二者有机结合。1980—2015 年，全市调解民间纠纷 24 万件，年均 6600 余件。

2001 年，全市办理法律援助案件 8 件，2015 年上升到 2450 件，是 2001 年的 306 倍。通过大力实施法律援助，维护当事人的合法权益，有效预防和减少社会不安定因素的发生。

1985 年，成立零陵地区政法干部中等专业学校，开始全区司法行政系统主管的法学学历教育工作。1985—2005 年，共培养中专毕业生 1259 名；培养大专毕业生 1500 余名；培养本科毕业生 282 名。2002—2015 年，市司法局组织 14 次国家司法考试，全市有 8919 人次报名参加，考试上线 1586 人，颁发法律职业资格证书 1479 本。

加强监狱工作，将消极因素转化为积极因素，确保社会的安全和稳定。湖南省零陵监狱贯彻“惩罚与改造相结合、教育与劳动相结合”的方针，不断总结改造教育罪犯的规律，探索提高改造教育质量的方式、方法。1985 年始，零陵地区劳改队逐步建立“特殊教育”，使“政治、文化、技术”三课教育走向课堂化、正规化。1991 年起，地区劳改支队在对罪犯的思想教育中开展系统的行为规范教育、道德规范教育和心理健康教育活动。使对罪犯的教育，从以灌输式为主向双向交流式、从被动的“他律”往主动的“自律”方向发展，增强改造效果。1996 年，在总结多年对罪犯社会帮教经验的基础上，零陵监狱组织开展“万人帮教”活动。2001 年，在全狱罪犯中开展“树立改造目标，争取早日新生”的教育改造活动，促使对罪犯的教育改造向科学化、现代化、社会化方向发展。在对罪犯实施管束、处遇、奖惩等方面的狱政管理中，按照“依法、严格、文明”管理的原则，推行“分类关押、分类管束、分级处遇”的“三分”办法；实施对罪犯“考核记分、以分折奖、以奖减刑”的奖惩制度；实行“两公开一监督”（公开执法依据、程序，公开结果、主动接受有关部门及社会广泛监督）的狱务公开“阳光工程”。1984—2010 年，监狱改造罪犯的工作体现“以人为本”的行刑观，践行“改造人”的使命，尊重罪犯人格，维护罪犯合法权益，突出人权保障的价值，从罪犯身上发现和捕捉人性的闪光点，激发其改过向善的愿望和动机，发挥罪犯自我改造的主观能动性，实现罪犯由法律的外在强制改造转为内在的自觉改造；不断探索研究监狱行刑工作规律，不断创新改造、矫治手段和方法，提升改造工作的科学化水平，最大限度地将消极因素转化为积极因素，将破坏力量转变为建设力量。

1984 年，地区劳教所移交地区司法局管理。根据司法部的部署和湖南省司法厅的要求，努力把劳教所办成“劳教特殊学校”。1987 年 10 月，劳教所撤销停办。1994 年 2 月，劳教所恢复组建。组建后，按照全国劳教管理教育工作会议精神，着重体现劳动教养的“强制性”“行政性”“教育改造”三个基本要求，开展创办劳教特色的工作。在办“劳教特殊学校”和“劳教特色”的基础上，根据司法部和省司法厅的要求，创建“以比较先进的设施装备、完善的教育改造为基础，依法对劳教人员实施文明的教育挽救，具有较高改造质量”的现代化文明劳教所。2014 年，永州市劳教所转型为永州市强制隔离戒毒所。1994—2015 年，全市劳教与强制隔离戒毒工作充分体现“以人为本”的理念，实现教育、感化、救人的职责。对劳教人员的教育，由思想政治教育、劳动教育，逐步拓展为文化教育、技术教育、养成教育、心理矫治教育以及各种辅助教育的综合教育体系。对劳教人员的管理，逐步做到严格、科学、文明管理。注重保障劳教人员的合法权益，使其充分享有申诉、检举、控告、通信、选举权等公民基本权利。劳教人员通过教育，绝大部分学会一技之长，成为遵纪守法、自食其力的公民。对强制隔离戒毒人员则注重教育、习艺劳动和康复戒治，努力从身体和心理方面帮助其戒除毒瘾，恢复健康。

1996 年，永州市根据湖南省委、省政府批转省司法厅《关于加强刑满释放和期满解教人员安置帮教工作的报告》要求，市、县（区）、乡镇（街道）逐步建立起党政主要领导挂帅的刑满释放和期满解教人员安置帮教领导小组。各级司法行政部门与其他部门密切配合，全面实施安置帮教工作。2015 年，全市刑满释放和期满解矫人员基本上做到就地安置和教育。

2005 年，市司法局根据全国人大常委会的决定，积极与公、检、法等政法部门协调，改革司法鉴定管理体制，公安、检察内部司法鉴定机构停止对外有偿服务，法院内部司法鉴定机构撤销，由司法行政部门管理指导的面向社会服务的司法鉴定机构逐渐发展起来。2008 年，启动社区矫正工作试点。2012 年，全面推行社区矫正工作。2015 年，社区矫正组织机构、机制制度以及场所基本建立健全，市、县（区）、乡（镇）三级社区矫正工作网络初步形成。

永州市司法行政系统建立 36 年来，司法行政机构不断健全，队伍不断壮大，业务不断拓宽，事业不断发展，在探索新时代中国特色社会主义司法行政事业的道路上迈出坚实的步伐，并将持续稳步前行。

大事记

1980 年

11 月 零陵地委、行署下文成立零陵地区司法局。

1981 年

1 月 地区司法局正式挂牌。

1 月 9—22 日 地区司法局在零陵县召开第一次全区司法局长会议，研究筹建各县司法局。

6 月 16—17 日 地区司法局在零陵县召开第二次全区司法局长会议，听取各县组建司法行政机构、边筹建边开展工作情况，安排部署全区下半年司法行政工作。

9 月 19—24 日 地区司法局开展首次全区律师资格考核工作，参加考核的律师工作者 9 人。通过开卷考试、审核评定，8 人评为律师，1 人评为实习律师。

1982 年

4 月 15 日—5 月 15 日 地区司法局在地委党校举办全区助理审判员、助理检察员和律师等 30 名人员参加的培训班，学习有关打击经济犯罪的业务知识。

5 月 1 日 《零陵司法简报》更名为《司法业务》。

11 月 11 日 地区司法局与原县级永州市第一建筑工程公司签订兴建地区司法局办公楼和宿舍合同。

1983 年

3 月 8—16 日 地区司法局组织各县（市）公证处主任，对全区推行公证制度、开展公证业务情况，分片到县（市）检查。

4 月 10 日 驻原县级永州市的地、市司法局、公证处、法律顾问处联合开展法制宣传日活动。

5 月 25 日—7 月 7 日 地区司法局在地区水电建设公司举办司法助理员训练班，155 人参训。

8 月 15 日 地区司法局更名为地区司法处。

11 月 8 日 地委、行署决定地区办劳改队，县（市）办拘役所。

12 月 6 日 地委下发文件，决定成立地区司法处党组。

12 月 14 日 地委、行署决定将劳教工作由公安机关移交司法行政部门管理。

1984 年

1 月 1 日 地区公安处、地区司法处关于将劳教场所移交给司法行政部门管理的交接书正式生效。

4 月 26 日 地区司法处更名为地区司法局。

5 月 23 日 地区司法局设立纪检组。

8 月 12 日 地区司法局决定在全区部分县（市）选聘劳改管教干部 50 名。

11 月 10—18 日 地区司法局对全区司法行政干警进行第一次整训，497 人参训。

12 月 20 日 龙睦保任地区司法局党组书记、局长。

12 月 31 日 地区司法局召开局务会议，研究决定创办政法干部学校。

1985 年

1 月 21 日 地区编委批准成立地区政法干部学校。

1 月 28 日 地区编委批准成立地区法律顾问处。

3 月 20—22 日 地区司法局召开地区司法行政系统首届先进集体、先进个人代表表彰大会，出席会议的个人代表 114 名，集体代表 28 名，地委、行署领导出席会议，地委副书记黄森讲话。

5 月 地区司法局创办《零陵司法信息》，发展信息员 46 人。

6 月 13 日 地区司法局在政法干部学校召开全区司法局长会议，传达招聘法律顾问处、公证处合同制干部和省司法厅在汉寿县召开的办公室主任会议精神，布置加强调查研究，做好文字综合等其他报道工作。

6 月 省委组织部批准成立零陵地区政法干部中等专业学校（简称政法干校）。

7 月 29 日 地区司法局举行政法干校第一期学习班结业典礼暨全区工交企业法

律顾问室负责人工作会议。

7 月月底 地区司法局创办《普法之声》报并刊发第 1 期，送全区各战线各部门各系统。

9 月 6—9 日 地区司法局召开全区司法局长会议，部署五项基层基础工作。

10 月 21—24 日 地区司法局在地区一招待所举办“零陵地区法制宣传教育普法图展”，并召开零陵地区法制宣传教育工作会议，部署全区普法工作，地委、行署领导参加会议并讲话。

1986 年

1 月 21—25 日 地区司法局在地区政法干校召开全区司法局长会议，传达贯彻中央书记处 221 次会议精神和省司法厅普法会议精神，研究部署全区司法行政工作。会议期间，组织参观东安县卢洪市镇司法办、祁阳县下马渡区评选“遵纪守法光荣户”和冷水滩市杉木桥乡的普法试点，听取原县级永州市法律顾问处工作介绍。

2 月 21—30 日 地区司法局机关以党支部为单位针对机关作风存在的“松散、零乱、低劣”现象和问题，开展“整纪刹风，争当合格干警”教育活动。

3 月 4—17 日 地区司法局局长龙睦保一行 6 人到地区劳改队，对干警和民兵进行 14 天的“整纪刹风，争当合格干警”教育，对 5 名不称职的干警给予免职、降职、开除留用等处分（理）。

3—5 月 地区司法局在全区劳改劳教单位开展“三反一打”活动，即反逃跑、反盗扒、反赌博、打击反改造尖子活动。

3 月 23—25 日 地区司法局召开全区司法行政机关思想政治工作经验交流会，到会代表 44 人。地委副书记黄森、行署顾问王兴民讲话，15 名代表作典型经验介绍。

4 月 20 日 地区司法局召开全区司法局长会议，局长龙睦保作《认真贯彻落实省、地政法工作会议精神，进一步发挥司法行政工作职能作用》的报告。

4 月 20 日 地区司法局局长龙睦保、顾问王执元陪同地委政法委主任黄仕友带领的各县（市）分管政法的副书记、政法委主任、司法局长 40 人，考察长茅坪劳教所和冷水滩劳改队。

8 月 17 日—9 月 11 日 地区司法局机关抽调 24 人组成 4 个检查组，对全区人民调解、公证律师工作进行全面检查。

11 月 27—29 日 地区司法局开展劳改劳教工作大检查。

11 月 30 日—12 月 5 日 省律师协会会长一行 2 人到祁阳、东安、永州、双牌、江永等 8 个县（市）检查、指导律师工作。

12 月 5—11 日 省司法厅副厅长简洁中到零陵地区考察工作，并参加全区人民调解工作经验交流会。

1987 年

1 月 17 日 地区司法局组织 11 个县（市）司法局局长，对全区司法行政工作进行全面检查。

2 月 7—10 日 地区司法局召开全区司法行政系统先进集体、先进个人表彰大会。

10 月 地区劳教所停办，改为地区劳改队长茅坪劳改分队。

12 月 13—17 日 地区司法局机关副科长以上干部在局机关会议室向局党组作述职报告。

1988 年

6 月 6—9 日 冷水滩法律服务站更名为零陵地区经济法律顾问服务中心；成立零陵地区初级法律类人才培训中心。

8 月 26 日 地区司法局成立执法检查小组，分别对劳改队和全区公证律师工作的执法情况进行检查。

12 月 12—22 日 地区司法局机关开展民主评议党员活动，对局机关 37 名党员进行评议，评出优秀党员 5 名，合格党员 29 名，基本合格党员 3 名。

1989 年

3 月 8 日 省人大常委会委员、地委顾问王益之到地区劳改队和长茅坪劳改分队考察工作。

5 月 19 日 地区司法局从局机关抽调 30 名干部职工到地委、行署机关执行警戒保卫任务。

9 月 1 日 唐际湘任地区司法局党组书记、局长。

10 月 9 日 全区法律顾问处统一更名为律师事务所。

1990 年

5 月 13 日 省司法厅副厅长简洁中在省三监狱开会期间，带领各地（州、市）劳改单位的负责人到地区劳改队检查指导工作。

7 月 18—28 日 地区司法局在政法干校举办 2 期全区司法助理员集训班，培训司法助理员 240 名。

8 月 20—22 日 地区司法局组织全区律师资格统一考试。

11 月 7 日 地区司法局召开全区司法局长会议，传达省司法厅副厅长何文兴关于“把纠正行业不正之风引向深入”的讲话和副厅长刘春芳关于对律师工作加强领导和管理的讲话精神。

12 月 地区劳改队由正科级事业单位升格为副团级事业单位。

1991 年

4 月 9—10 日 地区司法局召开全区司法局长、基层股长、律师事务所主任和公证处主任会议，会议的主要内容是传达省厅会议精神；总结 1990 年工作，表彰先进集体和个人；部署 1991 年任务。

4 月 11—14 日 地区司法局组织 11 个县（市）司法局局长和基层股长到岳阳市华容县参观学习。

5 月 14 日 地区司法局在冷水滩召开全区法律顾问工作经验交流会，湖南省律师协会和省司法厅律师工作管理处负责人到会并讲话。

6 月 22—24 日 地区司法局局长唐际湘到县级永州市的主要企事业单位和乡镇政府了解法律服务情况和所在单位领导对法律服务的意见与建议。

11 月 30 日—12 月 7 日 地区司法局组织 3 个检查组，由局领导带队分片交叉检查 11 个县（市）司法局“质量效益年活动”开展情况。检查结果：第一名祁阳县司法局、第二名永州市司法局、第三名冷水滩市司法局、第四名宁远县司法局。并分别发给 400 元、350 元、300 元、250 元奖金。

1992 年

1 月 30 日 地委政法委和地区司法局领导到地区劳改支队慰问劳改干警，给每个干警发放一床毛巾被和一套枕巾。

2 月 19 日 地区政法干校成立党委，选举产生 5 名党委委员，刘志民当选党委书记。

3月26日 地区司法局局长唐际湘带队到省黎家坪水泥厂调查依法治厂和司法科成立后开展工作的情况，撰写调查报告《机构、素质、领导是实现依法治厂的"三部曲"》，被省调研专辑采用，湖南法制周报刊用，被省委政法委评为调研文章二等奖。

4月1—4日 省司法厅副厅长吴振汉一行考察全区司法行政工作。4月1日听取地区司法局的工作汇报；4月2日到劳改支队看望全体劳改干警并查看监舍和生产场地情况；4月3日至4日先后到双牌县、道县、江华瑶族自治县、江永县考察司法行政工作情况。

4月23日 省劳改局政委唐贻富在地委政法委书记杨祈贵和地区司法局局长唐际湘的陪同下考察地区劳改支队。

1993年

2月23—24日 地区司法局召开全区司法局长、办公室主任会议。局长唐际湘作工作报告；地委副书记孔宪访、政法委书记杨祈贵和地区人大联工委葛忠志等领导到会并分别讲话；为受司法部表彰的乡镇法律服务所颁奖。

4月10日 地区公证处成立。

4月19—28日 地区普法领导小组在地委党校举办全区市场经济法律法规培训班，全区县（市）普法办、有关专业部门、地直有关厂矿企业130名普法骨干参加培训。

9月8日 地区司法局成立律师惩戒委员会。

12月14日 地区行署副专员谭政在地委政法委书记杨祁贵、地区司法局局长唐际湘的陪同下考察地区劳改支队。

1994年

2月1日 地区劳动教养管理所恢复组建。

2月26日 地区第一个合作制律师事务所湖南白云律师事务所成立。

2月28日 地区司法局召开全区司法局长会议。会议传达贯彻江泽民总书记、省委书记王茂林等领导讲话、全国司法厅长会议和全省司法局长会议精神，总结1993年全区司法行政工作情况，部署1994年工作任务。

6月3日 钟佩章任地区司法局党组书记、局长。

6 月 12—20 日 地区司法局局长钟佩章到道县、宁远、新田、蓝山、江永、江华瑶族自治县考察司法行政工作情况。

9 月 8—9 日 地区司法局召开全区司法局长会议。局长钟佩章作工作报告，地委副书记曾昭薰、行署副专员谭政和地委政法委书记杨祈贵等领导到会并讲话。

1995 年

1 月 8 日 地区司法局在政法干校举办第二期社会主义市场经济法律知识培训班，对全区 808 名机关、企事业单位的干部、职工、经营管理人员、财会人员和法律工作者进行培训（其中高级班 617 人、初级班 191 人）。

3 月 30 日 地区司法局对全区百家国有大中型企业的厂长（经理）学法用法及对法律的需求进行调查，撰写 10 篇调查报告，从中选出 7 篇在《司法业务》发表。其中《法，是企业走向市场的唯一依靠》获省司法厅三等奖，《关于对驻冷水滩市国有大中型企业领导学法用法及法律需求的调查报告》获优秀奖。

4 月 1 日 地区司法局在县级永州市潇湘宾馆召开全区司法局长会议。会议传达司法部、省司法厅会议精神，总结 1994 年全区司法行政工作，部署 1995 年工作任务。会上，局长钟佩章作《深化改革，增强服务，进一步开创全区司法行政工作新局面》的报告。

7 月 4 日和 6 日 地区司法局组织全区地直单位、县（市）政府的县处级干部和团级厂矿、企事业单位的厂长、经理进行“二五”普法统一考试，全区 11 个县（市）425 名处级干部参加考试。

7 月 11 日 地委组织部下文批准地区劳改支队党委换届选举结果，王万书为党委书记。

8 月 7 日 地区编办下文批准地区劳改支队更名为零陵监狱。

8 月 22 日 地区劳教所党委成立，文艺为党委书记。

8 月 26 日 地区司法局组织全区 23 个律师事务所 257 名律师，设点 27 处，在全区范围开展大型义务法律咨询活动。

12 月 12 日 地区第一次律师代表大会暨地区律师协会成立大会召开。全区 11 个县（市）的 47 名律师代表，代表全区 23 个律师事务所近 300 名律师参加会议。地区人大联工委、行署领导谢田种、谭政，省司法厅律师管理处和省律师协会负责人，郴州市、衡阳市司法局的领导等 110 人参加会议。地区行署副专员谭政代表地委、行署在会上讲话，省司法厅律师管理处负责人代表司法厅宣读批复并致贺词，地区司法局副局长邓化铁致开幕词并代表新任律师协会领导作题为《深化改革，加强管理，努力开创我区律师工作新局面》的讲话，地区司法局局长钟佩章作开幕讲话。会议选举产生第一届律师协会理事会，选举邓化铁为律师协会会长，李盛德、汤琼湘、蒋双生为副会长。理事会聘请地区司法局局长钟佩章为协会名誉会长，地区人大联工委副主任谢田种、地区公安处处长王伯达、地区检察院检察长卢腊庆、地区中级人民法院院长贺梅楚为律师协会顾问。

1996 年

2 月 13 日　零陵监狱举行更名挂牌仪式。省司法厅厅长吴振汉，省监狱管理局局长张世明，省劳教局副局长王吉富，地委副书记曾昭薰，地委委员、政法委书记杨祈贵，地区人大联工委副主任谢田种等领导出席仪式并讲话。地区公、检、法、司等有关部门领导和新闻记者 40 多人出席挂牌仪式。

3 月 6—9 日　地区司法局召开全区司法局长会议。地委委员、政法委书记杨祈贵出席会议并讲话，11 个县（市）司法局局长、零陵监狱、地区劳教所、地区政法干校主要负责人和地区司法局副科级以上干部 40 多人参加会议。

4 月 18 日　地区司法局在祁阳县召开全区公证工作现场经验交流会。全区 12 个公证处的负责人参加会议。祁阳、冷水滩、永州、宁远等县市公证处分别作经验发言。局长钟佩章出席会议并讲话。与会人员先后参观祁阳县公证处和祁阳县商业局、黎家坪水泥厂、白水镇三家公证室内务建设和业务开展情况。

4 月 26 日　地区司法局、地区律师协会召开全区刑事辩护工作会议，各县（市）律师事务所主任或负责人 21 人参加会议。局长钟佩章到会讲话。

5 月 1 日　零陵地区司法局更名为永州市司法局。

6 月 11 日　省司法厅、省人事厅、省机构编制委员会办公室、省劳动厅、省财政厅联合下发《关于做好从青海监狱系统调编调干接收安置工作的通知》，调给市劳教所 30 名编制，用于接收安置青海干警。年底，10 名青海干警全部接收安置到位。

11 月 4 日　市司法局首次面向社会公开招考主任科员以下公务员 3 名。

11 月 20 日　零陵监狱通过省监狱管理局规范化管理达标验收领导小组检查验收。

12 月 20 日　市司法局召开全市司法行政工作会议。11 个县（区）司法局局长、全市律师事务所主任、市司法局各科室负责人参加会议。局长钟佩章作《以党的十四届六中全会精神为指针，努力开创我市司法行政工作新局面》的工作报告。

12 月 26 日　零陵监狱育才职业学校、市劳教所永新学校分别挂牌成立。省委政法委原副书记、省政协常委何文兴，省司法厅副厅长龙虎魁，市委常委、政法委书记唐代建，省劳教局局长莫祝安，副局长王吉富以及市教委、市司法局、永州监狱、东安监狱的领导出席授牌仪式。莫祝安、唐代建为零陵监狱育才职业学校、市劳教所永新学校授牌。同日，市劳教所被授予“生卫管理三级达标”牌。

1997 年

3 月 10 日 市司法局下发《关于零陵监狱大队、中队更改称谓的通知》，零陵监狱原大队、中队机构名称统一改为监区、分监区，大队长、中队长职务相应改为监区长、分监区长。

3 月 10—17 日 市司法局和市律师协会在市委党校举办全市执业律师新《刑事诉讼法》业务培训班。市委副书记谭政，市委常委、政法委书记唐代建，市人大副主任杨祈贵等领导分别出席开班、结业大会并讲话。

3 月 12 日 市政府办公室下发《关于印发永州市司法局职能配置内设机构和人员编制方案的通知》，明确市司法局新增 3 项职能，内设 9 个职能科室，人员编制 52 名，同时明确市司法局所属单位的机构性质和人员编制。

6 月 14—16 日 市委邀请首届中华全国十佳律师、湖南省第二律师事务所主任秦希燕主讲新《刑法》，市委中心学习组成员和市直副处级以上干部参加讲座。

8 月 16 日 市司法局机关干部职工和零陵监狱、市劳教所 80 名干警在市委政法委的统一组织下，上街游行宣传新《刑法》。

9 月 13 日 市司法局在芝山区组织全市乡镇（街道）法律服务工作者资格考试，参考人员 190 人，55 人获得乡镇（街道）法律服务工作者资格。

9 月 18—19 日 全省地（市）监狱工作现场会在零陵监狱召开，省司法厅副厅长龙虎魁，省监狱管理局副局长宋鸿余，市委副书记谭政，市委常委、政法委书记唐代建，市司法局局长钟佩章出席会议并讲话。会上，零陵监狱作典型发言，受到省监狱管理局通报表彰，并获奖励 5 万元。

11 月 24—28 日 市司法局在芝山区举办全市首期乡镇司法所长培训班，82 名司法所长参加培训。

11 月 29 日 省司法厅厅长吴振汉到市司法局检查工作，并召开座谈会。座谈会上，吴振汉在听取全市 1997 年司法行政工作情况汇报后，对全市近年来司法行政工作取得的成绩给予充分肯定。

12 月 5—8 日 市普法依法治理领导小组办公室与市委组织部、市人事局联合组织对各县（区）县处级干部和科以下干部进行学法用法考试考核，全市 892 名县处级干部和86000名科以下干部参加考试考核。

1998年

2月25日 市委、市政府在芝山区潇湘宾馆召开第一次全市刑释解教人员安置帮教工作会议。

2月28日 市委、市政府召开“全市人民调解工作百乡千村创‘四无’”活动动员大会。市委副书记谭政作动员报告，11个县（区）分管政法工作的副书记、副县（区）长、综治办主任、司法局局长和市直有关部门负责人参加会议。

5月15日 全市司法行政系统统一开展《律师法》颁布两周年宣传活动。

8—10月 市普法依法治理领导小组办公室在全市范围组织开展工人、城镇居民、暂住人口学法用法测试活动，发放试卷23006份。得分90~100分512人，80~89分11500人，70~79分9864人，60~69分1130人。

11月17日 省依法治省督查团副团长、省人大常委会原副主任朱东阳等一行到永州督查普法依法治理工作。市委副书记、市普法依法治理领导小组组长谭政做工作汇报。

11月17日 全市地厅级干部参加由省普治办统一组织的地厅级干部1998年度学法用法考试考核。考试前，省依法治省督查团副团长、省人大常委会原副主任朱东阳做考前讲话，市委书记邹金鸗作考试动员。

1999年

2月4日 永州市依法治市领导小组成立，市委书记邹金鸗任组长，市委副书记、市长王道生和市委副书记谭政等9位领导任副组长，成员31人。领导小组办公室设在市司法局，市司法局局长钟佩章任办公室主任。

2月26日 市政府办公室印发《关于表彰在全市人民调解工作“百乡千村创‘四无’活动”中实现“四无”乡镇（街道）的通报》，表彰芝山区凼底乡等94个乡镇（街道）。

3月1日 市司法局召开全市司法局长会议。局长钟佩章作《抓住机遇，扎实工作，努力开创我市司法行政工作新局面》工作报告，副市长邓三龙出席会议并讲话。

3月10—13日 省劳教局政委肖满堂一行3人到市劳教所督查贯彻落实全国监狱劳教工作电话会议、全省劳教工作会议精神和开展养成教育活动及创建工作情况。

3月22—29日 市司法局和市律师协会在零陵宾馆举办1999年度全市律师、公证员培训班。

3月31日 市司法局党组在局机关召开向徐家井派出所学习活动动员会。4月22日，市司法局在零陵监狱举行“学习徐家井精神，做人民满意的司法干警”演讲比赛，市司法局机关、市政法干校、零陵监狱、市劳教所14名选手参加比赛。4月27日，市司法局党组在市政法干校大礼堂举行徐家井派出所英模事迹报告会。

4月2日 江华瑶族自治县司法局按照“公开、公平、公正”的原则，在全市司法行政系统率先实行竞争上岗和优化组合。全局58名干警参加局机关7个股室和21个基层司法所58个岗位的竞争。

4月5日 市司法局下发《关于尽快开设“148”法律服务专线电话的通知》。4月8日，双牌县司法局在全市率先开通“148”法律服务专用电话。至6月底，全市有9个县区开通“148”法律服务专用电话。

4月26—30日 市司法局对全市22个律师事务所、12个公证处开展执法检查。

5月5—7日 市司法局举办全市基层法律服务工作者岗前培训班，全市40余名基层法律服务工作者参加培训。

6月6日 市委、市政府成立市依法治市督查团。市委副书记谭政任督查团团长，市委常委、政法委书记唐代建，市人大常委会副主任杨祈贵，副市长邓三龙，市政协副主席邓香花任督查团副团长，市委副秘书长黄天佑、市政府副秘书长刘建林、市司法局局长钟佩章、副局长汪云星为督查团成员。

6月14—19日 市依法治市领导小组办公室在零陵宾馆举办市直各单位、大中专学校、省驻市和市直属各大中型厂矿企事业单位主管依法治理工作负责人参加的普法骨干培训班。

6月15—18日 省依法治省督查团专员简洁中一行3人在市委政法委副书记高克芝、市司法局局长钟佩章陪同下，对祁阳县、零陵卷烟厂、市国家安全局依法治理工作进行督查。

6月22日 市司法局在芝山区组织全市基层法律服务工作者资格考试。全市有100人参考，全部通过考试获得湖南省基层法律服务工作者资格证书。

7月13—14日 市司法局和市依法治市领导小组办公室在零陵宾馆举办全市“走向法治”诗歌朗诵比赛。零陵卷烟厂代表队获一等奖，东安、宁远县代表队获二等奖，九疑水泥股份有限公司、零陵师范、冷水滩区人民法院代表队获三等奖。

9 月 26 日 市人大常委会主任郑邦淳、副主任杨祈贵率部分市人大代表到市劳教所考察工作。

10 月 11—16 日 市依法治市领导小组办公室举办全市乡镇（场、办事处）主管依法治理工作领导学习培训班。市委常委、政法委书记唐代建，市司法局局长、市依法治市领导小组办公室主任钟佩章先后在培训班上讲话。

10 月 12 日 市司法局组织永州考区全国第 11 次律师资格考试。报考人员 432 人，35 人通过考试取得律师资格。

11 月 市司法局在全市司法行政系统组织开展评选“人民满意单位和文明单位”活动，对 34 个单位进行通报表彰。

11 月 3 日—12 月底 市委、市政府组织全市万名干部下乡开展农村政策法制宣传教育，为农民免费发放《农民普法简易读本》100 多万册。

12 月 11—30 日 市依法治市领导小组办公室组织全市各级各类干部、企事业单位管理工作人员和专业技术人员进行年度学法用法考试考核，参考率达 90%。

12 月 市司法局会同市人事局在零陵监狱、市劳教所组织开展国家公务员过渡考试和考核，151 名监狱劳教干警和 37 名考试、考核、体检合格的工人顺利过渡为国家公务员。

2000 年

3 月 10 日 市司法局在零陵宾馆召开全市司法局长会议。

5 月 25 日 省司法厅副厅长周文定到永州检查指导工作。

6 月 14 日 市司法局、市律师协会召开第二届律师代表大会。

6 月 21 日 市司法局局长钟佩章在全省基层司法行政暨“148”法律服务专用电话交流会议上做经验介绍。

8 月 市司法局在双牌县泷泊镇开展乡镇成立司法调解中心试点工作。

11 月 1 日 市编办下文设立永州市法律援助中心。

12 月 24 日 市司法局在芝山区委党校组织永州考区全国基层法律服务工作者资格考试，150 人参加考试。

2001 年

1 月 5—8 日 市司法局举办全市律师公证员培训班。

3 月 6 日 市司法局在零陵宾馆召开全市司法局长会议。

4 月 10 日 市依法治市领导小组在全省率先召开全市第五次法治宣传教育工作会议。市依法治市领导小组全体成员，市直各部办委局依法治理领导小组正副组长、办公室主任、11 个县（区）委副书记、宣传部部长、司法局局长，“三五”普法先进单位和先进个人代表 226 人参加会议。会议由市委常委、政法委书记唐代建主持，市委原副书记、市依法治市领导小组常务副组长谭政讲话。会议表彰 100 个先进单位和 300 名先进个人。

6 月 市司法局编排选送的大型舞蹈《解放》参加全省司法行政系统文艺汇演，获第一名。

6 月 市委副书记、市长刘爱才就永州市“三五”普法的成绩，特别是依法治理等方面的经验，接受省依法治省办组织的、湖南省电视台等单位组成的新闻采访团采访。采访团还对长丰集团、零陵卷烟厂依法治理经验进行集中采访和报道。

7 月 31 日 市委常委会议听取市依法治市办、市司法局关于全省第五次法治宣传教育工作会议精神的汇报，做出加强市委学习中心组法制讲座和加大“四五”普法督查力度的决定。

9 月 14 日 盘德力任市司法局党组书记、局长。

10 月 26 日 全省司法行政系统先进典型事迹报告会在永州宾馆举行。永州监狱、零陵监狱、市劳教所、芝山区司法局、冷水滩区司法局和市司法局机关的干警 300 余人参加报告会。市司法局局长盘德力主持报告会，市委副书记邓三龙、副市长刘新普出席，刘新普在会上讲话。

10 月 市司法局、市律师协会举办全市律师职业道德和执业纪律知识竞赛。

11 月 1—8 日 由市级领导带队的 5 个市委督查组对 11 个县（区）和市直单位开展“四五”普法依法治理工作进行全面督查。

2002 年

1 月 30 日 市司法局在芝山区召开全市司法局长会议。

1 月 31 日 市司法局完成机构改革任务，职能得到调整、理顺，划出 1 项职能，划入 3 项职能；机构、编制得到精简，内设机构精简为 8 个，专项编制精简为 49 名，局领导精简为 6 名；首次实施公开竞争上岗，干部队伍实现优化组合。

3 月 12—13 日 省司法厅副厅长林勇一行 3 人到永州调研司法行政工作。

3 月 13 日 市司法局召开优化经济环境动员会议。

3 月 30—31 日 市司法局组织永州考区首次全国司法考试。全市 919 名考生参加。11 月，市司法局被省司法厅评为全省首次国家司法考试先进集体。

4月24日 市委副书记邓三龙，市委常委、政法委书记唐代建一行在市司法局局长盘德力的陪同下考察市劳教所。邓三龙一行先后察看劳教人员宿舍、接见室、同居室、生产车间和劳教人员“习艺楼”选址地点，并与市司法局领导和劳教所领导进行座谈。邓三龙对市劳教所一年来取得的成绩给予充分肯定，对场所建设和教育改造工作提出指导性意见。

5月27日 永州市基层法律服务工作者协会成立大会暨第一届会员代表大会在芝山区召开。11个县（区）司法局长或分管基层工作的副局长、基层工作股股长和会员代表参加会议。大会选举产生第一届协会会长、副会长和秘书长，市司法局党组成员、纪检组组长李政担任会长，市司法局基层工作科科长蒋元生担任副会长。

6月8日 永州市法律援助中心挂牌。

9月18日 市司法局举办全市司法行政系统“我最成功的一次调解”演讲赛。来自7个基层司法所的7名参赛选手选取自己亲身经历的调解事件为演讲题材，充分展示新时期基层人民调解工作的成果和基层人民调解工作者的风采。芝山区选手周光龙获一等奖。

11月11—15日 省司法厅厅长周敦扣一行4人到永州调研司法行政工作。市委副书记邓三龙、市人大常委会副主任杨祈贵等陪同调研。周敦扣一行先后到市司法局、市劳教所、零陵监狱以及双牌县、道县、江永县、宁远县进行调研。

2003年

1月21—22日 市司法局召开全市司法局长会议。市委副书记邓三龙、市人大常委会副主任杨祈贵、副市长刘新普等领导出席会议，邓三龙在会上讲话。

3月27日 市司法局召开机关党委成立大会。市直机关工委书记魏京萍到会并讲话。会议以不记名投票方式选举产生第一届机关党委班子，书记、副书记各1人，委员3人。副局长蒋友生当选机关党委书记。

3月31日 市律师协会举行律师出庭服装发放仪式。全市22个律师事务所主任参加。市人大常委会副主任杨祈贵到会并讲话。从5月1日起，全市律师出庭一律着律师出庭服装和佩带律师徽章。

4月30日 市委副书记邓三龙，市委常委、政法委书记唐代建到零陵监狱、市劳教所检查“非典”防治工作。

10月11—12日 永州考区国家司法考试顺利进行。

12月3—5日 省依法治省督查团到永州督查普法依法治理工作。

2004 年

2 月 25 日 何建民任市司法局党组副书记、副局长，主持全局工作。

7 月 1—2 日 省司法厅副厅长林勇到永州调研基层司法行政工作和普法依法治理工作。市委常委、政法委书记唐代建出席汇报会。

9 月 18—19 日 永州考区国家司法考试顺利进行。

10 月 13 日 市委副书记邓三龙，市委常委、政法委书记唐代建对全市司法行政工作、监所的安全与管理等工作进行调研。邓三龙一行先后考察零陵监狱和市劳教所的工程建设、监所管理和安全生产，听取市司法局 2004 年司法行政工作汇报，充分肯定市司法局一年来所取得的各项工作成绩以及为全市经济建设和维护社会稳定所做出的积极贡献。

2005 年

5 月 31 日—6 月 2 日 省司法厅厅长周敦扣到永州调研司法行政工作，听取市司法局工作汇报和零陵监狱扩建改造工作汇报，到冷水滩区、芝山区、东安县等县（区）的乡镇司法所调研基层司法所建设。市领导唐代建、杨祈贵、刘新普出席汇报会并陪同调研。

6 月 16 日 市委常委会议听取市司法局关于基层司法所建设工作情况汇报。市委书记曾庆炎在会上指出，加强基层司法所规范化建设，充分发挥司法所的职能作用，必须做到“六个加强”，即加强学习提高认识，加强机构和编制管理，加强基础设施建设，加强队伍建设，加强班子建设，加强督促检查。

8 月 市司法局开展全市公证质量大检查活动，抽查全市 12 个公证处的公证案卷 1350 件。

9 月 17—18 日 永州考区国家司法考试顺利进行。

9 月 市司法局在全市司法行政系统中开展“司法行政与和谐永州”调研活动。有 125 名干警参与调研，撰写调研文章 48 篇。经评审，新田县司法局黄仙阳和零陵监狱刘广冀、肖建的调研文章获一等奖。

2006 年

3 月 1 日 全市司法行政系统开展形式多样的宣传活动，庆祝《公证法》正式实施。

3月3日 副市长荣燕明率政府办等部门工作人员到市司法局、市劳教所、零陵监狱调研司法行政工作。

4月4日 市委政法委组织召开全市司法鉴定管理工作会议。县（区）委政法委分管司法鉴定的副书记、县（区）司法局分管司法鉴定工作的副局长、市直公、检、法、司分管司法鉴定工作的领导35人参加会议。会议明确面向社会的司法鉴定管理工作由政法委指导协调，司法局依法管理。会议确定上报审批司法鉴定机构11家，司法鉴定人员122人。

5月8日 市司法局响应市委、市政府的“万名干部回村庄，携手建设新农村”号召，召开动员会议，分期分批组织局机关、直属单位200多名干部回家乡帮助建设社会主义新农村。

5月11日 市司法局等9个主办单位在冷水滩区蔡市镇举行全市第五届农村法制宣传教育月活动启动仪式。

7月15日 何建民任市司法局党组书记，8月30日，何建民任市司法局局长。

9月16—17日 永州考区国家司法考试顺利进行。

2007年

1月16日 市司法局召开全市司法行政工作会议。

5月28—31日 省依法治省督查团到永州督查依法治理工作。

6—8月 市司法局、零陵监狱、市劳教所开展内设机构科级领导职位全员竞争上岗工作。138名干警参加38个正科级领导职位和45个副科级领导职位的竞争上岗。

8月17日 全市司法行政工作暨矛盾纠纷排查调处调度工作会议在南华大酒店召开。市领导唐长久、刘湘凌、唐定、蒋善生等出席会议。

9月15—16日 永州考区国家司法考试顺利进行。

11月24日 市直处级干部学法用法考试在市八中举行，市领导曾庆炎、唐长久等参加巡考。

2008年

1月17日 市人大常委会副主任杨海河、原副主任杨祈贵等领导到零陵监狱和市劳教所开展调研。

1月18—20日 市司法局、市律师协会在市委党校举办2008年度全市律师培训班。各县（区）司法局分管律师工作的局领导、全体律师、法律援助中心工作人员 250 人参加培训。

1 月 22 日 市司法局召开全市司法行政工作会议。市委常委、政法委书记蒋善生出席会议并讲话。

4 月 1 日 全省司法行政系统化解重大矛盾纠纷先进事迹巡回报告会在永州市广电大厦举行，市、县（区）委政法委和公、检、法、司系统代表近 500 人参加报告会。市委常委、政法委书记蒋善生，省司法厅副厅长唐云景出席报告会并讲话。

6 月 18—20 日 省依法治省督查团专员、省检察院原检察长李志辉一行到永州市督查“五五”普法工作。

7 月 18 日 市司法局举行全市司法行政系统“爱我司法讲作为，兴我司法谋发展”主题演讲比赛。来自全市司法行政各部门的 22 名选手在市司法局大会议室进行精彩的演讲。

4—10 月 市司法局联合市综治办、市教育局、共青团市委在全市开展首届“优秀法制副校长”评选表彰活动，评选出杨卫国等 26 名“优秀法制副校长”。10 月 17 日，在零陵区柳子大酒店召开表彰总结大会，副市长朱映红到会并讲话。

9 月 20—21 日 永州考区国家司法考试顺利进行。

12 月 4 日 市司法局在全市开展以“弘扬法治精神，服务科学发展”和“树立法律权威，促进富民强市”为主题的全国法制宣传日活动。市依法治市办公室联合市移动公司向市民发送法治短信。

2009 年

1 月 24 日 市委副书记唐长久，市委常委、常务副市长唐松成，市委常委、政法委书记蒋善生分别走访慰问零陵监狱、市劳教所干警。

2 月 10 日 永州市优化经济环境律师服务中心成立。中心设市律师协会秘书处，由 3 名律师管理人员和 16 名专职律师组成。

2 月 21 日 永州市律师协会党总支部成立，下设 6 个党支部。

2 月 23 日 市司法局召开全市司法行政工作暨“司法行政大动员，化解矛盾促和谐”专项维稳活动总结表彰会议。市委常委、政法委书记蒋善生，市人大常委会副主任杨海河，市人民政府副市长朱映红，市政协副主席盘玉花出席。蒋善生在会上讲话。

3 月 2 日 永州市社区矫正试点工作正式启动。冷水滩区召开社区矫正工作会议，对社区矫正工作进行全面动员部署。3 月 24 日，冷水滩区召开社区矫正对象交接大会，首批26名矫正对象由冷水滩区公安分局移交区司法局管理。

3月27日 市司法局成立全市“应对金融风险、促进富民强市”专题法律宣讲团。

3月28日 市司法局召开“深入学习实践科学发展观活动”动员大会。党组书记、局长何建民做动员讲话，市委学习实践活动第十指导检查组组长唐厚忠到会讲话。

4月 省委政法委副书记林勇到零陵监狱调研。市委常委、政法委书记蒋善生陪同。

5月15日 市政协副主席盘玉花到零陵监狱开展返乡农民工犯罪情况专题调研。

6月2—4日 由省司法厅党组成员、纪检组组长严凤舞带队的省“应对金融风险，促进富民强省”专项法律服务活动督查组到永州督查。市委常委、政法委书记蒋善生，副市长朱映红会见督查组。

6月9—12日 市人大常委会《刑法》《刑事诉讼法》执法检查组在市直司法行政单位开展执法检查。

6月11日 市直工委下发《关于中共永州市司法局直属机关党委换届选举结果的批复》，党组成员、政治部主任蒋亚军任市司法局第二届机关党委书记。

6月24—25日 市司法局在双牌召开全市“应对金融风险，促进富民强市”专项法律服务活动经验交流会。

9月19—20日 永州考区国家司法考试顺利进行。

11月14日 市依法治市办公室、市司法局组织50余名厅级干部和市直单位近千名处级干部参加集中统一学法考试。

11月18日 市司法局党组书记、局长何建民在省司法厅召开的“应对金融风险，促进富民强省”专项法律服务活动述职测评大会上就开展专项活动情况述职。全市有11个先进集体和22个先进个人受到省司法厅表彰。

11月 金洞管理区司法局成立。

2010年

1月5日 市司法局举行执法监督员聘任仪式。聘任邓国文、吕娟娟、陈萍、蒋双生、郑安陵、何二虹等6人为市司法局执法监督员。

1月22日 市司法局工会举行换届选举大会。副调研员雷晓元当选第三届工会主席。

3月2日 市司法局召开全市司法行政工作会议。会议总结2009年2月以来开展的“应对金融风险，促进富民强市”专项法律服务活动，表彰先进集体和先进个人，安排部署2010年工作。市人大常委会副主任杨海河、市政府副市长刘尤碧、市政协副主席盘玉花出席会议。

5月20—22日 市政协副主席盘玉花在市司法局党组书记、局长何建民陪同下检查江永县、江华瑶族自治县普法依法治理工作。

6月29日 永州市司法鉴定协会成立。

8月13日 零陵监狱将关押罪犯全部押送省属监狱关押，零陵监狱不再关押罪犯。

9月 省依法治省督查团专员、省检察院原检察长何素斌带队的省“五五普法”检查组一行7人对永州市普法依法治理工作进行为期4天的检查验收。全市的“五五”普法工作得到检查组的充分肯定。

9月11—12日 永州考区国家司法考试顺利进行。

9月30日 市政府副市长舒平到市司法局调研。

12月21—24日 市司法局在市委党校举办全市司法所长培训班。

2011年

2月24日 市司法局召开全市司法行政工作会议。市委常委、政法委书记蒋善生，市人大常委会副主任杨海河，市政府副市长舒平，市政协副主席盘玉花出席会议。蒋善生、舒平分别讲话。

4月15日 道县司法局仙子脚司法所所长胡贵军在调解纠纷过程中殉职，年仅47岁。4月20日，省司法厅党组成员、政治部主任谭颂方一行吊唁胡贵军并慰问家属。翌日，参加胡贵军追悼会。5月6日，市司法局召开全市司法行政系统学习胡贵军先进事迹动员大会。中共湖南省委追授胡贵军为“优秀共产党员”，司法部追授其为“一级英雄模范”。

5月10日 省司法厅副厅长刘道龙一行到永州调研。

5月13日 市司法局党组书记、局长何建民一行到道县医院慰问因公负伤的祥霖铺司法所所长周局光。

5月18—19日 《湖南日报》、湖南红网等省内媒体云集道县，采访胡贵军先进事迹。

6月17日 市司法局罗蓉参加省司法厅举行的“我身边的共产党员”先进事迹演讲赛，获三等奖。同日，市司法局选送的情景剧《百姓贴心人》获省司法厅

"唱红歌，颂党恩，纪念建党 90 周年"文艺调演二等奖。

9 月 17—18 日 永州考区国家司法考试顺利进行。

9 月 22 日 永州市司法局与广西贺州市司法局在永州市司法局会议室签订《省际边界人民调解协作协议》。

9 月 22 日 市委召开常委会议，研究零陵监狱撤销事宜。

10 月 20 日 "法治永州"创建暨第七次法制宣传教育工作会议在南华大酒店召开，市委书记张硕辅主持会议并作重要讲话。市委副书记、市长龚武生，市委副书记唐松成以及唐湘林、高建华、杨海河、舒平、盘玉花等市领导出席会议。各县（区）委书记、县（区）长、宣传部部长、政法委书记、司法局局长、依法治县（区）办副主任及市直机关、中央、省驻永单位主要负责人 200 余人参加会议。

11 月 1—2 日 司法部原常务副部长金鉴到永州调研。

2012 年

5 月 10 日 市司法局召开接受市人大工作评议动员会议。7 月 25 日，市四届人大常委会五次会议集中评议市司法局。

5 月 16 日 市司法局举行聘请行风监督员仪式暨座谈会。

5 月 22 日 省司法厅副巡视员文泽纯一行到永州市调研司法行政工作。

6 月 21 日 市人大常委会副主任郑柏顺到市司法局调研。

7 月 20 日 司法部下文批复同意撤销零陵监狱。

8 月 1 日 市关工委主任谢朝月一行到市司法局调研青少年法制宣传教育。

8 月 16 日 市委、市政府召开"永州市推进法治永州建设创建法治先进城市"会议，正式提出创建"法治先进城市"目标。

9 月 17 日 省司法厅副厅长傅丽娟到永州市调研司法行政工作。

9 月 22—23 日 永州考区国家司法考试顺利进行。

9 月 27 日 "全省十佳调解能手"先进事迹报告团永州报告会在市广电中心举行。市政协副主席何明伶主持，市委常委、政法委书记唐湘林到会并讲话。

2013 年

1 月 11 日 市司法局在市广电大厦会议室召开零陵监狱干警职工（含退休人员）安置动员大会。市政府副秘书长兰卫平以及市编办、人社、公安、城管、司法行政等部门领导参加会议。会上宣读并解释《零陵监狱撤销后人员安置方案》和公安部门遴选方案，将方案和安置报名表发到每个干警职工手中。经过10个月的安置过程，至11月底，除零陵监狱9名党委委员外，112名干警职工全部分流安置完成。

3月8日 市司法局召开全市司法行政工作会议。

5月13日 市政协副主席何明伶一行到市司法局督办骆争光律师信访案。

6月28日 市司法局机关党委举行第三届换届选举大会，党组成员、政治部主任赵常斌当选第三届机关党委书记。

8月 永州市经济开发区司法局成立。

8月13日 省司法厅副厅长傅丽娟到永州市调研公证改革。

9月14—15日 永州考区国家司法考试顺利进行。

2014年

3月10日 市司法局召开党的群众路线教育实践活动动员会。市委常委、政法委书记唐湘林，市委第十三督导组组长蒋业产到会讲话。

5月9日 市委常委、政法委书记唐湘林在市司法局会议室为市委政法委和市司法局的全体干警上党课。

5月14日 省委副书记孙金龙到永州市调研，对永州市使用GPS定位、设置电子围墙助力社区矫正工作给予充分肯定。

5月23日 省司法厅副厅长傅丽娟到永州市调研司法考试等工作。

8月1日 永州市强制隔离戒毒所挂牌。

9月20—21日 永州考区国家司法考试顺利进行。

12月19日 市委常委、政法委书记唐湘林一行到市司法局调研。

12月29日 市编委下发《关于市司法局所属事业单位分类有关事项的通知》，明确市法律援助中心为公益一类事业单位。

2015年

4月2日 省司法厅党组成员、机关党委书记文泽纯一行到永州调研司法考试工作。

4月5日 省戒毒局党委委员、政治部主任肖质彬一行4人到市强制隔离戒毒所调研。

4月8日 省司法厅党组成员、省监狱管理局局长黄春阳到永州调研。

4月20日 雷廷玉任市司法局党组书记、局长。

4月27—30日 市司法局党组书记、局长雷廷玉先后调研新田县、宁远县、蓝山县、江永县、江华瑶族自治县、道县、回龙圩管理区司法行政工作。

5月16日 省司法厅党组书记、厅长谈敬纯到永州调研司法行政工作。

6月26日 市司法局举办全市司法行政系统“践行湖南司法行政精神”演讲比赛，零陵区司法局代表许媛获第一名，并代表永州参加省司法厅8月12日的决赛，荣获三等奖。市司法局获组织奖。

9月 市委增补雷廷玉为市委委员。

9月14日 市政府副市长刘新良、市编办主任吴建林、调研员何书彪，市司法局党组书记、局长雷廷玉一行6人到省编办汇报市强制隔离戒毒所升格为正处级机构事宜。省编办副厅级纪检员周文，省司法厅党组成员、政治部主任张皓等参加汇报会。

9月15—16日 省“六五”普法检查验收组到永州市验收“六五”普法工作。市委书记陈文浩出席汇报会并做工作情况汇报。检查验收组对永州“六五”普法工作给予充分肯定。

9月19—20日 永州考区国家司法考试顺利完成。

10月20—21日 市司法局举办全市基层司法行政业务骨干培训班，109名县（区）司法局、司法所、调解委员会工作人员参加培训。

10月26日 市司法局召开全局科级领导岗位竞争上岗动员大会，局机关13个正科级职位和8个副科级职位全部实行竞争上岗。11月底，竞争上岗工作顺利完成。

12月19日 市委常委、政法委书记唐湘林一行9人到市司法局调研。

12月29日 经常务副市长易佳良、副市长张常明批示同意，市司法局离休干部雷声夏获住房工龄补贴25141.3元，历时14年信访案了结。

第一章 司法行政机构

中华人民共和国成立至1980年11月前，零陵地区及所辖各县均未设立司法局。司法行政工作分别由各地人民法院和公安部门主管。1980年11月，零陵地委、行署贯彻落实湖南省人民政府《关于建立各级司法行政机构的通知》精神，下文成立零陵地区司法局，同时要求各县（镇）迅速建立司法行政机构。1980年11月至1981年年底，零陵地区所辖九县一镇先后选配好司法局局长，机构全部建立。1983年，祁阳县划入零陵地区，祁阳县司法局由零陵地区司法局指导工作。1996年6月，零陵地区司法局更名为永州市司法局。

1980—2015年，随着司法体制改革逐步深入，永州市司法行政机构不断纵向横向延伸发展，逐步建立健全，职能不断调整、充实和加强。2015年年底，全市形成市、县（区）、乡镇（街道）三级相对独立、完整，各个职能部门健全的司法行政机构体系。

第一节 永州市司法局

2015年，永州市司法局

1980年11月，零陵地区行署下文成立零陵地区司法局。1981年1月，地区司法局挂牌，办公地点为永州镇（现零陵区）跃进路4号（借用中级法院办公用房）。1983年8月15日，地区司法局改为地区司法处。1983年12月，地区司法处成立党组。

1984年4月26日，根据地区编委《关于调整行署部分工作机构名称的通知》，地区司法处更名为地区司法局。1985年年底，地区司法局搬迁至神仙岭路29号（现南津北路103号）办公。1996年6月17日，零陵地区司法局更名为永州市司法局。

一、内设科室

地区司法局成立时，内设组教科、业务指导科、公证律师科和办公室。1981年10月3日，组教科分设为人事科和宣传教育科。

1983年12月30日，增设劳改劳教科，业务指导科更名为人民调解管理科。1984年5月23日，设立纪检组。1985年1月20日，增设行政科。1986年1月，劳改劳教科分设为劳改工作管理科和劳教工作管理科。同年，人事科更名为政工科。1987年10月，撤销劳教工作管理科。1989年10月4日，人民调解管理科更名为基层工作管理科。1989年9月16日，设立监察室，与纪检组合署办公。1990年11月27日，政工科更名为政治处。1995年8月，劳改工作管理科更名为监狱管理科，恢复劳教工作管理科，与监狱管理科合署办公。

1997年机构改革，明确市司法局内设办公室、法制宣传科、法学教育科、公证与律师管理科、基层工作科、监狱管理科（加挂劳教管理科牌子）、行政财务科、政治处（警务科）、纪检组（监察室）。

2001年机构改革，市司法局撤销法学教育科；公证与律师管理科更名为公证律师管理科；行政财务科更名为行政与财务科；政治处更名为政治部，并内设教育培训科和警务科，均为副科级；其他内设机构不变。

2007年5月，增设政策法规科（加挂司法鉴定管理科牌子）。8月，政治部副主任升格为正科实职，警务科和教育培训科升格为正科级。

2011年，增设社区矫正科；公证律师管理科更名为律师公证管理科；监狱管理科（加挂劳教管理科牌子）更名为劳教管理科（加挂监狱管理科牌子）；行政与财务科更名为计财装备科；政治部改为政治部（警务部）；其他内设机构不变。

2015年8月24日，市司法局内设机构进行调整：基层工作科加挂法律援助工作科牌子；社区矫正科加挂永州市社区矫正工作管理局牌子；劳教管理科（加挂监狱管理科牌子）更名为戒毒管理科。调整后，市司法局内设机构为：办公室、法制宣传科、律师公证管理科、政策法规科（司法鉴定管理科）、基层工作科（法律援助工作科）、社区矫正科（永州市社区矫正工作管理局）、戒毒管理科、计财装备科、政治部（警务部）、纪检组（监察室）；政治部下设教育培训科、警务科（均为正科级）。

二、人员编制

1980年地区司法局成立时，暂定编制28名。1985年5月25日，湖南省委政法委、省委组织部、省编制委员会、省劳动人事厅、省财政厅联合下发《关于全省司法行政系统一九八五年编制控制分配数问题的联合通知》，下达给地区司法局机关39名司法行政专项编制。1985—2015年，市司法局编制几经增减。2015年8月24日，市编办下发《关于市司法局有关职责和机构编制调整的通知》，核定市司法局专项编制52名（含监狱管理编制8名、警务管理编制2名），其中：局长1名，副局长3名，纪检组组长1名，政治部主任1名；正科级领导职数11名，副科级领导职数8名。

三、职能

地区司法局建局初期，主要职责是：负责零陵地区所属各级人民法院的司法行政工作，主管人民法院（包括人民法庭）的机构设置、人员编制、司法统计和司法制度建设；考察了解人民法院执行各项审判制度的情况；协助地委、行署考核管理司法干部，负责司法干部队伍的思想政治工作；任命助理审判员；负责组织、开展法制宣传教育和司法干部培训；管理公证、律师工作和司法装备、物资；领导人民调解委员会和基层政权司法助理员的工作。

1982年，根据司法部机构改革精神，地区司法局将法院机构设置、编制、助理审判员的任免、司法统计、装备和经费管理等工作移交给同级法院。

1983年9月，全国开展“严惩危害社会治安的犯罪分子的斗争”。同年10月19日，根据中央将劳改、劳教管理工作由公安部移交给司法部的决定，零陵地委政法委主持召开将劳教科、劳教所成建制由公安处移交司法处管理的交接会议。同年年底，根据省委、省人民政府办公厅《关于地、州、市办劳改的通知》精神，零陵地委、行署批示由地区司法处筹办地区第一、二劳改队，并负责领导和管理。由此，零陵地区司法处的职责中增加领导和管理劳改劳教职能。

1997年机构改革，市司法局强化的职能主要有：研究制订全市司法行政工作的发展规划，为经济建设、民主与法制建设提供法律服务和法律保障；加强对监狱、劳教工作的监督、指导，强化人民民主专政职能；宏观管理全市法律服务事业，指导行政机关、企事业单位法律顾问工作；组织和指导全市法学教育和普法宣传工作，管理基层法制基础建设工作等。新增加的职能主要有：指导各县（区）和配合有关部门搞好各行业的依法治理工作；指导和管理市直法学会、律师协会的工作；参与全市仲裁工作管理，负责全市仲裁委员会的登记工作。

2001 年机构改革，市司法局部分职能调整：将律师的专业培训、奖惩及对外宣传职能调整到市律师协会。划入的职能有：指导企业法律顾问工作；指导面向社会服务的司法鉴定工作；负责司法考试。

2011 年机构改革，市司法局职能再次调整：取消已由市人民政府公布取消的行政审批事项；增加指导管理全市社区矫正工作职责；增加指导监督市劳动教养场所强制隔离戒毒、戒毒康复工作的职责；加强监督管理全市法律援助工作的职责；加强指导管理全市面向社会服务的司法鉴定工作的职责。调整后，市司法局的主要职责有 12 项：

（一）贯彻执行国家和省有关司法行政工作的方针、政策和法律、法规、规章，编制全市司法行政发展规划和年度计划并监督实施。

（二）组织实施司法行政方面的法律、法规和规章。

（三）指导管理市劳动教养工作、监狱工作和劳动教养场所强制隔离戒毒、戒毒康复工作。

（四）指导全市普法依法治理工作；参与社会治安综合治理工作。

（五）指导监督全市律师工作和公证工作；负责管理市本级公证机构。

（六）监督管理全市法律援助工作。

（七）负责组织实施全市国家司法考试工作。

（八）指导监督全市基层司法所建设和人民调解、社区矫正、基层法律服务和安置帮教工作。

（九）负责仲裁登记工作；指导管理全市面向社会服务的司法鉴定工作。

（十）指导管理全市司法行政系统的计划财务及枪支、弹药、服装和警车管理工作。

（十一）指导全市司法行政系统队伍建设和思想政治工作；指导管理全市司法行政系统的教育培训和警务工作；协助县（区）管理司法局领导干部。

（十二）承办市人民政府交办的其他事项。

2012 年 7 月，零陵监狱撤销。2014 年 6 月，市劳动教养管理所更名为市强制隔离戒毒所，不再履行劳动教养管理职责，依法履行强制隔离戒毒、戒毒康复等职能。2015 年 8 月，永州市编办下发《关于市司法局有关职责和机构编制调整的通知》，明确市司法局职能调整：取消对市劳动教养工作和监狱工作的指导管理职责；增加指导管理市强制隔离戒毒所工作职责；增加指导和参与管理全市社区戒毒（康复）工作职责。加强的职责有：指导全市公共法律服务工作；指导管理全市社区矫正工作。

1981—2015 年永州市司法局历届领导班子名录一览表

表 1-1

机构名称	界别	姓名	职务	任职时间	备注
零陵地区司法局（1983.08—1984.04 更名为零陵地区司法处）	1981.01—1984.12	文永鳌	副局长	1981.01—1981.06	主持工作
		王执元	副局长	1981.07—1983.11	主持工作
			党组副书记、顾问	1983.11—1984.11	
		周凯元	副局长	1981.01—1981.11	
		欧志发	副处长	1983.11—1983.12	
		屈　平	党组委员、副局长	1983.11—1984.12	
		刘志民	党组委员、副局长	1983.12—1993.11	
零陵地区司法局	1984.12—1989.05	龙睦保	党组书记、局长	1984.12—1989.05	
		刘志民	党组委员、副局长	1983.12—1993.11	
		唐际湘	党组成员、纪检组组长	1984.04—1985.12	1984.04—1984.12 任纪检员（正处）
			党组成员、副局长	1985.12—1989.08	
		曾石林	党组成员、副局长	1985.11—1988.10	
		彭　杰	党组成员、纪检组组长	1986.02—1989.08	
			党组成员、纪检组组长、副局长	1989.09—1994.10	
		李绍陶	党组成员、副局长	1988.02—1991.02	
零陵地区司法局	1989.09—1994.06	唐际湘	党组书记、局长	1989.09—1994.06	
		刘志民	党组委员、副局长	1983.12—1993.11	
		彭　杰	党组成员、纪检组组长	1986.02—1989.08	
			党组成员、纪检组组长、副局长	1989.09—1994.10	
		李绍陶	党组成员、副局长	1988.02—1991.02	
		邓化铁	党组成员、副局长	1991.08—2001.11	
		何国来	党组成员、副局长	1993.08—2003.06	
		汤升福	党组成员、副局长	1993.08—2001.11	
永州市司法局	1994.06—2001.09	钟佩章	党组书记、局长	1994.06—2001.09	
		彭　杰	党组成员、纪检组组长	1986.02—1989.08	
			党组成员、纪检组组长、副局长	1989.09—1994.10	

续表1-1

机构名称	界别	姓名	职务	任职时间	备注
永州市司法局	1994.06—2001.09	邓化铁	党组成员、副局长	1991.07—2001.11	
		何国来	党组成员、副局长	1993.08—2003.06	
		汤升福	党组成员、副局长	1993.08—2001.11	
		李　政	党组成员、纪检组组长	1995.09—2003.12	
		伍拱伸	党组成员、副局长	1995.12—2001.11	
		汪云星	副局长	1999.02—2008.12	
永州市司法局	2001.09—2003.11	盘德力	党组书记、局长	2001.09—2003.11	
		何国来	党组成员、副局长	1993.08—2003.06	
		李　政	党组成员、纪检组组长	1995.09—2003.12	
		汪云星	副局长	1999.02—2008.12	
		蒋友生	党组成员、副局长	2001.10—2009.06	
		郑泽辉	党组成员、副局长	2002.11—2010.12	
		蒋亚军	党组成员、政治部主任	2002.11—2009.08	
		杨长耀	党组成员、副局长	2003.11—	
永州市司法局	2004.02—2015.04	何建民	党组副书记、副局长	2004.02—2006.07	主持工作
			党组书记、局长	2006.07—2015.04	
		李　政	党组成员、纪检组组长	1995.09—2003.12	
		汪云星	副局长	1999.02—2008.12	
		蒋友生	党组成员、副局长	2001.10—2009.06	
		郑泽辉	党组成员、副局长	2002.11—2010.12	
		蒋亚军	党组成员、政治部主任	2002.11—2009.08	
			党组成员、副局长	2009.08—2015.06	
		杨长耀	党组成员、副局长	2003.11—	
		唐伍星	党组成员、副局长	2006.12—2008.11	
		秦雄飞	党组成员、纪检组组长	2007.07—2013.08	
		廖信安	副局长	2009.08—	
		赵常斌	党组成员、政治部主任	2009.08—2015.09	
		李月红	党组成员、纪检组组长	2013.08—2014.08	
		罗　成	党组成员、纪检组组长	2014.08—2017.08	

续表1-1

机构名称	界别	姓名	职务	任职时间	备注
永州市司法局	2015.04—	雷廷玉	党组书记、局长	2015.04—	
		杨长耀	党组成员、副局长	2003.11—	
		廖信安	副局长	2009.08—	
		赵常斌	党组成员、政治部主任	2009.08—2015.09	
			党组成员、副局长	2015.09—	
		罗　成	党组成员、纪检组组长	2014.08—2017.08	
		李　伟	党组成员、副局长	2015.09—	
		蒋小波	党组成员、政治部主任	2015.09—	
		唐云春	党组成员、市纪委驻市司法局纪检监察组组长	2017.08—	

1981—2015年永州市司法局顾问、调研员、副调研员名录一览表

表1-2

姓名	性别	政治面貌	职务	任职时间	备注
王执元	男	中共党员	顾问	1983.11—1990.11	1983.11—1984.11 主持工作，1990.11享受副厅级待遇退休
吴运昌	男	中共党员	顾问	1984.01—1991.01	1991.01病逝
李　政	男	中共党员	调研员	2003.12—2008.10	2008.10退休
唐际湘	男	中共党员	顾问	1994.06—1994.09	
			调研员	1994.09—1999.01	1999.01退休
彭　杰	男	中共党员	调研员	1994.09—2001.07	2001.07退休
王万书	男	中共党员	调研员	1999.06—2000.11	2000.11退休
曹云虹	男	中共党员	助理调研员	1999.08—2000.11	2000.11调离
汤升福	男	中共党员	助理调研员	2001.11—2003.06	
			调研员	2003.06—2006.09	2003.06离岗退养，2006.09退休
伍拱伸	男	中共党员	调研员	2001.10—2006.09	2003.06离岗退养，2006.09退休
何常地	男	中共党员	调研员	2001.10—2009.10	2009.10退休
何国来	男	中共党员	调研员	2003.06—2007.02	2003.12离岗退养，2007.02退休

续表1-2

姓名	性别	政治面貌	职务	任职时间	备注
雷晓元	男	中共党员	副调研员	2006. 07—2015. 06	2015. 06 退休
刘佑湘	男	中共党员	副调研员	2009. 08—2011. 11	2011. 11 退休
蒋友生	男	中共党员	调研员	2009. 06—2011. 01	2011. 01 退休
郑泽辉	男	中共党员	副调研员	2010. 12—2013. 10	2013. 10 退休
蒋和平	男	中共党员	副调研员	2015. 09—	

第二节　直属机构

一、永州市政法干部中等专业学校

2001 年，永州市政法干校

1985 年 1 月 21 日，零陵地区编委下发《关于成立零陵地区政法干部学校的通知》，成立零陵地区政法干部学校，为科级事业单位，直属地区司法局管理，人员编制从省核定地区司法部门的编制总额中调整解决。同年 3 月，地区司法局按照地委指示开始筹建学校，校址设在原县级永州市神仙岭路 117 号。同年 6 月，省委组织部批准成立零陵地区政法干部中等专业学校（以下简称政法干校）。同年 12 月，地区政法干校升格为县级事业单位，内设办公室和教务科。1988 年 2 月 25 日，省编委下达给学校 18 名专项编制。1992 年 5 月，学校增设学生科。1996 年，地区政法干校更名为永州市政法干校。

学校成立时，主要职责是对全区司法系统干部进行法学教育培训，并面向社会开展法律、公安、文秘等专业中等学历教育（学制 2~3 年）。为满足社会对法律专业高学历人才的需要，在开展中等学历教育的同时，1985 年 9 月，学校开始与湖南省广播电视大学联合办学，培养法律专业大专学历人才，颁发湖南省广播电视大学毕业证书。2000 年 9 月，开始与衡阳师范学院联合办学，培养法律专业大专学历人才，颁发衡阳师范学院毕业证书。随着国家招生形势变化，2000 年停止中专招生，2002 年停止大专招生。2003 年 7 月最后一批学生毕业，教学工作停止。

1985—2001 年永州市政法干校历届领导班子名录一览表

表 1-3

机构名称	界别	姓名	职务	任职时间	备注
零陵地区政法干校	1985. 06—1986. 02	尹保家	副校长	1985. 05—1986. 02	
		陈田华	副校长	1985. 05—1986. 02	
零陵地区政法干校	1987. 06—1991. 10	文永鳌	校长	1987. 06—1991. 10	
		何常地	副校长	1990. 10—1994. 12	
永州市政法干校	1991. 10—2001. 10	何常地	副校长	1991. 10—1994. 12	主持工作
			校长	1994. 12—2001. 10	
		裴明达	副校长	1991. 12—2000. 09	
			副校级干部	2000. 09—2002. 10	
		阳义宾	副校长	1991. 12—2000. 09	
			副校级干部	2000. 09—2003. 12	2003. 12 按正校级干部退休
		刘志民	党委书记	1992. 03—1993. 11	
		屈保祥	党委书记	1994. 12—1997. 10	
			正校级干部	1997. 10—1999. 01	

二、湖南省零陵监狱

湖南省零陵监狱的前身为零陵地区劳改支队。

1983 年以前，零陵地区没有建立劳改队，只有零陵县、东安县、蓝山县于 1951 年设立过劳改队或劳改中队，1955 年相继撤销。

1983 年年底，零陵地委、行署根据湖南省委、省人民政府办公厅《关于地、州、市办劳改的通知》精神，按照中央提出的“收得下、管得住、跑不了、改造好”十二字方针，指定地委政法委主任宋长信、地区司法局副局长王执元、刘志民和劳改科科长蒋集文等同志组织筹建地区劳改队，选定东安县大江口乡锰矿为队址，于 1984 年 2 月 3 日成立零陵地区第一劳改队，陈开智负责全面工作。同年 3 月

20日，又选定县级永州市毛溪桥乡锰矿为队址，成立零陵地区第二劳改队，肖澄初负责全面工作。地区第一、二劳改队主要任务是：对罪犯进行教育改造，组织罪犯进行锰矿开采。同年，在全区11个县（市）建立劳改拘役所，归属各县（市）司法局主管。1985年4月，地区司法局根据司法部关于“提高改造质量，一个地区办好一个劳改队”的精神和湖南省劳改管理局的意见，呈报地委、行署同意，将地区第一、二劳改队合并成立零陵地区劳改队，11个县（市）劳改拘役所撤销。地区劳改队选址县级冷水滩市仁湾镇黄甸村，归属地区司法局管理，为正科级事业单位。

2002年，零陵监狱

1990年12月，地区劳改队升格为副团级事业单位，更名为地区劳改支队，汤升福任支队长，地区司法局局长唐际湘兼任支队政委。劳改支队下设办公室、政工科、纪检组、计划财务科、生活卫生科（下设医务所）、生产供销科和直属四个大队（冷水滩设第一、二、三劳改大队，长茅坪劳改分队为第四劳改大队），各科室、大队均为副科级。1991年7月，成立中共零陵地区劳改支队第一届委员会，唐际湘兼任党委书记，汤升福任党委副书记。

1995年8月7日，地区劳改支队更名为湖南省零陵监狱，并于1996年2月13日举行更名挂牌仪式。零陵监狱内设办公室、政工科、狱政科、生产科、生活卫生科、计划财务科、纪检组（监察室）、工会和教育改造科等9个科室，下设4个监区。1999年12月，选举产生零陵监狱第一届纪律检查委员会，蒋和平任纪委书记。2008年2月，零陵监狱升格为正处级，内设机构升格为正科级。

1984年，地区第一、二劳改队没有明确编制数额。劳改队民警主要从全区各乡、镇抽调而来。首批抽调45名民警，至年底增至73名。1985年5月25日，中共湖南省委政法委、省委组织部、省编制委员会、省劳动人事厅、省财政厅联合下发《关于全省司法行政系统一九八五年编制控制分配数问题的联合通知》，明确下达给零陵地区劳改单位编制128名，另从地方借编58名（后归还地方）。1990年12月，劳改支队有在职干警、职工129名，其中干警101名，工人28名。1992年6月新增编制15名，1995年12月新增编制4名。1997年，根据《永州市人民政府办公室关于印发永州市司法局职能配置内设机构和人员编制方案的通知》，将零陵监狱 8 名编制划入市司法局监狱管理科使用，零陵监狱编制为 139 名。2002 年年底，零陵监狱警察、职工 126 名，其中警察 99 名，工人 27 名。2010 年 8 月，零陵监狱警察职工 121 名，其中警察 92 名，工人 29 名。

零陵监狱是 1984 年配合“严打”斗争成立的地市监狱，整体规模较小，主要关押市内 1 年以上、5 年以下有期徒刑罪犯。

随着国家司法体制改革推进和监狱布局调整，2010 年 5 月 28 日，湖南省委第 11 次常委会研究决定将零陵监狱移交省公安厅管理，改建成省安康医院，作为全省肇事肇祸精神病监护治疗所。2011 年 8 月 6 日，永州市政府副秘书长周国定受市领导委托，携财政、编办、司法和监狱的领导到省监狱管理局协调零陵监狱去留问题，省监狱管理局不同意保留零陵监狱。2011 年 9 月 22 日，永州市委常委会研究决定拟撤销零陵监狱。2012 年 7 月 20 日，司法部批复湖南省司法厅，同意撤销零陵监狱。2013 年 1 月 11 日，市司法局召开零陵监狱干警职工安置动员大会，监狱干警职工和退休人员分别安置到公安系统、城管系统和劳教所等市直单位。2015 年年底，全部安置完毕。

1984—2012 年零陵监狱历届队长（支队长、监狱长）、政委名录一览表

表 1-4

机构名称	界别	姓名	职务	任职时间	备注
零陵地区劳改队	1984. 01—1985. 11	陈开智	地区劳改队队长	1984. 01—1985. 11	
零陵地区劳改队	1985. 11—1986. 12	金　峰	地区劳改队队长	1985. 11—1986. 12	
零陵地区劳改队	1987. 12—1990. 01	邹云苏	地区劳改队队长	1987. 12—1990. 01	
零陵地区劳改支队	1990. 01—1993. 08	汤升福	地区劳改队队长	1990. 01—1991. 02	
			地区劳改支队支队长	1991. 02—1993. 08	
		唐际湘	地区劳改支队政委（兼）	1991. 04—1994. 06	
零陵监狱	1993. 08—1999. 06	王万书	地区劳改支队支队长	1993. 08—1995. 12	
			监狱长	1995. 12—1999. 07	
		胡锡亮	政委	1995. 12—2008. 10	
零陵监狱	1999. 07—2008. 10	刘广冀	监狱长	1999. 07—2008. 10	
		胡锡亮	政委	1995. 08—2008. 10	

续表1-4

机构名称	界别	姓名	职务	任职时间	备注
零陵监狱	2008. 10—2012. 07	唐伍星	监狱长	2008. 10—2012. 07	
		刘广冀	政委	2008. 10—2012. 07	

三、永州市强制隔离戒毒所

永州市强制隔离戒毒所前身系永州市劳动教养管理所。

1980年6月，零陵地区公安处根据省公安厅的指示，将地区公安收审站更名为地区公安处劳动教养收审大队，以收审为主，兼收容劳动教养对象。1982年4月2日，零陵地区劳动教养管理所（简称地区劳教所）挂牌成立，隶属零陵地区公安处，级别为区营级，内设秘书股、管理教育股、生产计划股和两个管教中队。所址设在县级永州市七里店乡长茅坪（原零陵四中学农基地）。1984年1月30日，地区劳教所成建制移交零陵地区司法局管理，级别、机构不变，确定为特殊事业单位。收容规模为400人。1987年9月，地区司法局以监管条件差、收容劳教人员少、劳改队收押犯人爆满，拟将劳教所改办劳改分队为由，向省司法厅申请撤销劳教所。1987年10月，经省司法厅批准，地区劳教所撤销，并入零陵地区劳改队，改为零陵地区劳改队长茅坪分队。

2014年，市强制隔离戒毒所

20世纪90年代初，零陵地区开展整治农村社会治安专项行动，劳动教养对象逐年增多。1993年，零陵地委、行署研究决定恢复组建地区劳教所。经省司法厅和地区编委批复同意，1994年2月1日，地区劳教所恢复重建。重建时，地区编委《关于恢复零陵地区劳教所的批复》明确地区劳教所为副处级事业单位，下设办公室、政工科、管理教育科、生卫科、生产科、财务科和4个管教大队。收容规模为600人。1996年，地区劳教所更名为永州市劳教所。同年，中共永州市劳教所党委成立，文艺任党委书记。

2007年4月，经市编办批复，市劳教所内设机构正职高配为正科级，副职高配为副科级。

2005—2009 年，市劳教所收治的劳教戒毒人员比例逐年上升。2009 年年底，劳教戒毒人员占全所收容收治比例达 78%。经省戒毒管理局和市编委批准，2010 年 3 月 9 日，市劳教所加挂永州市长茅坪强制隔离戒毒所牌子，机构编制事宜维持原定不变。

2013 年 3 月，湖南省公安部门停止审批劳动教养。2013 年 11 月 15 日，中共十八届三中全会通过的《中共中央关于全面深化改革若干重大问题的决议》第 34 条决定劳动教养制度废止。2013 年 12 月 28 日，全国人大常委会通过废除劳动教养制度的决定，并规定废止前的劳动教养决定有效，决定废止后被决定劳动教养人员剩余教期不再执行，一律解除劳动教养。劳动教养制度废止后，市劳教所的职能向强制隔离戒毒转化。2014 年 6 月 30 日，经市编委批准，市劳教所更名为市强制隔离戒毒所。同年 8 月 1 日，市强制隔离戒毒所正式挂牌。2015 年 10 月，市强制隔离戒毒所升格为正处级机构。

1984 年地区劳教所移交地区司法局管理时，编制为 44 人，实有干警、工人 47 名。1994 年地区劳教所恢复重建时，地区编委《关于恢复零陵地区劳教所的批复》明确编制经省编委增编后予以确定，此前，由地区劳改支队调整。1996 年，省司法厅、省人事厅、省机构编制委员会办公室、省劳动厅、省财政厅联合下发《关于做好从青海监狱系统调编调干接收安置工作的通知》，调剂给市劳教所 30 名编制，用于接收安置青海干警。年底，市劳教所接收安置 10 名青海干警。1997 年机构改革，确定市劳教所编制为 100 名，其中政法专项编制 74 名，地方编制 26 名。年底市劳教所实有干警 64 名，工人 29 名。2008 年 2 月，市编委下达给市劳教所 10 名政法专项编制，同时冲销 10 名地方编制，总编制数不变。2013—2015 年，市强制隔离戒毒所接收零陵监狱安置人员 27 名。2015 年年底，市强制隔离戒毒所有干警职工 118 名，其中干警 99 名，工人 19 名。

1985—2016 年永州市强制隔离戒毒所（永州市劳动教养管理所）

历届所长、政委名录一览表

表 1-5

机构名称	界别	姓名	职务	任职时间	备注
零陵地区劳教所	1985. 02—1986. 01	文贻道	所长	1985. 02—1986. 01	
零陵地区劳教所	1986. 08—1987. 10	刘天普	所长	1986. 08—1987. 10	

续表1-3

机构名称	界别	姓名	职务	任职时间	备注
永州市劳教所	1994.07—2005.07	文艺	所长	1994.07—2005.07	
		陈玉满	政委	1994.12—1998.03	
		吕小田	政委	1999.12—2005.06	
永州市劳教所	2005.08—2009.08	吕小田	所长	2005.08—2009.08	
		周胜利	政委	2006.07—2009.08	
永州市劳教所	2009.08—2014.06	周胜利	所长	2009.08—2014.06	
		胡永林	政委	2009.08—2014.06	
永州市强制隔离戒毒所	2014.06—	周胜利	所长	2014.06—	
		胡永林	政委	2014.06—2016.09	
		刘洁	政委	2016.09—	

四、湖南云虹律师事务所、湖南劲松律师事务所

湖南云虹律师事务所和湖南劲松律师事务所同属市司法局管理的国资律师事务所，其前身是零陵地区法律顾问处。

1985 年 1 月 28 日，经地区编委批准，成立零陵地区法律顾问处，为科级事业单位，直属地区司法局管理，人员编制在地区司法局编制总额中调整解决，经费列入国家事业预算，实行全额管理、差额补贴办法。

1985 年 5 月 25 日，湖南省编委下达给地区法律顾问处编制 5 名。1986 年 10 月 10 日，增加编制 2 名。1988 年 2 月 25 日，增加编制 1 名。此时地区法律顾问处有专项编制 8 名。

1989 年 10 月 9 日，为加速律师行业发展，地区法律顾问处分设为第一律师事务所和第二律师事务所，各有 4 名编制。

1997 年，第一律师事务所、第二律师事务所分别更名为湖南云虹律师事务所和湖南劲松律师事务所。同时，各划出 1 名编制给市律师协会使用。

1988 年 4 月，地区法律顾问处开始实行自收自支经费管理办法。2007 年，由于人员变动，湖南劲松律师事务所停止考核和办案。

五、永州市律师协会

1995 年，地区司法局根据《司法部关于深化律师工作改革的方案》和司法部

1995 年 12 月 12 日，零陵地区律师协会授牌成立

《关于加快律师协会建设的意见》，着手进行律师协会的筹备工作。8 月 28 日，向各县（市）司法局下发《关于做好零陵地区第一次律师代表大会准备工作的通知》。10 月 15 日，向省司法厅呈报《关于申请成立零陵地区律师协会的报告》。11 月，省司法厅和地区民政局先后批复同意成立零陵地区律师协会。1995 年 12 月 12 日，地区司法局组织召开全区第一次律师代表大会暨律师协会成立大会，全区 47 名律师代表参加。大会审查通过《律师协会章程》，并选举产生协会第一届理事会，共 21 名理事。同日，理事会举行第一次会议，推选常务理事 9 名；推选邓化铁担任会长，李盛德担任常务副会长；汤琼湘、蒋双生担任副会长；李盛德兼秘书长；理事会聘请钟佩章担任名誉会长，聘请谢田种、卢腊庆、贺梅楚、王伯达担任协会顾问。

2006 年 12 月 23 日，永州市第三次律师代表大会召开

1997 年机构改革，永州市律师协会确定为全额拨款事业单位，定编制 2 名（从律师编制中划入）。

2000 年 6 月 10 日，第二次律师代表大会召开，大会选举市司法局局长钟佩章任会长，副局长伍拱伸、公证律师管理科科长雷晓元任副会长。

2006 年 12 月 23 日，第三次律师代表大会召开，38 名正式律师代表和 11 名特邀代表参加会议。大会选举产生 23 名市律师协会第三届理事会理事，并推选市司法局局长何建民兼任律师协会会长，市司法局副局长杨长耀、副调研员雷晓元和公证律师管理科副科长魏绍辉兼任副会长，律师成火龙、蒋双生、郑安陵、张容担任副会长。2009 年 12 月，根据中央关于领导干部不能兼任社会团体、行业协会的领导职务以及行业协会要实行人员、机构、财务、职能四分开的精神，三届永州律师协会理事会第六次会议选举成火龙为会长，何建民、杨长耀、雷晓元、魏绍辉不再兼任会长、副会长职务。

2013 年 12 月 20 日，第四次律师代表大会召开，大会选举产生 25 名理事，选举蒋双生担任会长，郑安陵、张容、郁康明、易达、龚智任副会长。2014 年 3 月 8 日，市律师协会根据省律师协会的要求成立永州市女律师协会，郑安陵任会长，胡小艳、李小林、屈玲燕任副会长。

2014 年 3 月 8 日，永州市女律师协会成立会议召开

2015 年年底，永州市律师协会下设纪律惩戒、权益事务、实习人员考察、青年律师工作、女律师等 5 个专门委员会和刑事、民法行政法、法律顾问、建筑房地产、金融保险、婚姻家庭、法律援助、劳动法律等 8 个专业委员会。团体会员有 34 家律师事务所，12 个法律援助中心，个人会员 429 名律师。

六、永州市潇湘公证处

1980 年以前，零陵地区公证机构和公证工作由同级法院管理。1980 年 3 月，司法部下发《关于公证处的设置和管理体制问题的通知》，确立公证处归属司法行政机关领导。1981 年下半年至 1984 年 1 月，零陵地区 11 个县（市）先后设立公证处，隶属县（市）司法局管理，公证业务受地区司法局指导。1993 年 4 月 10 日，经省

2015 年，永州市潇湘公证处

司法厅和地区编委批准，零陵地区公证处成立，办公地址设在地区司法局院内。地区公证处与县（市）公证处无隶属关系。1996 年 6 月，地区公证处更名为永州市公证处。1997 年机构改革，明确市公证处为科级事业单位，编制在市司法局机关编制中调剂使用。1998 年，市编办批复，市公证处按行政机构管理。2009 年，经省司法厅批准，市公证处更名为市潇湘公证处。

根据《公证法》，市潇湘公证处的职责是根据自然人、法人或者其他组织的申请，依照法定程序对民事法律行为、有法律意义的事实和文书的真实性、合法性予以证明。

七、永州市法律援助中心

2000 年 11 月 1 日，市编办下发《关于设立永州市法律援助中心的批复》，同意设立永州市法律援助中心，为差额拨款的科级事业单位，核定事业编制 3 名，其中主任 1 名。主要职能是指导、协调、组织全市法律援助工作。

2006 年 12 月，市编办将市法律援助中心编制由差额拨款事业编制调整为全额拨款事业编制，编制数额不变。

2008 年，参照湖南省法律援助中心的单位性质，市编办和市公务员局同意市法律援助中心参照公务员管理。2009 年 11 月，市法律援助中心面向社会公开招考并录用 2 名参照公务员管理人员，结束多年来有机构无正式在编人员的局面。

2014 年，永州市推进事业单位分类改革，市编办于 12 月 29 日下发《关于市司法局所属事业单位分类有关事项的通知》，将市法律援助中心定为公益一类事业单位。

第三节　县（区）司法局

地区司法局成立后，指导各县组建县级司法行政机构。1980 年 11 月 28 日，蓝山县司法局率先成立。至 1981 年年底，全区所辖零陵县、永州镇、东安县、双牌县、道县、江永县、江华瑶族自治县、宁远县、新田县、蓝山县 10 个县、镇全部成立司法局。1983 年 7 月，祁阳县划入零陵地区，祁阳县司法局归由零陵地区司法局指导工作。2002 年，回龙圩管理区成立民政司法局。2009 年 11 月，金洞管理区成立司法局。2013 年 8 月，永州市经济开发区成立司法局。至此，永州市 11 个县（区）司法局和 3 个管理区（经济开发区）司法局全部成立。

各县（区）司法局成立之初，内设机构设置不一：永州镇司法局（现零陵区司法局）、江永县司法局、新田县司法局未明确内设机构；双牌县司法局、宁远县司法局、蓝山县司法局仅内设办公室；东安县司法局、道县司法局和江华瑶族自治县司法局设有办公室、业务股；零陵县司法局（现冷水滩区司法局）、祁阳县司法局内设机构设置较齐全，均设有办公室、宣传教育股、人民调解股，零陵县司法局还设有人事股。遵循机构设置与工作任务相适应和精干的原则，1984 年 4 月，零陵地区司法局、零陵地区编委联合下发《关于县（市）司法局机构设置的通知》，明确各县（市）司法局内设办公室、宣传教育股和调解指导股。1984—2015 年，各县（区）司法局内设机构随职能的增加而增加。2015 年年底，各县（区）司法局内设机构一般设有：办公室、法制宣传股、基层工作股、公证律师管理股、社区矫正股、政策法规股（司法鉴定股）、政工室。下属单位一般有公证处和法律援助中心。

1985 年，湖南省委政法委员会、省委组织部、省编制委员会、省劳动人事厅和省财政厅联合下发《关于全省司法行政系统一九八五年编制控制分配数问题的联合通知》，明确下达给零陵地区各县（市）司法行政部门中央政法专项编制 389 名，此后陆续增加政法专项编制。2015 年年底，全市县（区）司法行政部门有政法专项编制 647 名。

县（区）司法局是县（区）人民政府主管司法行政工作的职能部门，其职能与市司法局基本一致，主要承担各县（区）的法制宣传教育、人民调解、律师公证管理、基层法律服务、社区矫正、司法鉴定和法律援助等工作。

第四节　乡镇（街道）司法所

20 世纪 80 年代，各县（市）乡镇一般设有司法助理员，部分县（市）乡镇设置司法办公室，负责辖区内的司法行政事务。乡镇司法办公室和司法助理员均由乡镇领导和管理，县（市）司法局只有业务指导之责。1995 年 6 月，湖南省委、省人民政府发布《湖南省维护社会稳定“长治久安”工程实施方案（试行）》，提出“要建立乡镇（街道）司法所”。7 月，省委办公厅批转省司法厅党组《关于加强县市区司法行政工作的报告》，明确“每个乡镇都建司法所，确立以县市区司法局为主、乡镇参与的司法所管理体制，人、财、物、事四权以司法局为主管理。”地区司法局积极向地委、行署和政法委汇报，请示按上级要求建立乡镇司法所。9 月 26

20 世纪 80 年代，宁远县官桥乡司法办公室

日，地区编委下发《关于全区乡镇设立司法行政机构的通知》，要求各县（市）建立乡镇（街道）司法所。1995 年 8 月，东安县率先在全县 16 个乡镇和 2 个林场设立司法所。1997 年 6 月，全市 11 个县（区）建立 199 个乡镇（街道）司法所。2009 年 11 月，金洞管理区司法局成立，设立 8 个司法所。2010 年 8 月，回龙圩管理区司法局成立，设立 8 个司法所。随乡镇区划变更，历年司法所个数也发生变化。2015 年年底，全市有 211 个乡镇（街道）司法所。乡镇（街道）司法所建立后由县（区）司法局收编直管的时间先后不一，最早的是东安县和宁远县的乡镇（街道）司法所，于 1995 年 10 月由县司法局收编直管，成为县司法局的派出机构。最晚的是蓝山县的乡镇（街道）司法所，于 2009 年由县司法局收编直管。

1996 年 1 月，祁阳县司法局设立司法所集体留影

2004 年，司法部启动全国司法所规范化建设，中央财政下拨专款用于乡镇司法所办公用房建设。同年，省司法厅下发《关于加强全省乡镇司法所办公用房和基础设施建设的实施意见》，明确市（州）、县（市、区）财政帮助解决新建司法所办公用房等新建设施。2005 年 6 月 16 日，永州市委书记曾庆炎主持召开市委常委会议，专题研究全市司法所规范化建设工作。6 月 22 日，

市委下发《中共永州市委常委会议研究基层司法所规范化建设工作会议纪要》，要求：切实加强司法所的机构和编制管理。明确司法所实行县（区）司法局和乡镇双重领导，以县（区）司法局管理为主、乡镇参与管理的体制。人、财、物、事权由县（区）司法局为主管理。确保配备司法助理员政法专项编制专编专用，并根据工作需要增配地方行政编制充实司法所。切实加强司法所基础设施建设。全市所有乡镇应设立司法所，并保证每个司法所有100平方米以上的办公用房，确保司法所“五室健全、五子配套”。即有司法所所长办公室、调委会室、安置帮教室、法律服务室、档案资料室和房子、车子、机子（电话机、照相机、微机）、桌子、柜子。各级财政帮助解决必要的经费。切实加强司法助理员队伍建设。逐步解决司法所副科级待遇。司法所公务员应该具备国家公务员条件，按照每所3人以上的要求逐步配齐，5年内达到要求。全市司法行政机关按照市委常委会议纪要精神，积极向当地党委、政府汇报，争取支持，与有关单位和部门衔接，落实司法所建设的各项政策，减免有关费用，简化办事手续，推进司法所规范化建设。2004年，启动第一批24个司法所办公用房建设。2006年，启动第二批70个司法所办公用房建设。2007年，启动第三批49个司法所办公用房建设。2008年，启动第四批47个司法所办公用房建设。2009年，启动第五批21个司法所办公用房建设。至2011年年底，中央下达永州市211个司法所办公用房建设项目全部完成，建筑面积共29158平方米，平均每个司法所办公用房面积达138平方米。中央拨款投资2015万元，市、县、乡三级配套资金484.8万元。

2006年，零陵区富家桥司法所

第二章　司法行政队伍

1980年11月，地区司法局成立时，配有干警7人。1980—1996年，通过调入干部、接收大中专毕业生、接收军队转业干部等方式不断补充扩大司法行政队伍。1996年，永州市推行国家公务员考试录用制度，公开招考录用成为司法行政系统补充人员的重要途径之一。36年来，随着司法行政机构扩大、编制增加、职能强化，司法行政队伍不断充实和加强，年龄结构更加合理，专业化、知识化水平逐步提升，为司法行政事业的发展提供坚实保障。

第一节　队伍结构

一、队伍发展

1980年11月地区司法局成立时，只有干警7人。同年，地区司法局党组根据湖南省人民政府《关于建立各级司法行政机关的通知》精神，向地委、行署建议组建各县司法行政机构和队伍。1981年年底，全区所辖10个县（镇）均成立司法局，全区司法行政队伍发展至93人，其中司法行政干部71人，公证处8人，法律顾问处14人。此外，各县（镇）配备专职司法助理员70人，负责乡镇司法行政事务。司法助理员受乡镇政府管理，业务接受各县（镇）司法局指导。1982年年底，全区司法行政系统干部职工138人，其中司法行政机关干部职工100人，公证处21人，法律顾问处17人。各县（市）配备司法助理员305人，其中专职115人。随着职能变化，工作任务增加，全区司法行政队伍不断向纵向、横向全面发展。1983年7月，祁阳县从衡阳地区划入零陵地区，祁阳县司法局归地区司法局指导工作。1984年，地区司法局设立劳改队，各县（市）司法局设立拘役所，同年年底，全区司法行政队伍发展至373人，其中地、县（市）局机关干部120人，公证处25人，法律顾问处22人，劳改劳教干部206人。此外乡镇配备专职司法助理员168人。1995年7月，全区各县（市）乡镇陆续建立司法所，为县（市）司法局的派出机构，乡镇司法助理员也由县（市）司法局收编直管。1996年年底，全市司法行政队伍发展至858人（干部751人，工人107人），751名干部中，市司法局机关33人，县（区）司法局机关155人，司法助理员324人，律师事务所34人（含律师协会1人），公证处37人，政法干校22人，监狱干警82人，劳教干警64人。2012年，湖南省零陵监狱撤销，监狱干警分流至其他单位。2014年，市劳教所转型为强制隔离戒毒所，劳教干警也随之转变为强制隔离戒毒干警。2015年年底，全市司法行政队伍发展至957人，其中司法行政机关公务员297人，机关直属单位干部25人，乡镇（街道）司法助理员300人，强制隔离戒毒警察111人，在编工人224人。

随着司法体制改革不断深入，全市社会法律服务队伍也得到充分发展。1994年成立合作制白云律师事务所，发展社会律师4名。2005年，面向社会提供服务的司法鉴定工作交由司法行政部门主管，开始在全市建立司法鉴定机构，发展司法鉴定服务队伍。2015年年底，全市社会法律服务队伍发展至886名，其中律师502名（含实习律师和辅助人员），公证员35名，基层法律服务工作者214名，司法鉴定人员135名。

二、政治面貌

1980年11月，地区司法局成立时的7名干警全部都是中共党员。1982年年底，全区司法行政系统干部职工138人中，有中共党员112名，占81%。1996年年底，全市858名司法行政干部职工中，有中共党员506名，占59%。2015年，全市957名司法行政干部职工中，有中共党员642名，占67%。

三、文化程度

1980年11月，地区司法局7名干警中，5名高中学历，2名初中以下学历。1982年年底，全区100名司法局机关干部职工中，有4名大学生、38名高中（中专）毕业生，其余58名均为初中以下学历。2015年，全市733名司法行政公务员（干部）中：研究生12人，约占1.64%；大学文化408人，占55.67%；大专文化249人，占33.97%；中专及高中以下文化64人，占8.73%。

四、年龄结构

20世纪80年代，全区司法行政干部队伍中，35岁以下的占总数的20%。各级司法行政机关领导班子成员的平均年龄偏大。鉴于此种情况，地区司法局党组积极与各级组织人事部门联系，努力改变这种状态，大力选拔 35 岁以下的年轻干部充实到领导岗位。2015 年，全市司法行政公务员（干部）中，35 岁以下的占 26%，36~50 岁的占 52.25%，51 岁以上的占 21.69%。市、县（区）司法局领导班子中，最年轻的局长 45 岁。

第二节 队伍建设

一、党组织建设

2010 年 4 月 2 日，市司法局举行纪念建党九十周年暨表彰大会

1980 年，地区司法局设立机关党支部，负责开展机关党建工作。2001 年，市司法局成立市司法局机关党总支，下设机关党支部、律师党支部和离退休人员党支部。2003 年 3 月 27 日，市司法局成立机关党委，下设机关党支部、律协党支部和离退休人员党支部。2009 年 2 月 21 日，律协党支部升格为律协党总支，下设 6 个律师事务所党支部。各县（区）司法局也先后成立机关党支部。

全市司法行政系统党组织始终坚持用党的“三大作风”、党的民主集中制、党员的权利和义务、党的组织纪律等教育党员，不忘初心，牢记使命，不断增强党性观念和组织纪律性。市司法局机关党委成立后，配备专职党务干部，专抓机关党的建设。坚持“三会一课”制度。规定各支部每年召开 1 次以上支部大会，传达贯彻上级党组织的指示精神，总结、安排工作，发扬民主，讨论制订组织建设计划等事宜；每季度召开不少于 1 次支部委员会，学习有关文件，讨论工作计划，研究党建工作和党内主要问题等。按照民主集中制的原则，充分听取委员会的意见，按少数服从多数的原则，作出决定，付诸实施；每月召开不少于 1 次党小组会，组织党员学习文件、规定，汇报思想，开展批评和自我批评等；每季度举办不少于 1 次党课，根据各个时期党的中心任务，组织讲授党的宗旨、党的基本理论、基本路线、基本方针政策等。推行党员目标管理制度。市司法局机关党委把对党员的目标管理作为年度总结评议党员的重要内容之一；把总结工作、评议党员作为检查党员目标管理的重要方法，做到互相促进，互相补充。开展评选表彰活动。市司法局机关党委每年开展一次评选表彰先进党支部和优秀党员（包括优秀党务工作者）活动，表彰先进，树立标兵。先后有67人次党员、13人次党务工作者受到表彰鼓励。结合党的重大节日开展纪念活动。每年建党节都及时组织报告会、座谈会，或到党建先进单位学习取经，或组织参观祖国社会主义建设新貌，开展宗旨教育和社会主义、爱国主义教育。积极慎重和有计划地发展党员。1980—2015年，市司法局机关党组织先后发展31名党员，并及时做好预备党员的转正工作，不断为党组织培养新生力量，吸收新鲜血液，使司法行政系统党的组织建设不断加强。

2010年5月19日，市司法局基层党组织和共产党员创先争优动员大会召开

二、思想建设

1980—2015年，全市司法行政机关始终坚持把理论学习，党的路线方针政策教育，理想信仰教育，为人民服务宗旨教育和群众路线教育，职业道德教育等贯穿于思想教育全过程。

20世纪80年代初，地区司法局以深入学习中国共产党十一届三中全会精神为主要内容，总结“文

1985年3月22日，全区司法行政系统首届先代会合影

化大革命”的经验教训，拨乱反正，纠正左的思想路线。

2008 年 4 月 15 日，全市司法行政系统政治工作会议召开

1984 年 11 月，地区司法局作为第一批整党单位，在全区司法行政机关开展整顿党风活动。采取集中时间、集中人员、集中精力的方式对全区司法行政干警进行 10 天的整训。突出解决重点问题：思想方面，主要解决两个认识问题，克服自满情绪、松劲情绪和厌战情绪；克服不安心司法行政工作的情绪。作风方面，主要解决不深入基层、不深入群众的官僚主义和闹不团结的现象。纪律方面，主要解决不依法办事，违法乱纪，打骂群众和捆绑犯人以及在经济上贪污挪用、拖欠公款等问题。

1987 年，地区司法局贯彻中国共产党十二届六中全会《关于社会主义精神文明建设指导方针的决议》，制订下发《零陵地区司法局机关精神文明建设实施规划》，在全系统广泛开展创“文明单位”“文明户”活动和讲文明、树新风文明礼貌月活动。同年，按照省司法厅要求，广泛开展学“两本书”即《建设有中国特色社会主义》《坚持四项基本原则，反对资产阶级自由化》活动和进行中国共产党十一届三中全会召开以来的路线方针政策教育。

1991 年，全区司法行政机关认真开展城市社会主义教育。地区司法局党组先后召开四次党组会议，研究制订城市社教工作方案。地区司法局和各县（市）司法局均成立城市社教领导小组，制订中心组和城市“社教”学习计划，召开动员大会。

1996—2005 年，市司法局开展系统的思想建设活动，即：党建“先锋工程”“一加强三整顿”“抓班子创‘三好’（好班长、好搭档、好班子）带队伍争一流”和“争当‘十佳公仆’”“三讲”集中教育、“两个务必”“艰苦奋斗、廉洁从政”“公正执法树形象”“三增一创”“三个代表”重要思想、“保持共产党员先进性”等一系列的主题教育活动。大力推行民情日记制度、首问责任制度和领导接待日制度，进一步解放思想，实事求是，与时俱进，牢记宗旨，为民服务。

2006—2010 年，在全市司法行政干警和法律服务人员中开展社会主义法治理念主题教育。2006 年，市司法局党组多次召开党组专题会议，制定下发《全市司法行政系统集中开展社会主义法治理念教育实施方案》。各级司法行政部门坚持以正面教育、自我教育为主，采取“六学”：传达精神，集中学；专题讲座，领着学；讨论提高，分散学；正反典型，对比学；开展活动，反复学；勇于实践，干中学。在教育活动中，专门组织全市司法行政系统2000年以来新录用的46名干警参加社会主义法治理念专题培训，举办全系统社会主义法治理念演讲比赛。2007年2月，组织全市司法行政干警和法律服务人员参加全省司法行政系统社会主义法治理念考试。应考人数817人，实际参考人数802人，参考率98.16%，及格率100%，平均成绩87.27分。2008年，市司法局在全系统深入开展“爱我司法讲作为、兴我司法谋发展”主题教育活动和“党的十七大精神和胡锦涛总书记重要讲话”大学习大讨论活动，邀请领导、专家上专题辅导课7次。举办全系统“爱我司法讲作为、兴我司法谋发展”主题演讲比赛和征文活动。2009年，市司法局在全体党员中集中开展深入学习实践科学发展观活动。系统学习《科学发展观重要论述摘编》《毛泽东邓小平江泽民论科学发展观》等篇目，人均记笔记1万字以上，撰写心得体会40余篇，班子成员完成调研报告7份。征集意见建议53条。市委指导组对学习实践活动给予充分肯定。2010年，市司法局首次组织党员过“政治生日”活动，为每位党员送上“政治生日”贺卡，组织党员重温入党誓言，增强党员身份意识。同年，在局机关党组织和党员中开展创先争优活动。

2008年7月18日，市司法局举办全市司法行政系统“爱我司法讲作为、兴我司法谋发展”演讲比赛

2010年11月30日，市司法局党员“政治生日”贺卡发放仪式

2011年5月6日，市司法局召开全市司法行政系统学习胡贵军同志先进事迹动员大会

2011年，市司法局以庆祝建党90周年为契机，开展系列为民服务主题教育活动，即“六个一”（精读一本好书、记好一本笔记、撰写一篇学习心得、上交一篇调研论文、进行一次党性分析、开展一次谈心）、“学习型机关”建设、“发扬传统、坚定信念、执法为民”、“排忧解难服务月”和“为民服务创先争优”等主题实践活动，突出为民服务。同时挖掘整理先进典型事迹，广泛宣传。市司法局挖掘整理上报的为保护群众安全壮烈牺牲的胡贵军先进事迹，时任湖南省省长徐守盛等5位省领导先后作出重要批示，要求作为全省创先争优活动重大典型进行学习宣传。市委政法委做出在全市政法系统开展学习胡贵军活动的决定。道县县委、永州市委、省司法厅追授胡贵军“优秀共产党员”称号，司法部追授胡贵军全国司法行政系统一级英模称号。道县电视台、永州电视台、湖南卫视、经视、教育电视台、《永州日报》《湖南日报》《潇湘晨报》《三湘都市报》、湖南人民广播电台以及永州新闻网、红网、湖南在线等媒体集中报道胡贵军先进事迹，引起社会的强烈反响。2011年，全市司法行政系统推荐5名先进典型获得省司法厅“优秀共产党员”称号，推荐道县祥霖铺司法所所长周局光被湖南省人民政府评为一等功。

2012年3月14日，副市长蒋建湘为全市司法行政干警作团队建设报告

2012年，市司法局开展以“忠诚、为民、公正、廉洁”为主要内容的政法干警核心价值观教育实践活动，引导干警从思想深处解决为什么入党、为什么从

警、为什么奋斗的问题，着力解决干警在理想信念、宗旨意识、纪律作风、执法执业等方面存在的突出问题，夯实思想基础。同年，组织干警认真观看中国共产党十八大会议实况，学习中国共产党十八大报告，特别是学习习近平总书记在记者见面会上的讲话。

2013 年，开展学习贯彻中国共产党十八大精神教育活动。购买发放《十八大学习辅导百问》《十八大报告辅导读本》等学习资料。采取集中学习和分散自学相结合，组织干警学习中国共产党十八大关于《中国共产党章程（修正案）》的决议、中纪委在十八大会议上的工作报告、中国共产党十八大关于十七届中央委员会报告的决议、习近平在十八届一中全会上的讲话、习近平在十八届中共中央政治局第一次集体学习会上的讲话以及习近平总书记关于“认真学习党章，严格遵守党章”文章。同年，市司法局组织全局干部进行中国共产党十八大理论知识考试，并选拔年轻党员参加全省司法行政系统中国共产党十八大知识竞赛。

2014 年 6 月 27 日，市司法局举办党的群众路线教育实践活动知识竞赛

2014 年，市司法局开展党的群众路线教育实践活动，制定《教育实践活动集中学习安排表》，落实周五政治学习制度，组织党员、干部认真学习中国特色社会主义理论体系，学习党章、中国共产党十八大报告和中国共产党十八届三中全会决定，学习习近平总书记系列重要讲话，学习《论群众路线—重要论述摘编》等读本，学习中央八项、省委九项、市委十项规定和《党政机关厉行节约反对浪费条例》。统一发放学习笔记本，要求

2014 年 7 月 17 日，市司法局党组召开党的群众路线教育实践活动民主生活会

每人撰写不少于1万字的学习笔记和心得体会。局党组书记、局长何建民带头讲党课，其他领导班子成员轮流作辅导报告。邀请市委讲师团、市纪委等部门的领导和专家作“党的十八届三中全会重大问题解读”和“切实规避与防范利益冲突，始终做到廉洁从政”廉政警示教育专题讲座。市委常委、政法委书记唐湘林到市司法局主讲《带着真感情，才能践行群众路线》的党课。结合学习内容，围绕“做群众贴心人”和“入党为什么，为党干什么”、“五项教育、五项反思”，开展专题大讨论。举行党的群众路线教育实践活动论文征集活动。副局长廖信安的理论研讨论文《对群众路线教育实践活动的哲学思考》发表在5月21日的《永州日报》上。

2015年5月29日，市司法局党组书记、局长雷廷玉为全局干部上“三严三实”党课

2015年6月26日，市司法局举办全市“践行湖南司法行政精神典型宣讲”比赛

2015年，全市司法行政系统全面开展市局以处级领导干部为重点，县（区）司法局以科级领导干部为重点的“三严三实”教育。全市司法行政机关成立“三严三实”教育工作领导小组，制定教育方案和教学日程安排计划。着力抓好“三专一改”，即讲好专题党课、组织好专题学习研讨、开好专题民主生活会和组织生活会，抓好整改落实和立规执纪。5月29日，市司法局党组书记、局长雷廷玉为全局干警和直属单位部分干警主讲“三严三实”专题教育党课。在“三严三实”教育中，市局领导班子开展集中学习10余次，上专题党课7次，开展专题研讨会3次，开展谈心谈话110余次，发放意见征求表60余份，走访基层干部群众150余人次，征求到对局领导班子的意

见和建议 3 个方面 7 条，对领导干部个人的意见和建议 24 条。同时，领导班子成员之间按“三必谈”的要求认真开展交心谈心活动，深入查找班子存在的问题，并认真剖析原因，明确改进方向和整改措施。

三、业务培训

1982 年 4 月，地区司法局在地委党校举办全区第一期司法干部训练班，重点培训经检、法检、经济庭干部和律师，训练班为期 1 个月，培训 42 名司法干部。

1983 年 5 月 25 日至 7 月 7 日，地区司法局举办全区司法助理员集训，集训司法助理员 155 人，占全区已配司法助理员 273 人的 56.78%。集训侧重基础法律知识训练和基本业务知识训练。同年，选送 20 名干部到中央和省政法干校学习。

1987 年 7 月 11 日至 28 日，地区司法局在地区政法干校举办公证处、法律顾问处人员培训班，对全区 37 名“两处”工作人员进行业务培训。9 月，举办劳改干警轮训班，分三批脱产轮训劳改干警 103 名。

1988 年，地区司法局组建地区初级法律人才培训中心，并于 8—11 月举办 4 期培训班，每期培训 10 天，培训乡镇法律服务工作者 180 名，使基层法律服务工作者明确乡镇法律服务机构地位、性质、职能、作用，掌握基本法律知识，提高业务水平。

20 世纪 90 年代，全区司法行政干部教育培训工作以干部基本素质教育为重点。

1990 年 8 月至 9 月，地区司法局集中举办两期司法助理员培训班，培训司法助理员 240 名。

1990 年 9 月，地区司法局举办司法助理员培训

1992—1994 年，地区司法局贯彻执行中央组织部、司法部和省委组织部要求在近五年内将在职干部普遍培训一次的会议精神，制订《零陵地区司法干警岗位培训规划》，按照干什么学什么，缺什么补什么的原则，坚持理论联系实际，把提高政治理论、法律常识、业务知识水平作为岗位培训的重点，采取脱产与业余相结合的培训方法，培训全区司法行政干部（含司法助理员、劳改干警）532 名，各县（市）司法局培训乡镇法律服务人员

804 名。

1996—1999 年，按照司法部提出的“568 工程”目标，大力加强监所人民警察文化教育，积极鼓励干警参加自学考试、成人教育，选送干警到党校和行政学院参加培训。1999 年年底，提前一年实现“568”工程目标。

1999—2001 年，全市司法行政机关根据司法部统一部署，集中开展从业素质教育活动。1999 年 5 月和 2000 年 8 月，市司法局先后转发省司法厅《湖南省司法行政人员从业素质教育实施意见》和《关于在全省司法行政机关工作人员中开展基本素质教育的实施意见》，及时向各县（区）发放素质教育教材。市、县（区）司法行政部门按照“强化素质、注重技能、突出能力”的要求，学习掌握应知应会基本知识，开展岗位技能培训，全面提升干部素质。2001 年 9 月，市司法局组织市、县（区）司法局 11 名骨干参加全省司法行政系统机关公务员师资培训班。同年 11 月 17 日至 18 日，组织全市司法行政机关公务员、监狱劳教部门人民警察和司法助理员 676 人参加全国司法行政系统基本素质教育考试，其中闭卷考试 563 人，开卷考试 113 人，合格率 100%。

2002 年 11 月 6 日，零陵监狱人民警察开展训练

2000 年，市司法局下发《2000 年全市司法行政系统干部队伍教育培训工作的通知》，决定用三年时间，分期分批对各县（区）司法局领导班子成员、基层骨干和一线干警以及 1997 年以来新调进司法行政部门的干部普遍进行一次政治、业务教育培训。1999—2001 年，通过送训、自办培训班和鼓励干警参加学历教育等方式，全市司法行政系统有 573 名干警参加各种政治、业务培训，占干警总数的 73.2%。

2001—2015 年，全市司法行政系统干部教育培训工作适应深化改革的需要，培训内容更加丰富，培训方式更加灵活多样。

2001 年，市司法局制订《2001—2005 年永州市司法行政系统教育培训规划》，明确提出干部教育培训工作要以全面实施基本素质为主线，以提高队伍素质，尤其是领导干部和年轻干部的素质为重点，实现由学历教育为主向岗位培训为主的转变，由应急性、临时性培训向规范化、制度化培训的转变，建立科学、完备、有效的司法行政系统干部教育培训体系。

2002 年 11 月，市司法局机关组织全局干警开展 WTO 基本知识普及培训和计算机培训，并进行考试。

2003 年，市司法局为局机关 45 岁以下干部发放干部实用英语教材并组织培训，努力拓宽年轻干部知识面。

2006 年，在市属监狱劳教人民警察中开展为期一年的岗位大练兵活动。练兵活动以岗位为阵地，以自学为基础，以比武为牵动，采取集中学习、分批轮训、举办讲座、剖析案例、自学自练、官兵互教、实战演练等多种方式进行。练兵活动的主要内容分警体训练和岗位技能训练。警体训练包括警容风纪、队列和体能训练。岗位技能训练则包括政治理论学习、法律法规学习、业务知识学习和不同岗位技能训练。

2010 年 12 月 21 日，市司法局举办全市司法所长培训班

2006 年，市司法局制订《2006—2010 年永州市司法行政系统教育培训规划》，各县（区）司法局根据五年规划，分年制订干部教育培训计划，对当年教育培训工作的目标、内容、形式、措施做出具体安排。2006—2010 年，全市司法行政系统教育培训干部 4791 人次，参训率 100%。其中，处级干部参加省、市党校脱产进修 15 人次；科级干部参加党校脱产培训 147 人次，其他干部参加党校脱产培训 264 人次；监狱劳教干警参加警衔培训 138 人次；自办各类培训班 138 期（次），培训干部 4227 人次。此外，举办 13 期律师、公证员和基层法律工作者培训班，培训法律服务人员 1628 人次。2010 年年底，全市司法行政干部队伍大专以上学历占到 83. 8%（本科以上学历占 36. 8%，专科学历占 47%），干部队伍的整体素质有较大幅度的提高。

2011 年，全市司法行政机关采取举办讲座、以会代训和办班轮训等方式组织市、县、乡三级人民调解、法制宣传、律师、公证、法律援助、司法鉴定等业务培训，举办各类培训班 34 期，累计培训 785 人次。选派处、科级干部参加市、县（区）党校脱产进修 27 人次，组织全市司法局长参加司法部举办的培训班，组织全市各级司法局领导副职参加省司法厅举办的 5 期领导干部培训班，培训率 100%。

2012 年，市司法局推进全市司法行政系统干部教育培训资源优化整合，发掘司法行政系统人才资源，建立全市司法行政干部教育培训师资库，实现优秀师资资源共享。建立司法行政学、社区矫正、安置帮教、法制宣传教育等 8 个学科 50 名兼职师资库，其中向省厅推荐 20 名优秀师资人员。

2015 年 10 月 20 日，市司法局举办全市基层司法行政骨干业务培训班

2013 年，市司法局制订《永州市司法行政系统 2013—2017 年干部教育培训规划》，提出全市司法行政系统要以保持党的先进性、纯洁性和提高党的执政能力建设为主线，紧紧围绕队伍“五个过硬”建设，努力创新培训内容，改进培训方法，整合培训资源，提高培训质量，全面落实大规模培训干部、大幅度提高干部队伍素质的战略任务。同年，市司法局为全局干部建立学习、培训档案，实行量化学分制，促进干部学习的主动性，努力形成浓厚的学习氛围。

2013—2015 年，市司法局把干部教育培训工作纳入每年政治工作目标管理考核内容，加强制度建设，强化督促检查，推进教育培训工作规范化。全市司法行政机关按照分级管理、分类实施的原则，对干部教育培训工作进行合理分工，明确责任。在坚持传统集中学习、举办培训班、以会代训等方式的同时，创新拓展培训方式，开展网络教学、远程教学。2015 年，全市司法行政系统网络培训率处级干部达 15%，科级干部达 20%，其他干部达 10%。2013—2015 年，全市司法行政部门累计培训干部 1369 人次，其中参加市、县（区）党校脱产培训 98 人次，参加司法院校各类培训 141 人次，参加其他各类培训 1130 人次。

四、党风廉政建设

（一）党风廉政建设工作机构

1984 年 5 月 23 日，地区司法处党组设立纪检组。1989 年 9 月 16 日，设立监察室，与纪检组实行两块牌子一套人马，合署办公。地区司法局直属单位和各县（区）司法局也先后成立党组和纪检监察部门。2002 年，市司法局成立由党组书记、局长挂帅的党风廉政建设工作责任制领导小组，负责全市司法行政系统的党风廉政建设。36 年来，全市司法行政部门党组坚持“标本兼治，惩防并重，注重预防”的反腐倡廉方针，多措并举，突出党风廉政教育，加大检查、查办案件力度，完善监督制约机制，把党风廉政建设落到实处。

（二）党风廉政教育

1984—2015 年，市司法局坚持每年开展 1~2 次典型和主题教育活动。1984 年，局党组和新成立的纪检组带头学习，在全系统党员干部中普遍开展党性、党风、党纪教育，全面贯彻中央颁发的《党内政治生活的若干准则》和中纪委《必须坚决制止党员、干部在建房分房中歪风》公开信，要求做到“十个不准”：不准散布违背党的四项基本原则和党的方针政策的言论；不准搞宗派活动，破坏团结；不准行贿受贿、走私贩私和贪污盗窃、投机倒把；不准损公肥私、侵犯国家和集体利益；不准违反政策、托关系走后门，强占住房和非法营建住房；不准铺张浪费、动用公款请客送礼；不准利用职权为家属子女就业、调动、升学、入党、提干、迁移户口等方面特殊照顾；不准搞封建迷信、打牌、赌博和婚丧喜庆大操大办；不准打击报复、诬告陷害；不准泄露党和国家机密。1995—1996 年，在全系统开展作风纪律教育整顿活动。活动以宗旨教育为主线，以贯彻落实“三条禁令”“八不准”“八禁止”为重点，围绕警民关系、秉公执法、规范化管理等问题，突出思想、纪律、作风整顿，严肃查处违法违纪案件，增强公仆意识和法纪意识，提高执法执纪水平，树立司法行政队伍公正、廉洁形象。1997 年，市司法局党组开展学习《中国共产党纪律处分条例（试行）》《中国共产党领导干部廉洁从政若干准则（试行）》《中共中央国务院关于党政机关厉行节约制止奢侈浪费行为的若干规定》等廉政法律法规主题教育学习活动，并组织局机关和直属单位 262 名党员干部参加全国纪检监察法规考试，参考率 91%，平均 93 分。2002—2003 年，市司法局党组贯彻落实中国共产党十五届六中全会通过的《中共中央关于加强和改进党的作风建设的决定》，开展“八个坚持、八个反对”“改进作风、拒腐防变”“两个务必”为主题的一系列反腐倡廉教育活动。2005 年，全市司法行政机关贯彻落实中央《建立健全教育、制度、监督并重的惩治和预防腐败体系实施纲要》，把实施该纲要作为反腐倡廉教育的主线，建立健全党风廉政建设责任制，严格实行谁主管、谁负责，一级抓一级，层层签订《党风廉政建设目标责任书》，形成齐抓共管工作格局。2009 年，市司法局党组把反腐倡廉教育纳入中心组学习内容，把贯彻党风廉政建设责任制纳入年度目标管理考核范围，落实“一岗双责”。开展“厉行节约、反对铺张浪

2011年5月26日，市司法局召开全市司法行政系统反腐倡廉建设工作会议

费”专项活动，规范单位津补贴发放和招待费管理，实现“廉洁、节俭、增效”目标。2012年，全市司法行政部门开展“四深入两结对一测评活动”，按照市司法局干部不少于60天，县（区）司法局干部不少于90天的要求，到基层察民情、解民忧、帮民困，密切党群干群关系。市司法局分别与道县富塘村、零陵区黄古山社区、炬辉电子公司结对联系，选派1名干部驻村帮扶，组织干警与64户困难户结对帮扶。全局干警向群众发放联系卡，做出“宣传法律政策、化解矛盾纠纷、提供法律服务、反映群众诉求”的服务承诺。全市司法行政系统与400多户群众结对帮扶，提供帮扶资金30余万元，帮助群众解决实际困难和问题106个。在2012年全省司法行政系统民意调查中，全市司法行政系统人民满意度排名全省第五。2013年，市司法局贯彻落实中央八项规定、省委九项规定和市委十项规定，查找机关管理、机关作风等方面存在的突出问题，制定下发改进工作作风“六个不准”规定。为干警制作胸牌、桌牌、去向牌，阳光办公。开展明察暗访，通报整改，强化监督。开展“转作风、解难题、强服务、促发展”专项活动、“在职党员进社区、机关党组织与非公有制企业党组织结对共建”活动和“机关干部‘四深入’，为民服务转作风，勤廉办事树形象”等专项活动，发挥司法行政职能，推进服务工作。在2013年度全省司法行政系统民意调查中，全市司法行政系统人民满意度跃居全省第三名。新田县司法局民意调查测评居全省128个县（区）之首。2014年，全市各级

2012年5月16日，市司法局聘请行风监督员仪式暨座谈会举行

司法局党组和纪检组认真履行党风廉政建设主体责任和监督责任，把党风廉政建设和反腐工作列入重要议事日程，落实领导干部一岗双责。各级纪检监察部门加大反腐倡廉教育力度，构建由纪检监察部门牵头的反腐倡廉“大宣传”格局。强化权力监督，加大对财务管理、干部任免等重点事项的监督力度。贯彻落实党员领导干部廉洁自律有关规定，开展党员干部及亲属利用婚丧喜庆等事宜借机敛财问题专项整治和反对司法不公、司法腐败专项整治活动。结合群众路线教育实践活动，查摆“四风”(形式主义、官僚主义、享乐主义、奢靡之风）突出问题、关系群众切身利益的问题和联系群众“最后一公里”的问题，制订整改方案，认真整改。2015 年，结合“三严三实”教育，开展系列党风廉政建设活动。9 月 17 日，市司法局党组书记、局长雷廷玉带头给全局干警和市强制隔离戒毒所领导班子成员以及部分干警上《强化担当意识，推进“两个责任”落实》的廉政党课；组织党员干部集中观看《高速公路上的腐败》等警示教育片；组织市司法局科以上干部到市廉政教育基地接受廉政教育；加强机关廉政文化建设，利用 LED 显示屏和办公楼走廊设置廉政警句格言；开展局机关科级以上人员因私出国（境）证件的登记备案和集中保管工作，登记备案 38 人，2 名处级干部持有的因私出国（境）证件上交市委组织部，3 名科级干部持有的因私出国（境）证件交局政治部保管，并按要求建立健全登记备案人员因私出国（境）信息查询表、领导干部因私出国（境）证件登记管理台账和因私出国（境）情况登记备案台账。

2015 年 1 月 19 日，市司法局开展反腐败警示教育

2015 年 10 月 29 日，市司法局领导班子深入新田精准扶贫点走访调研

（三）案件查办

1980—2015 年，市司法局坚持把查处违纪违法作为反腐败斗争的主要突破口，突出办案重点，集中力量查办有影响的大案要案，发现一件，查处一件。1986 年，调查案件 24 起，查处 13 起，免除职务 6 人，降职 1 人。记过 2 起，赔偿经济损失 2 起，书面检讨 1 起，退回指标 1 起。1993 年 6 月，地区司法局对地区政法干校、劳改支队、第一、二律师事务所进行“四乱”（乱收费、乱摊派、乱罚款、乱集资）清理工作，经清理查实，各单位没有自立“四乱”项目和高标准收费情况。1994 年 7 月，在全区司法行政系统开展执法执纪检查，主要检查 1993 年 7 月—1994 年 7 月的执法执纪情况，重点检查贯彻中共中央提出的领导干部廉洁自律的新、老五条规定的情况，纠正行业不正之风的情况以及查处案件的情况。2008 年 4 月 9 日至 16 日，市司法局纪检监察室联合计财装备科对 11 个县（区）司法所建设的配套资金、配套物资的使用和警车管理进行为期一周的专项检查，对检查发现的违规行为发出整改通知。2009 年，在全系统中开展“六个严禁”专项治理活动。9 月 27 日至 11 月中旬，市司法局派出明察暗访组，采取事先不打招呼、电话咨询录音、电话回访当事人、现场查访、隐蔽拍摄等方式，对 11 个县（区）司法局、零陵监狱、市劳教所和 17 个基层司法所进行明察暗访，12 月初将明察暗访的情况进行通报，对存在问题的单位要求限期整改。

1981—1995 年，地区司法局查处局机关和劳改劳教单位违法违纪案件 17 起，处理 17 人，其中给予政纪处分 16 人，给予党纪处分 1 人；1996—2015 年，市司法局查处局机关和监狱劳教单位违法违纪案件 28 起，处理 32 人次，其中给予政纪处分 21 人次，给予党纪处分 10 人次，移送司法处理 6 人。

（四）建章立制

1984 年，地区司法局首次制定《司法行政机关岗位责任制及考核制度》，对局机关干部职工实行考勤、考德、考能、考绩。

1985 年，地区司法局落实、巩固整党成果，制定下发《司法局机关几项主要制度的规定》。包括党组和党组会议、局务会成员和局务会议、科室工作职责和科室关系、财务制度与财务统一管理、机关行政生活制度和局领导的工作方法等六个方面制度。

1997 年，市司法局制定修改和完善规章制度，将 22 个制度打印成册，人手一份。其中政务公开制度的制定和实施，受到永州市人民政府的表扬。

2000 年，制定下发《永州市司法局关于追究违反党风廉政建设责任制行为的具体办法》，重新修订完善局机关 13 个管理制度。

2004 年，制定市司法局机关科室目标管理考核办法。进一步完善机关工作制度、学习制度等内部规章制度，并将各项制度汇总成册印发到每个干警手中。

2005 年，制定出台《党风廉政建设目标责任书》，实行谁主管谁负责、一级抓一级，层层签订责任书的党风廉政建设工作格局。

2008 年，市司法局制定下发《关于加强干部作风建设的规定》，从思想作风、学风、工作作风、生活作风等 5 个方面明确 19 条规定。

2009 年，出台《永州市司法局优化经济环境和加强机关效能建设公开承诺》，就首问责任制、依法审批（许可）制、限时办结制、规范收费行为、规范执法检查行为、规范处罚行为、开展优质服务、违诺责任八个方面向社会做出公开承诺，并明确公示责任人、受理机构和投诉电话。

2010 年 7 月，市司法局制定《规范权力运行制度建设工作方案》，以提高效能、优化环境、依法行政和预防腐败为目标，以推进权力规范运行和公开透明为重点，建设职权有据、配置科学、制约有效、程序严密、裁量规范、运行公正、监督到位、责权统一、追究严格的规范权力运行制度体系。

2012 年，市司法局坚持用制度管人，按程序办事的指导思想，对原有制度重新审订、汇总整理，并新制定《干部走访慰问制度》《干部谈心谈话制度》《干部选拔任用工作廉政制度》等，将所有 28 项管理制度汇编成册。

2015 年，出台《市司法局机关工作人员廉政保证金制度》，制定并公开《永州市司法局权力清单》《永州市司法局责任清单》，对司法局的职责权力、职责边界、公共服务事项、事前事后监督制度等内容向社会公开，确保依法行政。2015 年年底，市司法局形成一整套较为完备、全面系统的党风廉政建设规章制度。

（五）政务公开

1996 年，市司法局党组决定实行政务公开，市司法局和局直属单位一把手负总责，纪检书记（组长）牵头协调并专抓。确定公开重点为：招工、录干；职称评定；监所的减刑、减教，监（所）外执行、保外就医；差旅费、招待费、医疗费三费开支；社会服务性收费（律师事务所收费办法）。公开时间分为“定期”和“一事一结”两种办法。按照公开内容，制定《永州市司法局政务公开一览表》。

2015 年，市司法局政务公开栏

1996—2015 年，全市司法行政机关政务公开工作不断深化，公开的内容、范围和方式不断拓展、完善、规范。2004 年，在政务公开的基础上，开始实施党务公开。2007 年，市司法局对非秘密事项全面实行公开。在办公楼大门设立两块公开栏，对司法局职责、领导班子、科室职责和科室负责人、办公电话以及律师、公证、法律援助等业务工作的办理程序、所需资料、办理时限等全面公开。同时，各科室办公室内也将各科室工作职责、流程等上墙公示。2009 年，除继续在办公楼区域设立公开栏外，市司法局开通司法局网站，在网站上定期公开发布司法行政各项工作情况和办事流程。

第三节　队伍管理

一、人员选录

1980—1996 年，全区司法行政队伍补充人员的主要途径有调入干部、接收大中专毕业生、接收军队转业干部。1996—2015 年，永州市推行国家公务员考试制度，公务员公开招考录用成为司法行政系统补充人员的重要方式。公开招考录用又分公务员考试、遴选考试、政法干警招录培养和其他考试录用等方式。

公务员考试　1997 年，经市人事局批准，市司法局首次面向社会公开考试录用 4 名科员。1997—2015 年，市司法局及直属单位招录补充公务员 79 名，县（区）司法局招录补充公务员 120 名。

遴选考试　即市司法局面向全市基层单位具有公务员身份的人群招考补充公务员。2003 年，市司法局面向全市司法行政系统通过遴选考试补充公务员 1 名；2015 年，市司法局面向全市基层单位通过遴选考试补充公务员 1 名。

政法干警招录培养　2009 年，中央政法委试行政法干警招录培养体制改革，面向大学生、退役士兵招考录用基层干警，经考试、考察、政审后进行 2 年专业培养，毕业后分配到招录单位基层工作。当年，东安县司法局、冷水滩区司法局通过政法干警招录考试录用 5 名基层司法助理员，经 2 年高校培养，于 2012 年正式上岗工作。2009—2015 年，先后有东安县司法局、冷水滩区司法局、新田县司法局、祁阳县司法局通过政法干警招录培养途径招录补充基层司法助理员 19 名。

其他考试录用　由于政法专项编制有限，部分县（区）司法局在经当地编制人事部门批准后，面向社会考试招录事业编制人员充实司法行政队伍。2009 年，东安县司法局通过考试招录 15 名事业编制人员充实司法所。双牌县司法局于 2009 年和

2013 年通过考试分别招录 12 名和 8 名事业编制人员充实乡镇法律援助站。

二、干部任用

1980—1984 年，地区司法局科级以上干部由地委组织部直接调配任命。从 1985 年起，科级和科级以下干部由司法局党组负责考察任免，处级干部仍由地委考察任免。1995 年中央出台《党政领导干部选拔任用工作暂行条例》后，市司法局认真贯彻执行，严格按照民主推荐、组织考察、党组研究、任前公示等程序任免干部。1999 年 4 月 2 日，江华瑶族自治县司法局按照"公开、公平、公正"的原则，在全市司法行政系统率先实行竞争上岗和优化组合。全局 58 名干警参加局机关 7 个股室和 21 个基层司法所 58 个岗位的竞争。

2015 年 11 月 3 日，市司法局召开竞争上岗演讲暨民主测评大会

2002 年 1 月，市司法局首次实施局机关科级干部竞争上岗，除政治部主任外的 7 个科长（主任）职务和 10 个副科长（副主任）职务全部竞争上岗。通过竞争上岗选拔产生的 17 名科级领导干部，平均年龄 36.8 岁，比竞争上岗前平均年龄降低 9.6 岁。其中 40 岁以下的有 11 名，占总数的 64.7%；具有大专以上学历的 16 名，占到总数的 94.1%，比竞争上岗前提高 8.4%。2002—2015 年，竞争上岗成为市司法局及直属单位选拔任用科级领导干部的主要方式。2007 年和 2015 年市司法局先后进行两次全员竞争上岗，2009 年和 2011 年进行部分科级岗位竞争上岗。零陵监狱和市劳教所也分别于 2007 年和 2010 年开展部分科级领导职务竞争上岗。

2010 年 4 月，市司法局开展"整治用人上不正之风深化拓展月"活动，加强干部选拔任用监督工作。组织领导干部和广大干警认真学习《干部选拔任用监督工作常用文件选编》和"四项监督制度"，对 2008 年以来选拔任用干部工作情况进行自查，集中公开 2008 年以来局机关提拔干部情况。2011 年 3 月 11 日，市司法局召开全局大会，首次开展干部选拔任用一报告两评议。局党组书记、局长何建民向全局干部职工作 2010 年度干部选拔任用工作报告，全局干部职工对局党组 2010 年度干部选拔任用工作和选拔任用的干部进行民主评议。评议中，市司法局干部职工对局党组干部选拔任用工作满意率97.37%；基本满意率2.63%，满意度分值为98.95分；对局机关新选拔任用的6名干部满意率为95.62%；基本满意率为3.94%，不满意率为0.44%，满意度分值为97.98分。2011—2015年，干部选拔任用工作一报告两评议成为干部监督工作常态。2014年12月开展2014年度干部选拔任用工作“一报告两评议”工作，市司法局干部职工对局党组干部选拔任用工作满意度分值为92.45分，对新选拔任用干部满意度分值为94.22分。2015年12月开展2015年度干部选拔任用工作“一报告两评议”工作，市司法局干部职工对局党组干部选拔任用工作满意度分值为92.34分，对新选拔任用干部满意度分值为97.28分。

三、警务管理

1992年，地区司法局启动人民警察评授警衔工作。1993年，正式评授人民警察警衔，评授范围是地区劳改支队、劳教所和地区司法局在警察岗位工作的干部。当年评定授予人民警察警衔107人，其中三级警监1人，一级警督7人，二级警督15人，三级警督27人，一级警司36人，二级警司14人，三级警司7人；待审批7人。1993—2015年，警衔评授晋升工作常态化，每年呈报两次。

1999年，警衔管理开始实行电脑管理，授衔警察信息和拟授衔人员信息输入电脑，由警衔软件自动生成拟授衔人员名单和相关呈报材料，提高警衔评授的准确性和警衔管理的规范化。

2009年，市司法局加强警务督察工作。报省司法厅批准，成立市司法局警务督察支队，零陵监狱和市劳教所分别成立警务督察大队。2009—2015年，两级警务督察部门每年不定期开展警务督察活动，推动警容风纪的全面好转和执法水平的全面提高。

第三章　法制宣传教育和依法治理

1980—2015年，永州市法制宣传教育和依法治理，伴随着改革开放和民主法制建设进程，经历由单个法律宣传、普及法律常识（以下简称普法）到普法与依法治理相结合三个阶段，虽然各个阶段有不同的宣传主题内容，但是，宪法和国家基本法律贯穿始终。

1980—1985年，为单个法律宣传阶段。1978年，中国共产党十一届三中全会提出“健全社会主义民主和加强社会主义法制建设方针”。零陵地区适应解放思想更新观念，加强民主法制建设和实现社会由乱到治的需要，落实中央“有法可依，有法必依，执法必严，违法必究”方针，国家新颁布一部法律，就集中宣传一部，解决一个问题。通过一个又一个的法律宣传，向广大干部群众灌输什么是违法，什么是犯罪等基本法律常识，明确权利义务关系，改变那种因不懂法而违法犯罪状况。1986年4月，地区司法局根据湖南省司法厅提出的用五年左右的时间，有计划，比较系统地向全体公民基本普及法律常识的构想，开始着手普法准备，制订五年普法规划。

1986—2015年，采取一个又一个“五年规划”的运作方式，把法制宣传“软任务”变成“硬任务”，持续进行。同时采取各种形式开展各种宣传教育。到2015年，共实施六个五年普法教育。六个五年普法，按启动准备、组织实施、总结验收三个步骤有领导、有组织、有计划进行。每五年有不同的主题内容和不同的重点对象。如1991—1995年，经过4次调整，突出以宪法为核心的“十法一条例”主题的法律常识学习普及。

1996—2015年，为普治结合时期。采取“普治并举”，即普及法律常识与依法治理相结合，加强民主法治建设。市、县（区）各级普法领导小组统一更名为“普法依法治理领导小组”，办事机构继续与司法行政法制宣传机构合署办公。以依法治国，建设社会主义法治国家为基本目标，通过继续深入进行宪法、基本法律和市场经济法律知识的宣传教育，突出抓社会主义民主与法治建设理论的教育学习，全面铺开地方、基层、行业三大依法治理工程，全面开展依法治市活动。依法治理又推动法制宣传不断向纵深拓展。

36年的法制宣传与依法治理，基本实现从法律知识启蒙教育向增强全民法治意识和法治观念的跨越；从单一的普及法律常识向全方位提高各级干部依法办事、依法管理水平和能力的跨越；从局部依法治理向全局有组织、有领导、有计划自上而下，整体推进依法治理的跨越。在宣传规模、内容、对象和措施以及形式、方法上不断创新，持续发展，一步步走向制度化、经常化、系统化，使国家的宪法和基本法律法规的主要内容在全市城乡广泛传播，逐步“家喻户晓，深入人心。”逐步形成普法与依法治理常态化，促使全市民主法治建设水平不断提升，依法行政力度不断加强，公民法律意识普遍增强。

第一节　单个法律宣传

20世纪80年代，地区司法局在街头开展法制宣传

1980—1985年，全区司法行政系统联合有关部门和单位，集中开展《刑法》《刑事诉讼法》《治安管理处罚条例》（“两法一条例”）和第五届全国人大常委会通过的《关于严惩严重破坏经济犯罪的决定》、中共中央、国务院发布的《关于打击经济领域中犯罪活动的决定》、中共中央《关于严厉打击刑事犯罪活动的决定》以及第六届全国人大常委会通过的《关于严惩严重危害社会犯罪分子的决定》《宪法》《全国人大代表大会和地方各级人民代表大会选举法》《全国人民代表大会组织法》《地方各级人民代表大会和地方各级人民政府组织法》和当时已颁布的经济法律法规以及新颁布的《婚姻法》宣传活动。1982—1983年，围绕全区严厉打击经济领域严重犯罪和严厉打击严重刑事犯罪斗争专项行动，地区司法局和公、检、法等机关紧密配合，有组织、有计划、有步骤地广泛宣传《宪

法》《刑法》《刑事诉讼法》《关于严惩严重破坏经济的罪犯的决定》《关于严惩严重危害社会治安犯罪的决定》《关于处理逃跑或者重新犯罪的劳改犯和劳教人员的决定》《关于迅速审判严重危害社会治安的犯罪分子的决定》《社会治安管理处罚条例》等法律法规。在经济建设中，组织专门法制宣传人员针对城乡在改革中的不同需要，深入企业和农村，及时提供服务，送法上门，以多种形式宣传讲解《民法通则》《民事诉讼法》《全民所有制工业企业法》《全民所有制工业企业厂长工作条例》《全民所有制工业企业承包经营责任制暂行条例》《全民所有制小型工业企业租赁经营暂行条例》《城镇集体所有制企业条例》《经济合同法》《技术合同法》《企业破产法》《中外合资经营企业法》《中外合作经营企业法》《外资企业法》《土地管理法》《税收征收管理暂行条例》《经济合同仲裁条例》《商标法》《专利法》等法律法规；宣传坦白从宽、抗拒从严的政策。期间，地区司法局与地委政法委、公、检、法密切配合，印发 46 个宽、严典型案例。各县普遍开展法制宣传月、周活动，设立 323 个宣传点；抽调法制宣传干部 2608 人，培训宣传骨干 2210 人；印发宣传资料 22.15 万份，绘制宣传图解 838 幅，法制宣传标语、横幅 20.13 万条；作法制报告 4176 场次，受教育者 1823 万人次；上法制课 4342 次，受教育者 442 万人次；办法制宣传栏 1723 处，举办法制讲座 8162 次，放法制幻灯片 3.1 万场次，出动宣传车 221 台次，跑遍 490 个乡镇、126 个厂矿，使全区 300 余万群众受到生动的法制教育。通过宣传，群众检举、揭发犯罪线索 2115 条，犯罪嫌疑人投案自首 74 人，送亲属服法 56 人，群众扭送犯罪嫌疑人 85 人，罪犯交代余罪 135 条。

20 世纪 80 年代，地区法律顾问处律师向群众提供法律咨询服务

1981—1983 年，地、县（市）司法局与妇联等部门联合，在城乡广泛宣传 1980 年 9 月颁布的《婚姻法》，开展维护妇女合法权益，宣传中共中央关于妇女工作的方针和维护妇女合法权益有关政策，宣传赡养、抚养、继承、干涉儿女婚事、离婚、家庭争吵及近亲订婚结婚等有关法律知识。

1983年10月9日至10日，地区司法局、妇联和县级永州市司法局、妇联连续两天在县级永州市城中心、城南、城北、河西四个地方设立法制宣传站点，出动一台流动宣传车，联合开展维护妇女合法权益的街头宣传活动，大张旗鼓宣传《婚姻法》和中共中央关于妇女工作的方针，维护妇女合法权益。四个宣传站点共展出各种文字材料60多幅，图片50多幅，照片1083张，宣传先进典型7个，打击犯罪案例49个，向群众散发宣传资料近2000份，参观、听众达3万多人次，两天接待50余名来访群众，并就赡养、抚养、继承、干涉儿女婚事、离婚、家庭争吵及近亲订婚结婚等问题，依法向群众作解答。1982年，东安县司法局与县妇联配合，在全县范围内开展《婚姻法》宣传和五好家庭活动，全县解决夫妻不和的6370对，婆媳、妯娌不和的2248户，出现了关心体贴媳妇的好婆婆786人，尊敬奉养公婆的好媳妇956人。通过宣传，青年人说《婚姻法》是“幸福法”，妇女们说《婚姻法》是“平等法”，老年人说《婚姻法》是“团结法”。

第二节　五年制普法教育

一、主要内容

（一）“一五”普法

“一五”普法期间，零陵地区举办普法知识抢答赛

1985年5月20日，零陵地委下发《批转地委宣传部、地区司法局〈关于向全区公民普及法律常识的意见〉》，明确“一五”（第一个五年普法的简称）普法的基本内容是：《宪法》《刑法》《刑事诉讼法》《民事诉讼法（试行）》《婚姻法》《继承法》《经济合同法》《兵役法》《治安管理处罚条例》以及其他与广大公民有密切关系的法律常识。1987年4月，将《民族区域自治法》

列入全民普法内容。1988 年 4 月，将《民法通则》列入全民普法内容。至此，全民普法内容增加为“十法一条例”。1987 年，全区集中宣传第六届全国人大第十九次会议通过的《关于加强法制教育维护安定团结的决定》。1988 年，完成“十法一条例”普及任务的经济管理部门和企业，组织学习以《企业法》为重点的经济法律法规，即《全民所有制工业企业法》《经济合同法》《环境保护法》《矿产资源法》《商标法》《专利法》《会计法》《计量法》《统计法》《破产法》《产品质量责任条例》《物价管理条例》《广告管理条例》《厂长工作条例》《党的基层组织条例》《职工代表大会条例》（简称“十法六条例”）。

1988 年 7 月，零陵地委召开两次片会，并下文批转地区普法领导小组《关于把普法工作引向高层次发展的几点意见的报告》，进一步强调开展查漏补课，严格考核验收，对考核验收的范围、标准、方法、要求，都作出明确规定。集中全社会力量，关心支持和参与普法宣传教育工作，推动普法宣传教育工作深入开展。

1989 年，全区宣传《游行示威法》《关于加强法制教育维护安定团结的决定》，配合治理经济环境、整顿经济秩序和反腐倡廉、扫除“六害”（偷、扒、抢、黄、赌、毒），开展相关法律法规的宣传。结合平息政治风波，开展以《宪法》《刑法》为重点的法制宣传教育。

（二）“二五”普法

1991 年 1 月 30 日，地委宣传部和地区司法局制订的“二五”普法规划明确普法的基本内容是：以宪法为核心，专业法为重点，继续宣传有关基本法律知识，规定数量，公民学习法律不超过 20 个，部门确定学习的专业法 10 个。

1991 年 5 月，全区将全国人大常委会公布的《关于加强社会治安综合治理的决定》《全民所有制工业企业转换经营机制条例》《民事诉讼法》列入“二五”普法内容。各县（市）还组织各级干部学习《社会主义法制建设若干问题讲话》《宪法讲话》（简称“普法两本书”）。

1992 年，为纪念 1982 年宪法颁布 10 周年，全区把宪法的再教育放在首位。党政机关和工业企业集中学习《全民所有制工业企业转换经营机制条例》，并将《妇女权益保障法》《关于严禁卖淫嫖娼的决定》《关于严惩拐卖、绑架妇女、儿童的犯罪分子的决定》增列为“二五”普法内容。全区继续抓“普法两本书”的学习和全国人大常委会《关于维护安定团结的决定》。

1993 年，全区集中开展社会主义市场经济法律法规的宣传，包括国有企业、外商投资企业、股份制企业、证券市场、房地产经营、知识产权、外经外贸、劳动合同、劳动争议、保税区、国际公约惯例等十多个方面的法规。公民选学其中部分法规；各级领导干部，国有企业厂长经理，各行业、各方面的管理和经营人员对口学

“二五”普法宣传栏

习与自己业务工作有关的法律法规。

1994 年，以中国共产党十四大精神和邓小平建设中国特色的社会主义理论为指导，紧紧围绕经济建设中心，突出抓社会主义市场经济法律法规、专业法律法规和维持社会稳定的法律法规的宣传学习，开展依法治理活动和“二五”普法补课工作。系统举办学习市场经济法律法规的高级班 8 个、初级班 10 个、短训班 5000 多个，参加人员 20 多万人。地、县（市）出动宣传车 300 多台次，宣传“八法十条例”，受教育群众达 50 多万人。宁远县以县法制培训中心为阵地，对城镇、农村普法骨干举办 75 期市场经济法律法规学习班，参学人员 3120 人。

（三）“三五”普法

1996 年 12 月 24 日，永州市委下发《中共永州市委、永州市人民政府关于印发〈关于在全市公民中开展法制宣传教育的第三个五年规划〉的通知》，明确“三五”普法的主要内容是：学习邓小平关于社会主义民主与法制建设的理论；《宪法》与公民工作、生活密切相关的《婚姻法》《妇女权益保障法》《未成年人保护法》《预防未成年人犯罪法》《计划生育条例》《民事诉讼法》；与维护社会稳定相关的《刑法》《刑事诉讼法》《行政处罚法》《行政复议法》《治安管理处罚条例》以及全国人大关于禁毒、禁止淫秽物品的有关决定，省人大禁止赌博条例；与规范市场主体相关的《企业法》《企业转换经营机制条例》《公司法》《企业破产法》《民法通则》；与维护市场秩序相关的《产品质量法》《商标法》《反不正当竞争法》《经济合同法》《消费者权益保护法》《证券法》《票据法》《仲裁法》《担保法》；与加强和改善宏观调控相关的《预算法》《农业法》《科技法》《审计法》《人民银行法》《商业银行法》；与社会保障和促进对外开放相关的《保险法》《劳动法》《中外合资经营企业法》《中外合作经营企业法》《外资企业法》《对外贸易法和世贸组织规则》等。将修改后的《刑法》和《防洪法》，列入“三五”普法内容。开展崇尚科学，反对邪教，做守法公民系列活动。学习宣传《维护社会稳定法律与法纪知识问题》《江泽民论维护社会稳定》《江泽民论民主法制建设》三本书。

（四）“四五”普法

2001 年 12 月 3 日，永州市委下发《中共永州市委、永州市人民政府关于批转〈市委宣传部、市司法局关于在全市公民中开展第四个五年法制宣传教育的规划〉的通知》，明确“四五”普法的主要内容是：《宪法修正案《刑法（有关惩治黑恶势力犯罪条文）》《全国人民代表大会和地方各级人民代表大会选举法》《地方各级人民代表大会和地方各级人民政府组织法》《民族区域自治法》《工会法》《环境保护法》《婚姻法》《外资企业法》《中外合资经营企业法》《个人独资企业法》《专利法》《商标法》《产品质量法》《税收征收管理法》《预防未成年人犯罪法》《未成年人保护法》《海关法》《种子法》《人口与计划生育法》《职业病防治法》《档案法》《城市居民委员会组织法》《防震减灾法》《安全监察条例》《治安管理处罚条例》《城市房屋拆迁管理条例》《失业保险条例》和湖南省发布的关于《老年人权益保障法》《行政复议法》《招标投标法》《土地管理法》的实施办法以及《湖南省人口与计划生育条例》《湖南省林业条例》。

2005 年，永州市“四五”普法总结验收汇报会召开

永州市在全省率先召开第五次法制宣传工作会议，全面启动“四五”普法，组织县（区）2 万名干部进村入户，送法下乡，普法依法治理工作深入开展。

（五）“五五”普法

2006 年 10 月 16 日，永州市委下发《市委、市政府转发〈市委宣传部、市司法局关于在全市公民中深入开展法制宣传教育的第五个五年规划〉的通知》，明确“五五”普法的主要内容是：深入学习《宪法》，努力提高全民特别是领导干部和公务员的宪法意识；深入学习宣传经济社会发展相关法律法规，加强契约自由、公平竞争、诚实信用等市场经济基本法律原则和制度的宣传教育，开展人口、资源、环境、民政、公共卫生和文化体育等方面法律法规的宣传教育；深入学习宣传与群众生产生活密切相关的法律法规，加强安全生产、劳动和社会保障、社会救助等方面法律法规的宣传教育，普及知识产权法律法规，开展与城镇房屋拆迁、农村土地征用和承包地流转、国有企业改制等相关法律法规的宣传教育；深入学习宣传整顿和规范市场经济秩序的法律法规，开展以打击制售假冒伪劣食品、药品、农资，打击规避招标、假招标、转包和违法分包，打击偷税、骗税、非法减免税及整顿出版物市场、文化娱乐市场、信息网络市场为重点的法制宣传教育；深入学习宣传维护社会和谐稳定、促进社会公平正义相关的法律法规，开展以“学法律、讲权利、讲义务、讲责任”为主要内容的公民法制宣传教育，开展基层民主自治观念的宣传教育，加强治安和刑事法律法规宣传教育、预防和化解涉法群体性事件的法制宣传教育以及加强法律权威和司法公正教育。

（六）“六五”普法

2011 年 10 月 26 日，市委、市人民政府下发《关于在全市公民中开展法制宣传教育的第六个五年规划（2011—2015 年）》，明确“六五”普法的主要内容是：继续把学习宣传《宪法》摆在突出位置，深入学习宣传《宪法》和社会主义法治理念；深入学习宣传中国特色社会主义法律体系和基本法律法规，主要有民法商法、行政法、经济法、社会法、刑法、诉讼与非诉讼程序法等方面的法律以及具有湖南特色的地方性法规和规章；深入学习宣传促进“四化两型”建设和经济社会发展的相关法律法规，主要有国家基本经济制度、改革开放、市场经济、财税、金融、投资等方面的法律法规，农村基本经营制度、农村土地管理制度、农业支持保护制度、农村金融制度、城乡经济社会发展一体化制度和农村民主管理制度等方面的法律法规，森林资源、水资源、矿产资源、环境保护等方面的法律法规；深入学习宣传保障和改善民生的法律法规，主要有收入分配、社会保障、教育医疗、社会救助等方面法律法规，就业促进、劳动合同、劳动争议处理、安全生产、食品药品安全、抗灾救灾、人民防空、公共交通、公共卫生、消费者权益保护、禁毒等方面法律法规；深入学习宣传加强社会管理的相关法律法规，主要有维护国家安全、社会治安综合治理、流动人口服务和管理、突发事件应急管理、诉讼、申诉、投诉、信访、调解、基层民主自治、民族区域自治等方面法律法规；加强反腐倡廉宣传教育。

二、重点对象

1982 年，全省法制宣传工作会议提出，法制宣传教育的重点是青少年和党员干部。1985 年，“一五”普法的意见提出：“普法教育的重点，第一是干部，特别是各级领导干部。第二是青少年。”1991 年，“二五”普法规划把各级领导干部特别是县处级以上干部、执法人员（包括司法行政执法人员）和广大青少年，特别是大、中学校学生，列为普法的重点对象。1996 年的“三五”普法规划和 2001 年的

“四五”普法规划，强调普法重点对象是县、处级以上领导干部，司法人员，行政执法人员，企业经营管理人员和青少年。各级各类领导干部是学法用法的重中之重。2006年下发的“五五”普法规划中的普法重点对象是领导干部、公务员、青少年、企业经营管理人员和农民；2011年下发的“六五”普法规划，继续把领导干部、公务员、青少年、企业经营管理人员和农民作为重点普法对象，并把领导干部和青少年作为重中之重。

（一）领导干部

2010年8月25日，市委中心组进行集中学习

法制讲座　1987年1月7日，全区首期县团级领导干部普及法律常识培训班在地委党校举行开学仪式。地委副书记黄森，省人大常委会委员、地委顾问王益之，行署顾问王兴民出席并讲话。参加首期培训的学员80人，培训时间26天。主要课程有：《简易法理知识》《宪法》《刑法》《刑事诉讼法》《民事诉讼法》《婚姻法》《继承法》《经济合同法》《森林法》《兵役法》《治安管理处罚条例》。1996—2015年，市委理论学习中心组举办法制讲座40次，每次3~5天。学习的对象，主要是厅级干部，一般是20人左右，扩大到部办委领导和县委书记，一般是70人左右。法制讲座紧密结合形势和工作实际，邀请市普法讲师团成员和其他法律专家、学者以法制专题讲座形式对领导干部和国家工作人员进行集中学习辅导。主要讲授法学基础理论、宪法和刑事、民事、行政、经济、涉外经济、世贸经济、金融案例、社会保障、环境保护以及国际法与国际关系、依法治国建立社会主义法治国家的理念与实践等法律与制度。市委、市人大、市政府、市政协、市军分区的领导以及市法院院长、市检察院检察长参加。每次学习结束时，市委主要领导都要发表听课感受，同时强调各级领导干部要重视法治建设，带头学法用法，增强法治观念，养成依法办事习惯，不搞以言代法、以权代法，使一切经济活动和社会活动都在法律允许范围内进行，做全市学法、加强法治建设的带头人。1996年7月8日至11日，市委理论学习中心组集中学习4天，学习讨论加强党的领导的有关文件和《宪法》等法律法规，听取法律知识讲座，市委常委、市委助理巡视员、市人大正副主任、市政府副市长、市政府助理巡视员、市政协正副主席、市法院院长、市检察院检察长45

人参加学习讨论和法制讲座。市委书记邹金鸾主持学习并作首场法制讲座课。前两天学习加强党的建设的有关文件和《宪法》《全国人民代表大会和地方各级人民代表大会代表法》《地方各级人民代表大会和地方各级人民政府组织法》《行政诉讼法》等法律法规，后两天集中听辅导课和讨论，邀请市政法干校讲师上以宪法知识为主要内容的法制辅导课。邹金鸾自始至终参加学习和讨论，学习结束时，他强调领导要带头学法、懂法、执法。1997 年 6 月 14 日至 16 日，市委邀请首届中华全国十佳律师、湖南省第二律师事务所主任秦希燕主讲新《刑法》，40 多名市委理论学习中心组成员和市直 400 多名副处级以上干部参加讲座。

市委理论学习中心组举办法制讲座，带动全市各级党委（党组）领导干部的学法用法热情。11 个县（区）和各乡镇、各部门各单位党委党组理论学习中心组制订法制讲座计划，每年集中学习法律常识不少于 2～4 次。1996—2015 年，全市县（区）委理论学习中心组和市直各部门单位理论学习中心组举办讲座 4568 场次，参加听课的县处以上干部 5 万多人次；乡镇（街道）党委和各县（区）直属科局以上单位党委（党组）理论学习中心组举办法制讲座 1 万多场次，参加听课和学法考试乡科级干部累计达 30 多万人次；全市县（区）各单位主要领导撰写学法用法、依法治理文章 200 多篇。

集中培训 1996—2015 年，永州市坚持贯彻落实 1995 年 10 月 18 日省委干部工作领导小组、省普法领导小组联合下发的《关于进一步加强和改进各级党校、干校法制教育工作的通知》精神，不断加强各级领导干部的法制教育和培训。1996—2015 年，市委党校、市行政学院举办法律法规知识培训班 115 期，参训的领导干部 8000 多人次，各县（区）党校办班 668 期，参训的有 5.1 万人次。各乡镇举办 2200 多期，参训的有 11 万多人次。2015 年，永州市进一步贯彻落实湖南省委组织部、宣传部、省司法厅和治省办《关于加强领导干部学法用法工作的实施意见》精神，全市举办各级各类领导干部法治培训班 118 期，参加培训的领导干部有 1 万多人次。

普法考试 1987—2015 年，永州市全市每年都组织一次普法考试。考试采用由湖南省普治办统一命题、统一标准答案，市普治办统一考试时间，各县（区）监考、评卷，市普治办巡考的办法进行。1987 年 10 月，地直处级以上领导干部法律知识考试，发卷 450 份，交卷 408 份，平均分 86.13 分。其中 100 分的 8 人，不及格的 2 人，后进行补考。1996 年，市直各单位处级干部和县（区）处级干部，包括厂矿、企事业的厂长（经理）分别于 7 月 4 日和 6 日进行普法考试，市普法办抽出 11 位同志分赴各县（区）进行监考，11 个县（区）处级干部应考对象 488 人，实际参加 425 人，参考率达 87%。冷水滩区 10 个常委换了 7 个，到任的领导班子成员全部参加考试。江永县应考人员全部参考，其中有2名免考者主动参考。1997年12月5日至8日，市普治办与市委组织部、市人事局联合组织对各县（区）处级干部和科以下干部进行学法用法考试考核，全市892名县处级干部和86000名科以下干部参加考试考核。2001年度市直和中央、省驻永州单位干部普法考试，参考人数5138人，参考率100%，及格率98%。2013年，永州市在全省率先推广普法考试无纸化系统，处级及以下干部统一时间在各自单位利用计算机网络进行普法考试，不再组织集中考试。2014年，厅级领导干部学法用法考试采用开卷考试，内容是中国共产党十八大及中国共产党十八届三中全会法治观念、法治思维、法治方式掌握运用。不少单位将普法考试成绩作为年度考核、晋职、晋级和评定职称的重要依据，从而增强干部学法的自觉性，带动全体干部积极学法。

2007年11月26日，市司法局组织市直单位处级干部参加学法用法考试

考试考核　1996年撤区建市后，新成立的永州市人大常委会下发《关于对提请人大常委会任命的干部进行法律测试的通知》。随后对市政府组成局中的公安、司法、安全、财政、民政等24名局长、主任，进行任职任命前的法律考试，促进干部“三五”普法深入开展。各县（区）也相继建立领导干部任前法律考试制度。2015年8月27日，市委组织部、市司法局、市委法治永州领导小组联合发出《关于市管县（处）级领导班子和领导干部年度述法工作的实施意见》，对述法对象、述法程序、述法时间、述法的组织领导作出明确的规定，原则上每年一次。市管县（处）级领导班子和领导干部述职述

2005年12月16日，新田县人大常委会任前法律考试举行

法后，以无记名填表方式，进行述法考核民意测评。述法报告和测评情况作为领导班子和领导干部实绩评定、奖励惩处、考核任用的重要依据，并按有关规定分别存入档案。

（二）青少年

“二五”普法期间，校园悬挂普法标语

永州市青少年占总人口的50%以上。在1982—1983年的“严打”中，全区逮捕的犯罪嫌疑人青年约占百分之七十。这对地委、行署领导的震撼很大，引起地委、行署的高度重视，把青少年法制教育放在十分突出的位置。地区司法局根据中共中央1979年关于“对违法犯罪的青少年，应立足于教育、挽救和改造的方针”的指示，结合全区实际，把青少年的法制宣传教育作为一个重点，建立长效机制。1982—1983年，各县（市）司法行政部门配合公安、检察、法院，结合“严打”，普遍举办青少年法制学习班。采取多种措施加强在校学生的普法教育。在大、中学校开设法制课和思想品德课，把学习“十法一条例”为主要内容的法制教育课列入课表，落实课时，纳入考试内容；开展以法制教育为题材的课外活动。如聘请政法干部担任校外辅导员，开展法律咨询、做法律知识游戏、看法制影片和录像等教育活动；组织开展法制讲座、召开法制主题班会、法制有奖征文等教育活动；祁阳县编排一套宪法操，让青少年在运动中培育宪法精神。通过召

2006年11月5日，永州职业技术学院举办法制教育讲座

开家长会和进行家访，向家长介绍学生在校的表现和了解学生在校的情况，动员家长共同对在校学生进行法制教育，对在校学生进行家庭、学校、社会三位一体的法制教育。2000 年，根据中央社会治安综合治理委员会出台的《关于进一步加强预防青少年违法犯罪工作的意见》，全市开始推行法制副校长制度，要求全市各中小学校配齐配强兼职法制副校长。2002 年，永州市委宣传部、市依法治市办等六部门联合下发《关于进一步加强青少年法制宣传教育工作的实施意见》，进一步明确建立以青少年学生、社会青年、有不良行为和刑满释放、解除劳教少年三类群体为基本对象，分级负责、分别规范、分类施教的工作体系和各有关部门的职责任务，并对加强青少年法制宣传教育工作的组织领导和保障机制提出具体要求。根据文件要求，市委宣传部、市综治办、市教育局、市司法局、团市委、市依法治市办六部门建立联席会议制度，在市依法治市领导小组统一领导下，协调联动，定期通报情况和研究工作，组织开展调研、督查和重大的宣传教育活动。确定每年 9 月的最后一星期，联合组织开展“全市青少年法制宣传教育周”活动。各县（区）也建立相应的制度，把青少年法制宣传教育工作纳入各地各有关部门、单位重要议事日程，作为年度综合目标管理、社会治安综合治理目标管理和法制宣传教育工作考核的重要内容。2002 年 9 月下旬，市司法局牵头，组织举行全市青少年法制宣传教育周活动启动仪式。全市青少年法制宣传教育逐步走上正规化、制度化、常态化。2006 年 4 月 29 日，永州市社会治安综合治理委员会出台《关于进一步完善兼职法制副校长制度的通知》，加强对兼职法制副校长的选聘和管理工作。2008 年，全市有 752 名政法干警接受聘请担任 771 所中小学的法制副校长。2015 年，全市建立有 797 名成员的法制副校长队伍，并坚持法律进校“课程、师资、内容、时间”四落实。

2008 年 10 月 17 日，永州市“优秀法制副校长”表彰大会

2013—2015 年，市司法局、市关工委、市教育局、团市委等部门每年联合组织开展一次以“社会主义核心价值观教育”为主题的青少年普法巡回宣讲活动，组织法治宣讲团赴全市各县（区）中小学校开展对青少年思想道德、理想信仰、法治观

念的宣传教育100余场次，受众学生5万余人次。

（三）司法、行政执法人员

1980年地区司法局成立后，就注重抓司法、行政执法人员的法制教育。1981年，地区司法局集中举办法律学习班2期，每期2个月，参加学习的检察、审判、司法行政干部136名。1983年，全区11个县（市）举办司法干部法律学习班15期，参加学习的检察、法院、司法行政干部和司法警察1400多人次。1985—1987年，地区司法局集中在零陵地区政法干部中等专业学校先后举办全区政法干警、全区司法干警、全区司法助理员、全区法律工作者、全区厂矿企业负责人及保卫人员法律培训班9期，每期2~3个月，参加学习的司法、行政执法人员534人次。

1991—1995年，地区司法局、地区普法办贯彻落实全国普法办“以宪法为核心、以专业法为重点”的指导思想，提出“当家要学法，学好当家法”，要求司法、行政执法人员学好与本职工作密切相关的法律法规，并会同各行各业主管部门在全区组织司法、行政执法人员学习宣传宪法、民事诉讼法和土地管理法等法律法规。

1996—2000年，市司法局、市普治办举办法制讲座5场，培训市直各部门司法、行政执法人员500多人次；组织监狱、劳教人民警察60人参加省司法厅举办的新刑法培训班。各县（区）司法、执法部门举办各类法制培训班93期，培训司法、执法人员近万人次。

2001—2005年，市司法局、市普治办联合市林业局、市人防办、市经贸委、市农委、市安全生产委员会、市老龄委，在全市行政执法人员中开展《湖南省林业条例》《防空法》《防震减灾法》《老年人权益保障法》《安全生产法》等法制宣传教育。

2006—2010年，全市司法行政部门举办基层法律工作者培训班13期，培训全市基层法律工作者1628人次。

2011—2015年，市司法局以庆祝建党90周年和开展党的群众路线教育实践活动为契机，在全市司法行政系统开展服务受理“零推诿”、服务方式“零距离”、服务事项“零积压”、服务质量“零差错”、服务标准“零投诉”的法制宣传教育。全市各级司法、行政执法部门落实“谁执法、谁普法”的要求，持续开展《森林法》《水法》《矿产资源法》《环境保护法》等法律法规宣传教育活动。

三、主要形式

（一）媒体和载体宣传

报刊宣传 1985年7月，地区司法局贯彻全国、全省法制宣传教育工作会议精神，创办法制宣传资料《普法之声》，每月 1 期，向全区公民普及法律常识。1985 年 7 月至 12 月，《普法之声》印发 8.7 万份，发放至机关、社区、厂矿、农村，受到社会各界欢迎。1985 年 10 月 12 日，零陵地区司法局创办《零陵普法动态》，不定期刊发，主要发送地委、行署领导机关和各县（市）司法局。1996 年，《零陵普法动态》更名为《永州普法动态》，2006 年更名为《永州普法依法治理动态》，2014 年，根据中央、省、市关于清理文山会海的精神，《永州普法依法治理动态》停刊。1985—2014 年，《永州普法依法治理动态》刊发 311 期。2006—2015 年，市司法局、市普治办与永州日报社联合，在《永州日报》《永州新报》等主流报刊上先后开设《学法讲坛》《法治永州》等专栏，全面深入宣传报道永州市各个时期的法制建设情况。2010—2015 年，在《永州日报》《永州新报》等市内主流报刊上开辟专版 2500 期，开设专栏 16 个，刊登宣传报道文章 6500 篇。2014—2015 年，结合全市创建全国（省）“卫生城市”“森林城市”“交通城市”等中心工作，在《永州日报》上开辟《法治与创卫同行》《法治与创森同行》《法治与交通同行》《廉政与法治同行》等专版，开展一系列主题鲜明的法治宣传报道，服务各项创建活动。

参与进来，亲身体验如果自己是一名“警察”，您会怎么做？

为做好此次活动，冷水滩公安

我为中心城区社会治安建言献策

促和谐

群众　情注调解

司法局寿雁司法所所长何上海侧记

耍嘴皮子功夫，管些芝麻大的小事，起不了多大作用。”但在何上海眼里，群众的事再小，那也是大事。2007 年 6 月，李家洞村李某夫妇卖酒时被酒厂老板王某打伤，花医疗费 2375 元。何上海受案后，为王某说情的人接踵而来，但他始终做到请客不到，送礼不要，说情无效，教导王某足额赔偿了李某的医疗费。

做人民调解工作，没有强制手段，靠的是“婆婆嘴，包公心”，工作难度很大。何上海的体会是：没有做不通工作的群众，只有不会做工作的干部。寿雁镇深田村新干岭与老干岭两个自然村因山林权属纠纷多次械斗，问题一直得不到有效解决，成了当地党委、政府的一块“心病”。何上海接案后，在查明事实的基础上，每天工作 10 多个小时，一个一个找群众谈心，先后组织两村群众进行了七次调解，凭着公正的立场、确凿的证据和耐心的劝导，引导双方达成了协议，使这起长达 14 年的棘手纠纷得到了化解。

在处置突发群体性事件时，危险很大，意外随时可能发生。对此，何上海的态度是：在关键时刻要敢于站出来，在危难时刻要勇于豁出去。2006 年 3 月 17 日，寿雁镇杜莲村和金家寨村为修路发生争执，百余名村民手持锄头和刀棍准备大动干戈，一场群体性流血事件一触即发。何上海闻迅后火速赶到现场，冒着生命危险，独自一人冲进情绪激昂的人群中，大喝一声：“住手！请听我一言。”镇住大家后，他义正言辞、掷地有声地说：“大家是来解决问题的，但打架能解决问题吗?! 不能！请大家相信我，我一定给大家一个圆满的解决方案！”稳住局势后，他召集双方代表进行调解，经过深入的调查、法律宣传和思想教育，引导双方达成了共识。

24 年来，何上海指导和参与调处各类矛盾纠纷 1400 余起，调解成功率 98%以上，处置重大群体性、突发性事件 107 起，防止民转刑案件 52 件，避免因民间纠纷诱发非正常死亡 37 人，避免和挽回经济损失近千万元。

学法讲坛

市司法局 市依法治市办 主办

2009 年 5 月 20 日，《永州日报》上《学法讲坛》专栏

电视宣传　2007—2015 年，市、县（区）司法局、普治办与当地电视台联合，开设法治宣传报道专题栏目，全方位宣传法治政策、法律常识，及时宣传报道法治动态、经验、典型事例和人物。2007 年，市司法局与永州市电视台联合，开设《法治讲坛》栏目，每周 1 期，讲解案例，进行普法宣传。宁远县司法局与该县电视台联合开设《以案说法》电视专栏。2011—2015 年，市司法局、市普治办与市广播电视台联合，在永州电视台综合频道开设《平安永州》专栏，在黄金时段播出，坚持每周播报 3 期。到 2015 年，《平安永州》法治专栏已成为收视率领先的人气最旺栏目之一。2007—2015 年，全市在市、县（区）电视台中播出法治专题栏目 1500 期，播发法治新闻 6500 条，发送法治信息 72200 条，全方位广泛深入宣传法治动态，推广各地法治建设的好经验以及在法治建设中涌现出来的先进典型，推

动全市法治建设不断深入发展。

网络宣传 2009—2015 年，在各种网络媒体上创办法治网和法制专栏，宣传永州法治建设动态。市司法局 2009 年开办永州法治网，并在永州新闻网开设法治建设专栏，围绕全市中心工作，开展主题法治宣传教育。2010 年，新田县在新田手机报中创办法律辞典专栏，每周 5 期，定时向手机用户发送法治短信。2011—2015 年，市委宣传部、市公安局、市林业局、团市委等单位开办“永州发布”“永州警务”“永州林业”“永州团在线”等公众号，编发法治信息上千条，阅读量上千万人次，“吸粉”逾百万人。2013—2015 年，创建“五个一”［即在市、县（区）建设一个电视、报刊、网站、手机法制类栏目、一条法治宣传街］工程，形成法制宣传报道媒体立体化、广覆盖格局。

2011 年，宁远县司法局设立的法治宣传栏

载体宣传 1980—2015 年，在全市各城区主要街道、路口设立法治宣传橱窗；创建法治宣传和法治文化一条街；创建法治文化广场；利用广场大型电子屏、临街电子显示屏和公交车电子屏等载体，滚动播出法治宣传标语和法治公益广告，让广大公民在潜移默化中接受法治教育，感受浓厚的法治氛围；在乡镇农村，充分利用现有的宣传橱窗、墙报等传统的宣传载体，宣传法治常识，向广大民众开展宣传教育，让法制宣传入户到人；在校园，创办法治宣传教育走廊、法治宣传园地等载体，向广大青少年学生传递法治知识，形成人人知法、讲法、守法的氛围；在工矿企业，创办法治宣传园地和橱窗，张贴法治宣传广告，向广大职工宣传法治知识，增强依法生产、依法治厂、守法经营意识。2011—2015 年，全市建设法治主题公园（广场）6 个、“法治宣传一条街”23 条、法治宣传牌 2000 余块、村（社区）“法治宣传橱窗”3600 多个，公共场所显示屏公益普法率达 60% 以上。

（二）活动宣传

送法下乡进社区 1998 年，市司法局按照省司法厅的统一安排，开展送理论、文化、科技、卫生、法律政策“五下乡”活动。市普治办、市司法局组织法律服务队伍深入芝山、冷水滩两区设法律服务点12个，为群众提供法律咨询1500余人次。各县（区）也开展形式多样的送法下乡活动。祁阳县司法局、普治办组织法制宣传团于11月18日深入羊角塘镇巡回宣讲《行政诉讼法》《民法通则》等法律法规。新田县司法局、普治办自编自导自演，推出“新编铡美案”等法制文艺节目，深受观众喜爱。全市组织送法下乡192场次3997人次，印发普法资料98560份，创办法制宣传栏619个2159期。2001年，结合全市农村“三个代表”重要思想教育，市依法治市办和市司法局下发《关于在全市农村“三个代表”重要学习教育活动中开展法制宣传教育工作的意见》。全市组织2万余名干部进村入户，开展“送法下乡”“法进万家”等形式多样的农村法制宣传教育活动，举办农村基层干部法制教育讲座5100余场次，参加学习听课的干部群众10万余人。2001—2015年，送法下乡进社区活动进入常态化，市、县（区）司法局每年都要组织送法下乡进社区到基层服务活动。2006—2010年，全市开展“送法下乡”活动40余场，送法律法规书籍20余万册，编排演出普法文艺节目120个（次），组织相关人员进行法制讲座60余场次，为群众提供法律咨询服务2万余人（次）。2011年，“五下乡”活动更名为送文化（包括法制文化）、科技、卫生计生“三下乡”活动。2011年1月21日，全市“三下乡”活动在宁远县柏家坪镇举行启动仪式。活动期间，全市举办文艺演出142场次，发放各

2017年建成的永州市白石山法治文化公园

2012年12月14日，永州市零陵区举行法制文艺下乡活动

2008 年 7 月 23 日，送法下乡活动双牌江村镇现场

2006 年 5 月 11 日，永州市第五届农村法制宣传月启动仪式举行

类宣传资料 30 多万份。2012 年，市委、市政府组织宣传、民政、文化、司法行政等 37 个部门开展声势浩大的“三下乡”活动，发放各类宣传资料 5 万多份，捐赠现金、物资数十万元。市司法局编印 10 万册农民、居民、妇女普法手册，免费发至市直机关联系的村（社区）。宁远县组织执法、涉农部门到乡镇、社区开展文艺演出，赴 688 个行政村放映法治电影。双牌县开展“法宣伴我行，徒步走双牌”活动，组织小分队进村入户宣传法律法规。全市发放普法书籍和宣传挂图 60 万册（件），组织法治讲座 300 多场，提供法律政策咨询近万人次。

法制宣传月 1980—2015 年，永州市从实际出发，每年确定一个月为法制宣传月，围绕一个主题，运用多种宣传形式，集中宣传。江永县 1983 年把 7 月定为法制宣传月，围绕《关于动员全党、全社会的力量，搞好社会治安综合治理的决定》开展法制宣传。7 月 3 日至 5 日，县委、县人大、县政府组织召开成员单位负责人会议，专题研究法制宣传月活动事宜，9—12 日，听取县司法局组织开展法制宣传月活动专题汇报，召开有部办委局主要负责人和公社党委书记参加的法制宣传月动员会议，拟订活动方案，确定由县人大常委会主任、政法委书记胡天善挂帅，从人大、县委办、宣传部、政法办、司法、检察、公安等部门抽调 11 人组成法制宣传月活动办公室。另外，从各战线抽调20人，组成法制宣传月服务队伍，深入到全县各部门、各机关单位、各乡镇、广大农村及厂矿企事业生产一线，开展法制宣传和服务。得到地委、行署的肯定，在全区全面推广。2001年6月，市委宣传部、市司法局、市依法治市办联合下发《关于在全市开展普法宣传月活动的通知》，制定全市宣传月活动方案，确定以宣传“三五”普法依法治理成就和“四五”普法依法治理任务为主题。法制宣传月活动中，制播市、县（区）领导广播、电视访谈新闻节目20余条，在报纸、杂志发表文章20余篇，组织开展送法进厂下乡、到校入村及法律咨询活动200余场次，免费发放法律书籍50000册。2002年，市司法局按照全省统一部署，在全市开展以维护农村社会、规范农村经济秩序为主题的首届农村法制宣传教育月活动。活动期间，在农村集中宣传土地、矿产、计生等11部法律法规，赠送法制宣传资料40余万份，组织127个普法宣传队进村宣讲3100场次，受教育群众300余万人次。2002—2015年，农村法制宣传月活动每年5月举办一次，各地各单位按照统一部署，运用送法下乡、巡回宣讲、文艺演出、舆论宣传等形式和手段开展宣传月活动。

法制宣传周 1983年，地区司法局会同地委宣传部等有关部门，决定在全区城乡普遍开展“法制宣传周”活动。宣传内容包括《宪法》《刑法》《婚姻法》以及民事法律政策、人民调解制度、律师制度和公证制度。年底，全区11个县（市）全部开展“法制宣传周”活动，散发各类宣传资料50种6万份。各地党委、政府及政法界领导向干部群众作法制报告87场，听众10万人次。组织司法系统人员，在各主要街头摆摊设点，接待群众来访6000余人次，解答法律咨询4000余件。2002—2015年，永州市把“法制宣传周”活动的主阵地转移到学校，每年开展青少年法制宣传教育周活动。2008年，全市以第七届青少年法制宣传教育周为平台，通过举办法制讲座、召开主题班会、播放法制影片、组织模拟法庭、现身说法等多种生动的宣传教育方式，开展青少年法制宣传活动。2012年青少年法制宣传教育周

2009年第八届青少年法制宣传教育周期间，蓝山县司法局在蓝山县职业中专举办“关爱明天、普法先行”报告会

期间，市司法局从永州监狱挑选5名改造较好的青年在押犯到五所学校开展警示教育活动，听众达2万余人。零陵区联合市劳教所，挑选4名劳教学员到永州一中、五中、九中和永州工商职业中专4所学校举行5场“现身说法进校园”活动报告会，受教育学生达13000余人。2015年5月，市法治永州建设领导小组办公室与市关工委、市司法局、市教育局，联合组织开展主题为社会主义核心价值观教育“青少年普法教育巡回宣讲”活动，组织法律宣讲团赴全市11个县（区）和2个管理区中心小学开展对青少年思想道德、理想信仰、法律观念等各方面的宣传教育；6月组织配合省话剧团到冷水滩区、祁阳县、蓝山县开展“为了明天”法治小品巡回演出；9月22日至28日，组织全市各级各部门开展以“学习宪法知识，增强宪法观念，争做守法公民”为主题的青少年法制宣传教育周活动，在学校班会上开展学习和讨论，增强青少年对社会主义核心价值观的认识和了解。

2006年12月3日，市司法局在零陵区红太阳广场开展法律咨询、赠送法律书籍和法制文艺演出活动

法制宣传日 2001年，国家将每年的12月4日定为全国法制宣传日。同年11月下旬至12月上旬，全市开展以“增强宪法观念，推进依法治市”为主题的宣传活动。活动期间，市委、市政府领导主持召开“增强法制观念，推进依法治市”专题座谈会，并参加全市大型法制宣传活动，发表电视讲话，参加座谈讨论，带头学法用法。2002年全国法制宣传日期间，市依法治市领导小组召开各县（区）依法治县（区）领导小组主要负责人和市直有关部门主要负责人参加的“贯彻十六大精神，推进依法治市”专题座谈。全市各地组织干部群众走上街头，到社区到农村，利用各种宣传形式广泛宣传宪法和法律知识。出动宣传车近百辆，张贴宣传标语、横幅5万余条，制作板报宣传牌1800个，发放宣传资料10万份，当天解答咨询600余人次。2006年全国法制宣传日期间，全市开展大型法制宣传活动15场，印发各种法制宣传资料、宣传册20万份，出动宣传车辆122车次，张贴法律宣传挂图8000张，发送手机法制短信1万余条，解答群众咨询1700人次，提供代写文书等服务1200起，调纠250起，提供法律援助160起。2014年，全国人大常委会将

每年的12月4日定为国家宪法日。2014年11月6日至12月30日，市司法局在永州红网等媒体上开设宣传专栏，播出宪法宣传公益广告，同时，市、县（区）组织机关干部、政法干警、行政执法人员、法律服务人员、普法讲师团成员及法制宣传志愿者等，在城乡采取悬挂彩球、横幅、设置拱门等形式，宣传宪法法律知识，强化宪法法律意识。全市展出各种宣传板块1200多块，接受群众咨询3500多次，发放宣传材料30多万册。此后全市每年围绕“坚持依法治国树立守法权威”的主题，在国家宪法日期间开展各种形式的大型法制宣传教育，为建设“锦绣潇湘、和美永州”营造良好社会环境。

法制知识竞赛　1990年7月至11月，地区普法办公室牵头组织全区公民参加“三湘杯”法律知识竞赛，参赛人数7.7259万人，完成省分配零陵地区应参赛人数的196.5%，全区人均成绩70.18分，获得组织一等奖1个、二等奖4个、特别奖2个，获得个人一等奖3名、二等奖18名、三等奖36名、纪念奖730名，优秀工作人员奖11名。同年，零陵地区被评为全省普法工作先进单位。1997年8月，全市政法系统组织6000多人，参加省政法系统干警新《刑法》知识竞赛。市公安局在局机关民警中开展竞赛，每周有两个半天集中学习。市档案局组织开展学《档案法》知识竞赛，发放试卷5200份，回收5120份，参赛人数占发放试卷比例的98%。祁阳县1993年组织1万名干部、2万名工人、30万名农民，开展社会主义经济法律知识竞赛。

法制文艺　1984年，地区司法局联合零陵县司法局和县文化馆，发出200多封约稿信，派出5位有创作经验的老师进行指导，创作话剧、弹词、渔鼓、小曲等法制文艺节目15个。1985年1月15—18日，地区司法局牵头，联合地区文化局、总工会、卫校和七个县的专业及业余法制代表队，四天演出四台36个《宪法》《刑法》《婚姻法》《森林法》《食品法》等内容的节目，观众达6000多人。2012年，永州市各级各部门坚持法制宣传教育与法制文化相结合，打造一批与群众生活密切

2009年6月1日，宁远县举行法制文艺演出

相关的法治文艺作品。全市编排法制文艺节目38个，下乡巡回演出250余场；组织放映法制电影300余场，观看群众达20余万人。宁远、道县、江永等县将法律条文印制在扑克牌上，制作数万副普法扑克免费赠送，深受群众喜爱。在省组织的“法治湖南·强盛之路”书画摄影作品展活动中，永州市推荐的21幅书画、摄影作品全部参展，其中有两幅书法作品，选送参加全国法制书画摄影作品展。2007—2015年，各县（区）每年都举办1~2次文艺宣传活动。

（三）组织宣讲团下基层宣传

2010年，市委法治永州建设领导小组办公室从高等院校、司法机关和行政执法部门中筛选出具有丰富法律知识和实践经验的法学教授、法律工作者共37人，组成普法讲师团，先后到160多个党政机关、社会团体、学校、企事业单位，举办法制讲座、法治报告会174场。编写印发法制资料10000余份，指导普法联络员和基层法制宣传员2000余人，在全市广泛开展普法宣传教育工作。

（四）法制课和法制讲座

1982—1983年，零陵地区落实湖南省委批转省人大常委会党组、省委宣传部《关于加强法制宣传工作的座谈纪要》文件精神，借鉴湖南省汨罗县上法制课的经验，结合“严打”实际，要求各级党委高度重视，加强领导，带头上法制课，把法制宣传工作广泛、深入、持久地开展起来。1982—1983年，全区各级党委以上法制课为主，辅之以其他宣传教育形式，系统地宣传“两法一条例”。全区90%的公社党委正副书记给干部、群众上法制课，80%的生产队向群众进行法制宣传，发动群众揭发犯罪线索，促使犯罪嫌疑人主动交代问题，投案自首。两年间，全区上法制课2.1万场，听众近500万人次。2012年，邀请省委副秘书长贺安杰、省法制办副主任张建华、外交部原部长李肇星、中国社科院纪检组组长李秋芳等专家分别作《法制湖南建设纲要》《政府服务规定》《文化与外交》《城镇化背景下党风廉政建设的核心目标》等10场专题讲座。2014年，邀请省委党校教育长吴传毅教授为市委中心组全体成员作《学习贯彻十八届四中全会精神，运用法治思维提升社会治理能力》辅导报告。11月18日—12月17日，组织全市10万多名国家工作人员学法用法考试。11月23日，组织全市厅级领导干部学法用法考试。2015年3月1日，市委学习中心组2015年第一次集体学习，邀请省委党校副校长刘丹教授作题为《落实依法治国方略，全面推进依法治省》专题辅导报告，8月3日至11日，组织全市11个县（区）党政主要领导听取省委讲师团副主任、教授谭跃湘“深入学习贯彻党的十八届四中全会精神，全面推进法治湖南建设”巡回专题报告。党委中心组学法和政府会议前学法成为常态。2011—2015年，举办中心组成员法治专题辅导报告60多场，领导干部法制讲座600多场次。

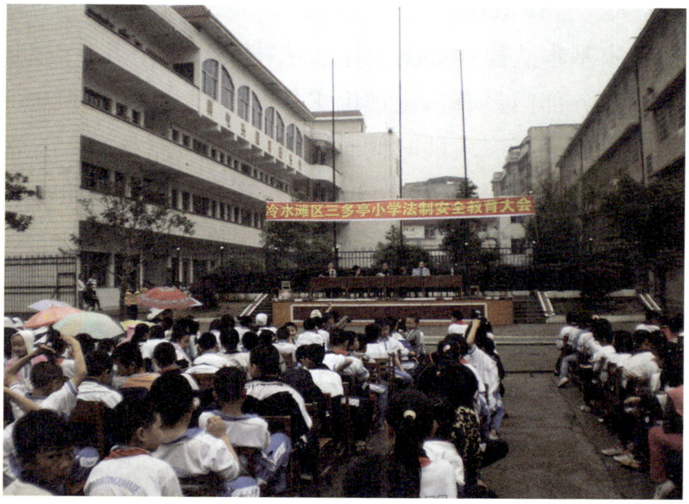

2009 年 5 月 7 日，冷水滩区三多亭小学举办法制讲座

2010 年 9 月 28 日，道县道江七小举办法制课讲座

1985 年，中共中央《关于改革学校品德和政治理论课程教学的通知》和《关于加强青少年教育，预防青少年犯罪的通知》相继下达后，地区及各县（市）司法局与地区、县（市）教育局密切联系，根据《通知》精神，各中小学校确定一名副校长分管学校法制教育工作。全区中小学法制教育，由教育行政部门制订教育计划，安排课时；司法行政部门将其纳入普法工作年度计划和长远规划。司法行政部门与教育行政部门建立联系制度，协调解决师资和教学资料等问题。市、县区司法局负责培训法制课师资；从政法部门聘请兼课教师；通过计划部门分配一些学法律的大中专毕业生担任学校法制课教师。小学用国家教委规定的教材，中学用省编教材。市、县（区）司法行政部门会同教育部门编写一些供学校用的案例、辅导资料等。1995 年，全区三年级以上小学开始开设法律课。1995—2015 年，全市三年级以上小学和中学开设法制课，并列入教学大纲。

1995—2015 年，湖南科技学院和永州职业技术学院等永州市范围内的高等院校，把法制课列入教学计划，编入课程表，把法律基础知识作为学生的必修课。

（五）法律专业培训

短期法律培训班。1980—1991 年，全区举办短期法律培训班 17 期，培训 738 人。其中，检察、法院干部 102 人，律师 51 人，厂矿法律专干 89 人，司法助理员

448 人，乡镇法律工作者 29 人，司法局干部 19 人。短期培训班针对不同对象，讲授国家基本法律和办案程序、法律文书制作等业务知识和政治思想教育。培训采用聘请业务部门具有一定理论水平和实践经验的同志授课、播放录音录像、讨论、考试等方式进行。培训时间最长 3 个月，一般为 15～20 天。1992—1995 年，全区举办普及法律常识学习班 4300 期，36.62 万人参加学习，其中，地师级 57 人，县团级 1676 人，科（局）级 31772 人，厂长经理 1431 人，其他人员 17.15 万人。举办法制讲座 119 期，参学人员 3090 人。1996 年后，全市普法宣传逐步停办法律短训班，转向更灵活的“法律六进”（法律进乡村、进社区、进机关、进学校、进企业、进单位）等活动宣传和其他宣传形式。

法学学历教育。1985 年 5 月，成立零陵地区政法干部中等专业学校（简称政法干校）。同年，地区司法局与司法部中华全国律师函授中心签订协议，在零陵设立辅导站，招收函授生。地区司法局负责辅导站的函授教育管理工作，具体工作由宣传教育科负责。1988 年 9 月，在地区政法干校内设立地区法律专业电大函授站，开办法律专业大专班。1985—2005 年，全市司法行政系统法学学历教育开办中专教学班 28 个，培养中专毕业生 1259 名；开办大专教学班 27 个，培养大专毕业生 1500 余名；开办本科教学班 7 个，培养本科毕业生 282 名。

第三节 依法治理

一、地方依法治理

（一）依法治市

1988 年 1 月 20 日，零陵地区普法领导小组召开全体会议，传达省普法领导小组 1987 年 12 月在常德召开的全省依法治市第一次会议精神，讨论贯彻意见。会议确定原县级永州市、冷水滩市、祁阳县、零陵卷烟厂、冷水滩造纸厂和金洞林场为地区依法治理试点单位。依法治市工作正式起步。同年 4 月，地区普法领导小组派出工作组对试点单位进行调查，并写出专题报告。6 月下旬，零陵地委副书记、地区普法领导小组组长谭志先带领地区政法委办公室、地区司法局等单位负责人用 7 天时间实地考察冷水滩市、祁阳县的普法和依法治理工作。针对普遍存在的问题，地区普法领导小组经请示地委、行署同意，分别于 7 月 9 日至 10 日和 7 月 18 日至 20 日，在县级永州市和道县两地召开全区普法和依法治理工作座谈会，对深入搞好普法、积极开展依法治理提出具体要求，推动依法治市工作的开展。1987 年，省司法厅确定冷水滩市为依法治市的联系点，1988 年，零陵地区确定冷水滩市为全区依法治市试点市。1987 年，冷水滩市派出依法治市学习考察组到辽宁本溪等地考察学习。回来后，县级冷水滩市市委常委集体听取汇报，成立以分管党群政法的市委副书记任组长，人大常委会主任、常务副市长任副组长，有关部门负责人任成员的依法治市领导小组，把依法治市纳入全市建设的总体规划。专门成立起草依法治市规划的工作班子，经过数月的深入调查，征求各方意见，冷水滩市市委常委先后 3 次讨论，三易其稿。1988 年 8 月，讨论通过冷水滩市《依法治市五年规划》，出台《关于动员共产党员带头学法用法，推进依法治市的决定》。同时，市政府聘请 2 名律师担任市长的法律顾问。1988 年 4 月，冷水滩市市委召开市直机关干部，区、乡、镇负责人以及驻市的中央、省、地属厂矿企事业单位领导 1000 多人参加的依法治市动员大会，市委领导作题为《积极开展依法治市、加快改革建设步伐》的动员报告。

1990 年 11 月 5 日至 6 日，召开零陵地区依法治理工作经验交流会。会议传达第二次全国部分市市长学法用法座谈会和全省依法治市经验交流会精神。会上，地委委员、宣传部部长欧学佳作题为《立足基层，狠抓基层，把我区依法治理工作不断引向深化》的报告，县级永州市、县级冷水滩市等 8 个县（市）和单位介绍依法治理经验。会议肯定和总结前两年全区依法治理工作的基本做法和经验，并对下阶段依法治理工作进行安排部署。1991—1995 年，即“二五”普法期间，坚持学用结合，狠抓基层学法用法工作。同时，“普法”与“社教”相结合，实行统一部署、统一开展、统一检查。不少地方积极开展依法治村、治乡、治街、治厂、治县工作。1996—1998 年，全市贯彻落实省人大常委会 1996 年 8 月通过的《关于继续深入开展法制宣传教育积极推进依法治省的决议》、省委 1998 年 5 月作出的《全面开展依法治省的决定》和省政府 1998 年 12 月 31 日制定的《关于依法治省的实施意见》等文件精神。全市 11 个县（区）都开展地方依法治理工作。

1990 年 11 月 5 日，零陵地区依法治理工作经验交流会召开现场

2005 年，全市普法依法治理工作会议召开

1999 年 2 月 4 日，永州市成立依法治市领导小组，市委书记邹金鹜任组长、市长王道生等 9 名市级领导任副组长，各部、办、委、局主要负责人 31 人为成员。并加强依法治市办公室力量，配备 1 名办公室主任，2 名办公室副主任；各县（区）成立依法治县（区）领导小组，市直各战线、各单位也相应调整配备各单位依法治理领导小组。6 月底，市委作出《关于全面开展依法治市的决定》，市依法治市领导小组出台《关于 1999—2001 年依法治市工作规划》，市人大常委会通过《关于依法治市的决议》，市政府制定出台《关于依法治市的实施意见》，市人民检察院、市中级人民法院分别制定《关于实施依法治市方略的意见》《关于贯彻落实依法治市决定、决议的实施办法》等 6 个规范性文件，同时要求各县（区）也要相应制定 6 个规范性文件，各乡镇制定 3 个文件（即规划、决定、决议）。坚持党委统一领导、部门联动、全民参与总导向，实施“党政搭台、部门唱戏”措施，围绕改革开放和经济建设中心，贯彻“三个结合”，即依法治市同解决人民群众关心的热点问题相结合、同加强党的建设和反腐倡廉相结合、同社会主义精神文明建设和民主法制建设相结合的基本方针，突出法制宣传教育和学法用法重点，地方、行业、基层重点和公正司法重点，全面开展依法治市。1999 年，市依法治市办组织开展参加全省“走向法治”诗歌朗诵赛选拔赛；永州市九中等学校请有关领导到校进行法制讲座，零陵监狱、市劳教所组织劳改劳教人员到校进行现身说法，对师生进行法律宣传教育；东安县委宣传部、组织部、县司法局、科委、科协、农委、卫生局等单位到边远乡镇开展“五下乡”活动，发放资料 8 万多份，赠送图书 8000 多册，提供信息 2500 多条，开展文艺演出 5 场，开展咨询 10 万多人次；全市 5069 所学校中有 3684 所学校开展依法治理；1874 个厂、场、矿、商店中有 1817 个开展依法治理；全市法院人均办案 30 件以上，结案率 95%，所结案件合格率 98%以上，执行率 85%以上。2000—2005 年，市依法治市领导小组确定，从深入法制宣传教育、加大依法治理工作力度、加强法制新闻文艺宣传工作、培育树立典型示范单位、强化保障机制等 5 个方面实现突破性进展。2000 年，市、县（区）政府备案审查下级政府所属部门规范性文件 1500 多件，实施行政执法检查 200 多次；全市行政机关受理行政复议申请 1700 多件，依法撤销和变更违法、不当的具体行政行为 500 多

件；建章立制速度加快，普遍实行执法责任制。全市交通、计生、监察、地税、国税、工商等部门实行办事公开、责任追究、错案赔偿等制度，强化依法行政措施；全市检察机关开展“执法效果年”活动，审判机关开展“审判质量年”“执行年”“争创人民满意的好法院、争当人民满意的好法官”等三项活动；监狱和劳教场所安全稳定；法律服务围绕中心拓宽领域；各级法律服务机构紧紧围绕党委、政府关于农村“两会一部”清欠收贷、国有企业深化改革、减轻农民负担等中心工作，提供全方位的优质高效法律服务。2002年，市依法治市领导小组确定市农办、双牌县、冷水滩四小、宁远县鲤溪镇东山岭村为依法治理示范单位，其中东山岭村的依法治村经验在8月8日的《永州日报》予以推介。至年底，全市11个县（区）、196个乡镇（办事处），90%的农村、厂矿、企事业单位全面开展依法治理工作，形成以法制宣传教育为基础、以依法行政、依法办事为重点，以提高依法管理水平为目标的依法治市格局。2003年7月18日，市依法治市领导小组根据省依法治省领导小组的要求，出台《关于在部分部门、行业开展“依法办事示范窗口单位”创建活动的通知》，创建活动以工商、税务、消防、质量技术监督、交警、国土、电业、卫生防疫、环保、交通运输管理、林政、城管等部门、行业为首批对象，其重点是各部门、各行业的基层单位；首批创建活动自2003年7月1日开始，为期一年；主要任务和内容包括：深入开展法制宣传教育，增强各部门、各行业干部的法制观

2007年12月12日，永州市三中开展法制讲座，市劳教所组织劳教学员现身说法

2006年，市司法局召开普法依法治理研讨会

念，提高法律知识水平，使之具备与执法职能任务基本相适应的法律素质；认真组织实施国家法律法规，制定相应的规划、方案和措施，确保国家法律特别是适用于各部门、各行业的法律法规得到全面贯彻执行；依照相关法律法规，建立健全各部门、各行业管理社会事务的制度规范，依法建章立制，规范权力运行以及面向社会的各项办事程序，推进各部门、各行业事业的制度化、规范化、法治化；落实行政管理体制改革任务，落实行政审批制度改革的措施和要求，规范行政执法主体和程序，建立健全执法责任制以及内部监督和社会监督制度，做好政务公开及其他重要管理事务的公开；依法决策、依法管理、依法办事，全面推行法治化管理，及时解决社会和群众普遍反映的执法和管理问题，努力制止和消除各种损害法律权威和尊严，侵犯国家、集体利益和公民合法权益、影响经济发展环境和执法环境的现象。推进依法行政、严格执法、公正司法，实现依法治市工作新发展。2005 年，全市有 56 个基层单位被命名为全省“依法办事示范窗口单位”。

2009 年 4 月 10 日，永州市应对金融风险专题法律宣讲团在市财政局进行宣讲

2006 年，永州市在全省率先推行《行政首长问责制》，先后制定出台《永州市行政首长问责制暂行规定》《〈永州市行政首长问责制暂行规定〉实施办法》。紧扣依法行政这根主线，进一步全面推进依法治市工作。树立依法行政和“正确地做事”“做正确的事”的理念，以行政程序法治化和政府服务法治化为抓手，创新行政决策机制、规范性文件管理机制、行政执法机制、政府服务机制、行政公开机制和依法行政推进机制。与此同时，开展“依法办事示范窗口单位”创建活动。2007—2010 年，制定出台《执法过错责任追究制》，建立执法人员持证上岗、考核评议等一系列制度和机制。各级政府、各部门自觉接受人大的法律监督、工作监督和政协的民主监督。把公示、公开作为公平、公正执法的重点，把执法依据、执法权限、执法过程、执法结果、举报电话等内容，告之于民、公之于众，扩大公民、社会和新闻舆论对政府机关的监督，增加行政透明度。深入持久地在广大干部特别是领导干部中开展带头学法用法活动。各理论学习中心组增设学法、法制讲座内容，重点

学习行政相关法律法规，实现“两个提高、两个转变”，做到懂法、用法、守法、护法。开展“民主法治示范村（社区）”创建活动，免费发放《城镇居民普法读本》32万册，有59个村（社区）被授予国家、省“民主法治示范村（社区）”称号。

2011年，永州市出台《关于开展“法治永州”创建活动的实施意见》《关于进一步加强“法治永州”创建工作的实施意见》，启动“法治永州”创建活动。制定《永州市人民政府依法行政工作安排和考核方案》，各级政府及其工作部门以依法行政为主线，以行政程序法治化和政府服务法治化为重点，落实“一规划两规定六办法”，完善行政决策机制，建立健全行政决策听证、专家咨询论证、合法性审查制度。强化政府绩效考核、行政首长问责和重点项目目标管理。开展执法质量考核评议，推进“阳光执法”。加强政务信息公开，完善政府公共服务平台。深化行政审批制度改革，加强政务服务中心建设和管理，推行并联审批、全程代理、打捆收费，限时办结和园区封闭管理，提升依法行政水平和能力。

2012年8月1日，市委下发《关于成立市委法治永州建设领导小组的通知》，成立由市委书记张硕辅任组长，7名市级领导任副组长，市委办、市人大办、市政府办、市纪委、市委组织部、宣传部、统战部、政法委、市中级人民法院、市人民检察院、公安局、司法局、财政局、人社局、民政局、工商局、商务局、统计局、市总工会、市妇联、共青团永州市委等单位主要负责人为成员的法治永州建设领导小组。领导小组下设办公室，市委常委、市委政法委书记唐湘林兼任办公室主任，市委副秘书长杨社顺、市司法局局长何建民、市委政法委副书记段联群、市司法局副局长廖信安兼任办公室副主任。各县（区）、各部门结合实际，成立由党政主要领导任组长的创建领导小组，相继出台实施方案和实施意见。2012年8月16日，召开全市“推进法治永州建设创建法治先进城市”动员大会，市委书记张硕辅作动员报告，各县（区）委书记、县（区）长、宣传部部长、政法委书记、司法局局长及市直部办委局副处以上干部、市委、政府大院副科以上干部1000多人参加大会。会议提出“创建法治先进城市”口号。会后，制定《法治先进城市创建方案》和《创建法治先进城市评估指标》。同年，永州市加大民生领域的执法和监督力度，在河道采砂整治行动中，全市参加联合执法6100多人次，对406艘无证采砂船只进行处理，清理平整采沙尾堆536万立方米，投入清障资金8535万元。省整治办交办的3个重点案件和市里挂牌督办的40个重点难点案件全部处理到位。水利、环保、城管等部门开展“保护湘江母亲河”行动，关停18家水上餐饮店。全市政法部门进一步健全和落实社会矛盾预警、群体性事件应急处理、“四级三调”、社会稳定风险评估等多元化的矛盾纠纷预防解决机制。强化对刑事犯罪的打击力度，加强社会管理综合治理，全市命案侦破连续四年全省第一，人民群众的安全感明显提升，上半年民调排名全省第三。全市司法行政机关在全省率先建立律师介入信访工作机制，选派200余名律师参与市、县（区）领导接待日活动，促进一批疑难信访问题得到解决。新田县在广州白云区成立全省首个流动人口社会管理综合治理办公室，集党建、社会管理综治、法制宣传和法律服务、招商引资、计划生育等职能于一体，该模式在全省推介。

2012年8月16日，永州市召开推进法治永州建设创建法治先进城市会议

2013年，永州市政府出台《永州市人民政府2013年度推进依法行政工作安排和考核方案》，分别对县（区）人民政府和市直单位，中央、省驻永单位进行考核，并将考核结果作为政府绩效评估的重要内容。全市人民法院持续推进量刑规范化改革，完善司法救助和刑事赔偿制度，保护弱势群体和当事人的合法权益。全市检察机关加强捕诉衔接，落实全面、全部、全程同步录音录像制度，强化诉讼活动的法律监督，健全执法纠错追责机制，确保公正司法。同年，全市开展法治永州建设“五个工程”，即法律素质工程、方式创新工程、典型示范工程、表彰激励工程和社会满意工程。

2014年，永州市出台《重大行政决策程序规则》，明确重大决策调查研究、公众参与、专家论证、合法性审查、集体讨论决定的“五步走程序”，建立健全群众参与信访评估、社会稳定风险评估、决策风险评估“三评合一”制度；健全民主决策机制，建立党内情况通报制度和群众代表列席党委会议制度，让群众参与到调研、论证、评估、决策、实施全过程，形成全社会广泛参与的依法治市工作格局。同年，市委法治办、市委组织部、市委宣传部、市司法局、市人力资源与社会保障局联合下发《关于进一步加强领导干部和国家工作人员学法用法工作的意见》，建立领导干部年终述法考评制度，完善领导干部年度学法和考试制度，将学法用法和推进法治建设情况纳入领导干部考核内容，实现“德、能、勤、绩、廉、法”六位一体综合考核。同年，永州市按照“网格化管理、信息化支撑、全程化服务、系统化治理”四位一体的要求，推进社区网格化建设，推动社会治理改革与创新。在2014年全省深化平安建设会议上，永州市的网格化建设经验作典型发言。《民主与法制时报》、光明网、省委改革办、湖南社会管理网推介永州市网格化建设的做法。同年，市政府建立健全法律顾问制度，于2014年11月26日，下发《关于聘任永州市人民政府法律顾问团成员的通知》，聘请湘潭大学法学院教授倪洪涛等6名法律专业人士为市人民政府法律顾问，聘期两年。祁阳县在全县所有党政机关中全面推行法律顾问制度。

2011—2015年，永州市坚持每年组织两次对市直196个单位进行优化经济环境、机关效能建设工作“满意不满意”测评活动，测评结果在《永州日报》公布。全市有66个单位获评“全省依法办事示范窗口单位”，63个村（社区）获评“全省民主法治示范村（社区）”。群众的满意度、获得感和幸福感大幅提升。宁远县获评全国法治创建先进单位，蓝山县毛俊村依法治理被誉为“依法善治”而走向“小康的时代缩影”，其典型经验被中央8大主流媒体推介。2013—2015年，永州市民调测评连续三年位居全省前列，入围2013—2014年中国最幸福城市20强。

（二）依法治县（区）

2000年年初，永州市委、市政府在冷水滩区召开全市县（区）委书记、县（区）长会议，传达贯彻省委、省政府依法治县经验交流会议精神，安排部署依法治县工作，对依法治县工作提出明确具体的要求。会后，各县（区）结合自身实际，先后成立依法治县（区）领导小组及依法治县（区）办公室，制定依法治县（区）方案，各县（区）把依法治县（区）与发展经济和社会事业有机结合，把依法治理县（区）工作纳入经济社会发展总体规划，进行统一部署，统一安排，从县（区）委、县（区）政府依法办事、依法行政抓起，全面推进依法治县（区）工作。宁远县、双牌县是全市依法治县工作的优秀代表。

2002年，宁远县委第一次县委常委会上，县委书记对法治建设工作提出：“汇报的内容照单全收，提出的问题全部解决，提出的要求全部满足”。2002—2015年投入2.5亿元（包括中央转移支付资金和县财政投入），新建19个乡镇派出所、17个基层司法所、7个基层法庭，启动县人民法院、县人民检察院、县公安局业务技

2006年5月，宁远县举行“建设新农村，送法进万家”法制文艺演出

2010年9月，宁远县向全县中小学生发放普法读本

术用房、监管中心建设和县司法局整体搬迁。

2002—2010年，宁远县组织干部职工深入乡镇、社区、农村、机关、学校和企业，提供法律咨询和法律援助，发放各类宣传资料160万份，召开座谈会1200余场次，上法制课76场。精心编排“平安宁远”“和谐宁远”“建设新农村，送法进万家”等大型文艺会演，在全县各乡镇和社区进行巡回演出1000余场，并印制3万副普法扑克免费赠送；在县城繁华的九嶷街和文庙广场，在县委机关大院，在国家AAAA级旅游景区九疑山舜帝陵，分别设立永久性的法律宣传橱窗和电子屏幕。各单位、公共场所的液晶显示屏，天天都有法治创建的标语口号。充分利用本土厚重的舜德文化优势，精心制作宣传展板，凸显德法兼备的地域特色；在县电视台开辟《平安宁远》《以案说法》等专栏，每周一在黄金时段播出，宣讲法律援助政策，宣传法治创建成果，赢得社会各界好评。

开展创文明、创卫生、创平安县城活动。县委书记、县长带头上街大扫除和参加夜巡。县委定期召开联席会议研究“三创”工作，落实居民户、门店业主、临街单位“包卫生达标、包绿化保持、包设施看护、包治安报警、包门店美观”的门前“五包”责任制，用制度来约束、养成文明卫生的良好习惯，做到齐抓共管。逐户发放《市民文明手册》，组织 3000 名志愿者上街开展劝导服务。县直各部门每月第一周星期五下午组织干部职工上街开展爱国卫生运动，并轮流参与社区夜巡。从自己做起，讲文明话、办文明事、做文明人。所有街道，“一天三扫、全天保洁、日产日清、日清日运”，做到全民参与。规范城市交通客运市场秩序，三轮车彻底退出客运历史舞台。开展机关干部轮流夜巡，社区居民义务巡防。开展“知荣耻、讲文明、守法纪、树新风”主题实践活动，推动公民基本道德规范进机关、进企业、进学校、进社区、进家庭。

全县 17 个乡镇、8 个社区、687 个村都实行党务公开。司法机关及工作人员树立司法为民的理念，坚持严格执法、秉公办案，让怕打官司的群众敢打官司，让困难的群众打得起官司，让有理的群众打得赢官司，让弱势群体切实得到关心和帮助。宁远县 2013 年获“全国法治县（市、区）创建活动先进单位”称号，2016 年获“2011—2015 年全国法治宣传教育先进县”称号。

2006—2015 年，双牌县以创建“事事有法可依，人人知法守法，各方依法办事”的法治环境为目标，坚持把法治建设作为服务发展的一项战略举措融入政治、经济、文化、社会各个领域，实施“三个三”（三个到位、三个突出、三个提高）措施，全力推进法治双牌建设。

2010 年 5 月，双牌县举行大型法制文艺暨送戏下乡巡回汇演

2011 年，双牌县成立以县委书记任组长，县委副书记任常务副组长，县四大班子分管领导任副组长的法治双牌建设领导小组，县直各单位、各基层党组织也相应成立领导小组及其办公室，在全县确立法治建设的“一把手”工程地位。将依法治县纳入经济和社会发展规划，写入《双牌县国民经济和社会发展第十二个五年规划纲要》，先后出台《法治双牌建设纲要》《“法治双牌”创建活动实施方案》《双牌县法治创建目标责任考核实施办法》《法治双牌创建工作精细化管理办法》《关于开展“法治双牌”创建活动的实施意见》《双牌县创建全省基层法治示范县实施方案》，县人大常委会作出《关于进一步加强法制宣传教育，推进法治建设的决议》，县法治办建立健全《双牌县普法依法治理工作报告制度》《双牌县单位“法治专干”管理办法》《双牌县普法依法治理工作督查检查办法》等一系列党委领导、人

大主导、一府两院执法主体、政协民主监督、全民共同参与的法治创建工作机制，确保全县法治建设规范有序开展。县财政按全县总人口人均 1 元的标准将普法经费 18 万元列入财政预算，按人均 2 万元的标准为司法局安排 90 多万元的工作经费，先后投入 70 余万元为县法治办配置电脑、摄像机、照相机以及其他专用普法器材。同时各个乡镇每年按 2 万元的标准安排法治创建工作经费，保障依法治理工作的正常运转。

2015 年，双牌法治文化一条街

2006 年，双牌县在全省率先建立县乡社会矛盾纠纷调处中心，构建人民调解、司法调解、行政调解相互衔接配合的矛盾纠纷“大调解”工作格局。2011—2015 年，创新“县委书记大接访”“秤砣工作法”“二次调解”等矛盾化解新机制，畅通信访渠道，依法解决信访突出问题，把化解社会矛盾纳入依法治县“重点工程”，提高化解重大社会矛盾的能力；全县 200 个村（社区）建立健全法治工作站，广泛开展“民主法治示范村（社区）”创建活动，完善“四民主、两公开”制度，把基层依法治理作为依法治县的“基础工程”，增强基层组织自治功能。全县有 85 个村被县命名为“村民自治模范村”，8 个村（社区）被授予全省“民主法治示范村（社区）”称号。全县领导干部、公务员、青少年、企事业经营管理人员和农民等重点对象普法受教率达 98%。通过创新法治文艺会演、青少年学法之星评选、诚信守法光荣户评选等普法方式，广泛开展“法律六进”活动。全县所有单位、乡镇、村（社区）都确定一名普法专干，在全县构筑起“司法行政牵头，各管一线，部门联动，共促法治”的“大普法”格局。把普法依法治理工作纳入全县综治考核和政府绩效考核内容，使普法工作从一项“软职能”变为“硬指标”。加强法治文化建设，在广场、车站、码头、公路沿线建设一批高标准的法制宣传栏，在城区中心建立法治广场和法治一条街，各乡镇建立各类法治园地，所有行政村（社区）建立一个以上高标准固定法制宣传栏和“农家法律书屋”。通过电信和移动手机平台开通

“法治短信服务”和“法治手机报”。在县电视台开设《咱们有法做主》法治专栏。组建县法治文艺宣传队。

双牌县出台《双牌县全面推进依法行政五年规划（2011—2015 年）》，将依法行政和法治政府建设列入政府重要议事日程。制定重大事项决策法律咨询及论证制度，成立全县“重大决策专家咨询论证委员会”，组建由 42 名专家组成的“专家咨询论证委员会专家库”，对事关县域经济社会发展或与人民群众利益密切相关的重大事项，决策前都邀请相关专家进行科学性、合法性论证。全县有 5 个乡镇和 34 个行政执法部门聘请律师担任常年法律顾问，覆盖率达 90% 以上。“有事先问法，违法事莫为”成为全县各级领导的共识，依法决策、依法管理、依法行政成为各级党政部门衡量工作政绩的重要指标。依法整顿和规范市场经济秩序，严厉打击制假售假，欺行霸市等经济领域中的违法犯罪行为，健全安全生产、环境保护、节能降耗、劳动用工等监督机制，加强重点行业领域安全监管。建立企业和个体经营者诚信档案，记录有关身份信息和信用信息，完善信用信息查询和披露、违规失信惩戒机制，促进公平竞争、诚实信用等市场经济基本法律原则和制度的落实。不断完善律师、公证、法律援助，基层法律服务等法律服务体系和管理制度，规范法律服务市场，促进法律服务健康发展。县法律援助机构健全，服务体系完善，每年承办的法律援助案件均超过 120 起，接待来访群众解答法律咨询超过 2000 多人次。湖南顺胜律师事务所在积极拓展业务的同时，积极为政府部门涉诉案件提供无偿法律服务，每年办理各类案件近 200 起，协助各级政府部门处理涉诉案件 20 多起。县公证处积极主动服务全县招商引资、重点项目建设，每年办理公证 300 多件。双牌县 2011 年获首批“全省依法治县创建活动先进单位”称号；2015 年，获“第三批全国法治县创建活动先进单位”称号。

2011 年 9 月，双牌县司法局局长吴永友（前排右一）荣获全省“五五”普法依法治理先进个人，并记一等功

二、行业依法治理

1988—1999 年，市司法局、市普治办采取与市直行业主管部门联合下文的方

式，把行业依法治理纳入依法治市的总体范围，部署在全市开展《土地管理法》等专题法宣传，围绕大兴水利、根治水患、发展经济，开展阶段性普法依法治理工作。2000—2005 年，先后 8 次召开市直单位行业依法治理工作会议，总结推广市林业局、市工商局、市地税局等部门开展依法治理工作的做法和先进经验，要求各部门、各行业建立健全依法治理领导小组，建立例会制度，定期研究；各级领导发挥学法方面的带头作用，用法方面的表率作用，法治化管理方面的领导和促进作用；领导干部要熟练掌握和运用与自身领导工作紧密相关各种法律法规知识，自觉参加规定的学法用法考试考核；各级领导班子要坚持依法决策，带头依法办事，推进法治化管理，加强对行业依法治理的评估评议和检查督促工作；建立健全行业依法治理保障机制，行业的市级主管机关对全行业依法治理负总责。各县（区）和各行业主管部门根据会议要求，结合实际，专项依法治理乱收费、乱罚款、乱摊派、乱集资、执法和司法不公、重点工程中的违法违纪违规行为，交叉、重复检查和审计以及索拿卡要等影响经济发展环境的问题。教育部门突出开展学校内外社会治安综合治理和依法治校活动。全市有 275 所学校聘请法制副校长，帮助维护学校良好的教学、工作、生活秩序。2001—2005 年，市依法治理领导小组制定出台《关于加强行业依法治理的意见》《关于加强行业依法治理的实施方案》，分期分批在 26 个司法和行政执法部门开展“依法办事示范窗口单位”创建活动。2003 年，全市有 33 个单位被授予全省第一批“依法办事示范窗口单位”称号。

2008 年 10 月，冷水滩区地税局在街头宣传税法

2006—2015 年，行业依法治理坚持专项治理与落实部门执法责任制相结合、依法行政与过错责任追究制相结合，制定工作方案、严格考核标准，使全市各部门各行业逐步走上依法管理、依法行政、依法办事的轨道。突出抓好司法、行政执法等重点部门的依法治理，维护社会公平正义。着力规范司法和行政执法中的权力运行，进一步推行司法和行政执法公开、透明措施，在执法过程中实现执法依据、执法责任、执法程序、收费处罚、执法过错追究责任、监督制度“六明确”，将执法人员、执法依据、执法职责“三上墙”，规范执法人员执法行为；强化对司法和行政执法

错案的预防，整治贪赃枉法、徇私舞弊等消极腐败现象。坚持深入开展司（执）法质量考核评议工作的社会监督；继续采用相对集中行政处罚权等措施，改革和完善城市管理执法体制，切实解决行政执法领域存在的多头执法、重复执法和执法扰民等突出问题；针对社会热点难点问题，组织开展社会各领域的专项依法治理，依法妥善处理人民内部矛盾，促进社会和谐稳定。2015 年，永州市依法治市办对全市部分 2013—2015 年全省“依法办事示范窗口单位”进行考核，推荐双牌为全省首批“基层法治示范县（市、区）”“全国法治县（市、区）创建活动先进单位”，蓝山县司法局退休老干部邝秀潭被司法部推选为“全国十佳法治人物”，获评央视 2014 年度“法治人物”。

三、基层依法治理

（一）依法治村

1994 年 6 月 8 日，零陵地区成立依法治村领导小组，召开第一次会议，强调依法治村工作关系到加强和改善党对农村工作的领导，关系到在农村建立市场体制，关系到农村繁荣富强、长治久安。会议讨论通过《依法治村、民主管理工作实施方案》。1994—1996 年，每年完成三分之一行政村的依法治村工作计划。1994 年依法治村工作分三步走：第一步，各个县（市）开展试点工作，地直各职能部门调查研究一个村，拿出依法治村的部署意见。第二步，7 月中旬，召开一次试点工作座谈会，全面细致地总结依法治村的经验教训，部署依法治村、民主管理工作。第三步，12 月召开全区依法治村现场经验交流会，推动依法治村工作的开展。

1994 年 6 月至 7 月，地委先后派出 558 名机关干部抓 46 个村的依法治村试点工作。1994 年 8 月 9 日，地委在冷水滩市水浪坝乡黄甸村召开依法治村现场会。会上，黄甸村党支部书记王四一等人介绍试点经验，地委政法委书记杨祈贵在讲话中肯定试点经验，并要求各级各部门在开展依法治村中，抓住四个环节，即以抓党支部、村委会建设为核心；以发展农村经济为重点；以抓社会治安综合治理、稳定社会秩序为保障；以抓加强领导狠抓章程落实为关键。在依法治村的实际工作中，全市各级各部门把依法治村与整治农村社会治安相结合，把依法治村工作纳入社会治安综合治理责任制，实行一票否决制。市、县（区）党委、政府研究重大决策时，有依法治村的举措，人大开展执法检查，也有依法治村的内容，各级各部门紧密配合，齐抓共管，有效促进社会治安的好转。1994—1996 年，全市农村没有发生一起群众性纠纷械斗事件，70% 的乡镇没有发生重大刑事案件。在推进依法治村工作中，始终坚持“三个结合”。依法治村与发展农村经济相结合。全市 90% 以上的村制定村民自治章程或村规民约，使广大村民自觉学法用法，执行政策法规，促使农村各项工作逐步走向法治化、规范化的轨道，进而推动农村经济的迅速发展。1996年全市农业总产值达56.6亿元，比1994年增长23.9%。依法治村与整治“重点村”工作相结合。20世纪90年代初，全市先后出现12个治安“失控村”、难管村，涉及76个村民小组。刑事、治安案件大幅度上升，村级集体经济一片空白，人均收入不足600元。在依法治村工作中，市委、市政府把此类问题作为重中之重来抓。采取市、县（区）主要领导亲自抓、建立班子专门抓、组织督查协调抓的办法，有7个“失控村”全部由乱到治，改变失控局面，政策和法纪观念增强，拖欠的15.5万公斤国家定购粮、28万元税费全部交清。兴办公益事业和发展村级经济开始起步。依法治村与农村党的整建工作相结合。全市抽调4000多名工作人员，奔赴5000多个行政村，依法治村和党的整建同时进行。采取调整充实班子、建立健全“三会一课”、发挥党员的先锋模范作用等措施，全市有116个后进村变为奔小康带头村，有814个村党支部进入乡镇以上表彰的先进党支部的行列。

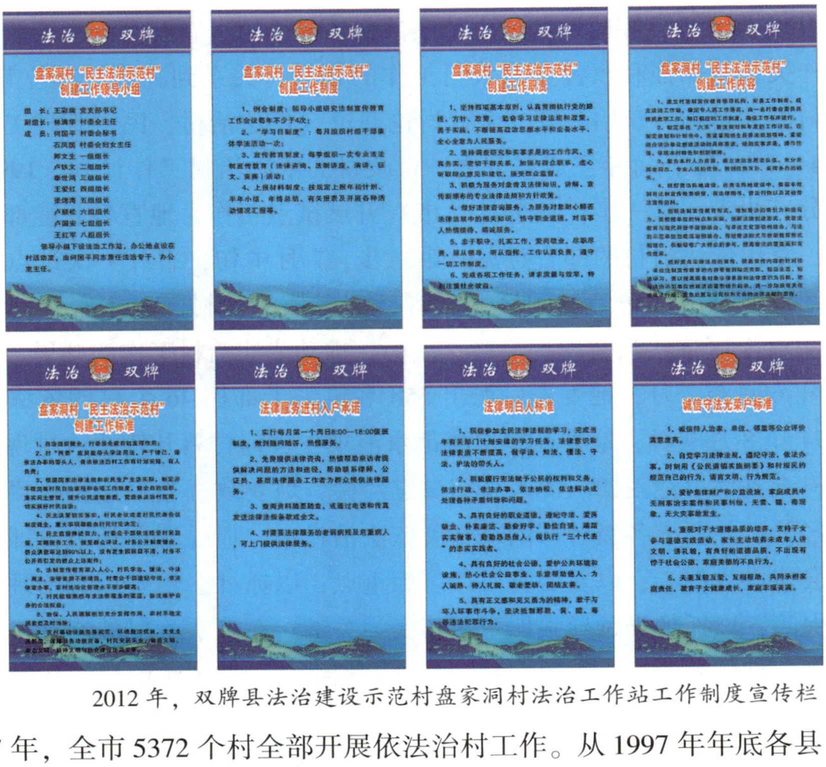

2012年，双牌县法治建设示范村盘家洞村法治工作站工作制度宣传栏

1997年，全市5372个村全部开展依法治村工作。从1997年年底各县（区）对依法治村的检查验收情况看，开展得好的村2800个，占总数的52.12%，较好的村1997个，占37.18%，较差的村575个，占10.70%。

1998—2000年，市委、市政府和市依法治村领导小组贯彻落实省委组织部、省司法厅等九部门于1997年9月联合下发的《关于进一步加强依法治村工作的通知》

和 1998 年全省依法治村、民主管理现场经验交流会会议精神，有组织、有计划、有步骤地开展依法治村工作。市依法治村领导小组制订出台《1998—2000 年依法治村规划》，各县（区）相应制订《三年依法治村规划》，进一步加强依法治村工作。坚持贯彻“稳定大局，突出重点，普治并举、以治为主”的总导向，从加强领导，健全机构机制，落实保障措施入手，在不断强化法制宣传和普法教育基础上，全方位推动依法治村进程。在具体实施过程中，全市各县（区）以村民委员会换届工作为契机，把农村的依法建制、依法治理、民主管理放在突出的重要位置，按照《村民委员会组织法》在扩大民主、保证人民群众直接行使民主权利迈出实质性步伐。全市 60%以上的村推行政务公开和财务公开，有 2900 多个村实现“五有”，即有村委会牌子、有办公地址、有村务公开栏、有村务公开意见箱、有村务各项制度。

2001 年，永州市采取“五年规划”的运作方式，坚持不间断地持续开展依法治村工作。根据省委、省政府《关于进一步加强依法治村的通知》和永州市“依法治市，创建法治先进城市”的规划要求，市依法治村领导小组先后制订《永州市依法治村（2001—2005）（2006—2010）（2011—2015）规划》三个五年规划。规划明确依法治村的指导思想、基本目标、工作任务和措施方法，要求各级党委加强对依法治村工作的领导，统一部署，精心组织，把依法治村各项任务落到实处。市、县（区）持续组织开展“文化（法制）、科技、卫生”三下乡进村入户活动；持续开展依法治县“示范县”“示范乡镇”“示范村”创建活动，市依法治村办公室和市司法局在广泛深入调查摸底的基础上，分期分批确定示范县、乡镇、村，并坚持到创建县、乡镇、村实地指导。在全市广大农村普遍建立村民调解委员会，每个村确定 3~5 名调解员和法制信息员，实现“小事不出组，大事不出村”。在全市各村支两委推行“四民主”“八公开”制度，即推行民主选举，按照《村民委员会组织法》，建立村民代表议事制度，坚持公正、公开的原则，按期由村民直接选举村委会领导班子；民主决策，建立党支部领导下的村民代表议事制度，从而促进决策的科学化；民主管理，根据党的现行政策和法律法规，结合自身实际，制定《村规民约》，明确村民的权利和义务，经营管理，遵纪守法，婚姻家庭计划生育和社会公德等诸多方面的要求，增强村民自我约束、自我教育、自我管理能力；民主监督，建立健全一套群众监督党务、村务制度，完善监督机制；实行公开制度，全市广大农村普遍实行财务、宅基地审批、计划生育、农民负担、债权债务、扶贫资金使用、村干部目标责任、农业开发等为主要内容的“八公开”。各村都制作公开栏，把群众普遍关心的重大问题公示于众，让人民群众参与管理，直接对干部进行监督，给群众一个明白，保干部一个清白。普遍实施依法治村工作责任制，确定各村

2014 年 9 月 17 日至 18 日，中央媒体听取毛俊村情况介绍

党支部书记为依法治村第一责任人，并将依法治村工作与责任人的工资、补贴挂钩。2015 年，全市各村全部制定《依法治村、民主管理章程》，把村民的权利和义务、村各类组织之间的关系和工作程序，以及经济管理、社会治安、村风民俗、社会公德、婚姻家庭等等应遵循的规章作出明确规定，推动依法治村的进程。

蓝山县毛俊村与郴州临武、广东连州相邻。数百年来，不断有湖北、江西、广东等 11 省（区）72 县的人先后迁来定居。近 5000 村民中有唐、李、陈、吴等 103 个姓，成为湘南名副其实的“百家姓第一村”。在依法治村中，毛俊村将践行社会主义核心价值观作为加快新农村建设的重要抓手，坚持以社会主义核心价值体系引领村民思潮、凝聚大家共识。通过“治乱、治穷、治理”三部曲，走出一条乡村治理的新路子，迎来“百家姓，一家亲”的和谐局面。村容村貌焕然一新，文明新风四处洋溢，有力推进毛俊村的经济建设、组织建设、文化建设、社会建设和生态文明建设。该村先后荣膺“永州市科学发展魅力村庄”“永州市基层党建示范村”“永州市新农村建设先进村”“永州市文明村”“湖南省民主法治建设示范村”“湖南省党风廉政建设先进村”“湖南省新农村建设示范村”“湖南省 2012 届文明村镇”“全国家庭教育示范村”“全国创先争优先进基层党组织”等称号，村支部书记廖仁旺被评为“全国劳动模范”。其主要措施是：加强班子建设，促进乡风和谐。由“三老”（老党员、老干部、老先进）、村民组长、人大代表、政协委员等组成一个理事会。村里重大事务，先征求群众的意见，再交理事会研究、讨论，出现问题争议时则实行票决制，真正让群众的意愿变成村里的决策；实行民主理财。财务由村主任一支笔审批，村民组成账目监督小组和财产清算小组，对村集体资金收支情况进行监督，并将资金使用情况定期张榜公示，让村民清楚每一笔资金的去向；依法治村，营造和谐平安的社会环境。党员干部带头学法，全体村民通过派发法制宣传资料、村上设立法制课堂，组织村民听法制课，家家都有法律书，人人学法律，强化村民的法律意识；明确公示制度。党务、村务、财务“三公开”。凡是村级重大事务和与农民群众切身利益相关的事项，都要按照“四议两公开”工作法决策、实施。强化综合治理，维护社会稳定。全村公路街道安装路灯 129 盏，既方便群众夜晚出行，又降低安全隐患。做到“小事不出组，大事不出村”，矛盾就地化解，全村无上访事件；经济强村，实惠民生。调整农业产业结构。将全村 1160 亩耕地整合起来，实现规模经营，发展订单农业。把村里 220 多户有竹木加工技术的农户集中到工业园办厂。2010 年村民的人均年纯收入达 8600 元，村集体经济突破 236 万元。切实改善民生，对考上大学的村民子女给予奖励，对家庭困难的学生读书给予帮助。村集体每年出资为全体村民参加新型农村合作医疗“买单”，为年满七十岁老人发放生活补贴。安排专项资金，支持监督委员会、村民代表理事会、理财小组、妇代会、老协、关协、团支部、腰鼓队、舞龙耍狮队等组织开展工作，使其更好地发挥作用。

（二）依法治理单位

全市各级各部门各单位，按照市委 1999 年《关于全面开展依法治市的决定》和市政府《关于依法治市的实施意见》的要求，结合实际制订依法治理长期规划和年度实施计划，建立健全单位规章制度、奖惩机制和《干部职工日常行为规范》，把依法治理纳入规范化管理轨道。2000—2015 年，以贯彻实施《预防未成年人犯罪法》为突破口，在坚持强化青少年学生的法制宣传教育的基础上，各县（区）普遍建立预防未成年人犯罪工作领导小组，制订预防未成年人犯罪的长远规划和年度实施计划。全市各中小学校结合实际制定《学校依法治理工作标准》，根据学校章程和《中小学生日常行为规范》，制定校领导和全体教职工岗位职责、学生文明条例、遵纪守法公约，预防未成年人犯罪等一系列规章制度，并装订成册，人手一册。全市各县（区）普遍建立青少年法制教育基地，对青少年进行法制和社会公德教育，在全市中小学校深入持久地开展“争做遵纪守法小公民”等征文活动，不断把依法治校工作引向深入。

2005 年 10 月，学校模拟法庭现场

2000 年，东安县第一中学出台《东安一中依法治校工作制度》《东安一中依法

2014 年 3 月 27 日，宁远县学校组织学生旁听法院庭审

2009 年 5 月 13 日，双牌县司法局举办专项法律服务活动重点工程负责人、重点企业主座谈会

治校工作规划》，严格执行《教育法》《教师法》《未成年人保护法》等法律法规的规定，始终以学校的校风校纪建设为抓手，要求学生出入学校的大门必须佩戴好校徽校牌，寄宿学生周一至周五出入学校必须凭学校老师批的请假条出入。每年坚持开展“青少年法制宣传周”及“12·4”全国法制宣传日等专项法制宣传教育活动，营造学校法制宣传的氛围，确保法制宣传教育活动渗透到全校的每一个角落和每一个师生身上；举办法制讲座和法律培训活动。每周教职员工例会上尽量安排穿插一些法律、法规知识的学习。同时，在校园内经常组织开展专题法律知识抢答赛、演讲赛、文艺赛、辩论赛、黑板报比赛、有奖征文活动，使学生在获取知识的同时，也学习法律知识，提高自身的维权能力；每学期组织学校教职工和学生观看法制教育录像片，请监狱服刑人员到学校现身说法，真正做到以案说法，使学校师生受到实实在在的法制教育。坚持实行校务公开，针对学校的大宗物品采购、校园重大项目建设、学校领导班子廉洁自律情况、学校重大决策等问题都通过适当的方式及时进行公开，接受学校教职工的监督；建立学校护校队夜间巡逻和门卫制度，保护教师和学生的人身安全和财产安全，主动聘请法制副校长，建立健全学生安全和伤害事故的应急处理机制和报告制度，定期对教学区域、教师办公、学生宿舍等重点区域的设施进行安全检查，落实各项安全预防措施。2009 年

被评为全省依法治校示范校区。2011—2015 年，学校没有发生一起违法犯罪案件，没有发生一起超范围、超标准的乱收费行为。

（三）依法治理企业

2000—2015 年，永州市围绕依法治理企业工作，调动各方力量，指导全市 309 家企业设立法律顾问室，聘请律师担任企业的法律顾问。2000 年，针对《劳动合同法》实施过程中产生的劳动用工等问题，及时组织法律专家为企业释疑解惑，编印大量法律知识手册发放给各类生产企业。2009 年，面对席卷全球的金融危机，开展“应对金融风险，促进富民强市”专项法律服务活动，组建普法讲师团为企业举办专题法律讲座近百场，提高企业应对金融风险的能力。指定 131 名律师为全市 122 项重点工程开展法律服务，送法入户、入工棚，保障各项工程的顺利进行。当年代理诉讼 25 件，代理非诉讼 302 件，为企业挽回经济损失近 6000 万元。

2009 年 6 月 3 日，市司法局在企业召开专项法律服务活动座谈会

全市企业向法治要效益，涌现出一大批企业法制宣传教育与依法治理先进典型。零陵卷烟厂坚持将普法工作纳入企业考核体系，被评为“全国厂务公开工作先进单位”。湘南爆破器材有限责任公司全面深化普法教育，强化依法治企，公司主要经济技术指标逐年递增，先后被授予“全国模范职工之家”“全国守合同重信用企业”“全国五一劳动奖状”等 20 多项省部级以上荣誉称号。

第四章 律师

1979 年 7 月 1 日，全国第五届人大第二次会议通过《刑事诉讼法》，在立法上恢复中国律师制度。1980 年 8 月 26 日，第五届全国人大常委会第 15 次会议通过《律师暂行条例》。1981—1985 年，零陵地区及所辖 11 个县（市）先后成立法律顾问处。1989 年，全区法律顾问处统一更名为律师事务所。

零陵地区恢复律师制度后，不断深化律师体制改革，逐步改变由国家包办律师事务所的状态，律师事务所由单一的国资所向国资、合作、合伙、个人所等多种组织形式并存的方向发展，律师也由国家法律工作者转变为面向社会、为社会服务的社会法律工作者。1994 年 2 月 26 日，成立零陵地区第一个不占国家编制、不要国家经费、实行自负盈亏、自我管理、自我约束、自我发展的合作制律师事务所——白云律师事务所。1995 年 12 月，成立零陵地区律师协会，律师行业管理由单一行政管理转变为司法行政机关的行政管理与律师协会的行业管理相结合的体制。1997 年，成立永州市第一家合伙制律师事务所——湖南新星律师事务所。2009 年，成立永州市第一家个人律师事务所——湖南顺胜律师事务所。

2015 年年底，全市有律师协会 1 个，律师事务所 34 家。其中，国资律师事务所 1 家，合伙制律师事务所 30 家，个人律师事务所 3 家；有专兼职律师及辅助人员 502 人，基本形成布局合理的律师服务网络。

第一节 律师组织和队伍

一、律师事务所

1981—1984 年，零陵地区所辖永州市、冷水滩市、祁阳县、东安县、江永县、江华瑶族自治县、蓝山县、双牌县、道县、宁远县、新田县先后成立法律顾问处。1985 年 1 月 28 日，零陵地区法律顾问处成立。

1989 年 10 月，零陵地区法律顾问处分设为零陵地区第一律师事务所和第二律师事务所。县级冷水滩市撤销法律顾问处，成立第一、第二律师事务所，其他各县（市）法律顾问处也统一更名为律师事务所。各律师事务所更名后，其单位性质、级别不变，人员编制不增加。1989 年年底，全区有 14 家律师事务所，均为国资律师事务所。

1993 年，地区司法局适应改革开放经济建设的需要，加快律师工作机构的组建步伐，新设立 7 个律师事务所：新田县第二律师事务所、宁远县第二律师事务所、道县第二律师事务所、永州市竹城律师事务所、东安县经贸律师事务所、双牌县经贸律师事务所和永州市接履桥乡律师事务所。年底，全区有 21 家律师事务所。

1994—1998 年，根据国家有关规定，全市律师事务所相继按“湖南+名称+律师事务所”的统一模式更名。

1994 年 2 月 26 日，地区司法局推进全区律师制度改革，报经省司法厅批准，成立湖南白云律师事务所。该所是全区第一家不要国家编制、不要国家经费、实行自负盈亏、自我管理、自我约束、自我发展的合作制律师事务所。当年还成立祁阳县第二律师事务所。1996 年 1 月 15 日，成立第二家合作制律师事务所——湖南湘永律师事务所。1997 年成立湖南新星律师事务所，是永州市第一家合伙制律师事务所。同年，冷水滩区湖南天马律师事务所被撤销，双牌县湖南林峰律师事务所注销。1997 年年底，全市有 23 家律师事务所，其中国资所 20 家，合作所 2 家，合伙所 1 家。

2000 年，市司法局落实司法部《律师事务所、社会法律咨询服务机构改制实施方案》，推动律师体制改革进一步深化，全市国资律师事务所逐步脱钩向社会化的律师事务所转制，社会化律师事务所逐渐发展起来。同年，湖南接音律师事务所（原接履桥乡律师事务所）被注销。2001 年，合作制九子龙律师事务所、金钰律师事务所、济人律师事务所和劲峰律师事务所先后成立，舜皇律师事务所被注销。2001 年年底，全市有 24 家律师事务所，其中国资所 9 家（泷泊所、都庞岭所、天常所、舜国所、劲松所、云虹所、龙溪所、苍松所、群雄所），合作所 12 家（宏发所、劲峰所、湘永所、白云所、湘南所、月岩所、舜源泽所、济人所、瑞盈所、濂溪所、九子龙所、金钰所），合伙所 3 家（金浯所、博大所、新星所）。2002 年，苍松所由国资所改制为合伙所，合作制湘源律师事务所成立，月岩所并入濂溪所，宏发所被注销。2003 年，泷泊所更名为湘维所，湘南所由合作所改制为合伙所，白云所被注销。2004 年，宗元所、君义所、火龙联合所成立，均为合伙所。2005 年，合伙制正赢律师事务所成立，湘维律师事务所由国资所改制为合伙所。2005 年年底，全市有律师事务所 26 家，其中国资所 7 家（都庞岭所、天常所、舜国所、劲松所、云虹所、龙溪所、群雄所），合作所 9 家（劲峰所、湘永所、舜源泽所、济人所、瑞盈所、濂溪所、湘源所、九子龙所、金钰所)，合伙所 10 家（湘南所、金涪所、博大所、新星所、苍松所、湘维所、君义所、宗元所、火龙联合所、正赢所)。2007 年，湘律律师事务所、益君律师事务所成立，劲松所停止考核，自然消亡。2009 年，湖南劲峰律师事务所、湖南湘维律师事务所注销，湖南靖兴律师事务所、湖南顺胜律师事务所成立。湖南顺胜律师所是永州市成立的第一家个人律师事务所。2010 年，湖南谭青生律师事务所、湖南铭慧律师事务所、湖南杰联律师事务所成立。2011 年，益君所注销。2012 年，群雄所停业，湘涵律师事务所成立。2013 年，盛仁律师事务所、征雁律师事务所、慎明律师事务所成立。2014 年，天常所、龙溪所停止考核，自然消亡。湘蓝律师事务所、超创律师事务所成立。2015 年，昱众所、人和人（永州）所、齐物所、盘瑶所成立，舜国所、都庞岭所停止考核，自然消亡。2015 年年底，全市有律师事务所 34 家，其中国资律师事务所 1 家，合伙制律师事务所 30 家，个人律师事务所 3 家，在全市 11 个县（区）均有分布，基本形成布局合理的律师服务网络。

1981—2015 年永州市律师事务所发展情况统计表

表 4-1 **单位：家**

时间	国资所	合作所	合伙所	个人所	总数
1981	8				8
1982	10				10
1983	10				10
1984	11				11
1985	12				12
1986	12				12
1987	12				12
1988	12				12
1989	14				14
1990	14				14
1991	14				14
1992	14				14
1993	21				21
1994	22	1			23

续表4-1

时间	国资所	合作所	合伙所	个人所	总数
1995	22	1			23
1996	22	2			24
1997	20	2	1		23
1998	20	2	1		23
1999	19	2	1		22
2000	16	4	2		22
2001	9	12	3		24
2002	8	11	4		23
2003	8	10	5		23
2004	8	9	8		25
2005	7	9	10		26
2006	7	9	10		26
2007	6	7	14		27
2008	6	7	14		27
2009	6		20	1	27
2010	6		21	3	30
2011	6		20	3	29
2012	5		21	3	29
2013	5		24	3	32
2014	3		26	3	32
2015	1		30	3	34

二、律师队伍

20 世纪 80 年代，全区从事律师工作的人员分为：专职律师，是律师队伍的主力军；不脱离本职工作的兼职律师；为弥补律师的不足从政法部门和政法院校离退休干部（教师）中选聘的特邀律师；另外还有辅助专职律师和兼职律师工作的专职律师工作者和兼职律师工作者。1990 年，根据上级精神，地区司法局取消兼职律师工作者的称谓，并收回兼职律师工作者证，兼职律师工作者停止办案。2001 年，市司法局停止特邀律师注册和办案。2002—2015 年，随着法律援助机构的建立完善，专职办理法律援助案件的法律援助律师逐步发展起来。2015 年，全市从事律师工作的人员分为专职律师、兼职律师、法律援助律师和辅助人员。

1981 年，湖南省下达零陵地区律师编制 12 名。同年 9 月，全区调配律师工作者 9 人。其中，地区 2 人，零陵县、宁远县、蓝山县、新田县、道县、江永县、双牌县各 1 人。根据《律师暂行条例》规定的律师条件，地区司法局和各县（市）司法局采取动员归队、组织选调、公开招聘等方法多渠道多层次发展律师队伍。1985 年年底，全区 12 个法律顾问处专职和兼职律师工作人员发展至 81 人。1986 年，司法部开始组织全国统一律师资格考试，通过资格考试的人员可以申请律师执业。当年全区通过律师资格考试的有 10 人，律师队伍增至 91 人。1995 年年底，全区律师队伍发展至 292 人。其中专职律师 211 人，兼职律师 46 人，特邀律师 13 人，专职律师工作者 14 人，辅助人员 8 人。1996 年，《律师法》颁布实施，零陵地区撤区建市，全市律师队伍发展进一步加快。2015 年 10 月，全市律师队伍发展至 502 人，是 1995 年的 1.72 倍。其中专职律师 387 人，兼职律师 10 人，法律援助律师 33 人，辅助人员 72 人（实习律师 50 人，其他辅助人员 22 人）。

第二节　律师业务

零陵地区律师工作自 1981 年恢复起，全区律师按照《律师暂行条例》的规定，积极开展刑事辩护及代理、民事诉讼代理（含经济诉讼代理）、非诉讼事务代理、法律顾问和咨询代书五项业务工作，为国家机关、企事业单位、社会团体和公民提供法律帮助，以维护法律的正确实施，维护国家、集体的利益和公民的合法权益。1990 年 10 月 1 日，《行政诉讼法》实施，律师代理业务增加行政诉讼代理事项。1996 年颁布的《律师法》将律师可以从事的五项业务延伸细化规定为七项，全市律师按照《律师法》的规定大力发展各项业务工作。

一、常年法律顾问

1983 年 4 月，东安县法律顾问处律师唐生玉接受东安县妇联的聘请，担任常年法律顾问，这是零陵地区律师担任的第一家常年法律顾问。唐生玉受聘后，积极为县妇联培训法律骨干，向全县妇女宣传《婚姻法》等法律知识，组织妇女参加法律知识竞赛，受到县妇联的好评。

1985 年 6 月，全区召开建立法律顾问室会议，要求律师积极担任厂矿、企事业单位常年法律顾问，帮助建立法律顾问室，支持企业以法律手段和行政手段、经济手段相结合管理企业，搞活经济。当年全区律师担任 39 家厂矿、企事业单位法律顾问，是 1984 年 12 家的 3 倍多，办理经济法律事务 49 件，参与诉讼 19 件，参与调解 34 件，参与仲裁 10 件。

1986 年，全区律师担任法律顾问 52 家，1987 年担任法律顾问 115 家。

1987 年，律师顾问工作得到各级人民政府的重视，开始向更高层次发展。1987—1991 年，全区 11 个县（市）和地区行署先后聘请律师担任常年法律顾问，为政府依法行政提供法律服务。

1985 年，全区律师担任企事业单位法律顾问工作的内容从单一的为聘请单位索要欠款、代理诉讼逐步发展到帮助聘方依法经营管理，理顺经济关系，加强合同管理，预防经济纠纷，加强法制建设，依法治厂上来。1988 年全区顾问律师为聘方办理经济法律事务 345 件，其中参与诉讼 126 件，参与调解 148 件，参与仲裁 71 件；帮助聘方草拟审查合同 2400 件，参与涉外经济谈判 9 件，避免和挽回经济损失 1382 万元；帮助聘方建立和完善各项规章制度 2121 件，提高企业的管理水平和经济效益；为聘方上法制课 480 场次，帮助建立法律顾问室 21 个，培训法律骨干 1569 人。

1992 年，地区司法局出台《关于加强搞好国营大中型企业法律服务工作的意见》。意见明确律师担任企业常年法律顾问的工作任务：1. 协助厂长（经理）正确贯彻执行国家的法律法规维护企业的合法权益；2. 参加企业重大生产经营决策，对企业重大生产经营决策的合法性进行全面审核并提出意见和建议；3. 协助厂长（经理）建立健全和完善企业的各项管理制度，参与企业内部重要规章制度的起草、审核，并会同有关部门监督、检查执行；4. 归口管理、审查经济合同，参加重大经济、技术、涉外合同的起草、谈判和签约，联络办理公证，监督经济合同的履行；5. 办理该企业工商登记、商标注册、申请专利和生产许可证等法律事务；6. 开展与该企业生产经营管理有关的法律咨询，代理厂长（经理）参加调解、仲裁和诉讼活动；7. 宣传社会主义法制，配合有关部门对职工进行法律法规宣传、教育，促进职工增强法律意识；8. 完成厂长（经理）授权处理的其他法律事务。

1995 年，全区律师担任政府和企事业单位常年法律顾问 360 家。

1998 年亚洲金融危机爆发，对经济发展产生严重影响，全市律师担任常年法律顾问工作也受到波及。1998—2000 年，全市律师担任常年法律顾问的数量分别下降至 112 家、136 家和 152 家。2001 年后才逐渐恢复发展。

2017 年 2 月 17 日，永州市国税局聘请人和人律师事务所担任法律顾问

2001—2005 年，全市律师通过担任国有企业常年法律顾问等方式，主动参与企业的改制工作。律师提供服务的主要内容是企业产权改革，职工身份置换，化解债务，维护稳定等方面。2004—2005 年，有 25 家律师事务所，116 名律师参与企业改制，为 86 家国企改革服务，占已完成改制和正在改制的国有企业总数的 45%。在为国企改革服务中，律师出具法律意见书 1246 份，被采纳 978 条，陪同领导参与涉及企业改革的依法信访 158 人次，解答法律咨询 1647 人次，参与起草政府规范性文件 28 个，被指定完成临时性工作 278 件。

2005 年，全市律师主动出击，采取担任政府法律顾问，为政府依法行政提供法律咨询，担任企业法律顾问，帮助企业改制改造、兼并重组和依法破产等方式为实现全市“三化”（工业化、城镇化和农业产业化）战略提供法律服务。当年全市律师担任企业法律顾问 289 家。

2007 年，全市律师担任法律顾问 365 家，办理其他非诉讼法律事务 1019 件，避免和挽回经济损失 15786.3 万元。2008 年，全市律师担任常年法律顾问 457 家。

2001—2008 年，全市律师担任各类法律顾问 2563 家，在市场经济建设中，律师的作用由事后的“灭火器”向事前的“预警器”角色转变。

2009—2015 年，市司法局和市律师协会积极推动市、县（区）组建律师顾问团，推进行政机关依法行政。2009 年，市律师协会下发《关于做好全市律师担任法律顾问情况摸底调查工作的通知》。2011 年，市司法局向省司法厅推荐湖南省律师行业法律顾问预选人员，作为法律顾问的储备力量。2012 年，市律师协会向市委市政府书面汇报，与市法制办衔接，推动市县（区）政府及其部门聘请法律顾问工作。2013 年 1 月 24 日，祁阳县政府率先下发《祁阳县人民政府办公室关于成立祁阳县人民政府法律顾问组的通知》，制定祁阳县人民政府法律顾问组工作规则，确定法律顾问组人员名单。各县（区）学习祁阳的经验，也纷纷成立法律顾问团。2013 年，市司法局、市律师协会推荐 38 名优秀律师进湖南省政府法律顾问人才库，供各级政府及其部门选聘担任法律顾问。2014 年，市司法局在全市律师行业开展法律顾问百千万工程，推进法律顾问进政府。同年 4 月，经市政府常务会议批准，市政府法律顾问团成立，由 6 人组成，其中 5 人为永州市律师，团长为市政府法制办主任。2015 年年底，全市律师担任政府和企事业单位常年法律顾问 1019 家，其中担任政府法律顾问 182 家，担任企业法律顾问 423 家，担任事业单位法律顾问 289 家，担任社会团体法律顾问 125 家。

二、刑事辩护及代理

1981—1983 年，全区律师办理刑事被告人的委托代理和法院指定出庭辩护及代理的案件 605 件。

1983 年，中共中央、国务院发出严厉打击严重刑事犯罪活动的通知。在“严打”初期，不少群众对律师为被告辩护存在误解和偏见，使律师对刑事辩护产生顾虑，不愿出庭辩护。地区司法局及时宣传贯彻湖南省律师协会会议精神，明确律师出庭辩护是与“严打”相一致，是对“严打”的有力支持，打消律师的顾虑。1984 年，全区律师和律师工作者配合“严打”，出庭担任刑事辩护 620 件，相当于前三年办理刑事辩护及代理案件的总和。

在开展刑事辩护及代理中，律师坚持以事实为依据，以法律为准绳，坚持与检察、审判机关相互配合又相互制约，为检察、审判机关准确认定事实，正确运用法律发挥重要作用，避免一批较大和重大刑事错案的发生，维护被告人的合法权利。

1986 年，全区律师办理刑事辩护 563 件。通过律师的刑事辩护，法院判决无罪释放的 4 件，免予刑事处分的 11 件，减轻处分的 79 件，否定部分证据的 106 件，否定部分事实的 82 件，改变定性的 58 件。例如，道县律师何鼎斌受理兴桥乡糖榨屋村被告唐某某故意伤害一案，通过律师认真查阅卷宗，深入走访调查，掌握大量事实材料，在法庭上据理力争，改变了案件性质，法院判决唐某某免予刑事处罚。

1987 年，全区律师担任刑事辩护 644 件。经庭审宣布无罪释放的 3 件，免予刑事处分的 7 件，减轻处分的 91 件，否定部分证据的 61 件，否定部分事实的 67 件，改变定性的 30 件，改变主从关系的 5 件，撤诉 7 件，防止漏诉 2 件，防止重罪轻诉 2 件。

1988 年，全区律师承办刑事辩护案件 631 件。通过律师出庭辩护，改变定性 21 件，否定部分事实 50 件，否定部分证据 148 件，改变主从关系 12 件，从轻减轻处分 122 件，免予刑事处分 16 件，无罪释放 2 件，撤诉 2 件。蓝山县厉某某故意伤害一案，一审判刑三年。律师做正当防卫辩护，上诉至二审，最后确认为防卫过当，免予刑事处罚。宁远县顾某某故意杀人一案，一审判处被告死刑。律师李正世受理此案后，经过深入调查，认为一审判决量刑过重，帮助被告上诉，二审改判为死缓。

1989年，律师担任刑事辩护大幅度增加，当年律师担任刑事辩护918件，人均28件。

1990—1991年，全区律师出庭刑事辩护案件共2149件。其中审判机关采纳律师意见的728件，改变犯罪性质的117件，减轻刑事处罚的738人，免予刑事处分的179人，无罪释放的56人。

20世纪90年代，律师中出现片面追求经济效益的倾向，一些律师认为办理刑事案件收费低，对刑事辩护不感兴趣，导致刑事辩护案件数量有所下滑。1992—1995年，全区律师办理刑事辩护及代理案件分别为803件、516件、774件和785件。针对此种现象，地区司法局及时组织律师开展学习，纠正律师不愿办理刑事案件的倾向。

1996年4月，地区司法局和地区律师协会召开全区刑事辩护工作会议，总结自恢复律师制度以来全区刑事辩护工作取得的成绩和经验，进一步论述和重申刑事辩护在法制建设中的重要作用，对刑事辩护工作提出新的要求，即在管理机构上要求各律师事务所设立刑事辩护业务指导小组，指导、协调律师办理全区重大影响和疑难复杂刑事案件，组织律师开展刑事辩护工作理论研讨；在工作任务上把律师办理刑事案件数与年检注册、评先评优和职称评定三挂钩；在制度建设上要求各律师事务所完善办理刑事案件的必要制度，使刑事辩护工作规范化、制度化。

1997年1月1日，新修订的《刑事诉讼法》实施，律师在刑事诉讼活动中的业务范围有所扩大，参与诉讼时间大大提前。当年市司法局、市律师协会及时举办两期全市律师新刑事诉讼法培训班，着力提高律师刑事辩护业务能力，以适应新刑事诉讼法对律师刑事辩护和庭审方式所作的重大改革。

2005年，全市律师认真履行刑辩职责，积极维护社会稳定，全年办理刑事辩护案件1200件，比2004年的902件增加298件，特别是在一些涉农案件中，积极配合公检法部门开展刑事辩护工作，针对疑难案件采取边汇报边讨论的方式，确定辩护思路，收到良好效果。九子龙律师事务所办理刑事案件比2004年增加一倍。

2007年，全市律师办理刑事案件辩护及代理857件，2008年办理926件。

2009—2015年，全市律师刑事案件辩护及代理大幅度增加，每年大约3000~4000件。其中2013年达4564件，为办理刑事辩护及代理案件最多的一年。

2015年，全市律师办理刑事辩护及代理案件3489件，是1995年的3.3倍。

三、民事、经济和行政诉讼代理

20世纪80年代初期，公民与法人因民事纠纷委托律师代理诉讼较少，全区各县（市）法律顾问处的业务重心放在刑事辩护上。1982 年，全区律师办理民事诉讼、经济诉讼代理案件 22 件。随着改革开放经济建设步伐加快，民事纠纷、经济纠纷日益增多，律师办理民事、经济诉讼代理案件也逐年增加。1985 年，全区律师办理民事诉讼案件 265 件，办理经济诉讼案件 218 件。1986 年《民法通则》颁布，律师办理民事案件开始快速增加。1995 年，全区律师办理民事诉讼案件 1170 件，办理经济诉讼案件 1210 件，比 1985 年增长近 4 倍。2015 年，全市律师办理民事诉讼案件 5013 件，比 1995 年增长 3.3 倍；办理经济诉讼案件 1326 件。

律师担任民事、经济诉讼代理人参加诉讼，对维护当事人的合法权益，促进经济建设起着重要作用。1988 年江永县城关镇消江村三、七组与二机厂发生土地权属纠纷，强行推毁江永县二机厂围墙，填埋水井。1989 年，江永县二机厂起诉消江村三、七组和白水村七组，并委托江永律师事务所律师万江宁代理此案。万江宁接受委托后，深入调查取证，查明二机厂于 1974 年 12 月 21 日、1979 年 3 月 1 日分别向城关镇车头铺村六组征用土地，均有协议及批准征用手续，又实际使用十余年未发生争议，理应受到法律保护，被告方无理争执，是一种侵权行为。法院开庭时采纳律师意见，将土地使用权利判给二机厂所有，使该厂的合法权益得到维护。

2018 年，律师参与民事诉讼代理

1990 年 10 月 1 日，《行政诉讼法》实施，律师代理业务增加行政诉讼代理事项。行政诉讼是公民、法人和其他组织认为行政机关的具体行政行为侵犯自身合法权益而向人民法院提起的诉讼行为。行政诉讼只能由行政管理的相对人提出，而被告人只能是行政机关，所以行政诉讼带有“民告官”的性质。1991 年，全市律师代理行政诉讼案件 124 件。1991—2005 年，每年律师代理行政诉讼案件在 100 件左右。2006 年，全市律师代理行政诉讼案件 610 件，2007 年，代理行政诉讼案件 683 件，为代理行政诉讼案件最多的两年。随着我国民主法制建设的不断加强和完善，政府部门的法制意识不断增强，依法行政成为政府部门的自觉行为，行政诉讼案件逐年下降。2013—2015 年，全市律师代理行政诉讼案件分别为 46 件、51 件和 48 件。

四、非诉讼法律事务

律师办理非诉讼法律事务，主要分为两类：一是通过调解、仲裁等方式帮助当事人解决没有提起诉讼的纠纷，如山林、土地、水利纠纷；遗产继承、抚养、扶养、赡养纠纷；因侵权行为产生的专利、商标、版权纠纷。二是代理无争议的非诉讼法律事务，如代办申请专利、商标注册；代理参加经济合作、合资联营活动；代理草拟、审查、修改经济合同等。

20 世纪 80 年代，律师为群众解答法律咨询

1982 年，全区律师办理非诉讼法律事务 9 件。1984—1986 年，全区律师办理非诉讼法律事务分别为 26 件、61 件和 47 件。随着经济建设的发展和改革开放的深入，从 1987 年起，全区律师办理非诉讼法律事务显著增加。1987—1990 年，全区律师办理非诉讼法律事务分别为 237 件、316 件、338 件和 401 件。1991—2000 年，全市律师办理非诉讼法律事务呈现前高后低态势。1991—1995 年，全市律师办理非诉讼法律事务分别为 1495 件、3602 件、1189 件、918 件和 2570 件；1998—2000 年全市律师办理非诉讼法律事务分别为 418 件、556 件和 612 件。2001—2015 年，全市律师每年办理非诉讼法律事务 1000~2000 件。2015 年，全市律师办理非诉讼法律事务 2071 件。

五、解答法律咨询和代写法律文书

解答法律咨询和代写法律文书，是律师密切联系群众的一项重要工作，也是最受群众欢迎的一项律师业务。

解答法律咨询涉及的范围比较广泛：有对具体法律条文的解释；有对生产、经营、生活、工作各方面遇到的法律问题寻求帮助；有对人与人之间产生的矛盾纠纷寻求法律帮助公正解决；有对涉及外国法律、国际惯例和国际贸易法律等方面的咨询解答，等等。

律师从事法律咨询服务，不但“坐堂”接待解答，还通过义务咨询、义务参与信访接待等方式主动为群众提供免费法律咨询服务。1993 年 6 月 27 日，全区组织上百名律师走上街头，举办首次“中国律师义务咨询日”活动。全区印发宣传资料 15000 份，出动宣传车 9 台次，横幅标语 4600 条，电视公告 29 次，幻灯宣传 18 次，电视讲话 16 人次，设立宣传咨询点 25 处，免费为群众提供法律咨询近万人次。1994 年，律师义务咨询日改为 8 月 26 日，每年举办一次。1995 年 8 月 26 日，地区司法局组织全区 23 个律师事务所 257 名律师，设点 27 处，开展大型义务法律咨询活动。全区有 95 名党委、人大、政府和政协领导到律师义务咨询点视察和指导。

2012 年 4 月 14 日，冷水滩区司法局组织律师在街头设立法律咨询点

代写法律文书是律师接受委托，以委托人的名义，根据事实和法律，代委托人书写法律文书的一种业务活动。代书范围主要有诉讼文书和各种法律行为文书。

1982 年，全区律师解答法律咨询 1583 件，代写法律文书 193 件。2015 年，全市律师解答法律咨询 23125 件，代写法律文书 1769 件。

六、律师为党委、政府中心工作服务

1981—1985 年，地、县（市）两级司法行政机关引导律师坚持依法办案，积极受理承办刑事、民事和经济案件，努力发挥律师维护法律正确实施，维护当事人合法权益的职能作用。全区律师积极为人民群众提供法律帮助，维护当事人的合法权益，许多律师在群众中树立起较高的威望。

1986—1995 年，地、县（市）两级司法行政机关引导全区律师紧密围绕治理、整顿、深化改革，坚持“四个服务”（为社会主义经济建设服务，为社会主义民主和法制建设服务，为国家的长治久安服务，为方便人民群众服务）方向，端正业务指导思想，全面开展各项律师业务。1991 年 10 月 5 日，地区司法局贯彻落实司法部召开的“全国律师为清理‘三角债’服务经验交流会”精神，下发《关于认真组织律师为清理“三角债”提供法律服务的通知》，组织全区律师积极为企业清理

2006年9月20日，冷水滩区司法局开展律师进社区法律服务活动启动仪式

2008年10月29日，律师为湖南九嶷水泥股份有限公司职工提供免费法律咨询

“三角债”提供法律服务。1991—1992年，全区律师采取寄送催款意见函、制定清欠协议等诉讼和非诉讼方式，帮助企业索回欠款2485.1万元，解决企业的燃眉之急，保障企业的正常经营和发展。

1996—2015年，全市律师开展各种专项法律服务活动，为全市经济建设、民生发展服务。1997年，全市律师紧紧围绕经济体制改革和农村工作重点，深入第一线，为国有企业和农民提供优质法律服务。全市抽调律师84人，组成法律宣讲团8个，深入160家企业调查，上法制课96场次，提出法律建议和意见1600份，帮助建章立制3500项，起草、审查、修改合同2500份，调解厂内纠纷956件，参与谈判257次，帮助引进资金1900万元，引进技术21项，帮助企业扭亏增盈45家。1998年，市司法局在全市范围组织开展对困难国有企业和下岗职工“双千双万”法律服务活动。全市23个律师事务所联系23家困难国有企业，为企业改革和下岗职工提供法律服务。设立123个“为困难国有企业和下岗职工提供法律服务咨询处”，挂牌办公。全市律师事务所和律师为困难国企和下岗职工提供减、免诉讼及非诉讼代理服务210余件，义务解答法律咨询1200余人次。1999年，全市律师积极参加专项维稳活动和主题实践活动，发挥法律服务职能，化解社会矛盾，促进社会和谐，建设平安永州。全市律师选准社会矛盾纠纷比较集中的基层三条线：社区、企业和农村，开展法律服务进社区、

2009年6月，全市专项法律服务活动经验交流会在双牌县召开

进企业、进农村的“三进”活动。冷水滩区司法局在全区29个社区建立法律服务联系站，实行挂牌服务，每个社区的联系牌上标明联系的律师事务所、律师和电话，为社区居民提供24小时法律服务。新田、宁远、东安、蓝山等县律师为当地居民提供免费法律咨询，代书法律文书，预防法律风险，受到社区居民的好评。2009年，全市律师积极开展“应对金融风险，促进富民强市”专项法律服务活动。在专项活动中，重点抓好建立永州市优化经济环境律师服务中心、开展“法律服务牵手十大工程”活动和“法律服务十百千工程”活动。2012—2015年，市、县（区）司法行政机关总结推广全市律师服务重点工程建设的经验，引导律师继续为重点工程建设和民营企业提供优质高效服务。全市律师从签订合同、提供法律意见、化解内部矛盾、拓展外部环境、参与法律论证、协助筹措资金、防范法律风险等方面为重点工程、民营企业提供全方位服务。2015年，全市律师为市重点工程、民营企业审查合同8346余次，给企业职工上法律课243次，调处劳资纠纷334起，提出法律意见2123条，挽回经济损失2.3亿元。

七、律师参与涉法涉诉信访

2001年，在市、县（区）司法局有计划地组织下，全市律师轮流到市、县（区）政府信访部门值班，参与涉法涉访信访接待调处。在信访接待中，律师发挥

2008年3月22日，全市律师参与处理涉法涉诉信访工作会议

法律专业特长，协助领导解答法律咨询和提供法律意见。2005年，市律师协会筛选政治过硬、业务拔尖的律师担任市委、市人大、市政府和市政协等领导的法律咨询员，提供法律服务。2006年，全市有86名律师参与涉法信访工作，解决涉法涉诉信访案件129件，其中调解结案103件。2001—2007年，全市律师参与接待来访群众110批1840人次，其中集体访26批235人次。2008年，市司法局召开全市律师参与处理涉法涉诉信访工作会议，制定下发《关于进一步做好组织律师参与处理涉法涉诉信访工作的意见》，组织全市律师采取多种方式积极参与涉法涉诉信访工作。积极解决涉法涉诉案件。全市律师按照“四定”（定案件、定人员、定时间、定要求）、“四包”（包接访、包咨询、包援助、包化解）的原则配合政法部门共同接访，有效化解省、市交办的110件涉法涉诉信访案件。积极参加信访接待。市律师协会每月20日指派律师参加市人大和市委政法委的信访接待日活动。宁远、双牌等县司法局安排每个律师每月到县信访办坐班3天，参与信访接待。深入开展法制宣传，引导群众依法信访。东安县举办老信访户法律学习班，专门指派业务能力强的律师到学习班为信访户上法制课。为上访者提供法律咨询，对上访者提出的具体问题进行法律“诊断”，引导上访者通过正常途径解决问题。参与重大疑难信访案件的法律论证，提出法律意见。湖南君义律师事务所主任张容在协助处理最高人民检察院交办的原冷水滩耐火材料厂退休职工李某多年上访案过程中，积极参与该案的法律论证，在调查取证以及多次与上访人沟通、协商的基础上出具法律意见书，上访人接受张容律师提出的法律意见，签订息诉罢访协议书。2008年，全市律师在参与涉法涉诉信访工作中，参与法律论证136场次，提供处理意见1512条。2009年，全市律师定期参与信访值班269人次，参与大接访活动144人次，提供法律咨询3836人次，协助化解信访案件20余起。在总结全市律师参与处理信访工作经验的基础上，2009年3月27日，永州市委、市人民政府信访工作领导小组下发《关于建立律师参与处理信访工作机制的通知》，对全市律师参与处理信访工作的组织

领导、工作开展、总结评比作出明确规定，全市律师参与处理信访工作进一步规范化、制度化。市司法局于 2009 年 4 月及时转发该通知，并就全市司法行政系统贯彻落实该通知提出具体要求。2010 年 2 月 26 日，市司法局印发《关于进一步做好律师参与处理信访工作的通知》，要求全市律师进一步增强责任感和使命感，继续参与处理信访工作，并明确要求律师积极参与市级领导与县（区）主要领导的大接访活动，协助接访领导就法律的正确程序和实体公正向信访人答疑解惑，正确引导信访人依法维护合法权益。市司法局还制定 2010 年律师信访值班安排表，安排律师每周二至市信访接待中心做好信访值班工作。2010 年，永州市委、市人民政府授予湖南君义律师事务所律师参与信访工作先进单位称号，授予唐保国等 10 人律师参与信访工作先进个人称号。2013 年，全市律师定期信访值班 783 人次，参与大接访活动 364 人次，解答法律咨询 1884 人次，代写法律文书 1463 份。2014—2015 年，市司法局指定市直律师事务所及冷水滩、零陵两区的律师每周一到市信访接待室值班，重大、疑难信访案件都指定律师提供法律援助。2015 年，全市律师定期信访值班 438 人次，参与大接访活动 376 人次，解答法律咨询 4823 人次，代写法律文书 1843 份。

1981—2015 年永州市律师业务情况统计表

表 4-2

年份	担任法律顾问（家）	刑事案件代理及辩护（件）	民事诉讼代理（件）	经济诉讼代理（件）	非诉讼法律事务（件）	行政诉讼代理（件）	解答法律咨询（件）	代写法律文书（件）
1981		104	468（无行政诉讼）					
1982		287	22		9		1583	193
1983	3	214	165	153	13			
1984	12	620	187	164	26		3972	442
1985	39	465	265	218	61		5758	773
1986	52	563	233	236	47		6114	507
1987	120	644	492	230	237		9749	860
1988	211	631	578	352	316		19058	1232
1989	283	918	792	587	338		24094	1127
1990	278	1117	753	473	401		24760	1279
1991	293	1032	740	512	1495	124	22155	2003

续表4-2

年份	担任法律顾问（家）	刑事案件代理及辩护（件）	民事诉讼代理（件）	经济诉讼代理（件）	非诉讼法律事务（件）	行政诉讼代理（件）	解答法律咨询（件）	代写法律文书（件）
1992	217	803	967	847	3602	111	16625	2905
1993	461	516	773	727	1189	101	18913	3075
1994	326	774	1052	893	918	48	15067	2814
1995	360	785	1170	1210	2570	111	12173	2925
1996	344	768	1206	587	1318	59	9426	2717
1997	221	784	1268	464	955	102	6530	3064
1998	112	486	916	355	418	31	4532	611
1999	136	521	1193	418	556	36	5217	896
2000	152	652	1287	486	612	38	6318	1012
2001	242	794	1369	522	1150	77	6621	1400
2002	397	947	1995	622	1009	498	7236	2007
2003	315	1108	2624	1523	1384	236	8542	1921
2004	289	1200	2471	1566	1452	200	7753	1425
2005	289	900	2100	860	1452	110	6483	1173
2006	356	1123	2040	610	1679	610	1020	770
2007	391	1233	2250	671	1867	683	1121	841
2008	386	2777	1970	879	1776	147	7740	1139
2009	417	2860	2128	967	1954	159	8514	1367
2010	563	3275	2299	852	1614	34	7491	1552
2011	578	3388	2380	928	1824	66	8122	1586
2012	581	3412	2392	1020	1900	125	8828	1618
2013	963	4564	2171	943	1734	46	11063	980
2014	1286	3612	4356	1126	1836	51	18921	1516
2015	2036	3489	5013	1326	2071	48	23125	1769

第三节 律师管理

一、律师资格管理

（一）律师资格授予

20世纪80年代，全区法律顾问处初创时期，法律人才极度缺乏。全区司法行政机关采取先选调一批“律师工作者”从事律师工作，再经过资格审查考核授予律师资格。1981年8月6日，地区司法局下发《关于全区开展对律师资格审查考核工作的意见》，对律师资格审查考核的组织领导、方法步骤做出明确规定。审查考核的对象限于法律顾问处的专职律师工作者。同年9月19日至24日，地区司法局开展首次全区律师资格审查考核，报名应考律师工作者9人，零陵、双牌、道县、江永、宁远、新田、蓝山各1人，地区司法局2人。通过开卷考试和审核评定，报省司法厅批准，有8名律师工作者取得律师资格，1名取得实习律师资格。

1982年12月，地区司法局开展第二次律师资格审查考核工作。考核范围扩大到法律顾问处的专、兼职律师工作者。条件是在法律顾问处工作时间满一年，并办过一定数量的案件，工作时间不满一年或虽满一年但未办过案的不能考核。

1981—1985年，地区司法局每年都开展律师资格审查考核和报批工作，全区先后有49名律师工作者经过考核取得律师资格。

1986年，全国实行律师资格统一考试。司法部规定，必须经全国律师资格统一考试合格后，方能授予律师资格。考试每两年组织一次，由司法部统一命题，省司法厅安排考区，各地市司法局具体组织。当年，地区司法局组织全区首次全国律师资格统考，考试对象限定为在法律顾问处从事律师工作尚未取得律师资格的专、兼职人员和法学研究、教学单位教学人员中符合做律师工作的人员。全区参加统一考试16人，10人通过考试授予律师资格。

1988年，地区司法局组织全区第二次全国律师资格统一考试，报考人员范围首次面向社会招考。全区报名参考人数260人，通过考试取得律师资格43人。

1990年，地区司法局组织全区第三次全国律师资格统一考试，报名条件是年满23周岁，符合《律师暂行条例》第八条规定，有选举权和被选举权的公民。全区报名参考人数292人，通过考试取得律师资格40人。

1992年，地区司法局组织全区第四次全国律师资格统一考试。

1993—2001年，全国律师资格考试改为每年举行一次。1986—2001年，市司法局组织 13 次律师资格考试。

2002 年，国家司法考试制度实施，即对初任法官、检察官和取得律师资格实行统一的国家司法考试，通过国家司法考试的人员颁发法律职业资格证书。

（二）颁发律师执业证书

律师执业证是律师依法获准执业的有效证件。具有律师资格的人员，经过自愿申请、实习和审批程序取得律师执业证，才允许以律师身份执业。

1981—1988 年，全区取得律师资格的专职和兼职律师执业人员提出申请，经地区司法局审查报省司法厅批准，由省司法厅颁发律师工作证。尚未取得律师资格的专职和兼职律师工作者则发给临时工作证。

2014 年 5 月 24 日，市律师协会对申请律师执业人员进行综合考核

1989 年，根据司法部颁发《律师工作执照和律师（特邀）工作证管理办法》，地区司法局按审批程序报省司法厅批准，为具有律师资格的专、兼职律师换发律师工作执照，为特邀律师换发律师（特邀）工作证。1989—1995 年，地区司法局每年将全区律师工作执照和律师（特邀）工作证报省司法厅注册。

1996 年，市司法局根据《律师法》和司法部《律师执业证管理办法》，为执业律师换发律师执业证书，并将原律师工作执照和律师（特邀）工作证收回。

2009 年 10 月，市司法局按照司法部颁布的《律师和律师事务所执业证书管理办法》和省司法厅的通知要求，对全市律师事务所和执业律师换发新版律师和律师事务所执业证书。在换证工作中，要求各律师事务所合伙人和专、兼职执业律师签署承诺书，并将原执业证书全部收回上交省司法厅。

2008—2015 年，市律师协会按照 2008 年司法部颁布的《律师执业管理办法》，2010 年中华律师协会发布的《申请律师执业人员实习管理规则》和 2011 年湖南省律师协会发布的《湖南省申请律师执业人员实习管理实施细则》，每年开展对实习律师的综合考核。综合考核分笔试和面试，考核合格者方可申请执业，颁发执业证书。

2012 年，市司法局建立律师宣誓制度。新执业的律师取得执业证后进行宣誓仪式，增强律师的使命感和荣誉感。8 月 4 日，在市司法局会议室举行首次律师宣誓仪式，22 名新执业律师参加宣誓。2012—2015 年，市司法局和市律师协会每年都举行一次新律师宣誓仪式。

2012 年 8 月 4 日，22 名新执业律师参加永州市首次律师宣誓仪式

二、律师职称评审

1988 年 3 月 25 日，地区司法局成立零陵地区律师系列职称改革工作领导小组，由 5 人组成。4 月 3 日，根据湖南省职改办“关于初级律师职务评审委员会由地（州）市负责组建”的精神，地区司法局成立零陵地区临时初级律师职务评审委员会，由 7 人组成。当年开展首次律师专业职务评审工作。经个人申报、群众评议、组织推荐、逐级上报评审（参加初级律师评审还经过专业考试合格），最后经省、地律师系列高、初级专业技术职务评审委员会评审确认，评出二级律师 8 人，三级律师 16 人，四级律师 16 人，律师助理 4 人。

1992 年 5 月 7 日，根据人事部“各级评审委员会必须按系列重新组建”的精神，地区司法局调整地区初级律师职务评审委员会，由 12 人组成，负责组织地区初级律师人员评审工作和中级、高级律师人员申报工作。

1996 年撤区建市，8 月 18 日，永州市司法局重新组织初级律师职务评审委员会，由 11 人组成。

1997 年，市司法局开展初级律师职称评定工作。经层层考评，全市评定四级律师 31 人，报省司法厅评审三级律师 1 人。

1999 年，全市有 1 人被省高级律师职务评审委员会评审为二级律师。

2000 年，经市律师系列初级职务评审委员会审定和市司法局职改工作领导小组审核，全市评定四级律师 21 人。

2005 年 1 月 10 日，市司法局调整市司法局职称改革工作领导小组，由 7 人组成。同年，全市有 1 人被省律师职务评审委员会评审为二级律师。

2006年，全市有2人被省律师职务评审委员会评审为二级律师，8人评定为三级律师。2007年年底，永州市有高级律师5名，均为二级律师。

2012年，经省律师系列高级专业技术职务评审委员会评审，省职称改革工作领导小组审定，市职称改革工作领导小组审核，评定佘国满为一级律师。

由于律师收费、个人收入和律师职称无直接关系，律师申请职称评审的热情不高，全市申请并评定职称的律师不多。2015年年底，全市律师队伍中一级律师1人，二级律师3人，三级律师7人，四级律师18人，律师助理25人。

三、律师教育

1988年4月2日，地区司法局制定下发《律师人员职业道德规范》，加强全区律师队伍思想建设。同时制定下发《关于加强兼职律师和兼职律师工作者管理的规定》。

1989年5月，地区司法局以《律师暂行条例》为依据，以《律师守则》为标准，以建设一支思想好、工作好、作风好的律师队伍为目标，对全区律师工作机构和律师人员进行整顿和职业道德教育，提高律师人员职业道德水准。通过教育整顿，全区律师人员经受住1989年春夏之交政治风波的考验，做到组织纪律不涣散，无一人参与游行、围观、募捐、传谣、信谣等违法乱纪行为，自觉在政治思想上、具体行动上与中共中央保持一致。

1990年，地区司法局贯彻落实司法部、司法厅关于切实搞好律师队伍整顿的工作精神，坚持社会效益第一、经济效益第二，经济效益服从社会效益的原则，开展律师队伍的思想整顿、纪律整顿和组织整顿。全区12个律师事务所建立健全政治学习制度，有10个律师事务所指定兼职政工人员；对照《律师十要十不准》和《律师守则》，严明律师纪律，克服自由散漫倾向和无组织无纪律的现象；司法、法院、公安三部门联合下发《关于取缔无执照从事法律服务活动的通知》，取消兼职律师工作者的称谓，兼职律师工作者全部停止办案，并收回78本兼职律师工作者证。

1993年9月8日，地区司法局成立律师惩戒委员会。同年，组织全区律师开展律师职业道德教育和执业检查，各县（市）司法局和各律师事务所集中时间、集中人员、集中精力用3~6天时间进行学习教育。

1997年，按照中华全国律师协会制定的《执业律师继续教育试行办法》要求，市司法局开始实施律师注册前培训制度，将律师培训与律师注册挂钩。此后每年举办1~2期律师业务培训班，不参加培训的不予注册，使律师的业务培训和职业道德教育实现规范化和制度化。

1999年，市司法局成立全市律师执业督察室，进一步加强律师职业道德和执业纪律整顿规范。各县（区）司法局也建立律师督察员制度，负责所属律师事务所违法违纪案件的查处，当事人投诉案件的调查和处理。要求各律师事务所建立律师执业社会监督员制度，每个所必须聘请3名以上社会各界人士担任律师事务所社会监督员，对该所律师职业道德和执业纪律进行监督，及时反映律师执业中的不当行为。

2003年11月7日至10日，市律师协会举办首届律师业务研讨会，着力提升全市律师的业务和理论水平。全市23家律师事务所参加研讨会，并提交论文研讨。

2006年2月14日，市司法局举办全市律师业务研讨及培训会

2004年5月，市司法局下发《关于认真抓好2004年全市律师队伍集中教育整顿活动的意见》，在全市范围开展律师队伍集中教育整顿活动。在教育整顿活动中，对管理混乱的湖南龙溪律师事务所、湖南火龙联合律师事务所和湖南宗元律师事务所进行整改，对3名执业违规律师分别给予吊销执业证、训诫、暂停执业三个月的处罚。对于当事人的投诉案件，采取自下而上的方法进行调查处理，即先由律师事务所调查并书面报告司法行政机关，根据调查结果明确责任，与当事人进行面对面调解，力争达到当事人、律师双方满意的结果。

2006年，全市律师行业采取各种措施加强业务培训交流，提升律师业务素质。市律师协会集中开展年度律师业务培训，安排学习新实施的法律法规、律师业务技巧，并积极推荐律师参加全国律师协会和省律师协会举办的各种业务培训；每年确定一个主题举办业务研讨会，并派送律师参加全国性和全省性的业务交流活动。2006年10月，市律师协会组织全市律师事务所主任分两批参观考察香港的律师事务所管理和业务拓展情况，学习先进的管理经验。各律师事务所也纷纷制定激励机制，鼓励律师提升学历层次。舜源泽律师事务所鼓励律师自学，对通过自学考试获得法律本科文凭的律师给予600元奖励。君义律师事务所规定凡在三年内拿到硕士学位文凭的，事务所报销学费。

2008 年 1 月 19 日，律师业务培训班现场

2007 年 7 月 23 日，市司法局向各县（区）司法局和市直各律师事务所下发《关于近两年来全市律师队伍建设中出现的问题的情况通报》，通报指出全市律师事业在不断发展的同时，律师队伍仍存在一些问题，给律师队伍造成许多负面影响，主要有政治敏锐性不强，缺乏大局意识、服从意识；在执业过程中缺乏责任意识；律师事务所内部管理不规范，等等。通报重申三条要求，加强律师队伍管理，即要实施重大敏感性案件和群体性案件报告制度；要完善律师事务所内部管理制度；要实施律师事务所主任问责制度。

2008 年 1 月 18 日至 20 日，市律师协会在市委党校举办 2008 年度律师业务培训班，各县（区）分管律师工作的领导、全市律师、法律援助中心工作人员 250 余人参加培训。

2010 年，市司法局围绕律师依法规范诚信执业，在全市律师队伍中组织开展警示教育活动。警示教育围绕“加强学习、深入讨论、认真查找、健全制度”四个方面内容，按照动员部署、学习讨论、整改提高三个阶段有序开展。

2014 年 6 月 14 日，市律师协会举办全市律师行业教育实践活动知识竞赛

2011—2015 年，市司法局和市律师协会继续从政治思想、职业道德等方面大力加强律师队伍建设，保持律师行业发展的政治方向。2011—2012 年，全市律师行业结合社会主义法治理念教育，开展争先创优活动。2013 年，组织全市律师认真学习中国共产党十八大精神和新修订后的党章，学习习近平总书记一系列重要讲话精神，准确把握律师行业发展面临的

新形势、新任务和新要求，全面提高思想政治素质。2014 年，在全市律师行业深入开展党的群众路线教育实践活动，开展律师行业职业道德教育，引导律师端正服务意识，依法、诚信、尽责执业。2015 年，在全市律师队伍中开展全面依法治国教育。

2011 年 8 月 27 日，市律师协会在江永县举办诉讼业务研讨会

2011—2015 年，市律师协会每年举办律师行业培训班，对全市执业律师进行全员培训，无正当理由不参加培训的律师不予通过考核。建立健全网络培训机制，组织律师登录律师点睛网参加网络培训。全市律师每年登录点睛网听课率均在 70% 以上，律师继续教育人均达每年 40 课时以上。积极开展律师业务交流活动。2011 年 8 月，在江永县组织召开非诉讼业务委员会暨规范化管理现场会议和诉讼专业委员会会议。2012 年 6 月，组织全市部分律师管理人员和律师到陕西省学习考察。2013 年 9 月，组织部分律师管理人员和律师事务所主任到青岛、大连等地学习考察。2014 年，市律师协会突出专业性，举办三场较大规模的业务交流活动。8 月 9 日在零陵区举办民法行政法劳动法业务研讨会；9 月 13 日在祁阳县举办建筑房地产法律顾问金融保险业务研讨会；11 月 1 日在宁远县举办刑事和法律援助业务研讨会。每场业务研讨会均有超过 40 名律师参加。

四、律师事务所规范化建设

1989 年，地区司法局整顿全区律师机构，加强组织建设。根据省司法厅要求，撤销地区、江华瑶族自治县、冷水滩市、永州市、道县经济法律服务中心，对没有律师营业执照的宁远县律师事务所补办审批手续。同年，转发司法部《关于加强律师、公证人员管理工作若干问题的通知》。

1992—1998 年，市司法局联合相关部门加强全市法律服务市场整顿，维护法律服务市场的正常秩序和国家法律的正确实施以及当事人的合法权益。

1992 年 10 月，地区司法局和地区工商行政管理局联合发布规范法律服务的《公告》。该公告主要内容是：根据我国司法制度和有关规定允许向社会提供有偿法律服务并收取费用的，只有律师工作机构，其他任何机构不得向社会提供有偿法律服务；公民个人一律不得向社会提供有偿法律服务；律师履行职务，必须持司法部统一制作颁发的律师工作执照和律师事务所开具的函件等从业资格证明；对违反该公告规定的机构和个人由工商行政管理机关、司法行政机关按各自职权进行处罚，情节严重的依法追究法律责任。

1995年，地区司法局制定《关于清理整顿法律服务市场的意见》报行署批准后转发给各县（市）和地直单位执行。

1997年，市司法局、市律师协会制定下发《关于律师和其他公民接受委托代理与诉讼活动的规定》《关于公民接受委托代理与诉讼活动登记工作制度的规程》《永州市律师工作管理细则》3个文件，规范律师和其他公民接受委托参与诉讼活动，整顿规范法律服务市场。同年，市司法局下发《永州市律师管理细则》，加强对全市律师事务所、律师的管理。8月中旬，派出审计组对全市22个律师事务所财务管理进行审查。

1998年，市司法局加强与市公安局、市人民检察院、市中级人民法院、市国安局的协调，先后三次召开联席会议。3月16日，联合下发《关于规范全市法律服务市场秩序的规定》，规范律师、乡镇（街道）法律服务工作者和其他公民参与诉讼代理、辩护业务和违规处理的办法。当年查处违法从事有偿法律服务案件3起4人。

1999年，市司法局制定下发《创建市级文明律师事务所实施细则》和《创建市级文明律师事务所百分制实施考核办法》，要求全市各律师事务所以此为标准加强管理。

2003年，市司法局、市律师协会制定律师工作目标管理考核办法，将律师事务所、律师执业管理任务下移到各个县（区），通过考核评分来规范律师事务所和律师管理。同年下发《关于加强投诉监督、律师出庭服装管理和执行律师收费标准的若干规定》。

2004年2月10日，市司法局、市律师协会联合下发并向社会公布《律师五项规定》，同年3月，市律师协会下发《永州市执业律师法律服务公约》，规范法律服务市场，提高服务质量。

2005年，市司法局、市律师协会制定《永州市合伙（合作）律师事务所规范标准》《合伙律师事务所管理规定》，对合伙制律师事务所收费、收案、内部监督、管理体系等方面进行规范。

2006年，市司法局和市律师协会组织开展律师事务所规范建设年活动。市律师协会建立律师服务质量跟踪反馈制度和律师诚信档案，配合省律师协会搞好律师诚信网站建设。召开全市律师事务所主任会议，完善市、县（区）律师诚信监督体系，健全守信激励制度、失信惩戒制度、诚信查询制度、违纪通报制度和信用档案制度等五项基本制度。同年11月，市司法局、市律师协会向省司法厅和省律师协会上报《永州市律师事务所和律师纳税情况汇报》，反映律师事务所和律师在税收缴纳上存在的税费上缴数额增长过快、负担过重以及税收征收不规范等困难和问题，并建议省司法厅和省律师协会与省级税务部门协调，争取出台全省统一的税收征收标准，规范对律师事务所和律师的税收征收行为，为律师行业发展营造良好的政策环境。

2007年，针对全市律师工作发展状况，市律师协会制定实施《永州市律师事务所内部管理公约》。同年，市律师协会加强自身建设，先后成立纪律惩戒委员会、维权委员会、宣传联络委员会和律师收费争议调解委员会4个专门委员会，设置诉讼专业委员会、非诉讼专业委员会和未成年人保护专业委员会3个专业委员会，并建立健全《永州市律师协会理事会工作规则》《永州市律师协会会长办公会议规则》《永州市律师协会专业委员会工作规则》《永州市律师协会会费使用管理办法》4个行业规则。

2010年3月，市司法局下发《关于加强律师事务所管理的若干意见》，在科学合理设立律师事务所、加强律师事务所内部管理、司法行政机关加强对律师事务所指导监督等方面提出要求。特别是在设立律师事务所方面，针对全市北五县（区）与南六县律师发展不平衡的现状，提出北五县（区）应遵循整合资源、做大做强的原则设立律师事务所，鼓励律师事务所之间的合并；鼓励南六县在人口较多、经济较发达的乡镇设立个人律师事务所的指导性意见。同年4月12日至26日，市司法局、市律师协会组成三个检查组对全市28家律师事务所的组织机构建设、业务建设、队伍建设、内部管理、基础设施建设等情况进行检查打分评级。等级为优秀的有湘律律师事务所等7个所，等级为合格的有湘永律师事务所等19个所，等级为不合格的有益君律师事务所、舜国律师事务所。检查发现，全市律师事务所组织机构建设到位，律师事务所名称规范，有标牌、有公章和财务专用章。变更名称、法人代表、执业场所以及分立、合并都按规定进行报批；业务量总体有所增长；队伍素质进一步提高。全市律师队伍本科以上执业人员达80%。

2011年，市司法局、市律师协会制定出台《关于加强律师事务所管理的意见》和《律师事务所年度考核计分办法》，计分办法基准分100分，同时设有加分、减分项目，分别从机构建设、业务建设、内部管理、队伍建设和基础设施建设五个方面对律师事务所进行考核，70分至89分为合格，90分以上为优秀，70分以下为不合格，通过考核计分，实现对律师事务所的精细化管理。同年，市律师协会开通永州律师网，通过网络积极宣传永州律师工作。

2012年2月，市司法局、市律师协会根据省司法厅要求，将全市在法律援助机

2012 年 9 月 15 日，市司法局召开民主评议律师工作会议

构执业的律师（以下简称法援律师）纳入市律师协会会员管理。法援律师纳入律师协会会员管理后，和其他社会律师一样，享有律师协会章程规定的权利，履行章程规定的义务。对法援律师执业活动的年度考核，由律师协会和法律援助机构共同组织实施和评定等次。对法援律师违规执业行为的投诉和查处，由市律师协会受理、立案、调查和作出惩戒决定，并及时通报同级司法行政部门。同年，市司法局认真落实市人大审议意见，开展律师工作整改活动。通过自我剖析、走访当事人、案件评查、检查监督等方式对律师队伍建设、律师执业行为、律师执业能力、律师执业道德等方面进行全面整改。

2013 年 12 月 21 日，市司法局召开永州市优秀律师事务所、优秀律师表彰会，代表合影

2013 年，市司法局、市律师协会建立健全律师事务所主任问责制，完善律师事务所管理职责的落实机制，明确律师事务所负责人、合伙人的管理职责，建立健全对律师事务所负责人谈话提醒制度，督促律师事务所负责人加强对该所律师执业活

动的日常监督。

2014 年，市司法局、市律师协会转发并组织全体律师重点学习省司法厅《关于加强律师事务所管理的规定》《关于进一步加强市州律师协会建设的意见》和省司法厅、省律师协会《关于进一步加强和改进律师行业惩戒工作的实施意见》。同年，向市委政法委汇报，争取支持，市委政法委连续下发《关于印发〈永州市律师工作联席会议制度〉的通知》《律师会见在押犯罪嫌疑人被告人规定》《关于依法规范法律服务市场的若干规定》，维护律师和法律服务工作者依法执业的合法权益。

2014 年 10 月 15 日，市律师协会召开全市律师工作座谈会

2015 年，市司法局、市律师协会继续着力保障律师依法执业，维护律师合法权益。市律师协会两名副会长以人大代表的身份向有关部门提出议案，要求保障律师的会见权、阅卷权、取证权。市司法局积极向市人大内司委汇报，建议由市人大内司委受理、调查、处理律师执业权利受到侵害的投诉案件。2015 年 6 月，召开全市律师工作联席会议，会议要求建立市司法局与市委政法委、市公安局、市人民检察院、市中级人民法院协调机制，通报律师执业权利受到侵害案件情况，研究处理意见。市委政法委联合公安、检察、法院、司法、国安下文出台保障律师“三权”（会见权、阅卷权、取证权）的意见。

五、律师行业党的建设

2007 年，中国共产党十七大做出以改革创新精神全面推进党的建设新的伟大工程的总体部署，对包括律师行业在内的社会组织党建工作提出明确要求。2008 年 6 月，中组部、司法部联合下发《关于进一步加强和改进律师行业党的建设工作的通知》，10 月，省委办公厅下发《关于进一步加强新社会组织党建工作的意见》。同年 6 月和 11 月，市司法局与市律师协会两次对全市律师行业党建情况开展调查摸底，掌握全市律师党建工作现状和党员律师的基本情况。2008 年 10 月，市司法局成立律师行业党建专项工作办公室，负责督查指导全市律师行业党建工作。2008 年

11 月，全市律师行业有律师党员 73 名，有 3 名以上党员的律师事务所 11 家，党员人数不足 3 人的律师事务所 12 家，没有党员的律师事务所 5 家。

党组织建设 市、县（区）司法局指导帮助各律师事务所建立健全党组织。2008 年年底，全市律师行业建立党支部 11 个，其中建立联合党支部 2 个。2009 年 2 月，市律师协会成立党总支，下设 6 个党支部。2009 年年底，全市律师行业建立党总支 1 个，党支部 19 个，其中联合党支部 7 个，单独党支部 12 个。没有党员的两家律师事务所，县司法局也指派联络员，指导党建工作，律师行业党组织覆盖率达 100%。随着律师事务所的变更，市、县（区）司法局党组及时指导律师行业党组织建设，确保哪里有党员，党组织就覆盖到哪里。2015 年年底，全市律师行业有律协党总支 1 个，律师事务所党支部 21 个，其中单独党支部 16 个，联合党支部 5 个，党员人数 84 名。市律师协会党总支和各律师事务所党支部以保障组织活动、发挥模范作用为重点，不断健全完善党的组织生活制度，健全以“三会一课”为主要内容的党内生活制度、党员学习制度。各律师党支部都设立活动室，做到制度上墙。2012 年，全市律师行业开展基层党组织建设年活动，以基层党组织分类定级为突破口，全面推动党建工作。市律师协会党总支按照省律师协会《关于做好全省律师行业基层党组织分类定级工作的通知》，对所辖 6 个党支部进行分类定级，其中湘律律师事务所党支部、正赢律师事务所党支部、九子龙律师事务所党支部定为“好”类，其他三个所党支部定为“较好”类。各县（区）司法局所属律师事务所党支部也都按照标准开展分类定级。在此基础上，市律师协会党总支制定晋位升级的措施。2012 年年底，全市较好类的 80%基层党支部晋位升级。

2010 年 5 月 17 日，市律协党总支召开律师行业党组织和党员创先争优动员大会

开展党组织活动 全市律师事务所党支部均设立党员活动室，建立健全党组织各项制度并开展组织活动，发挥党组织的先锋模范作用。2009 年，全市律师行业党组织认真开展学习实践科学发展观活动，各党支部纷纷制作学教活动专栏。湖南湘律律师事务所党支部被省司法厅评为先进集体。2010—2013 年，全市律师行业党组织和全体党员开展创先争优活动，向社会作出“三零目标”（依法诚信执业，实现律师事务所和律师“零投诉”

“零惩戒”“零处罚”）和“三个一”实事（每名律师党员办理一件以上法律援助案件、担任一所学校的法制副校长或法制辅导员、资助一名贫困学生）的公开承诺。全市律师行业发挥职能作用，积极开展“科学发展先锋行”“惠民服务先锋行”“平安创建先锋行”等活动，围绕市委、市政府中心工作创先进、争优秀、当先锋。2014—2015 年，全市律师行业党组织深入开展党的群众路线教育实践活动。活动中，对各律师党支部书记进行专题培训，培训率 100%。以各律师党支部为单位组织律师党员集中学习，参学率 100%。市律师协会党总支还组织开展党的群众路线教育实践活动知识竞赛和征文比赛，巩固学习成果。市律师协会党总支和各律师事务所党支部围绕为民务实清廉主题，聚焦“四风”问题，向社会广泛征求意见和建议，并召开专题民主生活会，查摆律师行业存在的突出问题，提出整改措施和努力方向，切实整改。

六、律师事务所和律师年度考核

1989 年，地区司法局按照省司法厅的部署，首次开展律师事务所年检、律师注册工作。全区 12 家律师事务所通过年检，119 名律师完成注册。从 1989 年起，年检注册工作每年开展一次。

1996 年，司法部颁布《律师事务所登记管理办法》，律师事务所年检和律师注册工作进一步规范，每年年检、注册合格的律师事务所和律师由市司法局报省司法厅统一予以公告。

1997 年《律师法》实施。市司法局严格按照《律师法》规定开展律师事务所年检与律师注册工作。当年，全市有 2 家律师事务所被注销，2 名执业律师被吊销执照，22 家律师事务所、205 名律师按时注册。

1999 年，市司法局在律师事务所年检、律师注册过程中加强把关，分别坚持“三不原则”，即：对律师事务所内部管理混乱的不予年检；没有完成上级机关布置任务的不予年检；搞不正当竞争的不予年检；律师在两个或两个以上律师事务所执业的不予注册；有违反法律、职业道德和执业纪律行为待查处的不予注册；当事人投诉没有处理结果的不予注册。当年，有 3 家不符合规定的律师事务所未通过年检，有 21 名不符合条件的律师未通过注册。

2003 年，市司法局按照上级要求，明确除公职（司）律师外，国家机关现职工作人员不得注册执业，非法学院（系）、法学研究单位从事教学研究的兼职律师不予注册。

2004 年，市司法局在年检、注册前对律师事务所规范化管理、业务拓展、遵守职业道德和职业纪律等情况进行全面检查，检查合格才能年检注册。全市 24 家律师事务所，211 名执业律师参加并通过年检注册。

2008 年，根据修订后的《律师法》规定，律师事务所年检和律师注册统一更改为年度考核。市司法局、市律师协会制定《永州市律师事务所年度考核评分准则》和《永州市律师年度考核评分标准》，量化细化年度考核工作。市律师协会对律师进行年度考核，市司法局对律师事务所和律师事务所负责人进行年度考核。2009 年，市司法局在年度考核中，按照《律师执业管理办法》的要求，对全市律师执业证管理进行清理，确定回收律师执业证书的 7 种情况。2010 年，市律师协会网站建立后，全市律师事务所和律师年度考核结果都在网站上予以公示。2011 年，市律师协会转发《湖南省律师执业年度考核实施细则》，规范律师执业年度考核工作。2012 年，规定对有党组织的律师事务所，应当按照《湖南省律师事务所党组织工作考评评价办法》，对党建工作和开展争先创优活动进行检查考核。2013-2014 年，进一步推行年度考核工作信息化管理，要求律师事务所和律师首先在湖南省律师信息管理平台如实填写年度考核登记表，然后由市律师协会和市司法局考核，考核合格后上报省律师协会和省司法厅备案。2015 年，坚持“三个不予考核”原则，即问题整改不到位的不予考核、受到投诉没有结案的不予考核、考核材料不合格的不予考核。在对律师考核方面，对因违规违纪行为正在受到查处的，对拒绝履行法律援助义务的暂缓年度考核，对调出律师事务所，担任国家机关工作人员的，对暂缓年度考核的，对提交虚假材料等情况的，及时收回律师执业证。

1989—2015 年律师事务所、律师年度考核情况统计表

表 4-3

年度	年检（年度考核）律师所数量（家）	注册（年度考核）律师（人）	专职律师（人）	兼职律师（人）
1989	12	61	38	23
1990	12	62	38	24
1991	12	75	46	29
1992	12	71	49	22
1993	21	145	108	37
1994	23	151	123	28
1995	23	173	151	22
1996	24	186	172	14
1997	22	205	204	1
1998	23	152	112	40

续表4-3

年度	年检（年度考核）律师所数量（家）	注册（年度考核）律师（人）	专职律师（人）	兼职律师（人）
1999	22	163	123	40
2000	22	171	126	45
2001	24	238	233	5
2002	22	247	245	2
2003	23	235	233	2
2004	24	211	209	2
2005	25	236	233	3
2006	26	228	226	2
2007	28	242	240	2
2008	28	256	252	4
2009	28	240	237	3
2010	30	260	255	5
2011	29	258	253	5
2012	29	261	257	4
2013	30	283	277	6
2014	32	355	345	10
2015	33	380	374	6

第四节　律师改革

一、经费改革

1986 年，《司法部、财政部关于法律顾问处经费管理问题的若干补充规定》要求：法律顾问处要积极创造条件逐步过渡到实行自收自支。当年，东安县法律顾问处大胆改革经费管理体制，率先走上“自收自支”之路。1987 年 7 月 19 日，地区司法局向地区财政局提交《关于地区法律顾问处体制管理及经费收支情况的报告》，根据地区法律顾问处的收支情况，地区法律顾问处可以实行自收自支的经费管理体制。此后，地区司法局积极推动律师经费改革，提出全区律师事务所要逐步实行

“自收自支”或岗位责任制承包，充分调动律师的积极性，增强律师事务所的活力。1990 年，全区 14 家律师事务所法律服务收费 36 万元，上交 13 万元，有 7 家律师事务所实行自收自支管理模式。

1993 年，地区司法局推动国资所内部管理改革，在全区 21 家国资所推行责任目标制、主任负责制，改革内部分配形式，推行效益浮动工资制，律师事务所主任对人事权、财权有了一定的自主权。

进入 21 世纪，国资所脱钩改制，向社会化律师所转变，全市律师事务所均实行自收自支的经费管理模式。

二、体制改革

1993 年，地区司法局组织律师认真学习律师制度改革相关政策问题特别是肖扬部长的讲话，引导律师认清形势，转变观念，积极与市场经济运行机制接轨，积极创造条件，走不要国家编制、不要国家经费、实行自负盈亏、自我管理、自我约束、自我发展的发展道路；深入县级冷水滩市、县级永州市、祁阳县、双牌县和东安县，共同商讨试办合作制律师事务所。当年全区律师事务所由原来的 14 家发展到 21 家，实现国资所、专业所、乡镇所多种模式并存的律师机构体制。

1993 年 12 月 26 日，国务院批转司法部《关于深化律师改革方案》。1994 年 2 月 20 日，律师邓宾、曹建军、于致东、邓建国向地区司法局呈报《关于建立零陵地区蓝天律师事务所申请书》，申请成立合作制蓝天律师事务所。2 月 22 日，地区司法局研究同意成立合作制蓝天律师事务所（后更名白云律师事务所）。2 月 26 日，省司法厅下发《关于同意试办零陵地区白云律师事务所的批复》，明确该所为合作制律师事务所，对外独立承担民事法律责任，受零陵地区司法局领导和监督。白云律师事务所是零陵地区成立的第一家不要国家编制、不要国家经费、实行自负盈亏、自我管理、自我约束、自我发展的合作制律师事务所。1997 年，永州市第一家合伙制律师事务所湖南新星律师事务所成立。

2000 年，市司法局根据司法部《律师事务所、社会法律咨询服务机构改制实施方案》的要求，开始推动国资律师事务所脱钩改制工作，发展社会化律师事务所。2000—2007 年，有 8 家国资所先后改制为合作所或合伙所，2 家国资所停止考核，自然消亡。2007 年年底，全市国资所 6 家，合作所 7 家，合伙所 14 家。

2008 年，根据新修订的《律师法》和省司法厅《关于做好合作律师事务所调整工作有关具体问题的通知》的精神，市司法局提倡、鼓励合作律师事务所整体改制为合伙所，着力推动 7 家合作制律师事务所完成调整工作。2009 年 3 月 4 日，市司法局下发《关于做好全市合作律师事务所调整工作有关问题的通知》，要求全市

7家合作制律师事务所必须在当年完成调整，并就合作事务所调整工作的程序和要求、合作律师事务所申请整所改制的程序和要求、合作律师事务所申请合并、分立的程序和要求、合作律师事务所申请解散的程序和要求作出规定。2009年5月，九子龙、湘源、瑞盈、濂溪、湘永、金钰所调整为普通合伙所，湖南劲峰律师事务所注销，全市完成合作所向合伙所的转变。

2015年，湖南人和人（永州）律师事务所

2009年，永州市在推动合作所改合伙所外，鼓励发展个人律师事务所。2009年成立的湖南顺胜律师事务所是永州市第一家个人律师事务所。2010年又相继成立湖南谭青生律师事务所和湖南铭慧律师事务所两家个人律师事务所。

2013年，根据上级文件要求，不符合国资所办所条件的必须改制，不改制的须满足两个条件，要有两名以上在编律师，要有财政拨款的证明。市司法局按照文件要求，继续深化国资所改革，推动不符合条件的舜国所、龙溪所、天常所3个国资所改制。2014年，龙溪所、天常所实行改制，停止考核，自然消亡，原所律师或组建新的合伙制律师事务所，或加入其他律师事务所。2015年，湖南都庞岭律师事务所、湖南舜国律师事务所实行改制，停止考核，自然消亡。2015年年底，永州市仅存湖南云虹律师事务所1家国资所，合伙制律师事务所发展至30家，个人律师事务所3家。

三、管理改革

20世纪80年代至90年代初，全区律师工作实行的是单一的司法行政管理体制，由各级司法行政机关内设的公证律师管理科（股）负责具体管理工作。

1994年，省编委、省司法厅、省财政厅联合下发《关于地州市组建律师协会所需人员编制经费问题的通知》，要求“各地州市在党政机构改革中，应在政事分工的基础上，将律师工作的行业管理职能从司法行政机关划出来，组建律师协会，归口同级司法局领导和上级律师协会指导”。1995年12月12日，永州市律师协会成立，对律师行业的管理由单一行政管理转变为司法行政机关的行政管理与律师协会的行业管理相结合的体制。在实际管理过程中仍以行政管理为主，市司法局局长兼任市律师协会会长。

2005年，行政管理与行业管理各司其职进一步明确。司法行政机关对律师管理的重点放在“准入、规范、监督、协调”上，律师协会主要负责制定、修改律师行业行为规范和准则，开展律师维权工作，组织业务培训和业务交流，行规检查及奖惩，律师对外宣传等方面。当年，在市司法局的指导下，市律师协会在各县（区）司法局成立市律师协会驻县（区）司法局联络组，使行政、行业“两结合”的管理体制进一步完善。

2009年12月，根据中央关于领导干部不能兼任社会团体、行业协会的领导职务以及行业协会要实行人员、机构、财务、职能四分开的精神，三届永州律师协会理事会第六次会议选举律师成火龙为会长，市司法局行政领导均不再兼任会长、副会长职务。

2011年，根据全市三分之二的律师事务所和执业律师由县（区）司法局负责日常监督管理的现状，经请示湖南省律师协会和市司法局党组同意，市律师协会下发《关于委托县（区）司法局律师协会联络组负责律师执业年度考核的决定》，决定委托市律师协会驻县（区）司法局联络组负责县（区）所属律师执业年度考核，即评定考核等次，上报市律师协会确认。市律师协会驻各县（区）司法局联络组的负责人由各县（区）司法局主要领导兼任，市律师协会驻县（区）司法局联络组的印章由市律师协会统一刻制。

第五章 公证

1980 年 11 月前，零陵地区的公证业务归各级人民法院办理。1980 年 11 月，公证业务从法院移交给司法局管理。

1981 年 1 月，东安县率先成立公证处。1981—1984 年，全区 11 个县（市）先后成立公证处。1993 年，零陵地区公证处成立。1981 年，公证处主要是尝试性办理有关国内公民之间权利义务方面的公证。1982 年《公证暂行条例》颁布后，各县（市）公证处在重点办理公民权利义务方面公证的同时，也试办一些有关经济方面的法律事务。1983—2015 年，随着全市经济的迅速发展和改革开放的深化，公证工作的重点逐步转移到为经济建设服务，再由以办理经济公证为主转变为为经济建设服务和为建设“和谐永州、平安永州、法治永州”服务紧密结合上来，实现公证业务由以民事公证为主向以经济公证为主，再由经济公证为主向以民事公证和经济公证并重的转变，由简单的证明向以为社会提供多样化法律服务的转变。公证项目由简到繁，逐步扩大，从最初尝试性办理国内公民间权利义务公证，扩大到办理经济、涉外、涉港澳台和国内民事公证同时并举；新开辟的房屋拆迁、分家析产、确认产权、亲属关系、保全证据、征用土地、身份证明、金融信贷等 50 多项国内民事公证的办证量逐年增多。在努力为城乡各行各业改革和发展外向型经济，富民强市做好法律服务的同时，积极探索自身改革的途径和方法，从办公方式、证源渠道到人员管理等方面实行一系列改革措施，并制定一系列办证规范、调动公证人员积极性的机制，办证数量不断上升。1981—2015 年 35 年间，全市公证机构办理各类公证 51.2384 万件，在深化全市改革、扩大对外交流和发扬社会主义民主、创建和谐永州、法治永州等方面发挥积极作用，赢得社会各界的信任和中外当事人的普遍赞誉。

第一节 机构队伍

一、机构

1952—1953 年，根据《人民法院组织条例》，零陵、祁阳、东安、道县、宁远、江永、江华、新田等县人民法院先后设立公证室，配备 1 名公证员或者指定审判员、书记员兼办公证业务。1956 年，全区其他未设立公证室的人民法院也相继设立公证室。1958 年，受反右派斗争“左”的影响，公证室被撤销。

1975 年 9 月，经零陵地区革委会批准，设立零陵地区公证处，配备公证员 1 名，业务由地区中级人民法院民事审判庭兼管。1980 年 3 月，司法部《关于公证处的设置和管理体制问题的通知》规定：“不要设省、自治区公证处和地区公证处”，零陵地区公证处随之撤销。

中国共产党十一届三中全会后，随着各项工作的拨乱反正和法制建设的需要，公证机构迅速得到重建和发展。1981 年 1 月，东安县公证处在全区率先成立，零陵县、祁阳县、道县、宁远县、江华瑶族自治县、蓝山县、新田县也于同年相继成立公证处；1982 年，双牌县、江永县、原县级永州市公证处先后成立；1993 年，零陵地区公证处成立。至此，全区 11 个县（市）和地区均成立公证处。1995 年，全区加快公证机构的延伸和公证队伍的扩大，在乡镇（街道）建立公证室、联络站、办事处 58 个，聘用公证联络员 215 人。1996 年，零陵地区公证处更名为永州市公证处，原县级永州市公证处更名为芝山区公证处。2005 年，芝山区公证处更名为零陵区公证处。2006 年 3 月 1 日《公证法》实施后，由于永州市城区设有市公证处、零陵区公证处和冷水滩区公证处 3 个公证处，分属市司法局和两区司法局管理。市、区两级公证机构重叠设置不符合《公证法》规定。2007 年，市司法局成立城区公证机构设置调整工作领导小组，多次调研有关情况，与两区司法局协商，并向市政府汇报，争取支持。市政府召集市司法局和两区司法局以及编制、人事、财政等部门召开协调会议，听取各方意见，统一各方认识。2009 年 7 月，市司法局向市政府提交《关于永州市城区公证机构设置调整的请示》。同年 8 月 31 日，市政府批复同意在市中心城区设立三个市级公证处，即将永州市公证处、零陵区公证处和冷水滩区公证处分别更名为湖南省永州市潇湘公证处、湖南省永州市零陵公证处和湖南省永州市冷水滩公证处。

二、队伍

2015 年，永州市潇湘公证处

1981 年 5 月 6 日，地委组织部下文，全区暂定 23 名公证编制，零陵、道县、宁远各 3 名，其余县（镇）各 2 名。5 月 21 日，地区司法局下发《关于迅速选调干部组建公证处的通知》，要求各县（镇）司法局抓紧请示领导，协同组织、人事部门，积极慎选公证人员，迅速组建公证处。由于各县（市）司法局也刚刚成立，百业待兴，当年全区调配公证人员 5 人。1982 年年底，全区配备公证人员 22 人。1985 年，湖南省委政法委、省委组织部、省编制委员会、省劳动人事厅、省财政厅联合下发《关于全省司法行政系统 1985 年编制控制分配数问题的联合通知》，分配全区公证编制 31 名。1986 年，湖南省编委下发《关于增加律师、公证人员编制和有关经费问题的通知》，增加全区公证编制 2 名。1988 年，湖南省编委下发《关于下达全省司法行政系统新增编制的通知》，增加全区公证编制 7 名。至此，全区公证编制 40 名。1989—2015 年，未再增编。1996 年年底，全市 12 个公证处有公证人员 48 名。其中公证员 34 名，公证员助理 7 名，其他辅助人员 7 名。2015 年年底，全市 12 个公证处，公证队伍发展至 52 名。其中公证员 35 名，公证员助理 16 名，其他辅助人员 1 名。

2015 年永州市公证机构、公证人员情况统计表

表 5-1　　　　**单位：人**

公证处	单位性质	编制数	公证员	公证员助理	其他辅助人员	人员合计
市潇湘公证处	事业	4	4	4		8
零陵公证处	行政	3	2	1	1	4
冷水滩公证处	行政	4	4	1		5
道县公证处	行政	4	2	1		3
祁阳县公证处	行政	3	3			3
东安县公证处	事业	4	4			4

续表5-1

公证处	单位性质	编制数	公证员	公证员助理	其他辅助人员	人员合计
双牌县公证处	事业	4	2	2		4
蓝山县公证处	行政	2	2			2
宁远县公证处	事业	4	4	7		11
新田县公证处	行政	3	3			3
江华县公证处	行政	2	2			2
江永县公证处	事业	3	3			3
合计		40	35	16	1	52

第二节　公证业务

一、国内公证

20 世纪 80 年代初，地区司法局和各县（市）司法局成立后，根据司法部 1980 年 2 月下发的《关于逐步恢复国内公证业务的通知》精神和全区人民群众的迫切要求，开始恢复并逐步开展公民间权利义务的公证业务。1981 年，全区公证处采取一边筹建、一边学习、一边办证的措施，克服人员少、条件差、业务生疏等困难，尝试办理赡养、继承、委托、经济合同等国内公证 20 件。1982 年 6 月，湖南省司法厅举办全省第一期公证人员学习班，地区司法局组织全区公证人员参加学习班学习。学习班结束后，在全区铺开公证工作。同年，办理国内公证 186 件，其中民事公证 64 件，经济合同公证 122 件。

1983 年，随着农村和城市改革的相继开展，地区司法局根据司法部提出的公证工作以办理经济合同公证为重点的指示，适时把公证工作的主攻方向转向为经济建设服务上来，经济合同办证数量猛增。在城镇开展办理建筑工程施工、劳务、产品购销、加工承揽、货物运输、银行贷款、联营、专项承包、个体户经营等 20 多种类型的经济合同公证。在农村，随着农村经济体制改革工作的深入发展，以推行家庭联产承包责任制、建立统分结合的双层经营体制和发展社会化服务体系为内容的农业改革工作全面展开，全区公证处不失时机地开展以完善各类经济承包合同为内容的法律服务工作，办理农村中的山林、果木、种植养殖等各种专业承包、农副产品购销、农业贷款等各类合同公证，并广泛宣传推广合同制度。公证处在加强办证的同时，认真抓合同的落实，针对当事人普遍缺乏法律知识、不能正确处理产供销过程中遇到的问题，经常导致纠纷、扯皮甚至中途毁约的实际情况，耐心向当事人做好解释工作，并主动与有关部门联系，督促合同的实际履行，真正做到“春抓制定、秋抓落实”，从而打消农民的疑虑，使当事人的权益及时受到法律保护。1983年，全区办理国内公证740件，其中，经济合同公证532件，约占72%。1984—1988年，全区公证处继续以办理经济合同公证为重点，办理国内公证分别为2639件、4822件、3559件、5227件和5641件。

1988年，全区公证处进一步拓展公证服务领域，向企事业单位提供常年公证服务。全区担任企事业单位常年公证31家。双牌县公证处创新服务方式，与法律顾问处分工合作，联合为聘方提供法律服务。1988年，双牌县公证处担任常年公证12家，占全区的38.7%，其经验与做法在同年9月召开的全省常年公证经验交流会上作典型发言，并刊登在《湖南法制报》和《零陵日报》上。

1989年，地区司法局贯彻落实中国共产党十三届四中、五中全会精神，与地区经委、财委等部门联合下发或单独下发有关加强公证业务开展的文件5份；祁阳、东安等县明文规定“农村双层经营承包”“企事业单位劳务合同”必须办理公证；县级永州市要求社会治安承包合同必须经过公证。全区公证处开拓办理工商企业承包、租赁经营责任制、招标、投标、抵押、提存、保存证据等公证项目。特别是在办理企业租赁承包、经营责任制公证中，公证人员既审查监督、防止企业法人短期行为，保证国家各项法律政策在改革中贯彻落实，又当好法律参谋，把法律服务提前介入到草签合同和企业清产评估、招标投标、承包、租赁者的答辩审查中，协助主管部门选择承包人，合理地制定承包、租赁金额，科学地制定保证条款，保证合同的真实性、合法性，提高合同的可行性。1989年，全区办理各类国内公证7512件，其中经济公证6468件，民事权益公证1044件。1990年，全区办理各类国内公证9901件，超额完成省司法厅下达任务的68.85%，其中经济合同公证7276件，民事权益公证2625件。

1981—1990年10年间，全区办理各种国内公证事项40277件，其中办理农村专项承包、横向经济联合、工商企业承包、租赁等合同公证32117件。拒办不真实、不合法的合同公证620件，揭露和制止各种违法活动987件，为当事人避免和减少经济损失397.5万元，公证合同履约率98%以上，为预防和减少经济纠纷、维护社会主义经济秩序发挥积极作用；办理收养子女、遗嘱、继承权、财产分割、宅基地使用权、遗赠抚养协议等公证事项8160件，为维护当事人的合法权益和社会安定团结、促进社会主义文明建设发挥积极作用。

20世纪90年代，永州经济快速发展，公证业务逐渐增多。1991—1993年，全

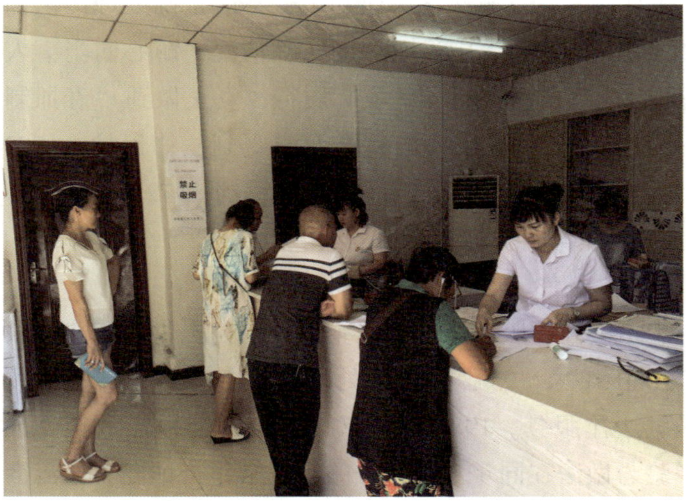

2015 年，市潇湘公证处为群众办理公证事项

区办理各类国内公证分别为 26527 件、26620 件和 11044 件。1994—1997 年，随着永州市改革开放步伐的加快，外出务工人员迅速增加，全市公证处不失时机地推出身份证明公证。1994—1997 年，全市办理各类国内公证 125955 件。其中办理身份证明公证的占办证量总数的 60% 以上。1998—1999 年，全市公证处在继续发展壮大身份证明公证的同时，进一步更新观念，创新思路，不断拓展业务领域。围绕农业发展和农村深层次改革，主动深入农村，进村到组为农民办理土地延包合同公证和山地丘岗开发承包合同公证以及其他承包合同、农村事务公证；针对大中型企业产品销售员多，急需一种能证明身份和资信程度的证件材料，及时推出一整套有关销售人员的委托书、产品质量、企业信誉等系列公证书，被称为“经济护照”，深受企业和销售人员的称赞；结合银行体制性风险、经营风险日趋加大和一些金融机构由于运作不规范、监管机制不健全、信贷人员缺乏法制意识等因素，导致金融欺诈案件以及以贷谋私等违法违纪案件时有发生的实际，将公证业务融入金融活动中，以公证的证明监督、保障以及法律赋予的强制执行职能来确保金融信贷安全，开辟房屋抵押贷款、机械抵押贷款、保证担保贷款、土地使用权抵押贷款公证等，既帮助金融机构规避金融风险，又开辟公证业务新增长点。1998—1999 年，全市办理各种国内公证 115455 件，其中民事公证 108863 件，经济公证 6592 件。1999 年，全市公证收费 876649 元。

2002—2004 年，由于国家身份制度的改革、公安机关办理身份证件效率提高等诸多原因，群众对身份证明公证的需求大幅下降，全市公证处办理外出务工人员身份证明公证量呈断崖式下跌，公证总量明显减少。

2005 年 8 月 24 日，《公证法》颁布，公证服务领域进一步扩大。2005—2015 年，公证业务逐步延伸到经济、政治、社会、文化生活等诸多方面，为永州经济、社会发展和富民强市提供全方位的法律服务。2015 年，全市办理各种国内公证 6352 件，其中国内民事公证 4099 件，经济公证 843 件，涉外公证 734 件，涉港澳台公证676件，公证收费1820464元。

二、涉外公证

1984年，全区公证处办理涉外公证6件。1989年，办理涉外公证20件。20世纪90年代，随着中国对外关系的日益发展以及党和国家侨务政策的逐步落实，涉外公证的种类和数量也不断增加。1990—1999年，办理各类涉外公证1265件。进入21世纪，特别是2002年以后，全市每年办理的涉外公证都在400件以上。主要办理公民出国学习、探亲、就业、学历、经历、婚姻状况、继承权、亲属关系等涉外公证以及为公民、法人及外商办理技术转让、合资经营等涉外公证。

三、涉港澳台公证

全市公证处把涉港澳公证作为一项特殊国内公证业务，比照涉外公证程序办理。香港、澳门回归祖国前，涉港澳公证文书分别经外交部领事司和英国、葡萄牙驻中国使领馆认证，再发往港澳使用。港澳回归祖国后，公证文书直接发往港澳使用。永州市的涉台公证，是从20世纪80年代后期开始办理。起初台胞委托大陆的亲属申请办理一些涉台公证文书，主要是到第三地使用。1993年4月29日，"汪辜会谈"在新加坡举行，大陆海峡两岸关系协会与台湾财团法人海峡交流基金会共同签署《两岸公证书使用查证协议》："双方同意相互寄送涉及继承、收养、婚姻、出生、死亡、委托、学历、定居、扶养亲属及财产权利证明公证副本"，"需增减寄送公证书副本种类，双方另行商定"。从1993年5月29日该协议生效之日起，涉台公证才逐渐增多。

涉港澳台公证事项主要有：出生、生存、死亡、定居、学历、病历、经历、委托书、专业证书、职称、婚姻状况、亲属关系、扶养、收养、继承权、遗嘱、声明书、是否受过刑事处罚、文本相符、签名印鉴属实和公司章程、法人资格、担保、营业执照、财产权利、税务、经济合同以及其他法律文书等30多项。1988—2015年，全市办理涉港澳台公证17390件。

1981—2015 年永州市公证业务情况统计表

表 5-2

年度	民事公证（件）	经济公证（件）	涉外公证（件）	涉港澳台公证（件）	办证总数（件）	公证收费（元）
1981	20				20	不详
1982	164	122	11		297	不详
1983	208	532			740	不详
1984	1153	1480	6		2639	不详
1985	695	4126	1		4822	96738.02
1986	838	2710	11		3559	63014.86
1987	722	4474	31		5227	80783.68
1988	691	4929	7	14	5641	121186
1989	1044	6468	20	58	7590	116206
1990	2625	7276	87	59	10047	108420.04
1991	14494	11776	97	160	26527	119829
1992	13293	13327	69	264	26953	194101
1993	6471	4573	89	334	11467	249756.3
1994	20546	5518	154	442	26660	390558
1995	19689	2389	74	505	22657	610000
1996	29712	2786	184	556	33238	392109
1997	42736	3148	158	752	46894	831063
1998	54398	3241	167	865	58671	820647
1999	54465	3351	186	980	58982	876649
2000	35004	1016	172	890	37082	916571
2001	25478	1620	85	627	27810	993267
2002	7625	2116	443	512	10696	962145
2003	7910	2574	470	530	11484	1035472
2004	3513	1797	485	873	6668	1064755
2005	2607	2483	476	812	6378	1264782
2006	3125	2465	461	834	6885	1176941
2007	3511	2711	522	829	7573	1183605
2008	1744	3502	485	873	6604	1307900
2009	2804	976	584	891	5255	1310726
2010	2836	1362	623	1111	5932	1356259

续表5-2

年度	民事公证（件）	经济公证（件）	涉外公证（件）	涉港澳台公证（件）	办证总数（件）	公证收费（元）
2011	2972	683	542	802	4999	1583410
2012	3040	706	617	746	5109	1594604
2013	2808	718	671	752	4949	1632091
2014	3862	771	701	643	5977	1726938
2015	4099	843	734	676	6352	1820464

第三节　公证管理

一、管理体制

1949年10月—1980年10月，全区公证机构和公证工作由同级人民法院管理。1980年11月后，根据司法部《关于公证处的设置和管理体制问题的通知》，公证工作由同级司法局管理。1981—1984年，全区各县（市）公证处成立，在行政上接受同级司法局的领导，业务上接受地区司法局的指导、管理、监督和检查。1993年，地区公证处成立，由地区司法局指导和管理。根据2011年《永州市司法局主要职责内设机构和人员编制规定》，市司法局对全市公证工作的管理职责是：拟订全市公证工作规划和管理工作规范；指导公证行业队伍建设、党组织建设；负责公证机构设立、变更的初审、公证员任职的初审工作；指导、承办公证机构、公证员执业年度考核工作和公证员初级职称评审工作；指导监督公证机构及公证员依法执业；指导公证员的教育培训工作。

二、公证员资格和任免

1980年11月—1986年10月，根据《公证暂行条例》的规定，各县（市）公证处的公证员、助理公证员由县（市）司法局任免。1986年11月—1989年6月，根据省司法厅的要求，县（市）司法局任命公证员前，逐级上报省司法厅审批同意后方可任命。助理公证员仍由地方任命，但须呈报上级司法行政机关备案。

1989年7月，司法部下发《关于加强律师、公证人员管理工作若干问题的通知》，规定凡调入公证处的专业人员，一律由省、自治区、直辖市司法厅（局）通过考试、考核，授予公证员资格。公证员开始实行资格准入制度，经考试或考核合格者，方可授予公证员资格并任命为公证员。

1990 年 5 月，湖南省司法厅下发《关于举行公证员资格考试的通知》，规定具有法律中专以上文化程度，1989 年 1 月 1 日后调入公证处尚未被任命为公证员和地州市司法局从事公证管理工作的人员，可以报名应考。同时规定：1982 年前被评聘为三级公证员的，1989 年前被评聘为四级公证员的，年满 50 岁、从事公证工作 5 年以上、被评聘为四级公证员的，可以免试。同年 9 月，地区司法局组织 13 人参加全省首次公证员资格考试，考试全部合格。1991 年 2 月，13 人被省司法厅授予公证员资格。同月，地区司法局公证律师科 3 名工作人员经考核并呈报省司法厅审核批准，免试授予公证员资格。

1991 年 7 月 30 日，司法部下发《关于举行 1992 年全国公证员资格统一考试的通知》，明确规定从 1992 年起举行全国公证员统一考试，原则上每两年举行一次，省、自治区、直辖市司法厅（局）不再举行统一考试。考试合格者，由省、自治区、直辖市司法厅（局）颁发由司法部统一制作的公证员资格考试合格证书。

1992 年 5 月，首次全国公证员资格统一考试举行，报考人员范围限在公证处尚未取得公证员资格的现职干部和按国家规定招收的合同制工人。全区参加考试的公证人员 3 人，成绩合格 1 人，于 1993 年 9 月被省司法厅授予公证员资格。

1994 年，江华瑶族自治县公证处和祁阳县公证处的 3 名工作人员经地区司法局考核并呈报省司法厅审核批准，免试授予公证员资格。

1995 年 3 月，第二次全国公证员资格统一考试举行。报考人员范围限司法行政系统内部人员。全区参加考试人数 8 人，成绩合格 6 人，于 1996 年 10 月被省司法厅授予公证员资格。

1997 年 10 月，第三次全国公证员资格统一考试举行。报考人员范围原则上仍限于司法行政系统内部人员。全市参考人员 1 名，成绩合格。

2000 年 6 月，蓝山县公证处 2 名工作人员经市司法局考核并呈报省司法厅审核批准，免试授予公证员资格。同年 8 月，第四次全国公证员资格统一考试举行。借鉴律师考试的经验，报考范围扩大为面向社会招考。报考范围和条件是：设区的市须具有大学本科以上学历，县（县级市）须具有法律大专以上学历，且品行良好，在公证处内未担任公证员职务的人员；司法行政系统内部在编的现职人员和从事其他工作的社会人员。司法部规定，对具有硕士以上学位和经济、法律中级以上专业职务的人员，或者具有法律本科以上学历担任过审判员、检察员、律师或从事公证律师管理工作 5 年以上，调入公证处工作期满 1 年的人员，可以免试。

2001 年 11 月，司法部取消全国公证员资格统一考试，公证员从通过国家司法考试人员中遴选。

2002—2015年，全市先后有17名公证处工作人员通过国家司法考试取得公证员资格。

1989年以前，对于办理涉外及涉港澳台公证业务，司法部没有规定专门的资格条件。1989年3月，司法部发布《公证处办理涉外公证暂行管理办法》，规定办理涉外公证业务，必须是具备涉外公证条件的机构和具备涉外公证员资格的公证人员。同年9月，司法部举行首次全国公证员涉外公证业务统一考试，已备案办理涉外公证业务的公证员和聘为四级以上公证员职务的，方可报名参加考试。地区司法局组织14名三级公证员参加考试。1990年3月，省司法厅根据参加涉外公证业务统一考试的成绩和零陵地区涉外公证业务开展情况，确定零陵地区县级永州市公证处、县级冷水滩市公证处、新田县公证处和江永县公证处4个公证处为办理涉外公证业务的机构，并在这4个公证处各确定1名公证员为办理零陵地区涉外公证业务的公证员，其他公证处和公证员不得办理涉外公证。为方便其他县办理涉外公证业务，地区司法局决定，祁阳县涉外公证由县级冷水滩市公证处负责办理；东安、双牌县涉外公证由县级永州市公证处负责办理；蓝山县、宁远县涉外公证由新田县公证处负责办理；道县、江华的涉外公证由江永县公证处负责办理。

1991—1993年，全区先后有7名公证员获得办理涉外公证业务资格。

1994年，省司法厅下发《关于新增加办理涉外公证业务公证处及公证员的通知》，零陵地区增加祁阳县公证处和1名公证员为办理涉外公证业务的公证处和公证员。

2006—2015年，永州市先后又有多个公证处和公证员被授予办理涉外公证资格。2015年，全市具备办理涉外公证业务资格的公证处9个，公证员10名；具有办理涉港澳台公证业务资格的公证处10个，公证员11名。

三、公证员职称评审

1988年6月，地区司法局贯彻落实司法部《公证员职务试行条例》，成立零陵地区公证系列职称改革工作领导小组和零陵地区临时初级公证员职务评审委员会，开始实行职务等级评审工作。领导小组由5人组成，下设办公室，负责公证员职务评聘的日常具体工作。同时要求各县（市）司法局成立3人组成的公证系列职称改革工作领导小组。零陵地区临时初级公证员职务评审委员会由7人组成。评审委员会负责评价被推荐的公证人员，写出评语，提出任职资格意见。同年，地区司法局开展首次全区公证员专业职务评审工作。全区11个公证处，申请参评人员34名。经省、地公证员系列高、初级专业技术职务评审委员会评审确认，评定二级公证员

1人，三级公证员16人，四级公证员10人，公证员助理7人。

1992年5月，根据人事部“各级评审委员会必须按系列重新组建”精神，地区司法局调整零陵地区初级公证员职务评审委员会，由13名同志组成，负责组织地区初级公证人员评审工作和中、高级公证人员申报工作。

1992—1994年，经地区公证系列初级职务评审委员会评审，评定14人为四级公证员，1人为公证员助理。

1996年8月，原地区初级公证员职务评审委员会任期届满，市司法局重新组织永州市初级公证员职务评审委员会，由12名同志组成，负责组织全市初级公证员职务评审工作和中、高级公证员申报工作。

1997年7月，经永州市公证系列初级职务评审委员会评审，评定2人为四级公证员，并报省司法厅评定三级公证员1人。

全市公证员大多数为司法局公务员兼职或参照公务员管理，其工资待遇没有与职称挂钩，因此公证员参加职称评审的积极性不高。2000—2015年，市司法局未开展公证员职称评审工作。

四、公证处和公证员年度考核

1996年，市司法局根据司法部《公证员注册管理办法》和湖南省司法厅《关于认真做好颁发公证员执业证和年检注册工作的通知》要求，开始对公证员实行年度注册管理，每年注册时间为3月1日至30日。公证员年度注册的程序是，公证人员在规定时间内填报公证员年检注册申请表，由所属公证处评议，做出鉴定，逐级上报。市司法局对申报人年度政治思想、道德品质、专业知识、办证能力、办事效率、完成工作数量与质量，进行综合考核，审核相关资格等证明材料，提出“同意注册”或“延缓注册”或“不予注册”的意见，呈报省司法厅审定。对符合条件的，省司法厅准予注册，并在《湖南日报》或湖南《当代法制报》上公告。

1998年，根据省司法厅通知精神，公证处开始实行年检制度。各公证处提交年检申请材料，市司法局审查考核后提出同意或不同意年检的意见，上报省司法厅。经省司法厅审定，对年检合格的颁发公证处执业年检合格证，并登报公告。1998年，全市年检注册公证处12个，公证员39人。

2006年，全市年检注册12个公证处和30名公证员。

2007年，随着《公证法》《公证程序规则》《公证机构管理办法》《公证员管理办法》的颁布实施，每年一次的年检注册改为年度考核。市司法局根据《湖南省司法厅关于印发〈湖南省公证员执业年度考核暂行办法〉的通知》精神，制定德、能、勤、绩四个方面考核内容的量化考核指标，对公证人员进行年度考核，考核确定优秀、称职、基本称职、不称职四个等次。

2008 年，市司法局落实《湖南省公证机构年度考核办法实施细则（试行）》，制定全市 12 个公证处年度考核的具体内容和依据，具体对公证处的执业活动情况、公证质量情况、组织建设情况、公证员执业年度考核情况、公证收费和财务管理情况、内部管理制度建设情况进行考核，并严格执行《湖南省公证机构年度考核评分标准》，公证机构考核按照 100 分制，100~90 分为优秀，89~75 分为合格，74~60 分为基本合格，59 分以下为不合格。2010—2015 年，根据省司法厅《湖南省公证员执业年度考核办法》，市司法局对公证员考核分优秀、称职、基本称职、不称职四个等次。

2007—2015 年，市司法局每年对全市 12 个公证处和所有的公证员进行年度考核，全部合格。

五、公证员教育培训

1982 年 6 月，地区司法局组织各县（市）公证人员参加全省第一期公证人员学习班，学成回来后开始试办公证业务。

1984—1988 年，全区司法行政机关和公证处，贯彻省司法厅颁发的《湖南省公证人员守则》和司法部发布的《关于公证人员清廉服务的若干规定》，对公证人员进行遵守执业纪律，规范执业行为的教育。

1989 年，地区司法局制定下发《公证机关廉政建设的十项规定》，编印《公证人员手册》，在全区公证处中开展职业道德教育和公证处廉政建设。同年，选送 6 名公证员参加省司法厅组织的大专证书培训班学习。

1990 年，地区司法局再次选送 6 名公证人员参加法律大专证书班学习，选送 2 名公证人员参加司法部举办的公证员业务培训班学习，选送 13 名公证人员参加省司法厅在韶山举办的全省公证人员业务培训班学习。主要学习有关政策规定、宪法、民事权益类法律、经济法律等，以及办证程序、文书制作等业务知识。

1992 年 4 月，以《公证暂行条例》颁布 10 周年为契机，全区开展“公证宣传教育月”活动，将 4 月 12 日作为“公证宣传教育日”。各县（市）司法局组织公证人员学习《公证暂行条例》，组织公证人员走上街头，设立公证宣传点，发放公证宣传教育资料。

1993—1995 年，地区司法局组织全区公证员开展“重事业讲团结严纪律争贡献树形象”整训活动。通过政治学习、爱业教育和典型引导，激励公证人员爱岗敬业、执业为民、拒腐防变。

1996—1997 年，市司法局组织全市公证处学习《湖南省公证员职业道德和执

2007年10月23日，市司法局召开全市公证队伍规范树形象活动动员暨律师队伍集中教育整顿总结表彰会议

业纪律规范（试行）》和《湖南省公证员惩戒规则（试行）》，要求公证员在执业中必须遵守宪法、法律、法规；在业务活动中必须坚持以事实为依据，以法律为准绳，坚持办证的“真实性、合法性”；提供法律服务时，必须热情周到、诚实信用、文明礼貌、尽职尽责；公证员之间，应当互相尊重、团结互助、公平竞争，自觉维护公证员信誉；受理公证事项、审查公证事项，公证员出证、公证业务收费、处理与其他公证员之间关系，必须遵守执业纪律。对违背公证员职业道德和执业纪律的，严格按《湖南省公证员惩戒规则（试行）》进行惩戒和处分。

1998年，全市公证处开展公证员队伍教育整顿。重点整顿谋取私利办假证现象、公证员违法违纪案件和不正当竞争行为；完善反腐倡廉、纠正行业不正之风的机制。同年，根据司法部、省司法厅关于加强公证培训工作的要求，市司法局将培训与注册年审挂钩，市司法局每年举办一次公证员培训班，不参加培训的不予注册，不得上岗办证。

1999—2002年，市司法局部署在全市公证处开展执法执纪教育、“三讲”（讲学习、讲政治、讲正气）教育和素质教育。市、县（区）司法局分期分批分阶段组织公证人员集中学习有关文件，在提高认识的基础上，联系实际，对照检查、揭露矛盾、自查自纠，自觉抵制不正之风。各县（区）公证处聘请人大代表、政协委员和信访、检察、物价等部门领导，担任公证行风监督员，加强对公证人员的行风监督。

2003—2005年，市司法局在全市公证处组织开展学习贯彻中国共产党十六大精神、“保持共产党员先进性”等一系列主题教育活动，同时组织开展公证行业文明创建活动。

2006年3月，市司法局组织开展《公证法》学习宣传教育活动，组织公证人员走上街头，广泛宣传《公证法》。各县（区）公证处采取在主要街道设立宣传咨询点，悬挂宣传横幅，张贴宣传标语，发放宣传资料，出动宣传车等形式开展宣传。祁阳县制作公证宣传教育短片在县电视台播出。

2007年，市司法局按照《公证法》对公证队伍提出的新要求，开展公证岗位训练活动。采取集中培训、开展知识竞赛、组织公证业务考试等一系列教育培训措施，全面提升公证人员业务素质。

2010年，市司法局转发中国公证协会印发的《公证员职业道德基本准则》，要求全体公证人员按照该准则在忠于法律、尽职尽责；爱岗敬业、规范服务；加强修养、提高素质；廉洁自律、尊重同行四个方面加强职业道德修养，依法履行公证职责。

2015年5月5日，市司法局召开全市公证律师工作会议

2015年8月7日，市司法局举办全市公证业务培训班

2012年，市司法局在全市公证行业开展“结对帮扶，共创共建”活动。活动以较发达地区帮扶欠发达地区为基本原则，由公证机构自由选择结对帮扶对象，报市司法局备案后双方签约，开展帮扶。具体结对情况：市潇湘公证处帮扶东安县公证处，零陵公证处帮扶双牌县公证处，冷水滩公证处帮扶祁阳县公证处，道县公证处帮扶江华瑶族自治县公证处，宁远县公证处帮扶江永县公证处，蓝山县公证处帮扶新田县公证处。帮扶活动采取物资智力双支持的方法，即采取物质捐赠支持、业务咨询指导、人员跟班培训、办证观摩学习、案卷点评交流、工作考察取经等多种方式进行，从物资和智力两方面着手，提升被帮扶公证处内部管理、业务拓展、质量建设和公证宣传等多方面实力，促进公证人员思维、观念的转变，提高公证人员的综合素质。

2012—2015年，全市公证处开展“让人民群众能感知的公信力”活动。各公证处围绕“公证公信力建设的重要性”“公证公信力建设的基本原则和要求”“公证公信力建设的有效途径”“公证公信力建设的基础保障”四个主题展开深入广泛的讨论；举办“公众开放日”“公证宣传日”活动和“公证志愿者”招募活动，将公证惠民利民、公证法律服务方式创新、服务内容拓展、服务效能提高引向深入，并把群众满意度作为检验活动成效的标准。

六、岗位责任制和规范化管理

1985年，地区司法局根据司法部《关于加强和改革公证工作的意见》中“要建立健全公证工作岗位责任制和公证人员考核奖惩制度”的规定和省司法厅要求在条件成熟的公证处进行公证人员岗位责任制试点的要求，在零陵县公证处等3个公证处进行岗位责任制试点。1986年，地区司法局安排当年公证工作时，特别强调指出：“公证处在内部管理上要认真实行岗位目标责任制，加强考核，严格按照工作数量、质量，实行评分计奖，奖优罚劣”。东安、祁阳、宁远、道县等司法局对所属公证处公证人员，实行定数量、定质量、定效果、定奖罚的机制，将办证数量和质量、业务收费、内部建设、职业道德、运行机制、业务管理等，量化成任务目标。把目标管理与经济利益挂钩，与年终考核评比挂钩；把岗位责任的“责权利”相统一，在公证人员中实行效益浮动工资制。1988年，全区11个公证处普遍建立岗位责任制。

1993年，地区司法局根据省司法厅《关于深化公证工作改革的意见》中“要推行公证处主任负责制，确立公证处的法人和公证处主任的法定代表人地位”的要求，开始试行司法局领导下的公证处主任负责制，确立独立法人和法定代表人的地位。对内，在人财物等方面拥有一定自主权，自主处理公证处内部事务；对外，独立承担民事责任。

1999年，市司法局在全市12个公证处全面推进规范化建设。各公证处按照市司法局规范化建设要求，重新修订各项规章制度；实施公证工作“两公开一监督”机制，即公开办证程序和办证收费标准，制定服务承诺，接受群众监督。市司法局制定《创建市级文明公证处百分制实施考核办法》，科学量化公证处各项工作指标，每年对12个公证处开展量化考评。1999年，评出先进公证处3个，先进公证员3名。

2007年，根据省司法厅《关于公证机构更名的通知》要求，市司法局向各县（区）司法局下发《关于上报公证处新名称和新印章备案的通知》，全市公证处统一变更冠名为“湖南省＊＊县（市）公证处”，重新刻制公证处公章、钢印，申请换发公证处执业证。原公证处的公章和钢印，由市司法局收缴销毁。

2012 年 5 月，市司法局组织各县（区）公证管理人员和执业公证员赴四川省和重庆市考察公证行业规范化建设工作。

2013 年 3 月，市司法局制定下发《永州市公证行业规范化建设活动工作方案》,《方案》规定从 2013 年 1 月至 2015 年 12 月，用三年时间在全市公证行业开展规范化建设活动，促进全市公证机构走上规范化建设轨道，实现公证工作新突破。活动的目标任务是：落实《湖南省公证机构规范化建设标准》，解决影响和制约全市公证事业发展的基础性问题，创新公证体制机制，发展壮大公证队伍，规范公证执业活动，拓展公证服务领域，推进行业基础设施和窗口建设，提高公证公信力，提升公证服务全市经济社会发展的能力水平。

七、公证质量管理

1989 年，地区司法局制定下发《公证管理工作检查评比标准》，全区公证处按照该标准，建立健全出证审批、立卷归档、质量检查、业务学习等制度，加强管理，推动公证工作向制度化规范化发展。

1990 年，全区公证处严格按照省司法厅规定，普遍实行主任审批制度，加强疑难和涉外、涉港澳台公证事项的请示报告，促使公证质量明显提高。

1991 年，地区司法局在全区公证行业开展“公证质量、效益年”活动。活动的主要内容是：1. 开辟公证新领域，扩大新证源。在巩固过去已开办的公证业务外，认真办好公路养路费征收合同公证、计划生育合同公证、住房制度改革合同公证、财产保险公证、赡养、扶养、遗赠扶养协议公证、企业兼并及土地有偿转让公证、农村各种承包、租赁、责任制等合同公证。2. 狠抓办证质量，减少错证。要求各公证处错证率不得超过公证质量检查的 0. 05%。国内公证合格率要达 99%，涉外和涉港、澳、台公证合格率要达 100%。杜绝假证。3. 各公证处的公证数量要在上年的基础上递增 10%，全区要达 11066 件。4. 各公证处要建立健全质量管理三项制度，即重大、疑难案件集体研究、讨论和请示报告制度；公证事项出证主任审批制度；回访制度。通过“公证质量、效益年”活动的开展，全区公证质量有较大提升。1992 年，原县级永州市公证处、江永县公证处、祁阳县公证处被湖南省司法厅评为全省办证质量先进单位。1995 年，祁阳县公证处被湖南省司法厅评为全省公证先进集体。

1999 年，市司法局调研全市 12 个公证处公证专用水印纸的库存、领购、使用情况。针对发现的问题，召开全市公证专用水印纸管理工作专题会议。会议制定下发《关于加强公证专用水印纸管理的规定》，对公证专用水印纸的申购、保管、使用、责任做出详细明确的规定。设计制作公证专用水印纸申购审批表、公证专用水印纸使用登记表和公证专用水印纸库存和使用情况月报表，规定逐月上报，改变过去公证专用水印纸无人保管、随处丢放、随要随拿没有记录的状况。

2000—2005 年，全市公证处严把公证质量关，先后有宁远县公证处、零陵区公证处、新田县公证处被湖南省司法厅评为全省公证质量先进单位。

2006 年，全市公证处进一步加强公证质量管理，按照《公证法》和《公证程序规则》要求，建立健全目标管理考核制、理论业务学习制、统一收案收费制、办证调查取证制、公证审批制、重大疑难案件讨论制、公证卷宗归档制、水印纸管理制度等十一项管理制度，完善公证质量保障机制。同年，冷水滩公证处和祁阳县公证处获评全省公证质量先进单位。

2007 年 7 月，市司法局组成检查组开展公证质量检查。检查组依照《湖南省公证质量考核标准》和市司法局《关于开展全市公证质量检查的通知》要求，采取听、看、查的方式，随机抽查全市各公证处办理的涉外、涉港澳台及国内民事、经济和要素式公证，重点检查各公证处建立、落实各项公证质量管理制度和档案管理的情况。检查结果，大部分公证处管理规范，公证质量较好。同时发现一些不足，一是个别公证处公证卷宗装订不及时；二是受经济发展环境影响，公证收费普遍偏低，减免收费的审批程序不规范；三是个别公证处存在为揽案源，为不属于该公证处管辖的公证事项办理公证。检查组在检查结束后及时向各公证处和相关县（区）司法局反馈检查结果，并提出整改意见。

2008 年，市、县（区）司法局采取多项措施加强公证质量管理：市司法局将公证质量管理作为对县（区）司法局年度公证工作目标管理考核的重要内容，制定具体的评分标准，在总分 50 分中，关于质量管理的考核内容占到 32 分。各县（区）司法局对所辖公证处也分别制定详细的考核标准，其中质量管理考核是主要内容。落实三级监管责任制。各公证处每月开展公证自查活动，纠正公证瑕疵和质量问题；县（区）司法局每月实行例查；市司法局每半年对全市公证处实行巡查，对发现的质量问题，及时通报，限期整改。同年 4 月，市司法局针对公证专用水印纸管理出现松懈的现象以及公证质量出现新的隐患和风险的情况，专门下发《关于加强水印纸管理不断提高公证质量的通知》，就全市水印纸管理和公证质量管理提出六点意见：1. 水印纸管理实行分级负责制，县（区）司法局分管领导、公证处主任、专门保管员三级负责；2. 配置保密柜专门用于保管水印纸；3. 水印纸的申购和使用须经公证处主任签字同意；4. 健全水印纸台账上报制度，每月 10 日必须上报台账；5. 严格公证质量管理制度，公证处每月必须对公证质量进行自查，并上报自检报告；6. 严格奖惩制度。

2008 年 10 月 21 日至 23 日，省司法厅公证质量检查组对全市 2008 年公证质量进行检查。检查组听取市司法局关于2008年全市公证工作情况的汇报，抽查市公证处、蓝山县公证处和新田县公证处2007年7月1日—2008年6月30日已办结的公证案卷，每个公证处抽查30本案卷，共检查90本案卷。其中合格78本，约占87%，有瑕疵但基本合格10本，约占11%，不合格案卷2本，约占2%。省检查组肯定永州市公证质量与往年相比有一定提高，特别是对蓝山县公证处的公证质量给予较高评价。

2009年10月，市司法局派出检查组对全市公证处公证质量情况进行全面检查。检查结果，各公证处和公证人员以贯彻落实《公证法》和《公证程序规则》为契机，质量意识明显增强，严格按照公证质量检查考核标准要求，对质量工作常抓不懈，特别是注意克服过去突出存在的归档不及时、装订卷宗不规范、忽视谈话笔录的制作、收费凭据不附卷等常见问题，使公证质量普遍提高。各公证处还规范和加强公证专用水印纸的使用和管理，当年未出现公证专用水印纸的丢失情况。

2010年11月8日至10日，省司法厅公证质量检查组对全市2010年公证质量进行检查。检查组听取市司法局关于2010年全市公证质量管理工作及公证质量检查情况的汇报，对市潇湘公证处、东安县公证处和祁阳县公证处在2009年7月1日—2010年6月30日已办结的公证案卷质量进行检查，每个公证处抽查20本案卷，共检查60本案卷。其中合格51本，占85%，基本合格9本，占15%。检查中，没有发现错证、假证情况。省检查组肯定全市公证质量与往年相比有一定提高，公证质量意识、风险意识得到加强，公证员业务水平也有一定提高。检查组也指出存在的问题，主要有案卷归档不完善；案卷保管时限定性不准确；公证书制作不规范、水印纸使用、管理不规范、公证员助理单独办证情况依然存在；办证时没有很好履行告知义务等问题。市司法局于同年12月1日下发《关于省司法厅检查组在我市检查公证质量的情况通报》，提出整改要求。

2011年6月21日，针对全市涉台瑕疵公证文书多年居高不下的情况，市司法局专门下发《关于涉台公证书瑕疵问题的通报》，对2010年至2011年5月30日期间经省公证协会退回的9件瑕疵公证书进行通报，并就加强全市涉台公证工作提出明确要求；8月，市司法局以湖南省公证协会永州市联络组名义下发《永州市重大公证事项集体研究制度》，对9类重大、疑难公证事项实行报告讨论制度，即各公证处受理、承办9类重大、疑难公证事项时，由公证处主任主持讨论，坚持少数服从多数原则，在充分发表个人意见基础上作出决定。同时，填写疑难公证事项呈报表，报告主管司法局和市司法局律师公证管理科。

2011年，市司法局在全市公证行业开展公证质量建设年活动。3月14日，在祁阳县召开全市公证工作会议暨永州市公证质量建设年动员大会，市司法局党组书

2015 年，市司法局检查组在公证质量检查活动中抽查公证案卷

记、局长何建民出席会议并作动员部署。活动分为学习动员；组织实施；查处整改，强化监督；总结验收四个阶段。当年，道县公证处被评为全省公证质量建设年活动先进单位。

2011—2015 年，市司法局每年开展一次公证质量检查活动，由局领导带队到各公证处听取公证质量工作汇报，抽查公证案卷，并将抽查结果反馈各公证处，下发公证质量检查情况通报，指出存在的问题，提出整改要求，推动全市公证质量稳步提高。2011 年，蓝山县公证处被评为全省公证质量先进单位；2012 年，江永县公证处被评为全省公证质量先进单位；2013 年，祁阳县公证处被评为全省公证质量先进单位。

第六章　人民调解

1980—2015 年，永州市人民调解工作始终坚持“调防结合、以防为主”的方针。36 年里，人民调解组织的建立，由村、社区、单位逐步延伸到乡镇（街道）、县、市、行政区划接边地区、城乡接合部、集贸市场、经济开发区、工业园区、流动人口聚居地，形成以司法所为枢纽，以乡镇（街道）调委会为骨干、以村（居）调委会为基础，以企事业单位调委会为补充，上下联动、信息互通、资源共享、优势互补、纵向到底、横向到边的人民调解网络。人民调解队伍，由民主选举向民主选举与公开招聘相结合的模式发展，组成一支专业调解员与义务调解员相结合的队伍。人民调解工作，由单一调解纠纷发展到“调防结合，以防为主”，工作重点逐步转移到防止纠纷激化和纠纷排查上，把纠纷和纠纷隐患化解在基层，解决在萌芽状态，构筑起维护社会稳定的“第一道防线”。人民调解的工作范围由传统的婚姻、家庭、邻里、赔偿等常见性、多发性民间纠纷的调解，发展到积极参与调解生产经营性纠纷、直接影响社会治安秩序的纠纷、公民与法人及其他社会组织之间涉及民事权益的纠纷，影响党群、干群关系的纠纷和城乡、工农、跨界区域之间的纠纷等等。人民调解的方式及方法，从“一次调解”探索创立“二次调解”，从单一的人民调解发展到人民调解与司法调解、行政调解衔接联动即“三调联动”。

第一节　组织机构

一、村、社区调解委员会

1950 年，零陵地区开始组建城乡调解组织。“文化大革命”期间，人民调解组织受到批判和冲击。1966—1971 年，全区人民调解组织处于瘫痪状态。1972 年，开始恢复重建。1980 年，地区司法局成立后，人民调解工作由法院移交司法行政部门管理与指导，全区司法行政机关在法院配合下开展基层调解组织的组建。1981 年，为了贯彻落实司法部召开的全国第一次人民调解工作会议精神和省委、省政府批转省司法厅《关于进一步加强人民调解工作的报告》精神，零陵行署批转地区司法局《关于加强基层司法调解工作的请示报告》，在全区开展整顿健全调解委员会的工作。1982年年底，全区恢复重建和新建生产大队、街道居委会调解委员会4235个，有28897名调解人员。

1984年，基层政权组织实行政社分开，撤销人民公社建制，建立乡（镇）人民政府和村民委员会。人民调解组织也相应作出调整，原人民公社生产大队调解委员会改为以村为单位建立，原街道居委会调解委员会以改制后的居委会为单位建立。村、居委会调解委员会由5~7名委员组成，主任由村、居委会党支部书记或者村委会主任、居委会主任兼任，其他委员民主选举产生。村、居委会调解委员会以下以村（居）民小组为单位，设调解小组，由2~3名调解员组成。调解员实行误工补贴。

1985年，地区司法局及所辖各县（市）司法局对农村、街道调解组织进行深入调查，发现有的村委会、居委会把调解委员会与治安保卫委员会合在一起，造成职责不清，工作混乱，部分调解组织处于瘫痪、半瘫痪状态；有40%的村、居民小组未建立调解小组，有的调解人员报酬未落实，工作无人负责。针对这些情况，地区司法局指导各县（市）司法局向当地党委、政府呈报《关于加强基层司法调解工作的请求报告》，得到重视，蓝山、新田、道县、宁远、双牌县委、县政府批转司法局《关于加强基层司法调解工作的请求报告》，基层调解组织得到加强。

1986年，贯彻落实省委整党工作指导小组转发的省司法厅党组《关于结合农村整党整顿人民调解组织的报告》精神，部署区内结合农村整党整顿健全调解组织，把整顿人民调解组织与整党结合进行。到年底，辖内应建村、居委会调解委员会5226个，全部建立；整顿调解委员会3119个，约占当时调解委员会总数的60%。803个瘫痪、半瘫痪调解委员会得到全面整顿；“治调合一”的组织绝大部分分离，整顿中新建调解委员会1192个，调解人员发展到51938名；比1985年的22448名增加130%多；调解人员的报酬基本得到解决。同时，财政解决35500元经费，对2427名调解人员进行专业培训。

1989年6月，国务院颁发《人民调解委员会组织条例》（以下简称《条例》）。地区司法局以贯彻执行《条例》为契机，部署各地进一步整顿健全调解组织。1989—1990年，全区结合贯彻《条例》整顿村、居委会调解委员会4860个，约占村、居委会调解委员会总数的93%。经过整顿，实现“四落实”（组织、工作、制度、报酬）好的3940个，比较好的1286个。

1995年，根据省司法厅与省委农村党支部建设整顿领导小组办公室联合发出《关于结合农村党支部建设整顿进一步加强人民调解组织建设的意见》要求，全区

2016 年，江永县潇浦镇和兴村人民调解委员会

把农村调解组织建设纳入基层组织建设的整体部署。经过连续三年分期分批强化组织建设，农村调解委员会进一步优化人员结构，村民调解委员会除由村民委员会成员兼任外，充实年富力强、有文化、懂法律、懂政策、懂科技的调解人员 1268 名。村调解委员会由 3～5 人组成，设主任 1 名，副主任 1～2 名，调解委员会中配有妇女委员，有少数民族聚居的村调解委员会中还配有少数民族委员。

2002—2005 年，市司法局进一步加强人民调解工作，再次对全市 5031 个农村村民调解委员会和 183 个城镇居民调解委员会进行全面深入整顿。

2012 年 9 月 19 日，市委办、市政府办下发《关于加强人民调解工作的具体意见》，重点就加强人民调解工作经费保障作出明确规定。市综治委将人民调解经费保障工作的落实情况纳入每年年度综治考核内容。2015 年，全市 11 个县（区）将人民调解工作经费纳入财政预算，实行人民调解“以奖代补”制度。零陵区人民调解经费达 236. 4 万元，较 2014 年增加 157 万元。

二、乡镇、街道调解委员会

乡镇、街道调解委员会是在乡镇、街道人民调解工作领导小组、司法调解中心的基础上逐步发展规范而形成的。

1983 年，公社、街道为加强对人民调解工作的指导，全区恢复建立人民调解工作领导小组 3965 个，约占公社、街道总数 80%。由公社、街道的民政、法庭、公安、共青团、妇联等部门负责人组成，分管政法工作的领导任组长，司法助理员任副组长。其任务除指导基层调解工作外，还组织调解一些难度较大的纠纷。1984 年，全区乡镇、街道全部建立人民调解工作领导小组。

2000 年，市司法局根据省司法厅的部署，学习、推广山东省陵县建立乡镇司法调解中心，依法调处城乡人民内部矛盾的经验，在乡镇、街道建立司法调解中心 210 多个，配备专职调解员 400 多名，兼职调解员 1000 多名。司法调解中心由 1 名乡镇、街道办事处党政领导兼任主任，司法所所长（司法助理员）任副主任，以司法所为主，吸收公安派出所、人民法庭、民政、财税、信访、计划生育、林业、国土管理等乡镇、街道有关部门的负责人参加，各职能部门分工负责，配套联动，代表基层政府依法协调处理辖区内的矛盾纠纷。

2016 年，蓝山县舜源街道办人民调解委员会

2002—2003 年，市司法局贯彻落实司法部发布的《人民调解工作若干规定》，将带有行政性质的乡镇、街道司法调解中心纳入到人民调解制度范围，使之成为规范化的人民调解组织，体现人民自治性，进一步完善人民调解组织形式。2003 年年底，全市 98% 的乡镇街道建立人民调解中心，形成大调解格局。2004—2006 年，逐步将乡镇街道调解中心改建为乡镇、街道调解委员会。其职责是受理调解村、居和企事业单位调解不了的疑难、复杂民间纠纷和跨地区跨单位的民间纠纷。2006 年年底，全市所有乡镇、街道办事处调解中心改建为调解委员会。

2007—2015 年，持续不断地加强乡镇、街道调解委员会建设。2015 年，全市乡镇、街道调解委员会实现“六有”，即有调解室、有调解委员会印章、有调解委员会牌子、有调解档案柜，有调解、回访、移交等记录簿，有统计台账；落实“四上墙”，即调解工作任务、原则、纪律和纠纷当事人权利义务等四项内容上墙公示；达

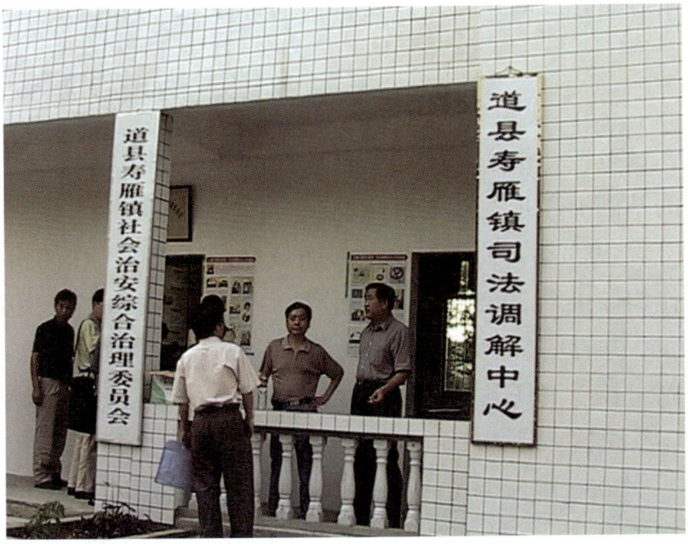

2003 年，道县寿雁镇司法调解中心

到“四规范”，即规范组成人员、规范工作制度、规范调解程序、规范调解文书；建立“十项制度”，即建立人民调解工作人员的培训、表彰奖励、岗位责任制、纠纷登记、统计、回访、文书档案管理、纠纷排查、纠纷信息传递与反馈等十项制度，并建立相应的登记簿（册），做到制度完善、按章办事，管理有序，工作落实。

三、企事业单位调解委员会

1985 年，地区司法局贯彻执行省司法厅与省经委、建委、国防工业办、总工会联合发出的《关于大力加强工交企业人民调解工作的联合通知》和省司法厅与省经委在衡阳冶金机械厂联合召开贯彻落实五单位《联合通知》现场经验交流会精神，开始在设有党委、党总支部、党支部三级党组织的企业，分别成立调解领导小组、调解委员会和调解小组；设党总支、党支部两级党组织的企业，成立调解委员会和调解小组；只设党支部的企业，成立调解委员会。调解领导小组由 5~11 人组成，分管调解工作的党委或行政副职任组长，政工（人事）部门或者工会负责人任副组长，吸收劳资、共青团、计财、宣传、武装、保卫等部门负责人为领导小组成员。调解委员会由 3~5 人组成，党委（总支、支部）副书记或行政副职任主任，政工或工会负责人兼任副主任。大、中型企业调解委员会设在车间，调解小组或调解员设在工段或班组，工段长或班组长任调解组长。调解委员会的成员由职工群众选举产生。1985 年年底，按以上序列设置建立健全企事业单位调解委员会 468 个，占企事业单位总数的 62%。

2007 年，市委、市政府转发市司法局《关于进一步加强新时期调解工作的若干意见》，要求 200 人以上的企事业单位都要建立人民调解委员会，工厂车间设调解小组。2007 年年底，全市有企事业单位调解委员会 483 个。随着企事业单位的调整变化，2015 年，企事业单位调解委员会减少到 53 个。

四、社会团体及其他组织调解委员会

2011 年 7 月 7 日，湖南省司法厅转发《司法部关于加强行业性专业性人民调解委员会建设的意见》，强调加强行业性、专业性人民调解委员会建设的重要性，提出社会团体或者其他组织设立行业性、专业性人民调解委员会的基本要求。市司法局根据该意见精神，结合永州实际，加强和创新社会管理，指导各县（区）及市直有需求的行政部门成立行业性专业性人民调解组织。2011—2015 年，全市陆续在道路交通事故损害赔偿纠纷、医疗纠纷、婚姻家庭纠纷、环境保护纠纷、消费者权益保护纠纷、劳动人事纠纷、民间金融纠纷、旅游纠纷 8 个领域建立行业性专业性人民调解组织 72 个。此外，针对跨地区、跨行业、跨单位的纠纷日益增多，原有的

2016 年，永州市医疗纠纷人民调解委员会

纵向三级调解组织已不完全适应新形势发展要求，需要在巩固纵向三级调解组织的同时，逐步发展横向联系。市、县（区）司法局积极向各级党委、政府建议，在城乡交界，建立街道乡镇联合调解委员会；在工厂密集区，成立工厂街道联合调解委员会；在工农混居区，成立工厂乡镇联合调解委员会。联合调解委员会的组成办法，一是从各单位已有的调解委员会中抽调人员组成；二是由各单位推选出符合调解人员条件的代表组成。联合调解委员会打破单位、地区、行业之间的“门户之见”，便于了解和掌握各个方面的情况，互通信息，全面观察问题。对于疑难纠纷，联合开会研究，形成统一意见，针对不同对象，分头工作，做到有的放矢，迅速准确地解决纠纷。联合调解委员会的主要职责是，分片管理人民调解工作，直接开展生产建设和经济活动中的初级法律服务工作，进行法制宣传，解答法律咨询，协助公证机关办理公证辅助性工作等。2015 年年底，全市建立社会团体及其他组织调解委员会 139 个。

2016 年，宁远县联合人民调解委员会

第二节　人民调解员

1980—2015 年，永州市内的调解领导小组一般由 3～5 人组成，设组长 1 名，副组长 1～2 名；城乡的调解委员会一般由 3～11 人组成；企业的调解委员会，设在车间的人数较少，一般为 3～5 人，设在厂（公司）一级的一般由 5～7 人组成，调解委员会设主任 1 名，副主任 1～2 名。调解小组一般由 3 人组成，设组长 1 名。人民调解员由选举和聘任两种方式产生。只要年满 18 周岁的公民，不分民族、种族、性别、职业、社会出身、宗教信仰、财产状况、居住期限，只要热爱社会主义、为人公正、联系群众、作风正派、热心调解工作，都有被选、聘为调解委员会成员或调解员的权利。村、社区、单位调解员除由村民委员会、社区办事处成员或者企事业单位有关负责人兼任的以外，一般由农村、社区或者企事业单位的群众直接选举产生，也可以由村民委员会、社区办事处或者企事业单位聘任；乡镇、街道人民调解委员会委员由乡镇、街道司法所聘任。

2011—2015 年永州市人民调解组织、队伍、经费保障情况统计表

表 6-1

年度	调委会总数（个）	城乡调解委员会				企事业单位调委会（个）	社会团体及其他组织调委会（个）	调解员队伍			经费保障		
		村调委会（个）	居（社区）调委会（个）	乡镇调委会（个）	街道调委会（个）			调解员总数（人）	专职（人）	兼职（人）	司法行政机关指导人民调解工作经费（万元）	人民调解委员会工作补助经费（万元）	人民调解员补贴经费（万元）
2011	6060	5367	252	189	31	115	106	26623	5293	21330	50.9	105.6	132.9
2012	5584	4982	244	184	28	70	76	19729	4498	15231	77.8	77	113.6
2013	5791	5145	274	189	22	68	93	20845	5233	15612	102.7	71.3	103.2
2014	5601	4962	263	177	25	60	114	20535	2859	17676	89.4	67.7	78.7
2015	5588	4931	260	175	30	53	139	19888	3574	16314	96.5	164.8	147.1

第三节 纠纷调解与预防

一、纠纷调解原则和机制

（一）原则

1980—2015年，永州市的调解工作，在执行《民法通则》规定的调解原则的同时，全市人民调解组织又总结出十条原则：一是对调解当事人适用法律一律平等的原则。即对任何调解当事人，不分民族、种族、职业、文化程度、社会出身、政治面貌、地位高低、财产状况、宗教信仰、居住地点和期限，调解时的法律地位都一视同仁，一切合法权益都受保护，不良行为都受制约、无特殊和例外，在认定纠纷事实与适用法律上一律平等相待、秉公办事；二是以事实为根据的原则。在调解工作中，事实是根据、法律是准绳，调解员只有在掌握确凿证据和查明纠纷真相的基础上，才能正确处理纠纷；三是合法合理原则。合法就是调解时必须按中国的法律和政策调解，合理就是按照社会主义道德规范和人们的传统道德习惯和社会公德进行调解；四是自愿原则。人民调解委员会调解纠纷，必须是当事人真正愿意通过人民调解组织解决，调解的整个过程都是在双方当事人自觉自愿的基础上进行；五是不限制诉讼原则。人民调解委员会是群众性的自治组织，不是强制性的机关，没有司法机关的审判权和行政机关的命令权，民事纠纷可以由人民调解加以解决，也可以不经人民调解委员会解决，或者虽经人民调解委员会解决达成协议又反悔的及没有达成协议等都可以到人民法院起诉，即尊重当事人的诉讼权，不阻止当事人向人民法院起诉；六是当事人对争议的问题有权辩论的原则。当事人的辩论一般采取当场口头形式，简便易行，大部分当事人对于纠纷的发生、发展的原因和过程、事实的真伪、问题的性质、数额多少、分量的溢缺、生意盈亏、损害程度、伤者轻重，以及解决纠纷适用法律和道德规范等，都可以互相辩驳，提出有利于自己的事实根据，在调解人员主持下，只有通过双方当事人的争辩，才能查清事实、妥善处理纠纷；七是当事人有权处置的原则。根据有关法律规定，人民调解中的当事人有权在法律规定范围内处分自己民事实体权利和民事调解权。在实践中当事人有权撤回调解申请，不让调委会调解。处分民事实体权利必须符合法律规定，比如，关于遗嘱继承纠纷，如果立遗嘱人剥夺未成年人、无劳动能力或生活困难的法定继承人的继承权，人民调解委员会对此遗嘱不予认可；八是不强制的原则。人民调解组织在预防和解决纠纷时，只是通过讲理，宣传法律，启发诱导，促使当事人心悦诚服地达成协议，不采取强制手段；九是保密原则。调解员不得泄露当事人秘密和隐私；十是回避原则。调解员与纠纷当事人有利害关系或特定关系的，可能影响对于纠纷的公正解决，调解员一般主动回避，有利于增强当事人对调解人员的信任。

（二）机制

永州市人民调解的机制有“一次调解”和“二次调解”两种。

2014 年，东安县大盛司法所司法助理员现场调解宅基地纠纷

“一次调解”　即由基层调解组织调解，县（区）司法局主要负责指导，不直接参与调解。“一次调解”调解纠纷的形式主要有 4 种。个别调解。对比较简单的纠纷和涉及当事人隐私和其他不宜公开的纠纷，先分别找双方当事人面对面谈话，了解真实情况，分清是非责任，然后召集双方当事人协商，使双方当事人取得一致意见，合情合理解决纠纷。就地调解。即在纠纷发生地调解。农村农忙季节发生的纠纷，利用休息时间在田间地头，帮助双方当事人协商解决纠纷。农闲期间发生的纠纷或纠纷当事人年老体弱多病的，在屋角床前进行调解。座谈调解。对发生在家庭成员之间或较大的纠纷，宜于当众调解或当事人无理纠缠需要群众评理说服的，召开小型家庭座谈会或邻里座谈会，引导当事人各自多作自我批评，消除隔阂，和睦团结。集体调解。对打架斗殴性质的纠纷，或纠纷当事人明显有错而蛮不讲理、不肯认错的，邀请当事人邻里、街坊、知情群众以及基层干部，在调解员主持下，公开纠纷事实、发生原因、过程、争执焦点，进行集体调解。由大家公正评议纠纷是非和责任，规劝诱导，说服教育当事人，促其理智地解决纷争。

“二次调解”　进入 21 世纪，随着社会的深刻变革，利益格局的深刻调整，社会矛盾的发生发展日益呈现出复杂化、尖锐化的趋势，交通、医疗、征地拆迁、安置补偿、环境保护等新型矛盾纠纷大量增多。这些矛盾纠纷涉及的政策性强，涉及面广，调解难度大，基层人民调解组织在调处这些纠纷时，成功率相对偏低；而 1980—2008 年，永州市采用的“一次调解”机制，各县（区）司法局主要负责对人民调解的指导，不直接参与矛盾纠纷的化解，处于“等人上门”和“遥控式指挥”状态，一定程度造成司法行政职能弱化和资源闲置。针对上述情况，2009年，市司法局指导双牌县司法局探索建立县（区）司法局与乡镇（街道）司法所上下联动的调解工作新模式，即县（区）司法局变“等人上门”为“上门服务”，变“遥控式指挥”为“零距离参与”的“二次调解”机制。

2012年6月20日，双牌县司法局“二次调解”现场

“二次调解”就是基层人民调解组织将规定期限内不能调解成功的复杂疑难纠纷案件，在案件宣布调解终结后7日内按相关程序移送县（区）司法局，由县（区）司法局组织资深干警、律师、公证员和法律援助工作者对案件进行“会诊”后，再作一次调解。调解成功的，以原基层人民调解组织的名义制作调解协议书；确实调解不成功的，才引导当事人通过行政、诉讼途径解决纠纷，以最大限度地提高调解成功率，减轻当事人诉累。

2009年，双牌县司法局成立由局长任组长的“二次调解”工作领导小组，领导小组下设办公室，负责“二次调解”日常工作。以基层股为基础，整合资深调解人员、律师、法律援助工作者等法律专业人员25名，组成“二次调解”工作队伍，专门负责“二次调解”工作。制定实施重大复杂案件备案审查机制。凡重大复杂案件，乡镇、街道调解委员会首先拟定处理意见，并于24小时内将处理意见上报“二次调解”办公室审查，经审定同意后方能向当事人提出调解方案或下达处理决定，以提高“一次调解”的成功率；建立实施重大复杂案件协助调解机制。对乡镇、街道调解委员会不能调解成功的案件，在宣布调解终结后7日内，以书面形式将案卷移交“二次调解”办公室，由“二次调解”办公室组织法律专业人员进行再次调解；严格落实责任。“二次调解”办公室接到案件后，召开专题研讨会，制定工作方案，组织双方当事人调解，矛盾纠纷能当天解决的必须当天解决，不能当天解决的必须尽快解决，一般不得超过一个月，避免久调不决导致纠纷激化。对不落实调解责任，引起纠纷激化的，严肃追究责任；规范工作程序。1980—2008年间，部分司法所工作人员对调解工作习惯于“动口不动手”“重实体、轻程序”，调处矛盾不规范，调解成功率相对较低，造成部分群众对人民调解的信任度不高。

在“二次调解”中，双牌县司法局统一办案格式文书，从案件受理、办结时限、调查和调解程序、台账和案卷管理等方面予以规范，使人民调解工作的各个环节都符合法律规范。定期开展案卷质量评查，并将评查结果作为年终考核的重要依据，确保办案质量。在具体的调解过程中，“二次调解”人员发挥人民调解“和为贵”的亲和性特点，作为化解人与人之间矛盾的首选方式，采取进村入户调查、回访、以案说法、交心谈心、以理服人、以情动人等方式，敢于面对矛盾、接触矛盾、处理矛盾，敢于纠正初次调解的瑕疵和不足，不走过场，不轻言放弃，把硬性化的矛盾柔性化，过激化的矛盾缓和化，发挥人民调解的优势和功效，人民调解的社会公信力日益提高。2009 年，双牌县 15 个乡镇场司法所受理矛盾纠纷 1722 件，“一次调解”成功 1555 起，“二次调解”成功 159 起。2010 年受理各类矛盾纠纷 2246 起，“一次调解”成功 2059 起，未调解成功的复杂疑难矛盾纠纷 187 起，通过“二次调解”程序调解成功 152 起，为当事人提供法律援助 8 起。

2011 年，市司法局总结双牌“二次调解”成功经验，于 2012 年 6 月下发《关于在全市推行“二次调解”工作机制的意见》。各县（区）按照《意见》要求，成立“二次调解”机构和专门工作队伍，“二次调解”机制在全市全面推行。2011—2015 年，全市通过“二次调解”调解复杂疑难案件 1152 件，调解成功 947 件，为当事人提供法律援助 108 件。一批一触即发、一点即爆的复杂疑难矛盾纠纷被消除在萌芽状态。“二次调解”被省司法厅肯定为“永州模式”。2013 年，湖南省委《内参》刊载《永州建立“二次调解”机制的探索与实践》并予以推介。

二、纠纷预防和调解

1981 年至 1984 年 7 月，地区司法局通过调研民间纠纷发生、发展及变化情况，提出“依靠群众，调防结合，以防为主，就地解决”的人民调解工作导向，引导调委会不但抓好民间纠纷的调解而且注重抓好民间纠纷的预防。1984 年 8 月，司法部把“调防结合，以防为主”确定为人民调解工作方针。此后，全市司法行政部门始终坚持贯彻“调防结合，以防为主”的人民调解工作方针，组织排查，摸清规律，开展创“四无”（无因民间纠纷调解不当或调解不及时而激化引起的自杀、民事转刑事、10 人以上群体性械斗和群体性上访）活动，探索人民调解与行政调解、司法调解“三调联动”，把调解与预防紧密结合，把大量民间纠纷化解在萌芽阶段，防止纠纷激化。

（一）调解排查

1981—2015 年，全市各县（区）每年都在“春节”“清明”“两会”“国庆”等重大节日和敏感时期，集中开展纠纷大排查。通过排查，发现不同时期、不同对象、不同因果关系易发生不同类型的纠纷。季节上：“清明”期间因封建宗族思想引起坟山纠纷多，且易引起集体械斗；春插、“双抢”期间争耕牛、农机具纠纷多；“春节”农闲期间婚姻、家庭、债务纠纷多；抗旱防洪期间水利纠纷多；秋冬季节修建房屋宅基地纠纷多；“两会”、党代会、国庆等敏感时期、特别时段矛盾纠纷多。对象上：文化程度低、法律意识差、心胸狭窄、性情暴躁的女性和老年人因纠纷引起自杀轻生的多；男性和青少年因纠纷引起凶杀、械斗的多。因果关系上：因婚姻、赡养、奸情、败坏名声等纠纷引起自杀、凶杀多；因坟山、生产经营纠纷引起械斗的多，等等。

1991 年，地区司法局贯彻中央、省、市委关于加强社会治安综合治理的指示精神，报请市委政法委同意，于 3—9 月在全区范围内开展民间纠纷大排查活动。各县（市）按照地区司法局制定的实施方案，组成以基层政府领导挂帅，司法调解人员为主体，公安、检察、法院、司法、民政、林业、国土、妇联、工会、共青团等部门共同参与的排查队伍 2.5 万人。通过排查，调处各类纠纷 52474 件，其中历年积存的纠纷 3456 件，消除纠纷隐患 10807 件，推动 3518 对隔阂户握手言和，4538 对反目夫妻重归于好，防止因纠纷可能引发的非正常死亡 803 件 1401 人，防止械斗 806 件，防止民事转刑事 751 件 1335 人。

1995 年，省司法厅提出在 4—6 月组织百万基层干部、司法调解人员开展一场以春耕生产纠纷、“清明”宗族坟山纠纷和高等院校、特困企业内部有碍社会稳定的因素为主要内容的集中排查活动。地区司法局把这项活动纳入社会治安综合治理总体部署，成立排查领导小组，制定出台实施方案，各县（市）出动基层干部和司法调解人员 6.8 万人。排查宗族坟山，农田水利、山林地界等纠纷和厂矿企业深入改革过程引发的矛盾、大专院校非正常串联、罢课以及重大群体性械斗苗头隐患 4056 件。防止可能引发的群体闹事 513 件，劝阻可能发生的集体上访 103 件，劝阻游行、静坐、请愿苗头 21 件，防止因纠纷引起的自杀 56 件 73 人，防止民事转刑事 22 件 36 人，防止群众性械斗 13 件 900 余人。

1997—1998 年，全市遭受严重洪涝灾害，全市司法行政机关和司法调解人员，及时调解因灾害引起的发放救灾物资、争抢漂浮物、债权债务、承包履约、田土界址以及婚姻家庭等各类纠纷 19642 件，防止因纠纷引起非正常死亡事件 160 件 183 人，防止民事转刑事 147 件 254 人，防止群众性械斗 133 件 3762 人，防止群众性上访闹事 39 件 1076 人，避免可能造成的经济损失 839 万元。

2001—2002 年，全市各级基层调解人员对纠纷“重点户”“重点人”送法上门，耐心帮教，使 2962 户常闹户相安无事，4645 户隔阂户和睦相处，1061 名“是非人”不再搬弄是非。

2006 年，全市以开展“三级联手创‘四无’，百万大军抓排治”活动为抓手，在春节、清明、汛期、元旦等重要节假日、政治敏感期和矛盾纠纷高发期，对矛盾纠纷排查调处工作进行专项部署。9 月 27 日，召开全市调解排查工作会议，对全市人民调解排查工作提出明确要求，作出具体部署。组织 10 万名干部和调解人员，进行矛盾纠纷大排查。全年排查调处各类纠纷 38951 件，防止因纠纷可能诱发的自杀 132 件 132 人、防止民事转刑事 258 件 307 人、防止群众性械斗 457 件。

2007—2011 年，市司法局在全市开展“司法行政大动员，化解矛盾促和谐”专项维稳活动，落实乡镇一月一排查，县（区）两月一排查，市级一季一排查的工作要求，加大社会矛盾纠纷排查调处力度。活动期间，全市排查各类矛盾纠纷 26619 起，调处成功各类纠纷 26208 件，调解成功率 98.5%；防止群体性上访 71 件，制止群众性械斗 40 件，防止民事转刑事 174 件，防止因纠纷可能诱发的自杀 67 件，避免因纠纷可能造成的经济损失 4500 余万元。

2007 年 9 月 8 日，全市“司法行政大动员、化解矛盾促和谐”专项维稳活动街头活动现场

2012 年，市司法局在全市开展“调解化积案，息访保平安”人民调解专项活动，摸排纠纷积案和适宜通过人民调解方式解决的信访案件 325 件，并逐案落实包案领导和责任人员，明确解决措施和期限，做到“一个不漏，包案到人”。

2011 年 5 月，祁阳县下马渡司法所司法助理员进村开展纠纷排查

2013 年，全市司法行政机关集中开展“清明”“两会”“国庆”、中国共产党十八届三中全会等敏感时期纠纷大排查专项活动，全市开展纠纷排查 6164 次，调处纠纷 54558 件，防止因纠

纷可能诱发自杀56件，防止民事转刑事269件，防止群体性械斗191件，防止群体性上访417件。

2014—2015年，市司法局组织开展以化解“四个领域”（深化改革领域、民生利益领域、行政接边区域、群体性上访和非正常上访）矛盾纠纷积案为重点的“三调联动化矛盾，息诉息访促平安”专项调解活动。两年中，全市排查纠纷14732次，调解矛盾纠纷105327件，其中调处“四个领域”矛盾纠纷1837件。

（二）“四无”创建

1990年3月18日，地区司法局下发《关于在全区开展创“四无”乡（镇）村（居）竞赛活动的决定》。“四无”即无因民间纠纷激化的群众性械斗；无因民间纠纷激化的刑事案件；无因民间纠纷引起的自杀死亡；年底无纠纷积案。1994年，湖南省司法厅把“四无”确定为“无因民间纠纷调解不当或调解不及时而激化引起的自杀、民事转刑事、10人以上群体性械斗和群体性上访”。

1997年，市司法局转发省司法厅《关于开展“人民调解工作千乡万村创‘四无’，百万大军抓排治”活动的通知》。1998年，市政府印发《关于在全市继续深入开展人民调解工作百乡（镇）千村创“四无”活动的通知》。1999年，市司法局制定并报市委、市政府批准下发《关于全市人民调解工作创“四无”活动及基层司法行政工作年终检查的通知》。创“四无”活动由各级党委、政府统一领导、各部门齐抓共管、全社会共同参与，充分发挥人民调解工作的职能作用；各级社会治安综合治理委员会、政法各部门将这项活动纳入综合治理和政法工作总体部署，实行目标管理，列入责任制和考核评比内容。开展创“四无”活动的三年中，全市有县处级干部300多人次直接领导指挥，各级财政拨专项资金300多万元。广大基层干部和司法调解人员“进千家门、访千家情、解千家困、排千家忧”，化解重大疑难纠纷，预防矛盾纠纷激化。三年调处各类纠纷36428件，调解成功率97.6%，防止因纠纷引发自杀273件313人，防止民事转刑事327件559人，防止群体性械斗316件，防止群体性上访217件，避免因纠纷产生的直接经济损失1.6亿元。

2002年，市司法局根据省司法厅的要求，制定《2002—2006年全市深入开展“三级联手创‘四无’，百万大军抓排治”规划》，并报市委、市政府批准下发。全市针对春节、清明、“双抢”、抗旱等季节性纠纷多发期，集中力量、集中时间开展纠纷大排查和集中专项整治活动。2002—2006年，全市排查各类矛盾纠纷150872件，调处成功率99%，防止因矛盾纠纷可能诱发的自杀364件388人，防止民事转刑事5412件、群体性械斗2197件、群体性上访1825件，避免可能造成的经济损失3亿多元。

2007—2015年，全市司法行政机关连续开展“司法行政大动员，化解矛盾促和谐”“调解化积案，息访保平安”“三调联动化矛盾，息诉息访促平安”等专项调解活动，推动“四无”创建。2015年，全市有229个乡镇（街道）、5857个村（社区）实现“四无”。

（三）“三调联动”

2006年9月27日，市委、市政府召开全市调解工作电视电话会议，对全市开展“三调联动”（人民调解与司法调解对接联动、人民调解与行政调解衔接联动）工作进行动员和安排部署。2007年3月20日和5月10日，市委、市政府出台《永州市委办公室、永州市人民政府办公室关于转发市司法局〈关于进一步加强新时期调解工作的若干意见〉的通知》《关于进一步拓宽人民群众诉求表达平台，建立健全矛盾纠纷排查化解机制的意见》，就“三调联动”工作指导思想、目标要求、基本原则、领导协调机制、工作运行机制、责任落实和追究机制、保障机制等作出具体规定。各县（区）根据文件要求，结合实际，制定出台《三调联动工作方案》。5月11日，成立永州市“三调联动”工作领导小组，由市委副书记任组长、常务副市长、市委秘书长、政法委书记任副组长，公安、检察、法院、司法、信访等23个单位为成员。各县（区）都成立相应的领导机构，乡镇（街道、办事处）成立矛盾纠纷排查调处中心、村（社区）和各行政、企事业单位成立调处小组。2007年8月17日，市委、市政府再次就“三调联动”工作召开全市矛盾纠纷排查调处调度工作会议，作出更为详细具体部署。2008—2015年，持续推进和不断完善“三调联动”矛盾纠纷排查调处机制。建立健全日常排查、情报收集、信息预警、台账登记、定期分析和责任追究等各项纠纷排查工作制度，实行定期排查与不定期排查相结合、重点排查与全面排查相结合、司法行政部门主体排查与多部门协作排查相结合的“纠纷排查新模式”。尤其是在矛盾纠纷多发期和政治敏感期，市司法局每年下发《关于做好“元旦”“春节”“清明”“国庆”期间矛盾纠纷预防调处工作的通知》，在上海世博会、广州亚运会、“两会”、党代会期间分别下发加强矛盾纠纷预防调处工作的通知。全市开展全方位、多层次的矛盾纠纷排查会战，实行全方位、全覆盖、不留死角的矛盾纠纷大排查。2013—2015年，实行市、县（区）每月一次矛盾纠纷排查调处协调会议制度，组织开展“三调联动化矛盾，息诉息访促平安”专项调解活动。2014年，零陵区试行“3+X”信访听证案件制度［“3”就是三个常数，即区“三调联动”办、“两代表一委员”、律师；“X”为变数，即不同信访人及其家属、涉访相关职能部门工作人员和包案工作人员、信访人所在村（社区）、组干部等］，组织开展“3+X”信访听证案38场次，化解涉法涉诉信访案件15件，使1300余户常闹户遵纪守法。

三、边界纠纷预防调处

永州市与湖南郴州市、广东清远市、广西贺州市接边。2011—2015 年，市司法局积极探索创新边界纠纷预防调处的新方法新机制。2011 年 9 月 22 日，市司法局与广西贺州市司法局签订《省际边界人民调解协作协议》。11 月 29 日，在广东清远市，市司法局与广东清远市司法局、湖南郴州市司法局、广西贺州市司法局签订《湘粤桂“四市”边界人民调解协作协议》，江华瑶族自治县司法局、蓝山县司法局与毗邻的 7 个外省市县（区）司法局签订边界人民调解协作协议。“四市”接边县（区）、乡镇、村组陆续搭建协作平台，先后有 17 个县（区）、71 个乡镇、600 多个村签订边界地区联防联调协议书、睦邻友好公约等 800 余份，基本实现市、县、乡、村全覆盖，初步构建“上下一条线，左右连成片”的协作工作格局。接边地区在进一步夯实乡镇（街道）、村（社区）等基层人民调解组织的基础上，积极探索建立县、乡、村三级边界纠纷联合调解组织，江华瑶族自治县司法局与贺州市富川瑶族自治县司法局设立湖广瑶族联合人民调解委员会，并共同出资 5 万元在“一脚跨两省”的湖广新村设立联合人民调解工作室。江华瑶族自治县、江永县、富川县所有接边村都建立省际边界联合人民调解委员会，为联防联调工作的顺利开展夯实网络基础。在工作实践中，接边地区逐步建立并完善联合排查机制、联动调处机制、联谊交流机制和联网共享机制四项机制，提升协作水平，

2011 年 9 月 22 日，永州市司法局与贺州市司法局签订《省际边界人民调解协作协议》

2014 年 12 月 11 日，永州市司法局在冷水滩区欧利豪廷大酒店主持召开湘粤桂“四市”边界人民调解协作领导小组第四次联席会议

形成齐抓共管、密切配合、联防联调的边界纠纷排查调处新格局。市、县两级均按每年1次以上的标准，轮流主持召开联席会议，总结部署工作。2014年12月11日，永州市司法局主持召开湘粤桂“四市”边界人民调解协作领导小组第四次联席会议。接边县（区）司法局对边界联合人民调解委员会进行“联合创建”，完善工作网络；结合当地民俗开展形式多样的普法“联合宣传”，提升群众法治素养；在特殊节假日和政治敏感期进行矛盾纠纷“联合排查”，摸清纠纷底数，做到“社情民意了然于心，矛盾纠纷预测在前”；坚持“睦邻友好、共同参与”的方针对边界纠纷进行“联合调处”，消除稳定隐患；利用传统节日开展山歌赛、舞龙耍狮、篮球赛等“联谊”活动，融洽感情。2011—2015年，接边地区召开联席会议97场，相互走访2500余人次，举办各种联合活动230余次，“四市”边界人民调解协作逐步实现制度化、常态化。2014年清明节期间，江华瑶族自治县河路口司法所与贺州市平桂区望高司法所在开展联合排查时，发现望高镇部分莫姓村民与河路口镇罗姓村民因坟山纠纷发生争执，及时采取措施进行联合化解，避免一起即将发生的群体性纠纷。2011—2015年，接边地区开展县、乡、村各级联合排查1527次，摸排边界纠纷隐患253起，均逐一登记造册，纳入台账管理。接边地区本着“依法依理、互谅互让、联合调处”的方针，对边界纠纷实行相对统一的管理和调度，实现从“讲地方话”到“讲普通话”、从“单方处理”到“共同参与”的转变，有效破解边界纠纷情况难了解、责任难分清、协议难达成、处理难落实的难题，妥善化解或稳控一批影响安定团结的边界纠纷。2014年5月20日，新田县茂家乡村民危某在为清远市某化工公司运送化工原料时中毒死亡。死者家属召集数十名亲友到公司停尸闹事。新田县司法局与清远市清城区司法局及时启动协作机制，迅速达成“公司一次性赔偿死者家属608000元”的调解协议。江华瑶族自治县涛圩镇栎湾村因资源开发与广西姑婆山森林公园产生山林权属纠纷，争执山林面积2000余亩，涉案1000余人。两地司法行政部门通力协作，全力做好己方群众思想工作，确保这一中央综治办挂号的重大纠纷始终处于“休眠”状态。2011—2015年，接边地区成功调处或稳控边界纠纷207起，实现无重大边界矛盾纠纷激化事件、无边界矛盾纠纷民转刑案件、无边界矛盾纠纷引发群体性事件、无边界矛盾纠纷引起非正常上访的“四无”工作目标。

2011—2015 年全市矛盾纠纷排查、调解情况统计表

表 6-2

年度	排查纠纷	调解纠纷	调解成功	防止纠纷引起自杀		防止民转刑		防止群体性上访		防止群体性械斗	
	次	件	件	件	人	件	人	件	人	件	人
2011	8095	46565	45318	246	323	861	2642	706	11727	411	9404
2012	6159	55045	54127	118	140	417	1453	581	10016	280	8030
2013	6164	54558	53938	56	72	269	826	417	6332	191	12065
2014	7580	52627	52146	52	84	234	1067	406	5838	180	6587
2015	7152	52700	52353	48	78	156	607	354	5489	157	4217

附：调解案例

多元化解矛盾，让诉调无缝对接

——蓝山县塔峰镇人民调解委员会民间借贷诉调对接纠纷典型案例

2008 年 12 月 26 日，蒋某借款 3 万元给赵某，赵某书写了借条。之后几年间经蒋某多次催讨，赵某只偿还了 9000 元欠款，余下的 21000 元一直未归还。2014 年 8 月 13 日，赵某出具承诺书，承诺该借款保证在 2014 年 9 月 15 日前还清，否则，从 2014 年 7 月 1 日起每月按 800 元计息。然而，约定还款期限早已超出，蒋某无数次催讨，赵某仍未归还本息。

2016 年 5 月 31 日，蒋某将赵某告上法院。蓝山县法院受理该案后，邀请县司法局工作人员协助处理，争取案件能够得到诉前调解，实现诉调对接。

蓝山县塔峰镇人民调解委员会受理该案后，立即派出塔峰司法所副所长周清与人民调解员李社平介入调解。调解委员会分成两组，分别与双方当事人进行交谈，全面了解案件的真实情况，制作详细的调查笔录。通过调查事实，查阅相关法律法规，调解员做出初步分析判断：蒋某出具的借条原件和承诺书原件有效，借贷关系真实存在，应得到法律支持；蒋某与赵某约定的利息超过司法保护范围；蒋某与赵某在此之前是世交，关系较好，双方并不愿为此事闹大，有通过调解来实现解决纠纷的现实基础。调解员将蒋某、赵某约在一起，听取双方意见，阐述调解员对案件的分析判断。在调解过程中，调解员一方面向双方解释相关法律规定，另一方面通过晓之以理、动之以情的方式，反复劝说双方当事人。调解员对赵某强调，借款事实存在，有借条作为证据，即使没有调解成功法院也会进行判决，何不将此事在庭外进行和解，既保留两个人的感情，也不会在名誉上有所损坏；劝解蒋某，朋友有难出手帮忙是道义，所有人都会尊重，借款给赵某这么多年体现他对赵某的道义，但是当时约定的利息过高不受法律保护，希望蒋某对利息有所放弃，既然是朋友就道义到底。

通过调解，蒋某和赵某达成调解协议：双方签订调解协议时，由赵某一次性给付完蒋某现金23500元人民币。其中含本金21000元和蒋某近几年收取该借款来往的开支等部分费用2500元，蒋某放弃利息。蒋某收款后，将赵某原来出具的借条原件和承诺书原件归还给赵某；调解协议签订后，蒋某在2016年7月19日之前向蓝山县法院申请撤诉；双方就民间借贷一事民事权利与义务关系终结，不得再以任何理由追究对方的民事责任。

调解成功后，当事人对调解工作给予充分肯定，对调解员给予充分赞扬。整个调解过程中给当事人上了一堂法律知识课，让他们在以后的工作生活中学会知法守法，做一位遵纪守法的好公民。

第七章　基层法律服务

1985年，零陵地区以司法办为依托，组建乡镇法律服务所。1995年，司法办逐步改建为司法所（法律服务所）。1996年，司法行政工作深化改革，司法所与法律服务所分离。改革后重新组建的法律服务所，成为独立核算、自负盈亏、独立承担民事责任、面向城乡基层提供法律服务的组织，具有以下特征：在服务对象和方式方面，适应广大人民群众的要求。它立足基层、面向辖区内的基层单位、组织、农村村民、城镇居民；服务方式便民利民、快速便捷、收费低廉，使乡镇、村贫困、弱势群体和亏损企业就近获得法律帮助，成为一支辅助性法律服务力量，是法律服务市场的重要组成部分；在法律服务业务范围方面，适应农村商品生产和市场经济发展的迫切要求。它不承办刑事案件辩护，而是承办简易的民事和经济法律事务，是农村村民、城镇居民就近便利寻求法律服务的渠道。它的业务总量和服务受众面逐年增加，与律师公证业务形成拾遗补阙、优势互补的格局，在一定程度上缓解基层单位、组织和公民"请律师难、办公证难、打官司难"的状况；在管理体制方面，适应市场竞争机制的要求。它不占国家编制、不要国家经费、面向社会公开招聘人员；实行自主执业、自收自支、自我管理、自我发展，按照事业法人体制进行管理和运作，独立承担民事责任；在基层司法行政工作方面，适应基层司法所人员少、任务重、增编难的实际。在不受编制和财政经费限制的情况下，建立和发展起一支由基层司法行政机关直接领导和指挥的专业队伍；在协助基层政府推进依法治理，化解基层矛盾纠纷，普及法律常识，整治涉法热点问题等方面，充当重要角色，成为乡镇司法所履行职能的得力助手。这种复合型的基层法律服务，已逐步形成有别于其他法律服务工作的职能特色和优势。

第一节 机构队伍

一、基层法律服务所

1985 年，零陵地区以乡镇（街道）司法办为依托组建法律服务机构。1985 年年底，全区建乡镇（街道）司法办（法律服务所）32 个，占当年乡镇（街道）建制数的 11%。1987 年 7 月，根据湖南省政府《关于转发省司法厅〈关于加强我省乡镇法律服务所的报告〉的通知》精神，确定基层法律服务机构只设乡镇（街道）一级，县辖区一般不设，实行两块牌子、一套人马，既是乡镇司法办公室，又是乡镇法律服务所，需 3 人以上组成，由司法助理员兼任主任，必要时可设副主任 1 名。组成人员可以聘任，但必须经乡镇人民政府和县级司法局考核同意。1987 年年底，全区建乡镇法律服务所 145 个。1988 年，全区建司法办（法律服务所）235 个，占当年乡镇（街道）建制数的 72.6%。1989—1992 年，基层法律服务所与乡镇（街道）司法办继续实行合署办公体制，但各司其职，互不越权。在此期间，全区各县（市）司法局按地区司法局部署，对原有法律服务机构进行整顿、撤并。1994—1995 年，根据省司法厅《关于在撤区并乡建镇中加强基层法律服务机构建设的通知》精神，全区各县（市）对基层法律服务机构作出相应调整。调整后，1995 年年底，全区有基层法律服务所 173 个。

2014 年，道县金剑法律服务所

1996 年，司法行政部门改革基层法律服务机构政事合一的混合型管理体制，实行法律服务所与司法所相分离，全市按自收自支管理体制组建乡镇（街道）法律服务所，实行乡镇司法所与基层法律服务所“两块牌子、两套人马、合署办公、共同发展”的新体制。1997 年年底，全市调整组建乡镇（街道）法律服务所 52 个，

1998年年底，全市有基层法律服务所62个。2000年9月28日，湖南省第九届人大常委会颁布《湖南省基层法律服务所条例》规定："基层法律服务所根据当地经济发展、法律服务需求和方便群众的原则设立。"设立基层法律服务所应当具备"有符合规定的名称和章程，有3名以上专职基层法律服务工作者，有固定的执业场所和必要的开办资金以及法律、法规规定的其他条件"。全市认真贯彻该条例精神，对不符合该条例规定的进行整顿、压缩、撤并。2000年年底，全市有60个基层法律服务所。2001—2002年，贯彻司法部《基层法律服务机构脱钩改制座谈会纪要》精神，全市再次对基层法律服务所进行整改压缩。2002年年底，全市有基层法律服务所38个。2011年4月，贯彻省司法厅《关于进一步加强和规范基层法律服务工作的意见》，市司法局要求全市基层法律服务所按合伙性质设立，再一次对基层法律服务所进行规范整建。2011年年底，全市21个基层法律服务所全部变更为合伙制。2015年年底，全市办理执业年检注册的基层法律服务所24个。

二、永州市基层法律服务工作者协会

2002年5月27日，市司法局召开永州市基层法律服务工作者协会成立大会暨第一届会员代表大会。大会通过《永州市基层法律服务工作者协会章程》，并选举产生第一届协会会长、副会长和秘书长。市司法局党组成员、纪检组长李政兼任会长。协会成立后，全市基层法律服务工作实行司法行政管理和行业协会管理相结合的管理新体制。

三、基层法律服务工作者

1985年，全区以乡镇（街道）司法办为依托组建的法律服务机构的工作人员，除司法助理员外，招聘人员包括社会知识青年、复员退伍军人、退居二线的基层干部等，均称"司法干事"。1986年，全区乡镇（街道）司法办有工作人员161名，其中司法助理员87名，招聘的司法干事74名。1987年，根据省司法厅对基层法律服务机构工作人员称谓作出的规定，统称"乡镇（街道）法律工作者"。1987年，全区有乡镇（街道）法律工作者347名。1988年，全区有乡镇（街道）法律工作者602名，其中司法助理员185名，招聘人员417名。1992年，全区有乡镇（街道）法律工作者679名。1993年，根据省司法厅的要求，将基层法律服务工作人员称谓规范为"乡镇（街道）法律服务工作者"，冠以"专职"或"兼职"。1994年，全区有乡镇（街道）法律服务工作者545名，其中专职461名，兼职84名。具有大专以上文化的69人，占总数的12.7%。1995年后，随着基层法律服务机构调整变化，乡镇（街道）法律服务工作者逐渐减少，文化程度相对提高。1996年，全市有乡镇（街道）法律服务工作者357名，其中大专以上文化82名，约占23%。2000年，根据司法部颁布的《基层法律服务工作者管理办法》，将乡镇（街道）法律服务工作者统称为“基层法律服务工作者”。2001年，全市有基层法律服务工作者185名，其中大专以上文化111名，占60%。2011年，全市有基层法律服务工作者194名，其中大专以上文化176名，约占91%。2015年年底，全市有基层法律服务工作者214名。其中大专以上文化205名，约占96%，专职157名，兼职57名。

1985—2015年永州市基层法律服务机构和人员情况统计表

表7-1

年度	基层法律服务所（个）	基层法律服务工作者（人）	年度	基层法律服务所（个）	基层法律服务工作者（人）	年度	基层法律服务所（个）	基层法律服务工作者（人）
1985	56	154	1996	121	357	2006	30	203
1986	76	161	1997	52	123	2007	28	218
1987	145	347	1998	62	122	2008	20	218
1988	235	602	1999	63	197	2009	19	214
1990	315	416	2000	60	185	2010	21	214
1991	272	742	2001	37	185	2011	21	194
1992	267	679	2002	38	180	2012	21	191
1993	226	545	2003	37	200	2013	23	215
1994	187	545	2004	37	208	2014	24	212
1995	173	458	2005	36	205	2015	24	214

第二节　基层法律服务业务

一、业务范围

基层法律服务的业务范围很广，除不能办理刑事诉讼案件外，几乎可以涉足律师事务所的全部业务范围。

1985年，全区基层法律服务业务主要是调解经济纠纷，代写法律事务文书等。

1989年，地区根据省司法厅《关于乡镇法律服务所的实施细则》，确定乡镇法律服务五项业务，即为企事业单位和公民提供法律咨询，代写法律文书，代理参与民事诉讼及非诉讼事件的调解、仲裁，应聘担任企事业单位及“两户一体”（承包经营户、个体工商户、经济联合体）的法律顾问；接受当事人委托，代理申请办理公证，协助公证机关办理有关公证事项；根据当事人的申请，调解生产经营过程中发生的纠纷；宣传国家法律、法规、政策，教育公民遵纪守法、尊重社会公德；协助司法助理员调解疑难民间纠纷，指导管理辖区内人民调解工作及其他司法行政工作。其工作方式是：在提供法律服务，协办联系公证等方面，以法律服务所名义进行；管理人民调解和其他基层司法行政工作，用司法办公室的名义。1995年10月，省司法厅下发《湖南省基层法律服务机构管理暂行规定》，全区基层法律服务业务范围调整为七项：接受当事人申请，主持调解纠纷；接受当事人委托，代理民事、经济、行政诉讼；接受当事人委托，参加仲裁活动和办理其他非诉讼法律事务；解答法律咨询；代写法律事务文书；接受当事人申请，办理协议、合同见证或受公证机构的委托，协助办理公证事项；应聘担任法律顾问。

二、经济纠纷调解

1985—2015年，全市基层法律服务所主持调解发生在乡（镇）村集体、私营民营、非公有制经济组织和承包经营户、个体工商户、农村村民在产品购销、承包经营、租赁经营、合伙经营、加工承揽、工程建设等方面经济纠纷110564件，年均3685件，其普遍表现形式为合同纠纷。

基层法律服务工作者调解经济合同纠纷，坚持的基本原则是：在查明事实、分清是非基础上，依据法律法规和政策进行调解；在双方当事人自愿平等的前提下进行调解；不因未经调解或者调解不成而阻止当事人向其他组织、机关投诉或者向人民法院起诉。

基层法律服务工作者对常见的经济合同纠纷，主要采取的调解方法有：

对一方或双方当事人不履行、不完全履行合同规定的条款，或要求修改、变更、解除合同发生的纠纷，首先审查合同的合法性，然后召集双方当事人协商，达成调解协议。合同合法的，调解双方严格履行合同规定；部分条款合法的，引导双方当事人修改或撤销合同中不合法部分的条款，重新协商，然后按双方达成的新协议履行合同；不合法的，说服双方终止履行，依法解除；对于利用经济合同进行违法犯罪活动，需要予以经济制裁或需要追究刑事责任的，不进行调解，移送有关部门处理；对合同履行后因需方逾期付款发生的纠纷，教育需方当事人必须信守合同，严格依照合同行事，如违反合同，没有按时交付货款，除赔偿供方损失外，还应按合同支付违约金；对标的质量不符合合同约定要求引起的纠纷，向双方当事人询问纠纷事实，审查合同条款，找有关单位、组织和知情人进行调查，查明该标的是否存在质量问题，获取必要的证据和材料。在客观判断纠纷事实和证据材料的基础上，召集双方当事人进行调解；对合伙经营者在分配盈利时发生的纠纷，既尊重合伙人在合伙初期订立的合伙协议，又认真分析当事人所持的意见，合理的要求，依法予以支持，不合理的要求不予采纳，明辨是非，不和稀泥；对合同履行中发现违约引发的纠纷，查明违约事实和原因，听取当事人提出解决纠纷的意见和理由，说服教育当事人就纠纷事实和责任交换意见，调解协商达成协议。1985—2000 年，全市基层法律服务所和基层法律服务工作者调处各类矛盾纠纷 104337 件，年均调处 6000 余件。2001 年后，由于全市基层法律服务所与司法所分离以及基层法律服务所个数减少的原因，基层法律服务所直接调解疑难纠纷大幅减少。2001—2015 年，调解经济纠纷 6227 件，年均 400 余件。2012 年，冷水滩区基层法律服务工作者化解一起长达 9 年，法院先后下达 7 份判决书，当事人多次赴省进京上访的信访积案；双牌县峦山法律服务所通过二次调解，化解一起长达 13 年的跨省水利纠纷。

三、诉讼和非诉讼法律事务代理

20 世纪 80 年代，基层法律服务所代理诉讼和非诉讼法律事务，主要是房产权属、遗产继承、分家析产、离婚财务分割、损伤赔偿等民事案件，约占 70%。1990—2015 年，随着人民调解工作的逐步加强，民事案件代理逐年减少，90% 以上是经济纠纷代理。

1986—2015 年，全市基层法律服务机构受理因经济纠纷引起的经济诉讼 46694 件，年均 1556 件。其中 1986—1993 年，基层法律服务机构处在初创阶段，这 8 年间只代理诉讼 4618 件。1994 年后有较大增长，1994—2015 年，代理诉讼 42076 件，年均 1321 件。

基层法律服务工作者接受诉讼一方当事人委托，代表基层法律服务所与委托人订立委托代理合同，并根据委托人出具的代理诉讼事项与代理权限的委托书，担任代理人参加诉讼活动。其基本做法是：诉前准备。诉前，代理人通过了解案件发生、发展过程，查阅与本案有关材料，向有关单位和个人进行调查取证。在分析、判断案情和证据的基础上，拟定代理方案，起草诉讼文书，并与委托人协商交换意见；代理出庭。代理人在法庭审理调查阶段，运用查证的事实和获取的证据材料，陈述委托人合理合法的诉讼请求，征得法庭允许，就本案的疑点和关键事实，向证人、鉴定人和勘验人员发问，核实案情和证据；法庭进入辩论阶段，代理人根据本案事实情节、因果关系，法律责任，提出正确适用法律，维护委托人合法权益的意见，有针对性地反驳对方当事人的主张，促使案件公正裁决；诉后帮助。法庭审理的案件进行调解的，调解方案合法合理，代理人积极予以配合，说服委托人接受。法庭审理裁定公正合法的案件，代理人耐心劝导委托人服判并自觉执行。裁决不当，委托人决定上诉，或者二审裁决不当，委托人提出申诉并要求继续委托代理的，代理人热忱为其上诉、申诉，提供包括解答法律咨询、代写上诉状和申诉书等方面的法律帮助。

基层法律服务工作者对无争议，或者有争议但可以不通过诉讼程序解决的经济法律事务，接受当事人非诉讼委托，从多方面提供法律服务：协助审查合同、协议等法律事务文书。1995 年，全区乡镇（街道）法律服务工作者协助当事人审查金融存贷、劳务输出、技术转让、产品购销、房地产开发等合同和协议 5889 件，其中主体资格不合法、双方当事人意思表示不真实、内容不符合法律规定、条款不完备、履约能力无保障、签订后可能带来不良经济效益和法律后果的有 2413 件，约占 41%，分别向委托人提出修改、补充、完善、终止合同或协议的建议；代理参与协商谈判。1996 年，全市 121 个基层法律服务所根据市司法局下发的《关于全市司法行政系统开展维权工程实施意见》，代理各类非诉讼法律事务 2257 件。祁阳县 13 个基层法律服务所，接受代理参与解决涉及债权债务协商，帮助乡村企业追回货款 96 万余元，为信用社追回逾期贷款 80 余万元，追回村民拖欠村、组集体款 50 多万元。1998—1999 年，全市基层法律服务所根据市司法局关于参与清理整顿农村互助基金会、合作基金会、股金服务部（简称两会一部）债权债务的工作部署，代理委托方清收逾期贷、借款 2100 多万元。

1986—2015 年，全市基层法律服务所代理非诉讼经济法律事务 33940 件，年均 1131 件。

四、法律咨询、法律文书代写

1986—2015 年，全市基层法律服务工作者解释和回答基层政府及其主管部门、法人和公民提出的有关民事、刑事、经济、行政等涉及实体法和程序法的各类法律咨询 728586 件，年均 24286 件。解答法律询问方式，有口头解答和书面解答。口头解答时，听取来访询问人对问题和事实的陈述，查看询问人提交的有关证据和材料，在此基础上进行必要的提问，弄清有关事实情节和主要问题，进行综合分析，依据有关法律法规和政策，针对询问事项，用通俗易懂的语言，客观、准确解释和回答，为询问人提供解决问题的具体途径，方法和依据。书面解答时，通过仔细阅读和分析询问人来信提出的问题和叙述的事实，弄清询问目的与要求，对叙述事实清楚的，给予明确的解答，含糊不清的，原则性解答。

1986—2015 年，全市基层法律服务工作者接受公民和法人委托，代写具有法律意义的文书 94019 件，年均 3133 件。代书的内容有：起诉书、控告书、答辩书、上诉书、申诉书、执行申请书等民事、经济、行政诉讼法律事务文书和合同、协议、章程、遗嘱、申请书、赠予书、声明书等民事、经济、行政非诉讼法律事务文书。对请求合法、正当、事实清楚、证据齐全又比较简单的，当场代书。请求不合法或不当，劝说委托人放弃请求或拒绝代书。不受理非涉法律事务的代书请求。

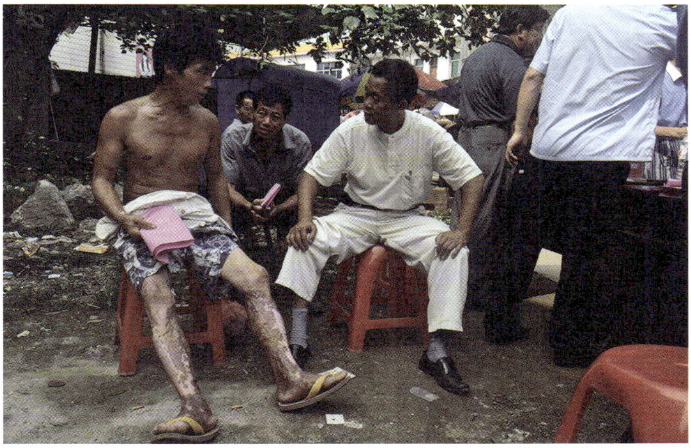

2010 年 9 月 7 日，宁远县基层法律服务工作者解答居民法律咨询

五、协助办理公证及见证

1986 年，全区基层法律服务所，按照省司法厅要求和地区司法局的部署，在县（市）公证处指导下，协助办理公证事项，为辖区内要求办理公证的个人和组织提供帮助。1993 年，全区基层法律服务所在开展协办公证的基础上，对一些内容单一、标的额小、履行期短的承包合同，简单民事、经济合同有限制地开展见证工作。

1986 年，全区基层法律服务所与所属县（市）公证处相继建立公证协作、联系制度，在所内设置公证联络员，接受公证处授权委托和指导，协助办理辖区内公民、法人和其他组织申办的各类公证事项。基层法律服务所协助办理的公证事项主要有：协助做好证前服务。公证联络员运用集会、广播、板报、宣传栏等多种形式，深入企业、村寨、田间、农贸集市和商贸广场，广泛宣传公证制度、公证作用、公证基本知识，解答涉及公证的法律询问，收集、传递证源信息，介绍申办公证程序等；协助办理公证申请。公证联络员接受当事人委托后，协助审查委托公证的事实、文书和有关证明材料，审查当事人身份和行使权利、履行义务的能力，进行必要的调查、补充。对符合公证的事项和管辖范围、申办手续，有关文书和证明材料完备的，移送公证处正式受理；维护公证声誉。公证联络员对申办事实不实或明显违背法律、法规和社会公共利益的，拒绝代办；协助做好证后服务。重点回访和检查经公证的合同、协议履行情况，证后发生纠纷的，根据当事人申请，协助公证处或者独自进行调解。

六、法律顾问

1986—2015 年，基层法律服务所应聘担任法律顾问，由初期面向基层企事业单位和其他组织，逐步拓展为基层政府和行政管理部门担任法律顾问；由专项的、临时的法律顾问，逐步拓展为多项的、常年的法律顾问。1986—2015 年，全市基层法律服务所累计担任法律顾问 15605 家。担任基层政府和行政管理部门的法律顾问，主要是对较重大的行政、经济决策进行法律论证，提供法律意见，对拟定的行政规范性文件从法律角度提出修改、补充建议，协助审查、修改重要法律事务文书以及受托办理其他法律事务，协助聘请方依法办事；担任辖区内企事业单位、承包户、个体工商户、个人合伙组织以及公民的法律顾问，主要是为受聘单位、企业提供生产、经营决策的法律意见，代理业务活动中的法律事务，协助建立健全各项管理制度，代理参加民事、经济、行政诉讼和参与处理重大纠纷等，协助聘请方依法管理，依法经营。2011—2015 年，全市基层法律服务所应聘的法律顾问，为乡镇（街道）政府解答法律咨询 32915 条，参与政府重大决策法律论证 9786 次，办理各类法律事务 41867 件，协助审查修改、签订各类经济合同 62750 份，调处经济纠纷 54630 件，代理参加诉讼 217 件，挽回经济损失上亿元。同时，通过“三个参与”为企事业单位提供法律服务，帮助挽回和避免经济损失 10 亿元，使 3000 多家企业扭亏为盈。“三个参与”即参与企业管理，理顺企业内部关系；参与企业经营决策，为企业经营决策从法律角度出谋献策。2011—2015 年，为乡村企业经营决策提供建议 23856 条，被采纳 23839 条，为 8530 个项目进行风险预测和可行性论证，避免盲目性，减少失误；参与企业财务监督，堵塞漏洞，协助企业建立健全财务管理制度，对财务人员进行法制教育，帮助发现和揭露经济上的违法犯罪。

1986—2015 年永州市基层法律服务业务情况统计表

表 7-2

年度	担任法律顾问（家）	纠纷调处（件）	代理诉讼（件）	代理非诉讼（件）	解答法律咨询（件）	代写法律文书（件）
1986			138	1412	5465	1326
1987	37	3700	252	1473	17094	1376
1988	98	9067	313	1554	33464	2883
1989	259	14462	447	2352	33801	8595

续表7-2

年度	担任法律顾问（家）	纠纷调处（件）	代理诉讼（件）	代理非诉讼（件）	解答法律咨询（件）	代写法律文书（件）
1990	367	12886	516	2283	31793	4663
1991	1018	14499	937	1874	21181	14064
1992	384	9479	969	2018	30113	3951
1993	1097	15387	1046	2254	4357	3983
1994	1191	3809	2327	2153	5916	4358
1995	656	3736	2664	2912	208750	11253
1996	686	3642	2763	2257	217630	11081
1997	673	3835	1985	1645	35640	8635
1998	584	3476	1839	1256	13580	5243
1999	532	3237	1643	856	12750	5215
2000	496	3122	1597	635	10960	3220
2001	405	364	1648	568	2651	225
2002	431	326	1523	498	2812	211
2003	505	403	1732	586	3033	284
2004	544	431	1815	599	3615	306
2005	511	429	1796	563	3211	285
2006	498	407	1689	546	2946	245
2007	505	428	1716	511	3046	283
2008	515	459	1911	543	3231	291
2009	523	456	1976	532	3156	287
2010	531	486	2013	601	3757	285
2011	523	421	1863	571	3163	289
2012	525	412	1835	514	2834	287
2013	511	391	1799	563	2816	299
2014	494	383	1921	469	2796	285
2015	506	431	2021	512	3025	311
总计	15605	110564	46694	35110	728586	94019

第三节 基层法律服务管理

一、机构审批

1985—1994 年，对设立在乡镇和街道的法律服务所，由乡镇人民政府或街道办事处提出申请，县级司法局审核批准，报地区司法局备案。1995—2013 年，对基层法律服务所的设立、变更、停办，由乡镇人民政府、街道办事处申请，县级司法局审核，市司法局审批决定，报省司法厅备案。审批机关对申请成立基层法律服务所提交的申请书、章程、基层法律服务工作者身份证明和资格证明、执业场所使用证明和资信证明等材料进行审核，对符合条件的予以批准成立，并颁发司法部统一制作的执业证书（执业许可证），对不符合条件的不予批准，以书面形式说明理由回复申请单位。基层法律服务所变更名称、负责人、执业场所或者解散、撤销的，逐级上报至原批准机关申请办理变更登记或注销登记手续。2014 年，基层法律服务所的成立、变更、注销等审批权力上收至司法部。

二、执业管理

1991 年 7 月，地区司法局根据省司法厅颁发的《湖南省乡镇、街道法律工作者证管理办法》的规定，对取得基层法律工作者资格，并在基层法律服务所实习满 1 年，或者具有律师资格、公证员资格、企业法律顾问资格，在基层法律服务所实习满 6 个月，或者从事过律师、公证和企业法律顾问工作，审判、检察、司法行政业务工作和其他法律业务工作 2 年以上的人员，被基层法律服务所鉴定合格并决定聘用的，给予办理执业登记，发给司法部统一印制的乡镇（街道）法律工作者证。1993 年，地区司法局对在岗执业人员进行考核和换发新证。能独立承办法律事务的专职或兼职法律服务工作者，换发司法部统一新印制的法律服务执照，旧证使用至 1993 年年底，由地区司法局收回并报省司法厅登报作废。基层法律服务所聘请的专职法律服务工作者，没有取得湖南省乡镇法律服务工作者业务知识考试合格证，但从事政法工作多年的离退休干部，能独立承办法律事务，给予办理法律服务执照。至 1994 年，全区办理和换发新证的法律服务工作者 545 名。

1995 年，按照省司法厅的要求，地区司法局建立并实行基层法律服务所和基层法律服务工作者执业许可证和年审注册制度，每年 1 月 1 日至 3 月 31 日为年审注册时间。执业资格注册，由基层法律服务所申报，县级司法局审查签署意见，地区司法局审批后报省司法厅备案。经审批合格的办理当年机构年审注册手续，发给省司法厅统一制作的湖南省基层法律服务执业许可证和湖南省基层法律服务机构年审注册证。对自领取执业许可证之日起满6个月未开业或开业后又连续停业1年的；内部管理不善、工作难以开展、经限期整改后仍不合格的；违反国家法律、法规、规章、政策，情节严重的；背离服务宗旨，情节严重的；逾期未办理年审注册手续的，均不予注册，不得以基层法律服务所的名义对外开展有偿法律服务，并由地区司法局予以撤销。全市办理年审注册的法律服务所，1996年51个，1997年52个，1998年62个，1999年36个，2000年60个，2001年41个，2002年38个，2003年37个，2011年21个，2015年24个。

法律服务工作者申报执业年审注册，由本人填写注册登记表，包括基本情况和个人年度总结。基层法律服务所签具意见，乡镇人民政府（街道办事处）写出评语，县级司法局审查，报市司法局分类审批办理：持证人上年度认真遵守职业道德和完成业务工作的予以注册；不称职或不能完成规定工作任务的，暂缓注册；严重不称职，由乡镇（街道）政府报请县级司法局批准，予以辞退，收回执业证。

三、教育培训

2005年5月17日，市司法局在红豆宾馆举办全市法律工作者培训班

1987年，地区司法局组织调查组，对10个乡镇司法办（法律服务所）进行抽样调查，发现法律服务业务未能全面开展的占50%以上，且存在职责范围不清、队伍不稳定、业务素质不高等问题。据此，地区司法局要求各县（市）司法局加强对基层法律服务工作者的思想教育和业务培训，以尽快适应工作需要。1988—2015年，全市各级司法行政机关采取灵活多样的形式和方法，对基层法律服务工作者进行业务素质培训，开展以依法执业、遵守职业道德和廉洁奉公为主要内容的教育活动。集中培训。各县（区）司法局每年组织基层法律服务工作者集中学习《民法》《经济法》《经济合同法》等法律法规，结合案例开展讨论；代训。由律师事务所和公证处指派人员对基层法律服务工作者实行分批轮训，

每批 10~20 人，时间 10~15 天，讲授业务知识，跟班学习办案、办证；巡回培训。各县（区）司法局组织业务骨干到基层法律服务所巡回指导，与基层法律服务工作者共同剖析疑难复杂案件，共同探讨办案措施；鼓励自学。为基层法律服务工作者提供学习资料，创造学习环境，安排学习时间，帮助制订学习计划，定期组织检查和测试。

四、经费管理

1988 年，地区司法局转发省司法厅、省财政厅、省物价局联合下发的《乡镇法律服务收费试行办法》。1991 年，转发省司法厅、省财政厅印发《湖南省乡镇法律机构财务管理办法（试行）》，对乡镇法律服务机构财务管理形式，建立健全财务会计管理制度，业务收费项目，计费原则，票据使用，经费开支范围与标准，提留各项基金和缴纳管理费的比例，收费与使用的管理、检查、监督、审计以及责任追究等，作出具体规定。2001 年，贯彻执行省司法厅、省物价局共同制定的《湖南省基层法律服务收费管理办法》《湖南省基层法律服务收费标准》。该办法规定收取和减免收取法律服务费的范围、预收与结算、制定或调整收费标准的原则、计价形式、统一票据、收费管理与使用、收费过错的调处与诉讼、收费的监督与检查，违规收费的法律责任等 22 条，自 2001 年 2 月 1 日起施行。该标准规定解答法律咨询、代写法律事务文书、代理参加民事、经济、行政诉讼活动，代理非诉讼法律事务，担任法律顾问、主持调解纠纷，办理公证事项、协助办理公证事项和其他法律服务 9 大类 27 项全额收费、比例收费标准和减免收费范围。

第四节 “148”法律服务专用电话

“148”是“要司法”的谐音，寓意为“寻求法律帮助请找司法行政机关”，是由司法行政机关运用电信部门提供的电话尾数为“148”的电话专线，统一指挥调度律师、公证、基层法律服务组织和乡镇、街道司法所，为广大群众和社会组织提供方便、快捷、高效的法律咨询和法律服务。群众可以拨打这个电话，就法律方面的问题提出咨询和寻求帮助。

“148”法律服务专用电话是由山东省菏泽地区东明县在 1998 年 3 月率先创建。1999 年，司法部、信息产业部决定在全国推广东明县的经验，要求各地都开设法律服务专用电话。根据司法部和省司法厅的统一部署，1999 年 4 月 5 日，市司法局向各县（区）下发《关于尽快开设“148”法律服务专用电话的通知》。4月9日，市司法局就开设“148”法律服务专用电话向市委、市政府做专题汇报，得到市委、市政府的高度重视和支持。市政府专门拨款2万元用于市级“148”法律服务专用电话建设。4月25日，市司法局和市电信局联合下发《关于印发〈永州市开设法律服务专用电话的实施意见〉的通知》，对全市各县（区）开设法律服务专用电话的方式、时间、费用、队伍建设和管理、职责等做出明确要求。该通知规定“148”法律服务专线的主要职责是：解答法律咨询，普及和宣传党的政策和国家的法律、法规；做好内部联动工作，组织法律服务部门送法上门；对于应由其他部门处理或需要与有关部门协作处理的事项，及时沟通信息，协调理顺关系，做好受案分流；加强区域合作，搞好联防联调，指挥司法所和人民调解组织及时快速调处民间纠纷和突发性事件，防止矛盾激化；及时整理分析上报群众反映的问题和情况，当好党政参谋；受理对司法行政工作人员和法律服务执业人员的投诉和举报，部署查处，接受社会监督。该通知还明确，市司法局利用“160”信息服务台网开设法律服务分台，号码为“1600148”，各县（区）设立尾号为“148”的单机号码。1999年4月底，双牌县司法局率先开通法律服务专用电话7727148。1999年年底，除零陵区、江华瑶族自治县外，全市有市本级和9个县（区）开通“148”法律服务专用电话。2000年，零陵区司法局开通“148”法律服务专用电话。

市级“148”法律服务专用电话由市司法局基层工作科主管，各县（区）“148”法律服务专用电话由各县（区）司法局的基层股管理。各级“148”均建立法律热线登记、咨询案件分流、排查矛盾纠纷等制度，每天指派1~2名律师或公证员八小时值班，为群众提供及时法律帮助。

2012年下半年，根据全省统一部署，县（区）“148”法律服务专线停止。2013年9月18日，市级“148”法律服务专线改为“12348”法律援助服务专用电话，由市法律援助中心负责管理。

第八章　法律援助

1998年，全市司法行政机关根据《律师法》的有关规定和司法部《关于迅速建立法律援助机构开展法律援助工作的通知》以及湖南省司法厅关于在全省逐步建立健全法律援助机构，积极实施法律援助的要求，开始筹备组建市、县（区）法律援助中心。2001年，东安县在全市率先成立法律援助中心。2002年6月8日，市法律援助中心举行挂牌仪式。2002—2005年，冷水滩区、零陵区、道县等10个县（区）先后成立法律援助中心，并逐步将法律援助机构向乡镇（街道）、村（社区）延伸。2009年，全市219个乡镇（街道）建立法律援助工作站，4593个村（社区）建立法律援助工作点，形成市、县（区）、乡镇（街道）、村（社区）四级法律援助网络机构和四级上下联动的工作队伍，构建起“1小时法律援助网络”。全市法律援助机构贯彻《法律援助条例》，认真履行职责，开展法律援助宣传教育，解答咨询，办理援助案件等工作，拓展法律援助面，促进法律援助事业不断发展，维护社会公平正义，涌现出一批全国全省法律援助工作先进单位和个人。2008年5月，新田县法律援助中心荣获第三届“全国法律援助先进集体”称号，是湖南省唯一获评的县级法律援助中心；2012年12月，湖南顺胜律师事务所荣获第四届“全国法律援助先进集体”称号，零陵区法律援助中心肖绍泉荣获第四届“全国法律援助先进个人”称号；2013年，市法律援助中心荣获第一届全国“敬老文明号”称号，道县法律援助中心荣获“全国法律援助便民服务示范窗口”称号。

第一节　机构队伍

一、市法律援助中心

2000年9月，市司法局根据省司法厅2000年8月发出的《关于加快法律援助机构建设步伐的通知》精神，向市委、市政府领导汇报，阐明法律援助中心的性质、职能和任务，同时向市编办呈报《关于成立永州市法律援助中心的请示》。

2000年11月1日，市编办下发《关于设立永州市法律援助中心的批复》，同意设立永州市法律援助中心。2002年6月8日，永州市法律援助中心举行挂牌仪式。

永州市法律援助中心的主要职责是：贯彻执行国家、司法部和省司法厅以及永州市有关建立法律援助制度的法律、法规，研究、制订全市法律援助发展规划以及年度计划；组织、指导、协调和监督全市法律援助工作；负责市中级人民法院指定的刑事法律援助案件的承办和人员指派；负责组织协调全市法律援助的宣传和对外交流活动；筹集、管理和使用市级法律援助资金；组织法律援助工作的调查研究和理论讨论，推广法律援助工作经验；收集法律援助工作的信息和年终统计。

市法律援助中心为市司法局直属正科级事业单位，人员编制3名，设主任1名。2014年12月29日，市编委下发《关于市司法局所属事业单位分类有关事项的通知》，明确市法律援助中心为公益一类事业单位。

二、县（区）法律援助中心及乡镇（街道）法律援助工作站

2000年9月，市司法局转发省司法厅《关于加快法律援助机构建设步伐的通知》，要求各县（区）尽快把法律援助机构建立起来。2001年，东安县在全市率先建立东安县法律援助中心。2003年，全市除双牌县和新田县外，有9个县（区）建立法律援助中心。2005年，全市11个县（区）全部建立法律援助中心。2009年，全市219个乡镇（街道）建立法律援助工作站，占应建的100%。5325个村（社区）有4593个村（社区）设有法律援助联络点，联络点建设率为86%。市、县（区）法律援助中心横向与工会、共青团、妇联、残联、老龄委、信访办、军分区等部门和团体建立信息互通、工作互动、相互协作、密切配合的法律援助工作运行机制，逐步构建结构科学、布局合理、市、县（区）、乡镇（街道）、村（社区）四级上下衔接、左右联动、便利群众的法律援助机构网络。

三、法律援助队伍

2001年，东安县法律援助中心配有1名法律援助人员。2015年，全市12个法律援助中心配有法律援助编制56名，实有人员50人，其中有执业律师资格的33人，大专以上学历的45人。全市有可以为受援对象提供法律服务的专业队伍644人，其中法律援助中心律师33人，社会律师397人，基层法律服务工作者214人。

2001—2015 年永州市法律援助中心人员情况统计表

表 8-1

单位：人

年度 地区	2001		2002		2003		2004		2005		2006		2007		2008		2009		2010		2011		2012		2013		2014		2015	
	实有人数	其中律师数	实有人数	其中律师数	实有人数	其中律师数	实有人数	其中律师数	实有人数	其中律师数	实有人数	其中律师数	实有人数	其中律师数	实有人数	其中律师数	实有人数	其中律师数	实有人数	其中律师数	实有人数	其中律师数	实有人数	其中律师数	实有人数	其中律师数	实有人数	其中律师数	实有人数	其中律师数
市中心	0	0	1	1	1	1	1	1	1	1	1	1	5	5	5	5	3	2	4	2	4	3	4	3	4	3	4	3	5	3
零陵	0	0	0	0	1	0	1	0	1	0	1	1	1	1	2	2	2	2	2	2	2	2	2	2	2	2	2	2	2	2
冷水滩	0	0	1	0	1	1	1	1	3	3	3	3	3	3	4	3	2	2	2	2	5	3	5	3	5	3	3	3	3	3
东安	1	1	1	1	1	1	1	1	1	1	1	1	1	1	1	1	5	3	6	3	6	3	6	3	8	3	8	3	8	3
祁阳	0	0	0	0	3	2	4	2	4	3	4	3	4	3	4	3	7	4	7	4	6	4	6	4	6	4	6	4	6	4
双牌	0	0	0	0	0	0	1	0	1	0	2	1	2	1	2	1	2	1	4	2	4	2	4	2	2	1	2	1	2	1
道县	0	0	0	0	1	0	1	0	1	1	1	1	1	1	1	1	2	1	4	2	4	2	4	2	3	2	3	1	3	1
宁远	0	0	0	0	1	0	1	0	3	2	3	3	3	3	5	4	5	4	6	4	6	4	8	4	6	4	6	4	6	4
江永	0	0	0	0	3	3	3	3	3	3	3	3	4	3	5	4	5	4	5	4	5	4	5	4	4	3	4	3	4	3
江华	0	0	3	2	3	2	3	2	3	2	3	2	3	2	3	2	3	2	3	2	3	3	3	3	3	3	3	3	3	3
新田	0	0	0	0	0	0	0	3	3	3	3	3	3	3	5	4	5	4	5	3	5	3	5	3	5	3	5	3	5	3
蓝山	0	0	2	1	2	1	2	1	3	3	3	3	3	3	3	3	3	3	3	3	3	3	3	3	3	3	3	3	3	3
合计	1	1	8	5	16	11	19	14	27	22	28	25	33	29	40	33	44	32	51	33	53	36	55	36	51	34	49	33	50	33

第二节　法律援助业务

一、法律咨询及代书

2002年6月8日，市法律援助中心挂牌成立当天，解答群众法律咨询问题42人次。2007年，市法律援助中心接待来人来访、来信、来电4495人次；2011年，市法律援助中心解答群众法律咨询2308人次。

全市法律援助中心，除为上门要求法律援助的当事人提供法律咨询服务外，还坚持经常深入厂矿企业、监狱、强制隔离戒毒所（劳教所）、街头摆摊设点，开展法律咨询服务。同时，全面加强与工、青、妇、老、残等社会团体及有关部门的联系合作，充分发挥“妇女法律援助站”“优秀青年维权岗”、各部门各行业和基层法律援助站、点的作用，不断拓展扶贫、济弱、助残、帮老等法律援助渠道，探索法律援助新路子。以开展“法律援助暖民心”“法援苍生与你同行”等一系列法律援助工程为契机，加大宣传力度。2009年9月25日，市法律援助中心组织律师到市劳教所为劳教人员开展现场法律咨询服务，100多名劳教人员积极提问，内容涉及

2014年3月，“三八维权周”法律宣传、咨询、援助活动现场

2009年9月25日，永州市法律援助中心为劳教学员提供法律咨询帮助

农村退耕还林、山林承包、房屋拆迁、犯罪的刑事处罚、刑事民事诉讼程序、信访制度等方面的法律问题，律师认真耐心地给予一一解答，并教育劳教人员积极服教，改过自新，早日回归社会，做对社会和国家有用的新人。同年，全市设法律咨询点120多个，现场解答法律咨询1300余人次。2009年1月至10月，全市接待来人来访、来电、来信12600多人次，解答法律咨询2002人次，代写法律文书364件，在咨询中受理法律援助案件230件。2014年，开展“法援苍生与你同行”活动，市司法局、市法律援助中心、市律师协会组织律师10人，到永州监狱开展“关爱高墙人法律咨询服务活动”，为70多名罪犯解答法律咨询，解除他们的困惑，促其守法改造。同年，市法律援助中心联合市妇联、团市委，组织律师和志愿者于“3·5”学雷锋青年志愿者服务日、三八妇女节期间，在市区摆摊设点，开展现场法律咨询服务，解答咨询400多人次，受理申请30多件。道县法律援助中心组织12名律师，邀请县工会、县妇联等部门在西洲公园广场开展“法援苍生与你同行”大型现场法律咨询服务活动。春节前后，全市各县（区）分别在车站、市民广场等人员密集场所设点开展法律咨询服务16场。2015年，全市进一步深入开展“法援苍生与你同行”活动。市法律援助中心于“3·5”“3·8”在闹市区设点开展法律咨询服务，现场解答咨询460多人次，受理申请22件。市法律援助中心和市律师协会联合开展一系列老年人法律咨询服务活动。9月28日，市司法局、市法律援助中心和永州监狱联合开展“法律咨询进高墙”服务活动，为60多名罪犯提供法律咨询服务。带动全市“法援苍生与你同行”的法律咨询服务活动全面开展。2015年，全市开展各类法律咨询活动42场，解答咨询3135人次。2006—2015年，全市法律援助机构为群众代写法律文书4671件。

2015年9月28日，法律援助工作人员举行“法律咨询进高墙”活动

二、法律援助宣传

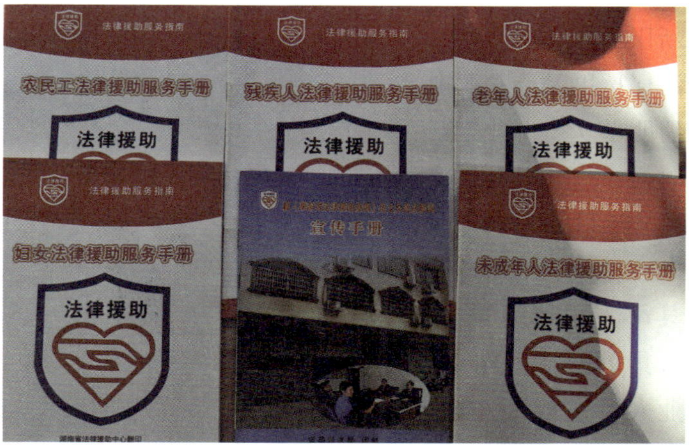

2014 年，向群众免费发放的法律援助服务手册

2001—2015 年，全市法律援助机构坚持把法律援助宣传贯穿于法律援助工作的全过程，大力宣传国务院颁布的《法律援助条例》和《湖南省法律援助条例》（以下简称“两条例”）。以“法援苍生与你同行”为契机，采取悬挂宣传横幅、书写宣传广告、出动宣传车辆、创办宣传栏、利用广播、电视、报刊、网络等新闻媒体设置法律宣传网点，开展“法律援助暖民心工程”宣传月、宣传周、“送法进社区”“送法进万家、建设新农村”活动等多种形式，全面深化人民群众对法律援助的了解，支持发展法律援助事业。2002 年 12 月 4 日，全市组织开展大规模的《湖南省法律援助条例》（以下简称《条例》）宣传，发放《条例》单行本 2400 余本，传单 1.5 万份。2006—2007 年，各县（区）法律援助中心主动参与县（区）政府组织的“三官两员”（警官、法官、检察官、司法助理员、民政助理员）进社区和“送法进万家，建设新农村”活动，向广大农民和居民宣传党的政策、法律法规。宁远县在 2007 年“送法进万家，建设新农村”活动中印放宣传资料 1.5 万余份，提供法律咨询 130 余人次。2007 年 5 月，新田县法律援助中心以新田县第六届农村法制宣传月、送法下乡活动为平台，会同县民政、质量技术监督、信访、畜牧和经管等部门单位，到乡镇进社区，走村串户，积极开展农村法律援助制度宣传，为 1000 余名农民群众提供法律服务。

2009 年 5 月，全市司法行政机关集中开展“法律援助暖民心工程”法律援助宣传月活动。出动宣传车辆 60 余台次，悬挂标语横幅 150 余条，出法律援助宣传专刊 70 期，设立法律援助咨询点 120 余个，发放普法读本 9500 余册，发放宣传资料 10 余万份，解答法律援助咨询 1300 余人次，收集意见建议 80 余条；办理法律援助案件 244 件，其中刑事案件 68 件，民事案件 135 件，非诉讼案件 41 件，涉及农民工案件 65 件，低保户案件 14 件，破产企业职工案件 12 件。双牌县司法局在人口最集中的文化广场首建法制宣传橱窗，开辟“法律援助广角”，不定期地将“两条例”、法律援助各项制度以及法律援助典型案例等法律援助知识刊登宣传。新田县法律援助中心及各法律援助站点，抓住春节、清明节大量农民工返乡的时机，发放《农民工普法读本》10000 本，法律援助宣传资料 5000 份。祁阳县司法局利用农村各集镇赶集的日子，组织法律从业人员发放法律援助宣传资料 8000 余份，并利用清明节“前三后四”七天时间，发放农民工法律援助联系卡 4000 余份。冷水滩区法律援助中心加强与宣传媒体合作，在永州新闻网刊载《儿子不孝，律师来援助》《改变定性判缓刑，切实维护未成年人权益》等法律援助典型案例，宣传“法律援助暖民心工程”开展情况，在永州都市频道《今朝讲什嘻》栏目制作《走进冷水滩区法律援助中心》节目，宣传全区法律援助组织网络建设、法律援助咨询等情况。祁阳县法律援助中心在《今日祁阳》杂志上设立专门律师在线专栏，每期刊登该县法律援助中心办理的典型案件和律师点评，并将相应法律知识发到普法网上，提升群众对法律援助的知晓率。同年，市法律援助中心组织开展法律援助宣传作品向社会公开征集参选评选活动，采集 3 件宣传图片，1 件宣传文化衫、1 首法律援助普及歌，4 篇案件资料等 9 个法律援助宣传作品上报省司法厅参评。

2014 年 9 月 28 日，双牌县法律援助中心在街头开展大型宣传活动

2011—2015 年，全市法律援助机构以“法援苍生与你同行”活动为契机，深入基层，深入群众广泛开展法律援助宣传。2014—2015 年，市法律援助中心连续两年与团市委、市妇联合作，组织市法律

2014 年 8 月 30 日，道县举行“法援苍生与你同行”法律服务活动

援助中心、两区法律援助中心青年法律援助律师和志愿者于“3·5”学雷锋青年志愿者服务日、妇女节期间，分别在闹市区摆摊设点，开展妇女儿童专项维权法律援助宣传活动，市法律援助中心印制宣传资料5000多份，不到1小时就被群众抢拿一空，现场解答咨询860多人次，受理申请55件。2014年，新田县法律援助中心组织律师和法律工作者先后赴广东东莞市、广州花都区开展外出新田籍农民工专项维权宣传活动；冷水滩区、道县等县（区）法律援助中心分别在火车站、长途汽车站等客流密集地区设置法律咨询服务台，开展法律援助宣传。

三、承办法律援助案件

2001—2015年，全市法律援助中心积极开展民事、刑事、行政诉讼代理中的法律援助工作。刑事法律援助案件，以未成年人为重点。民事法律援助案件，以农民工为重点，开辟农民工法律援助“绿色通道”。2009年，根据湖南省《关于扩大法律援助的事项范围和放宽经济困难标准的意见》要求，市法律援助中心逐步降低门槛，加大案件受理、指派力度，为更多的困难群众服务，尤其是对符合条件的农民工申请法律援助实行“优先受理”“优先办理”，做到“有案必接，全部受理，有求必复，应援尽援”。实施指派制、监督反馈制、服务承诺制、定期学习制、典型案例集体研讨制等措施，强化内部管理，形成高效、协调、规范、有序的工作机制，确保为贫、弱、老、残、妇、幼者提供及时、高效、优质的法律援助服务。2001—2015年，全市法律援助办案数逐年上升。2001年，全市办理各类法律援助案件8件。2006年，全市办理各类法律援助案件627件，其中刑事案件65件，民事案件560件，行政案件2件。涉及农民工案件65件，为当事人挽回经济损失300万元。新田县金明化工有限公司拖欠农民工劳动报酬，涉及443人。2006年8月14日，部分农民工向新田县法律援助中心申请援助，该中心受理后，用短短的1个月时间，采用法律维权手段，帮助农民工索回应得的70余万元劳动报酬。

2016年9月6日，受援人为市法律援助中心送锦旗

2014年7月11日，在湖北黄石市万达广场建设

项目务工两年多没有领到工资的祁阳县30余名农民工向市法律援助中心求助。市法律援助中心立即指派专职律师提供援助。援助律师先后四次往返湖北黄石，于当年9月帮助农民工追讨回110余万元拖欠工资。2014年，全市受理法律援助案件2228件，其中申请类案件1762件，指定类案件466件。其中，涉及农民及农民工案件1640人次，涉及妇女案件621人次，涉及老年人案件304人次，涉及未成年案件191人次，涉及特困及城镇低保、失业人员241人次。2001—2015年，全市办理各类援助案件15709件，其中刑事案件2538件，民事案件13040件，行政案件131件；有16031人次接受法律援助服务。

2001—2015年全市法律援助办案情况统计表

表8-2 **单位：件**

年度	办理刑事案件	办理民事案件	办理行政案件	合计
2001	6	2	0	8
2002	16	7	0	23
2003	41	107	1	149
2004	42	222	1	265
2005	55	267	2	324
2006	65	560	2	627
2007	127	605	4	736
2008	109	673	3	785
2009	141	836	6	983
2010	135	1181	5	1321
2011	171	1646	9	1826
2012	174	1738	12	1924
2013	364	1678	18	2060
2014	443	1762	23	2228
2015	649	1756	45	2450
合计	2538	13040	131	15709

第三节　法律援助管理

2001—2015 年，全市法律援助工作的援助对象是住所地、经常居住地或行为发生地在永州市行政区域内的经济困难的公民，援助工作的范围和程序严格遵守“两条例”规定办理。

一、法律援助经费管理

全市各级政府对法律援助工作十分重视，在财政困难的情况下，坚持足额拨付法律援助经费，并倡议各机关单位、社会团体、企事业单位和个人为法律援助事业捐款，确保全市法律援助工作开展。2002—2015 年，市财政拨付给市法律援助中心 180 万元。全市法律援助机构的资金管理办法都是由司法行政机关财务部门统一管理，实行单独立户、统一核算，并接受同级财政、审计部门的监督。

二、人员培训

2001—2015 年，市司法局对从事法律援助工作人员的培训分为两部分。一部分是社会律师的培训工作，与市律师协会的年度培训相结合；另一部分是各级法律援助中心负责培训法律援助机构工作人员和专职法律援助律师。2002 年，市法律援助中心成立后，经与市律师协会协商，在全市律师业务培训中增加法律援助的内容。

2010 年 8 月 4 日，全市法律援助为民办实事项目调度暨经验交流会召开

对全市法律援助机构工作人员和法律援助专职律师的培训，采用分级培训的办法。市法律援助中心负责培训县（区）法律援助中心主任和业务骨干。2002—2009

2011 年 4 月 27 日，市司法局召开全市法律援助工作会议

年主要采取以会代训。每年召开全市法律援助工作会议时，利用一定时间，对与会人员进行培训。2010—2015 年，主要采取定期或不定期举办培训班。2011 年 12 月 29 日至 31 日，在零陵区柳子大酒店举办全市法律援助中心主任、法律援助专职律师以及拟于 2012 年担任法律援助专职律师人员参加的培训班，共 50 人参加培训。培训内容为刑事辩护策略、诉讼业务实务、非诉讼业务开拓及实务、律师队伍创先争优活动党课等。各县（区）法律援助中心负责培训辖区内的法律援助人员。培训的方式、规模、时间由各县（区）自行确定。2009 年，零陵区、冷水滩区分别于 2 月 27 日和 3 月 11 日，组织辖区内的法律援助站全体人员进行为期一天的培训；祁阳县组织联系点的信息员学习《法律援助条例》40 多场次。选派法律援助人员参加司法部和省法律援助中心定期举办的法律援助人员培训班。

三、建立健全制度，规范法律援助管理

市法律援助中心根据“两条例”，结合永州市法律援助工作实际，先后制定《法律援助中心咨询接待制度》《法律援助案件申请、审批制度》《法律援助案件指派制度》《重大援助案件讨论制度》《法律援助质量管理制度》《办案补贴支付办法》《法律援助案件立卷归档制度》《法律援助档案管理制度》《法律援助工作目标考核制度》等一系列法律援助管理规章制度。各县（区）法律援助中心也按照要求，制订出台法律援助管理制度。2010 年，新田县制定《经费

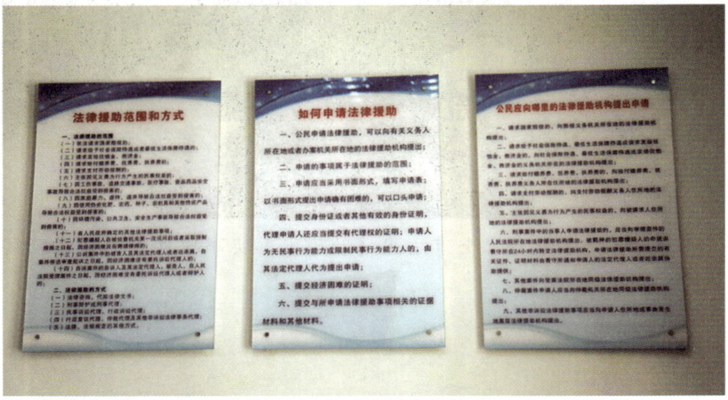

2015 年，法律援助制度上墙

使用制度》《法律援助案件质量监督办法》《法律援助工作站职责》；零陵区制定《法律援助首问首办责任制度》。全市法律援助管理工作逐步走上制度化、规范化轨道，在办案过程中实现“四统一”，即统一标准、统一受理、统一指派、统一监督。同时，市司法局要求全市所有执业律师和基层法律服务工作者，必须无条件承担法律援助义务，每年办理1~2件法律援助案件，并将完成法律援助案件情况与法律服务机构和人员的年度考核挂钩，对不接受指派办理法律援助案件的机构和个人不予年度考核。

第四节 “12348”法律援助专用电话

根据全国法律服务专用电话广播电视电话会议和司法部、信息产业部《关于在各地开设法律服务专用电话的通知》精神，2013 年 9 月 18 日，永州市法律援助服务专用电话“12348”开通。

一、业务

“12348”专用电话主要职责是开展解答法律咨询、提供法律服务和帮助；协调调解民间纠纷；沟通协助处理有关问题；掌握社情民意等业务。开通以来，努力践行“有问必答、有纠必解、有诉必帮、有困必助”的服务承诺。至2015 年 12 月底，受理咨询电话 3160 个，接待群众来访 792 人次，处理应急事件 5 起。通过广泛收集和分析群众普遍关心的社会热点、难点和重大纠纷隐患方面的信息，及时向各级党政领导反映社情民意，从依法治理、法治永州建设的角度提出建设性的法律意见和建议，为党委、政府的正确决策提供依据。

2015 年，市“12348”值班律师接听群众来电咨询

二、管理

“12348”专用电话开通后，市司法局建立“12348”协调指挥中心，与法律援助中心“两块牌子、一套人马”。制定“12348”法律援助热线电话值班制度，“12348”法律援助热线与法律援助中心工作时间同步。法律援助中心落实专人负责管理，话务接线员统一从市直律师事务所选拔经验丰富、热心公益事业的优秀律师担任。法律援助中心定期或不定期对“12348”法律援助热线接线情况进行抽查，严格工作质量考核，要求接线员接待来电来访做到热情服务、文明服务、解答准确、百问不烦，并制定文明服务用语。通过“12348”法律援助热线，疏导和化解社会矛盾，保障受援人和咨询者的合法权益，维护社会稳定。

附：法律援助典型案例

（一）法律援助为58名上访民工追回劳动报酬30万元

2009年7月10日是双牌县“县委书记大接访日”。当日有58名来自湖南省桃江县、南县的农民工就双牌县某电子厂拖欠26万余元工资联合上访，请求县领导帮助解决。负责接访的县领导和县法律援助中心立即指派参与大接访活动的汪顺生律师担任58名上访农民工的代理律师，免费提供法律援助，通过法律途径解决讨薪纠纷。汪律师向来访的工人代表了解情况、调查取证，获取该电子厂未与工人签订用工合同以及工人厂牌、考勤卡、工资发放名册、工资核算办法、工人计件本等证据材料，并连夜加班列好工资拖欠表。7月11日，汪律师作为讨薪工人的代理人与3名工人代表，带着收集到的证据材料向县劳动仲裁委员会申请劳动仲裁。7月12日，汪律师与工人代表会同县劳动部门一起来到该电子厂协调处理，但双方未达成一致意见。后经县法律援助中心、县司法局向县委、县政府汇报，县委、县政府召开专题协调会议，分管劳动的县领导，县劳动局、县司法局、县信用联社、电子厂厂长和欠薪工人代表及其代理人汪律师参加会议。会上，汪律师从法律、人情的角度代表农民工向电子厂提出讨薪要求。最后，会议作出决议，县信用联社借款30万元给电子厂用于支付拖欠工人的工资。7月16日，电子厂的58名农民工终于领到了期盼已久的工资。

（二）交通事故心脏受损　倾力维权成功索赔

2010年1月31日13时许，永州市旺达运输有限公司祁阳分公司（以下简称旺达公司）驾驶员颜某驾驶湘M230XX号大客车自祁阳驶往广东省，途径S216线95MK+638KM处宁远县路段时，与前方刘某某驾驶的三轮摩托车追尾相撞，造成二车不同程度受损及刘某某受伤的交通事故。宁远县公安局交通警察大队于2010年2月9日做出宁公交认字〔2010〕第024号道路交通事故认定书，认定湘

M230XX号大客车驾驶员颜某负事故的全部责任，刘某某不负事故责任。

此次交通事故刘某某受伤严重，导致其心脏二尖瓣脱垂并关闭不全，构成二级伤残，前期治疗花费十余万元。但事故全责方旺达公司不认同刘某某心脏受损是因车祸事故直接侵害所致，拒绝承担医疗费、伤残赔偿金、护理费、被扶养人生活费等。刘某某为保障继续治疗的医药费采取拦旺达公司车辆索讨和拖着残躯到旺达公司泼油自杀等过激行为，导致双方矛盾冲突升级。2011年3月26日，刘某某来到宁远县法律援助中心寻求法律援助。宁远县法律援助中心审查后当即指派邓平友律师依法为其提供法律援助。邓平友律师接受指派后，多次上门到行动不便的受援人家中详细了解案情，收集整理好全部诉讼材料，向法院提出由旺达公司赔偿刘某某118万元的诉讼请求。同时，通过承办律师的努力，法院同意刘某某减缓交纳诉讼费。

该案经宁远县人民法院开庭审理，刘某某的诉请项目及计算标准等主张均获得法院支持。法院于2011年8月1日做出判决，判决颜某及旺达公司赔偿83万元，保险公司在交强险责任限额内赔偿12万元，受援人刘某某最终获得赔偿95万元。刘某某全家非常感激，特意到宁远县法律援助中心燃放鞭炮，送上“为民请愿、法律援助”的锦旗，宁远县电视台还为此进行题为《让法律援助的春风吹到弱势群体需要的地方》的专题采访报道。

（三）无辜婴儿医疗事故致残 不遗余力合法权益得保护

2007年7月27日，冷水滩区熊某在某妇幼保健院出生后，因肚脐部位有黄色分泌物，于2007年9月26日被送至永州市某医院住院治疗。由于该医院诊断有误和治疗不当，导致熊某先后六次被送至湖南省儿童医院住院治疗。熊某父母申请医疗事故鉴定。2009年2月27日，湖南省医学会湘医鉴〔2008〕721号《医疗事故技术鉴定书》鉴定为：三级丙等医疗事故。该医疗事故与熊某及出生地医院有主要因果关系，医方负次要责任。该医疗事故给熊某及其父母造成近50万元的经济损失及精神损害。经冷水滩区卫生局调解，熊某父母与出生地医院达成调解协议，而熊某父母与医方永州市某医院多次协商未果。

熊某父母为熊某治病已花光家里所有积蓄，再也拿不出钱来请律师打官司。抱着试一试的心理，熊某父母走进永州市冷水滩区法律援助中心申请法律援助。该中心主任刘洁泉律师热情接待，经审查认为符合法律援助条件，当即做出受理决定。经过收集、调取案件的证据材料，并利用双休日加班起草诉讼文书，刘律师以最快的速度向法院申请立案。同时，办理申请缓交诉讼费的手续，要求永州市某医院赔偿熊某454391.38元经济损失的40%及精神损害抚慰金29838元。

一审中，刘律师从法、理、情的角度发表代理意见：作为治病救人的专业医疗机构，相对于自然人（出生不久的婴儿）来说，在其责任范围内承担责任的比例应该最大化。因此，要求永州市某医院承担40%的赔偿责任。一审判决永州市某医院承担10%的赔偿责任，驳回赔偿精神抚慰金的请求。

熊某父母不服一审判决，委托刘律师以一审认定事实不清，适用法律错误、显失公平等为由上诉至永州市中级人民法院。二审法院经开庭审理后作出终审判决：判决永州市某医院赔偿熊某医疗损失454391.38元中25%的责任，即113597.85元，同时赔偿熊某精神抚慰金15000元。

熊某父母接到终审判决后，脸上露出了笑容，由衷地说："刘律师，你辛苦了，我们全家感谢你！感谢法律援助！感谢政府！"

第九章　司法鉴定

1998 年，国务院明确司法部负责指导面向社会服务的司法鉴定工作。2000 年 8 月，湖南省政府明确省司法厅负责指导全省面向社会服务的司法鉴定工作。2002 年，永州众联会计司法鉴定中心成立，实现永州市司法行政机关管理的司法鉴定机构零的突破。2005 年，全国人大常委会《关于司法鉴定管理问题的决定》出台，全市公安、检察内部司法鉴定机构逐步停止对外有偿服务，法院内部司法鉴定机构撤销，司法行政部门指导管理的社会司法鉴定机构逐步发展起来。2002—2007 年 5 月，市司法局办公室负责指导管理全市面向社会服务的司法鉴定工作。2007 年 5 月 30 日，市编办批复市司法局增设政策法规科（加挂司法鉴定管理科牌子），负责指导管理全市面向社会的司法鉴定工作。

第一节　机构队伍

一、机构

2005 年以前，永州市公安、检察、法院等政法部门内部都设有司法鉴定机构。各部门的司法鉴定机构既对内开展司法鉴定工作，又面向社会提供有偿司法鉴定服务。

2005 年 10 月 1 日，全国人大常委会出台《关于司法鉴定管理问题的决定》，明确法医、物证、声像三类鉴定机构和鉴定人由司法行政部门进行统一登记管理。对于上述三类鉴定机构和鉴定人之外的其他鉴定机构和鉴定人，由司法部商最高人民法院、最高人民检察院确定是否实行统一登记管理。人民法院和司法行政部门不得设立鉴定机构。《关于司法鉴定管理问题的决定》出台以后，全市公安、检察内部司法鉴定机构逐步停止对外有偿服务，法院内部司法鉴定机构撤销，由全市各级司法行政部门管理的社会司法鉴定机构逐步发展起来。

市司法局按照《关于司法鉴定管理问题的决定》和湖南省司法厅的委托，对法医、物证、声像三类鉴定进行信息采集、初审和上报。根据永州实际，市司法局还对三类鉴定以外的会计鉴定、建设工程质量鉴定也纳入信息采集、初审的管理范畴。司法行政部门登记管理的方式主要是由鉴定机构向司法行政部门申请领取司法鉴定许可证。

2007 年，永州诚信司法鉴定所

2002 年，永州众联会计司法鉴定中心成立，是永州市首家司法行政部门管理的面向社会服务的司法鉴定机构。2004 年，永州诚信司法鉴定所成立。2005 年，永州浯溪司法鉴定所、永州潇湘司法鉴定所、永州舜源司法鉴定所、永州龙溪司法鉴定所、永州金诚司法鉴定所成立。2006 年，永州市三蓝司法鉴定所、永州市冯河司法鉴定所、永州市柳子司法鉴定所、永州市永明司法鉴定所、永州市泷泊司法鉴定所、永州市濂溪司法鉴定所成立。2007 年，永州市中泰司法鉴定所、永州市华林司法鉴定所成立。2009 年，永州市湘永司法鉴定中心成立，永州众联会计司法鉴定中心注销。2013 年，永州市大正司法鉴定所成立。2015 年年底，全市有 16 家面向社会的司法鉴定机构。

二、永州市司法鉴定协会

2008 年 9 月，市司法局根据《司法鉴定机构登记管理办法》规定的“司法鉴定管理实行行政管理与行业管理相结合的管理制度”的要求，开始筹备组建永州市司法鉴定协会。2010 年 6 月 29 日，在市司法局会议室召开永州市司法鉴定协会成立暨第一次会员代表大会。会议选举产生永州市司法鉴定协会第一届理事会，选举产生协会会长胡克勤，副会长罗炳辉、段顺元、唐扬太、何进阶、欧阳旭俊。协会宗旨是团结和教育全体会员恪守司法鉴定职业道德、执业纪律、执业行为规则，维护会员的合法权益，为会员提供服务。协会的职责是协助司法行政主管部门从事行业自律管理，制定行业规范并监督执行；规范司法鉴定服务活动，保障行业公平竞争；提高司法鉴定质量，促进司法公正，维护社会稳定，确保司法鉴定事业科学发展。

2010 年 6 月 29 日，永州市司法鉴定协会成立暨第一次会员代表大会召开

三、队伍

全市司法行政机关按照司法部 2000 年 8 月发布的《司法鉴定人管理办法》，对司法鉴定人的执业资格和执业活动进行管理和监督。

全市司法鉴定人必须参加省司法厅统一组织的考试，成绩合格，并经司法行政机关考核合格，才能取得职业资格，颁发司法鉴定执业资格证书。根据全国人大常委会《关于司法鉴定管理问题的决定》，申请从事司法鉴定业务的人员应具备以下条件：具有与所申请从事的司法鉴定业务相关的高级专业技术职称；具有与所申请从事的司法鉴定业务相关的专业执业资格或者高等院校相关专业本科以上学历，从事相关工作五年以上；具有与所申请从事的司法鉴定业务相关工作十年以上经历，具有较强的专业技能。2005 年，全市司法鉴定人首次登记，有 66 名司法鉴定人。2015 年年底，全市有 135 人取得执业证书，并经省司法厅核准编入国家司法鉴定人名册，在省级报刊上公示。省司法厅每年对司法鉴定人进行名册公告，未经公告的不得执业。

2005—2015 年永州市司法鉴定人名册公告统计表

表 9-1 **单位：人**

年度	2005	2006	2007	2008	2009	2010	2011	2012	2013	2014	2015
登记鉴定人	66	116	117	127	141	127	127	127	123	135	135

第二节 司法鉴定业务

全市 16 家司法鉴定机构主要执业类别有法医、会计、建筑工程 3 大类 7 项司法鉴定项目。除永州诚信司法鉴定所业务范围是司法会计鉴定、涉税鉴定，永州市华林司法鉴定所业务范围是建筑工程造价鉴定外，其余 14 家司法鉴定机构业务范围均是法医类鉴定，主要有法医临床鉴定、法医病理鉴定、法医毒物鉴定、法医物证鉴定等。2005—2015 年，全市司法鉴定机构办理各类司法鉴定 84543 件，其中法医类鉴定占到 99. 8%。

2005—2015 年永州市面向社会服务的司法鉴定情况统计表

表 9-2 **单位：件**

年度	法医临床	法医病理	法医毒物（仅限酒精检测）	建筑工程造价	涉税、会计
2005	573	3	—	—	1
2006	3900	65	—	—	4
2007	6226	134	—	—	3
2008	6854	119	—	15	1
2009	8639	180	—	16	1
2010	8412	123	—	13	4
2011	8108	143	—	13	5
2012	8392	188	—	13	4
2013	8430	178	844	14	2
2014	8742	159	1825	5	6
2015	9517	238	2420	8	3
合计	77793	1530	5089	97	34

司法鉴定在化解民间矛盾纠纷中起着重要的作用。2012 年 6 月，张某在广东省河源市京九铁路线修铁路作业中，被他人从 3 米高处推倒致伤，未得到肇事者的赔偿。2013 年 5 月，受张某委托，永州浯溪司法鉴定所对其损伤程度、伤残等级及后续治疗进行鉴定。鉴定意见书做出后，经律师调解，张某得到应有的赔偿。

第三节 司法鉴定管理

一、管理

根据《司法鉴定机构登记管理办法》的规定，全市司法行政机关对司法鉴定机构及司法鉴定活动依法进行指导、管理和监督检查，市司法鉴定协会依法进行行业自律管理。

2002—2008 年，市司法局指导全市司法鉴定机构建立健全内部管理制度，包括：收接案制度、鉴定过程内部审批制度、司法鉴定人回避制度、印章管理制度、司法鉴定人出庭制度、保密制度、财务管理制度、司法鉴定文书及档案管理、司法鉴定人岗位职责、错鉴追究制度等。

2007 年 6 月 15 日，市司法局组织召开全市司法鉴定管理暨法规工作会议

2010 年，市司法局在全市范围组织开展司法鉴定质量建设年活动。市司法局组成检查组对全市司法鉴定所开展专项检查，主要检查机构仪器设备、办公现代化程度、内部管理规范、鉴定程序及鉴定质量、档案管理。在检查中发现永明司法鉴定所仪器设备不达标，内部管理制度及鉴定程序不规范，市司法局向永明司法鉴定所下达为期三个月的限期整改通知书。经整改验收合格，永明司法鉴定所继续执业。

2011 年，市司法局积极参与省司法厅司法鉴定执业专项检查活动。市司法局制定活动方案，周密部署，成立专项活动领导小组，安排专人负责活动的开展。在检查中发现龙溪司法鉴定所档案工作存在不足，市司法局、市司法鉴定协会先后四次现场指导，推动整改，使该所档案工作有较大进步。市司法局指导市司法鉴定协会、双牌县司法局加强与双牌县委的沟通衔接，使泷泊司法鉴定所从该县县委政法委管人、管事、管财务的模式下脱离出来，成为具有独立法人资格的司法鉴定机构。市司法局指导祁阳县司法局加大对浯溪司法鉴定所、中泰司法鉴定所的管理力度，遏制两所不正当竞争情况。通过专项活动的开展，全市司法鉴定机构在人员、财务上逐步独立；各司法鉴定机构的办公硬件建设基本达标，各项内部管理制度逐步建立健全，档案管理、人员素质等方面有明显提升。

2012 年，市司法局在全市开展司法鉴定案卷评查活动。活动主要针对 13 家法医类鉴定机构。要求各机构对 2011 年 10 月 1 日至 2012 年 9 月 30 日所有已办结的案件进行全面细致的自查。各县（区）司法局均成立案卷评查工作领导小组，负责各自区域内的督查。市司法局抽调各县（区）司法局精通业务的骨干组成检查组进行交叉检查。通过机构自查、交叉检查与点评，市、县（区）司法局及各司法鉴定机构对于发现的问题及时进行梳理汇总，不避短，不遮丑，认真分析原因，研究制定整改措施，并建立健全跟踪检查机制，促使问题得到彻底整改。在检查中，柳子司法鉴定所、湘永司法鉴定中心、濂溪司法鉴定所被评为优秀司法鉴定机构。

2014 年，市司法局开展“诚信规范、执业为民”为主题的司法鉴定行风建设专项活动。专项活动重点抽查双牌县、东安县、祁阳县司法鉴定机构。同年，市司法鉴定协会在全市司法鉴定行业组织开展“群众路线教育实践活动”和“助改革、促发展、保民生”法律服务系列活动。全市司法鉴定机构通过司法鉴定援助，减收、免收鉴定费用，为社会弱势群体提供优质司法鉴定服务。2014 年，全市司法鉴定机构为残疾人、贫困人口、农民工等特殊群体减免司法鉴定费用 300 余人次，减免费用近 15 万元。2015 年，市司法鉴定协会对全市司法鉴定机构进行走访调研，就推进全市司法鉴定工作提出五点意见与建议，即：针对司法鉴定因工作性质存在一定的执业风险，建议给司法鉴定人统一购买相关人身保险；建议统一在司法鉴定机构安装电子监控设备；针对县级医院技术力量有限，建议加强学术交流培训；建议对近年来司法鉴定典型案例加以剖析，提出行业指导性意见；建议组织全市司法鉴定机构管理人员到管理模式较为先进的地方学习交流。

二、培训

2005—2015 年，市司法局每年组织全市司法局司法鉴定管理负责人、司法鉴定机构负责人、业务负责人参加省、市司法行政机关组织的司法鉴定管理工作会议，总结上年度管理工作及通报案卷评查情况。不定期组织开展司法鉴定人培训，加强职业道德教育和业务培训。2010—2013 年，市司法局、市司法鉴定协会组织司法鉴定人培训 200 余人次，参训项目 30 余个，全市有 116 名司法鉴定人完成转岗培训和继续教育培训。2014 年，针对新颁布的《人体损伤程度鉴定标准》，市司法局组织 98 名法医临床鉴定人参加省司法厅举办的培训班，97 人考试合格。2015 年，市司法局、市司法鉴定协会组织司法鉴定人培训 100 余人次，全市法医类司法鉴定人基本完成转岗培训和继续教育培训。2015 年年底，全市司法鉴定人拥有副高以上职称或有硕士以上学历的占 86%。

2012 年 7 月 6 日，永州市司法鉴定协会理事会议召开

2012—2014 年，市司法局组织 14 家法医类司法鉴定机构报名参加司法部的能力验证。能力验证涉及验证项目 32 项，获得满意评价的 18 项，占总数的 56.3%，获得通过评价的 10 项，占总数的 31.2%，不通过和未反馈的为 4 项。2015 年，市司法局组织 7 个司法鉴定机构参加省司法厅司法鉴定管理处组织的法医临床鉴定能力验证现场测评项目，全部通过。

三、办理司法鉴定投诉案件

2005—2015 年，市司法局按照《司法鉴定执业活动投诉处理办法》规定，秉承全面、客观、公正的原则，在不妨碍被投诉人正常司法鉴定活动的前提下，依法受理公民、法人和其他组织司法鉴定执法投诉，处理司法鉴定执业投诉案件。

2010 年，蒋某向永州市司法鉴定协会投诉濂溪司法鉴定所作伪证及拒不出庭作证。经调查核实，答复投诉人：鉴定所依据的材料是否真实、完整、充分，是由委托人负责的；医院丢失胸片，责任与司法鉴定机构无关；投诉人要求鉴定人出庭作证，应当向审判机关提出申请，由法院决定是否要求鉴定人出庭作证；投诉人没有履行这一程序，故鉴定人不存在拒不出庭作证的事实。答复后，投诉人蒋某表示理解。

2011 年 5 月，蓝山县水电总公司第六栋集资户向市司法局投诉华林司法鉴定所违法进行工程造价鉴定。市司法局经过调查，于 7 月答复投诉人：华林司法鉴定所依蓝山县人民法院的委托进行鉴定，受理案件是合法的；鉴定过程严格按《司法鉴定程序通则》实施，鉴定材料系法院转交，鉴定程序也是合法的；投诉人对鉴定结论有异议，并非《司法鉴定执业活动投诉处理办法》规定的投诉理由，当事人可以通过向办案机关申请重新鉴定或申请鉴定人出庭质证予以解决。答复之后，投诉人未申请复议和起诉。

2005—2015 年，全市司法行政部门受理 10 起司法鉴定举报投诉案件，调查处理结果均及时向当事人回复和解释。

第十章　监狱

1984—2010年，零陵监狱坚持“监狱是国家刑罚执行机关”的定位和“惩罚与改造相结合，以改造人为宗旨”的原则，坚持“改造第一、生产第二”和“教育、感化、挽救”的方针，做到“依法、严格、科学、文明”管理，建立健全一系列管理制度。对狱政管理、教育劳动、权益保障、生活卫生等方面进行全方位的改革和建设。

监管制度。在对罪犯实施管束、处遇、奖惩等狱政管理中，改变过去封闭、传统、粗放的管理模式，按照“依法、严格、科学、文明”管理的原则，推行分类关押、分类管束、分级处遇的“三分”办法；实施对罪犯“考核记分，以分折奖，以奖减刑”的奖惩制度；实行“两公开一监督”（公开执法依据、公开执法结果，主动接受有关部门及社会的广泛监督）的“阳光工程”。

罪犯教育。零陵监狱对罪犯的教育，坚持“教育、感化、挽救”的方针。1984—1996年，在对罪犯的思想教育中开展系统的行为规范教育、道德规范教育和心理健康教育。组织“告别昨天、献身四化”报告团，到各县（区）巡回报告，以现身说法的形式开展法制、政策、前途的宣传教育。1996年，监狱创办“永州育才职业学校”，使罪犯政治、文化、技术“三课教育”走向课堂化、正规化和制度化。同时，对罪犯的教育，从以灌输式为主向双向交流式、从被动的“他律”向主动的“自律”方向发展，增强改造效果。1997年，按照省监狱管理局的要求，对罪犯教育改造工作实行考核评估制度。2001年始，在罪犯中开展“树立改造目标，争取早日新生”的教育改造工程活动，促使对罪犯的教育改造工作向科学化、现代化、社会化方向发展。在对罪犯的文化教育中，开设扫盲班和高小班；在技术教育方面，开设正规化课堂教学，并经劳动部门统一考核后，发给工人技术等级证书。

权益保障。在监狱执法过程中，把维护罪犯合法权益工作作为体现国家政治文明、人权保障的窗口。1993年，地区劳改支队按照国务院新闻办公室发布的《中国改造罪犯白皮书》提出的“罪犯的生活卫生管理，不仅是一项服务工作，而且是严肃的执法工作”，从保障罪犯合法权益的高度做好生活卫生管理工作。《监狱法》

颁布实施后，零陵监狱组织干警学习《监狱法》，树立“以人为本”的执法理念，保障罪犯的人格不受侮辱，其人身安全、合法财产和辩护、申诉、控告、检举、通信、会见亲友以及其他未被依法剥夺或限制的权利不受侵犯。不断改善罪犯的伙食、居住、被装、环境、医疗、劳动等生活卫生条件。

第一节　狱政管理

一、收押

零陵监狱属地市监狱，规模较小，主要关押永州市辖区内 1 年以上、5 年以下有期徒刑男性罪犯。

零陵监狱凭人民法院判决书、执行通知书、罪犯结案登记表以及人民检察院起诉意见书收押罪犯，无上述法律文件或法律手续不全的拒绝收押。有精神病或患有急性、恶性传染病或其他有严重疾病需要保外就医的罪犯拒绝收押。罪犯入监时，监狱民警即对其进行个别谈话教育，并填写罪犯入监登记表，建立罪犯档案。罪犯收监，监狱民警严格检查其人身和所携带的物品。非生活必需品，由监狱代为保管或者退回其家属，违禁品予以没收。罪犯收监后，监狱书面通知其家属，告知其服刑的监狱名称和所在地址。

二、分押、分管

分押是指监狱机关以犯罪性质为主兼顾改造表现对罪犯进行的分类关押。1988 年，湖南省劳改局制定《罪犯分管分押制度》，对全省各监狱收押罪犯的范围做出规定。1991 年，省劳改局制定《关于对罪犯实施分押、分管、分教工作进行摸底调查和规划定点的通知》，规定按罪名分类，分为财产型犯罪（盗窃罪单列）、性犯罪、暴力犯罪和过失、渎职犯罪四种类型，按主观恶习，将初犯与惯犯分押。1993 年 3 月，地区劳改支队按照上述规定，初步在罪犯中开展分押工作。把 65%以上的盗窃犯分押到一、四大队，把暴力型罪犯分押到二大队，其他罪犯分押到三大队。

1993 年，地区劳改支队制定《罪犯分押分管改造规划》，按照省劳改局颁布的《性罪犯每日行为规范》《暴力犯每日行为规范》《财产犯每日行为规范》《外宿勤杂犯每日行为规范》，开始对罪犯进行分类管理，要求每类罪犯对照行为规范做到日检查、周小结、月书面汇报。对违反行为规范的罪犯，干警对其进行个别教育，与百分制考核挂钩。同年，地区劳改支队开展分级管理，推行《罪犯分级管理试行办法》，将罪犯根据其刑期、改造表现等情况分为基础级、普通级、宽管级（包括监区宽管和监狱宽管两级）和严管级，实行“四级管理，六级处遇”。初入监的罪犯，先进入基础级管理，然后进入普通级；宽管级罪犯必须是改造表现好，刑期超过一半的；惯累犯原则上不得进入宽管级。不同类级罪犯在减刑假释、会见、安排勤杂值班岗位、物质奖励等方面实行不同的监管处遇。罪犯的级别异动，依据其动态改造表现，通过计分考核定期评比实施升降级。一般半年进行一次级别异动。

三、监管安全

地区劳改队成立初期，环境艰苦，罪犯关押较多，没有武警看守，警力紧缺，监管安全工作难度较大。地区劳改队坚持收得下、管得住、跑不了、改造好的指导思想，一手抓建设，一手抓监管改造。监狱民警 24 小时吃住在狱内，不断摸索监管改造工作经验，不断完善各项管理制度，确保监管安全。

1985 年，地区劳改队根据罪行、刑期和身体强弱等特点将罪犯进行编组分队，建立“三好夹一坏”的互监组，制定门卫、探监、学习、罪犯出工提票和交接班、收工等各项监管制度。监管工作实行“三包”（包管、包教、包改造），有效预防罪犯脱逃和各种破坏活动。

1986—1989 年，地区劳改队开展一系列防逃教育，组织有悔改表现的罪犯现身说法，教育多数，孤立少数。连续开展 70 天、100 天反逃防逃活动。持之以恒坚持监狱领导、机关警察、监区（大队）警察“三级巡查”值班制度，采取大面积三级看守网，形成三级看守圈，加大监管力度。1986 年，地区劳改队被省劳改局评为“防逃先进集体”，1987 年，被省司法厅评为“防逃先进单位”。

1990 年，地区劳改队以防逃防暴为重点，加强狱侦工作。专门抽调干警从事狱内侦查，健全完善各项狱侦制度，落实中队半月一次、大队一月一次的狱情分析会制度。分析罪犯的情况和思想动态，对危、顽分子进行全面摸底，逐个分析，采取相应的防范措施。当年避免 5 起脱逃，4 起自杀事故，侦破 3 起监内盗窃、3 起赌博、2 起 21 人传抄涉黄手抄本案件，对涉及犯人进行惩处和教育。

1993 年，地区劳改支队制定《关于进一步做好防逃工作的意见》和《关于监管安全工作实行重奖重罚的决定》等文件，把防逃工作列入干警教育培训的必学内容。实行防逃和监管安全一票否决制，做到每月召开一次狱情分析会。新干警上岗前，必须先上好防逃工作课。在安全防范上，坚持一个中心（以防逃为中心），把握两个时期（1、2 月和 8、9 月以往事故多发期），严格三项制度（门卫制度、监外劳动犯人审批制度、夜间监情况制度），落实四个控制（控制监外劳动犯人、控制夜间当班犯人、控制外宿犯人和控制重危分子），建立“五个网络”（建立时空防范网络、区域防范网络、重点防范网络、互监组防范网络、耳目防范网络）。同时，制定《监内应急处置方案职责》《快速追捕队职责》，进行多次实兵演习，明确和落实各类人员和部门的职责范围，实现突发狱情出现，3~5分钟内就可以集中所有人员进行应急处置。

1994年，地区劳改支队先后发生两起两名罪犯脱逃事故（后及时抓回）。地区劳改支队再次制定《关于进一步做好防逃工作的意见》和《关于对三防工作实行重奖重罚的规定》，强调把监管安全放在一切工作的首位。对全体干警进行防范意识教育，开展“五查五看”活动，即查安全意识，看防逃思想树立得牢不牢；查行为表现，看警惕性高不高；查制度落实，看责任心强不强；查工作作风，看抓防范工作认真不认真；查事故记录，看个人应吸取的教训。深化对罪犯的教育改造工作，消除罪犯脱逃思想。除开展常规性法制教育、形势政策教育外，侧重抓个别教育，并在罪犯中开展“一反一打”专项斗争，组织力量开展追捕逃犯工作。当年抓获逃犯2名；侦破集体脱逃案（未遂）1起。对重新犯罪分子依法进行处理，遏制狱内罪犯脱逃的势头，稳定狱内改造秩序。

1994—1996年，按照省劳改局的统一安排部署，零陵监狱开展以监管安全为中心内容的监管改造规范化管理达标和创建现代化文明监狱工作。监狱党委及时成立规范化管理和创建现代化文明监狱工作领导小组，研究制定规范化管理和创建工作实施意见。在硬件建设上，投入26万元改造监狱环境和监管设施，新添一层420平方米办公楼，整修监管设施6处，粉刷维修办公楼和监房4200平方米，修建水泥篮球场3个，整改道路200米，整修3个监区办公室，添置办公桌椅，为3个大队监房统一安装电风扇，配置彩电、音响等文体娱乐设施，添置一部24门程控电话交换机，各监区、科室、主要岗哨均接通电话。在软件建设上，要求干警加强罪犯个别教育和“四知道”，达到省劳改局规定的指标。强化罪犯的行为养成教育，把罪犯改造行为规范落实到服刑改造的全过程，提高罪犯改造质量。要求罪犯必须熟背《罪犯改造行为规范》58条，进行队列训练。除个别老弱病残，智力低下和文盲外，90%以上的罪犯都能熟背《罪犯改造行为规范》，80%以上的罪犯受到严格的队列训练。1996年11月20日，零陵监狱以87.8分的成绩顺利通过省监狱管理局规范化管理达标验收小组达标验收。

1990—1993年，地区劳改支队连续四年被省劳改局评为监管工作“三无”单位，获得省劳改局“铜马奖”。1995—1997年，零陵监狱连续三年实现监管工作“三无”目标，受到省司法厅和省监狱管理局的通令嘉奖，1997年在零陵监狱召开全省地市监狱现场工作会议。

1998年6月1日，零陵监狱发生两名罪犯脱逃事故（后及时抓回）。零陵监狱认真吸取经验教训，针对监管安全工作中存在的薄弱环节，严格落实干警值班责任制度，要求干警“八到现场”，值班干警把好“三关”，带班干警在生产场地把好“三点”。所有门卫实行双岗，重大节日实行三岗制度。加强对顽危犯、惯累犯、勤杂犯和重点部位的“三控制”。建立监狱领导24小时带队值班巡逻制度，加强对各项制度贯彻执行和干警工作的督查，严格对干警的处罚措施。全年干警遵规守法、成绩突出受奖的12人次，违反监管制度、工作失职受处罚的4人次。

1999年，零陵监狱把监管安全工作放在一切工作的首位。针对罪犯外役劳动难以管理，停止外役劳动，收回外宿犯；加强对重点场所、部位的控制、巡查，严禁罪犯出入干警家属区和办公室；加强领导值班、巡查责任制度，进一步从严治监，并建立预案处置行动方案，增强监狱防骚乱、防暴乱、防恶性重大事故发生的预控能力。宽严并举，在全狱开展“两反一打”专项治理活动，惩治“牢头狱霸”和狱内违法犯罪行为；在罪犯中开展“追逃、防逃”专项斗争活动。当年零陵监狱实现无服刑人员脱逃、无重大狱内案件、无重大疫情、无重大安全生产事故的“四无”目标，被省监狱管理局评为全省监管优胜单位。

2000—2002年，零陵监狱坚持一把手对监管安全负总责，层层建立安全责任制，谁主管谁负责。党委坚持每月召开一次监管工作例会，召开一次敌情分析会，开展一次监管安全工作大排查。2000年，监狱挑选身体素质好，思想作风过硬的年轻干警组建监狱特警队，担负狱内巡逻检查和安全保卫工作，加强对夜间和“三大现场”及要害部门的巡查。2001年，实行罪犯接见IC卡管理制度，加强对罪犯接见和现金管理。制定《劳动现场管理规定》，对罪犯生产现场实行无声劳动、无烟管理，干警走动管理，落实15分钟点名制度，维护劳动现场的安全秩序。2002年，建立以物防为基础、人防为核心、技防为重点的安全防范体系。在物防和技防建设上，维修内外围墙电网，加固围墙100多米，新建门禁系统；新建高质量、高标准的接见室，在接见室内安装10部接见监控电话；全面

2002年10月19日，监狱干警开展训练

清理监狱安全死角。在人防建设上，督促干警牢固树立防范意识，坚决消除麻痹思想，保持警钟长鸣。2001 年和 2002 年，零陵监狱在全省组织的“2101”“2102”行动中，收回保外就医逾期未归罪犯 10 名，捕回在逃犯 3 名。

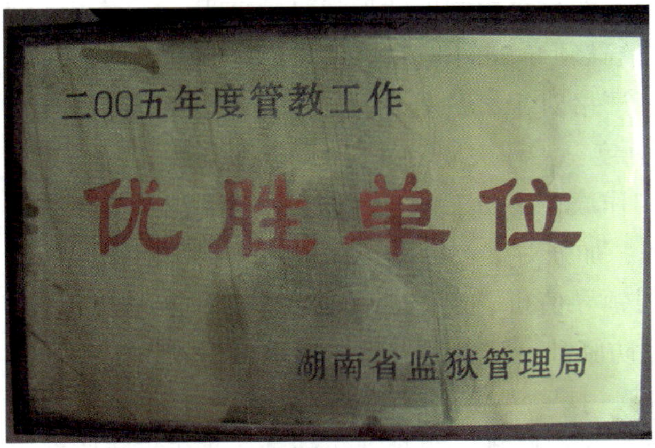

2005 年，零陵监狱被省监狱管理局评为管教工作优胜单位

2003—2005 年，零陵监狱进一步落实对罪犯的直接管理和规范化管理，要求干警做到“六到现场”，即：开会学习到现场、查铺落锁到现场、出工收工到现场、开餐就寝到现场、安全检查到现场、组织训练到现场；“四个亲自”，即：学习授课亲自讲解、组织训练亲自指挥、生产任务亲自安排、清点人数亲自点名。2003 年防“非典”期间，监狱加强对防“非典”和监管安全的保障，执行监狱领导双岗值班制，设立狱政科值班室，制定防“非典”期间处置监管安全突发事故预案，成立突发事件领导小组和应急分队，设立现场警戒、任务执行、后勤保障、监内稳定、交通通信、宣传教育 6 个行动小组。同时，制定防“非典”期间的特别规定。从 5 月 1 日起至防“非典”工作结束，监内实行全封闭式管理，确保警力集中，信息畅通。2005 年，加强对监管设施隐患的排查和整改，加固监舍门窗 40 余处，设置铁丝网 100 余米，增购电棒、警棍、手铐等专用戒具。同年，零陵监狱被省监狱管理局评为全省管教工作优胜单位。

2006—2010 年，零陵监狱按照司法部提出的“三个绝对不能”（绝对不能发生影响本地区乃至全国的越狱、暴狱、伤亡等重特大狱内案件，绝对不能发生爆炸、火灾等重特大生产安全事故，绝对不能发生干警体罚虐待罪犯、劳教人员致死的案件）和“四个绝对不允许”［绝不允许使用罪犯、劳教人员到社会上从事经营活动，绝不允许利用罪犯家属及社会关系进行生产经营活动，绝不允许从事印制非法出版物、加工假冒伪劣产品等违法生产经营活动，绝不允许把减刑、减期、假释、监（所）外执行、会见、同居、准假探亲、亲情电话等刑事、行政奖励当作创收的手段］监管要求，继续落实“四个亲自”“六到现场”“八个到位”等一系列管理制度，突出强化干警在内务管理、生产带班、罪犯学习等方面的直接管理制度，防止罪犯违规违纪事件的发生。每年在“两节”“两会”期间组织大规模清监，清查监内各种违禁物品。继续深入开展罪犯行为规范养成月活动，加强罪犯养成教育。

认真组织开展反逃跑、反地域帮派、反牢头狱霸专项治理活动。2006 年，投入 10 万元，对狱内监管设施进行维护。在二道门设立干警手机存放柜 80 余个，加强检查力度，严禁干警带手机进入监区。开展狱内打黑除恶专项斗争，专项打击脱逃、自伤自残、自杀、非法骗取减刑、假释等行为，保持狱内高压态势，净化改造环境。2007 年，零陵监狱制定下发《关于加强监狱值班看守工作的规定》，建立《完善防罪犯脱逃处置预案》《防狱内罪犯暴狱处置预案》《防狱内劫持人质处置预案》《防狱内突发公共卫生事件处置预案》《监管安全突发事故应急预案》。2008 年，零陵监狱围绕“司法行政大动员，化解矛盾促和谐”专项维稳活动目标，以提高教育改造质量为中心，整合各种改造手段，从执法、狱政、狱侦、教育、生活卫生、生产安全等各个方面，规范管理制度，强化管理力度，实行以人为本、依法管理模式，促进监管安全、和谐、稳定。2010 年，零陵监狱加强事务犯管理，从源头杜绝牢头狱霸的产生。各监区对现有岗位事务犯进行重新竞争上岗，通过罪犯申请、考试、集体投票、监区考核、公示等程序，选任事务犯 17 人。

2008 年 10 月 30 日，零陵监狱开展罪犯队列汇操行为规范竞赛

1999—2010 年，零陵监狱连续 11 年实现监管工作“四无”目标。

四、罪犯考核

1987 年 7 月，省高级人民法院、省人民检察院、省司法厅联合下发《关于印发劳改犯人百分制考核办法（试行）》，决定从 1987 年 10 月起在全省各监狱试行。地区劳改队严格按照《百分制考核办法（试行）》对罪犯进行考核。考核分思想改造和劳动改造两个部分，各占基础分 50 分。思想改造中认罪服法，遵守监规，政治、文化、技术三项学习各占 15 分，生活卫生 5 分；劳动改造中劳动效率 15 分，产品质量 20 分，材料消耗 10 分，文明生产 5 分。百分考核实行“日规则”考核和日记月评制度，把罪犯改造、生产与依法减刑假释和奖惩挂钩，每月以中队为单位进行评分，根据得分情况，分别奖励罪犯一定的减刑分。原则上积满减刑分 80 分可呈报减刑假释。

1990 年，地区劳改队修订《百分考核补充规定》30 条，由干警直接考核，管教股严格把关，依法、据实、合理对罪犯实行奖惩。

1993—2004 年，零陵监狱按照省劳改局制定的《湖南省关于计分考核奖罚罪犯的规定》和 1998 年省监狱管理局制定的《关于对罪犯实行考核计分以分折奖的规则》，对罪犯进行考核记分。

2005 年，零陵监狱制定《零陵监狱罪犯量化考核细则》，进一步规范罪犯考核工作。

五、减刑、假释与加刑

1984—1991 年，地区劳改支队按照公安部颁布的《监狱、劳改队管教工作细则》开展罪犯减刑、假释工作。1987 年以后，零陵监狱开展对罪犯的百分制考核，根据罪犯考核得分情况，向法院报请减刑、假释，使减刑工作逐步量化，具有更强的可操作性和透明性，调动罪犯改造积极性。1991—2010 年，零陵监狱办理减刑、假释，严格按照各个时期最高人民法院发布的《关于办理减刑、假释案件具体应用法律若干问题的规定》执行。

零陵监狱办理罪犯减刑、假释，坚持有利于罪犯教育改造，公正、公开、透明的原则。具体程序是：1. 按照罪犯“百分制考核”规定，满 80 分，可以呈报减刑、假释；2. 呈报减刑、假释，先由罪犯本人申请，或者监区摸底；3. 监区根据罪犯本人申请和摸底情况，召开监区干警大会讨论通过，公布符合减刑、假释条件人员名单；4. 监区根据公布情况，如无异议，报监狱狱政管理科审核，再交有关业务科室（生卫科、生产科、监察室等）审查；5. 相关业务科室审查并报分管领导同意后，召开相关业务科室主要负责人参加的评审会议讨论；6. 评审会议讨论通过后，报监狱长同意，召开监狱长办公会议讨论，确定减刑、假释名单，公示 7 天无异议后，报法院裁定。2004 年 5 月，零陵监狱进一步规范罪犯减刑、假释呈报工作，成立提请减刑、假释评审委员会，由监狱长任评审组长，其他监狱领导为成员，下设减刑、假释评审工作办公室，负责减刑、假释工作日常事务。各监区也相应成立罪犯减刑、假释工作评审小组。同时邀请驻狱检察室负责人、监狱执法监督员担任评审，加强工作监督。

1984—2006 年零陵监狱罪犯减刑、假释情况统计表

表 10-1

年度	减刑犯（人）	减刑面（%）	假释（人）	年度	减刑犯（人）	减刑面（%）	假释（人）
1984	9	0.75	0	1996	218	29	17
1985	19	3.0	0	1997	213	28	11
1986	102	8.3	1	1998	226	29	8
1987	150	14.7	1	1999	189	26	22
1988	231	20.0	1	2000	156	24	19
1989	273	30.0	0	2001	127	26	12
1990	296	24.5	7	2002	97	24	6
1991	252	18	11	2003	不详	不详	不详
1992	345	49	0	2004	103	13	9
1993	491	64.4	0	2005	减刑、假释 171 人		
1994	257	31	4	2006	减刑 86，假释 8（上半年）		
1995	241	28	0				

零陵监狱对在狱内犯罪或发现新罪的罪犯，依据《刑法》分则规定的具体罪名报有关部门予以加刑。

1984—2004 年零陵监狱罪犯加刑情况统计表

表 10-2

年度	加刑犯（人）	加刑面（%）	年度	加刑犯（人）	加刑面（%）
1984	5	0.42	1995	0	0
1985	11	0.68	1996	0	0
1986	6	0.49	1998	1	0.13
1988	1	0.1	1999	1	0.17
1989	4	0.44	2000	1	0.25
1990	3	0.25	2001	0	0
1991	0	0	2002	0	0
1992	0	0	2003	3	不详
1993	0	0	2004	1	0.12
1994	0	0			

六、释放

1985—1987 年，地区劳改队按照省劳改局要求，在罪犯刑满释放时发给刑满释放证、文化结业证和技术等级证。1988 年，按照省劳改局制定的《出监工作制度》，地区劳改队规范罪犯刑满释放程序：1. 释放前将服刑人员集中到出监队进行出监教育 1 个月，填写罪犯出监鉴定表；2. 由狱政科在罪犯刑满 1 个月前与罪犯捕前所在地公安机关及原单位联系，并通知其家属安置去向；3. 严格按刑满和裁定日期释放，释放前回收囚服，发还监狱代为保管的钱物，发给释放证明书。释放证明书分为正本、副本和存根，正本发给释放人员，副本及罪犯出监鉴定表，连同判决书（或复印件）移送所在地公安机关，存根由劳改队保存。1999—2010 年，零陵监狱按照省监狱管理局规定，填写释放人员在服刑期间认罪服法情况、改造表现、技术特长和就业意向的刑满释放人员通知书，寄送原户籍所在地的县级公安机关和司法行政机关的安置帮教办公室，以便对刑释人员进行安置帮教。

第二节 教育改造

一、教育内容

（一）思想政治教育

零陵监狱坚持对罪犯实行“惩罚管制与思想改造相结合，劳动生产与政治教育相结合”的方针，坚持“思想政治教育为核心”的原则，对罪犯开展经常性、系统化的思想政治教育，使他们认罪服法，转变恶习，成为新人。思想政治教育主要包括四项基本原则教育、法制教育、人生观和道德品质教育、形势政策前途教育、行为规范养成等内容。

1984—1989 年，地区劳改队贯彻全国六届人大常委会通过的《关于严惩严重危害社会治安的犯罪分子的决定》，落实“教育、感化、挽救”的劳改工作方针，组织罪犯学习《宪法》《刑法》《婚姻法》《森林法》《犯人条例》。在罪犯中开展共产主义人生观教育和交余罪、揭同伙活动。1987 年，地区劳改队开展监规纪律大整顿。邀请公、检、法、司和市委分管政法工作的副书记为罪犯讲课、做报告 7 次。开展“三查一整顿”活动，动员罪犯查自己认罪服法情况，查自己遵监守纪情况，查自己思想改造、劳动改造情况，深挖犯罪根源，批判歪门邪道和严重违规行为，整顿监内秩序。

1989—1991 年，东欧剧变，苏联解体，国际形势风云变幻。地区劳改支队在罪犯中进行以形势教育为重点的“热爱祖国、热爱社会主义制度，坚持四项基本原则”教育。对罪犯进行书面测试，有 684 名罪犯获得 85 分以上成绩。

1992 年 5 月 1 日，地区劳改支队按照《国旗法》的规定，集中举行升国旗仪式，并以此为契机，在罪犯中开展爱国主义教育。1994 年，重点开展以促使罪犯树立正确的人生观、道德观，改造恶习为目的的社会主义道德规范教育。1995 年，以司法部编印的《监狱法教育读本》为教材，对罪犯进行系统的法制教育。

1997—2000 年，先后组织罪犯开展“迎香港回归”“迎建国 50 周年，庆澳门回归”爱国主义教育，学习新《刑法》和中国共产党十五大精神专题教育，举办“学雷锋、做实事”“遵纪守法，一月无违纪”等活动，举办各类演讲会、知识竞赛，激发罪犯的爱国主义热情和遵纪守法自觉性。

2001 年，组织罪犯开展学法用法知识竞赛活动。当年在全省举行的罪犯“学法用法知识竞赛”活动中，零陵监狱荣获单位组织奖，10 名罪犯获二等奖，14 名罪犯获三等奖。

2002—2010 年，零陵监狱对罪犯的思想政治教育以认罪服法教育、禁毒教育、严打整治教育、法制教育、罪犯行为规范养成教育为重点，并辅以时事政治、形势和前途教育。多次邀请法院、检察院领导到狱为罪犯作法制讲课，与罪犯交谈，解答关于法律方面的问题。多次邀请市关工委郝杰到狱为罪犯作爱国主义和形势教育报告。每年在 6 月 26 日国际禁毒日开展禁毒教育，组织罪犯观看禁毒图片，分组开展讨论，增强罪犯远离毒品、同毒品做斗争的决心。组织开展以禁毒为中心内容的专项治理活动，防止罪犯吸毒事件的发生。积极开展罪犯行为规范的养成教育，每年都组织罪犯进行队列汇操，抽背《罪犯改造行为规范》，把对罪犯的行为规范养成教育纳入规范化管理。充分发挥“青少年法制教育基地”作用，与教育部门联合，组织罪犯到各所学校现身说法，开展预防未成年人犯罪警示教育。全面开展“希望（新生）工程”。每年初，各监区干警指导罪犯对改造目标进行一次再审定活动，帮助罪犯规划全年的近期目标，修改中、长期改造目标，组织罪犯开展“树立改造目标、争取早日新生”的“树、争”活动，调动罪犯的改造积极性。

（二）文化和技术教育

1985 年，根据省司法厅、省教育厅《关于加强对劳改罪犯和劳教人员文化、技术教育的通知》精神，地区劳改队专门为犯人开设扫盲班、高小班和初中班。同时，为使犯人释放后能更好地自谋出路，在课程设置上有针对性地增加机械修理、红砖生产、砌工、木工、打铁、养猪等技术课。1988 年，地区劳改队根据教学需要，申请并创办零陵新生职业学校，配专职干部3人，聘请专职教师和兼职教师。开办3个技术班（种养、机械维修、红砖生产专业各1个）和5个文化班（高小班3个、初小班1个、文盲班1个），技术课、文化课的师资由罪犯兼任。教室由监房临时代替，并配置课桌、黑板、教具、教材。年底，入学总人数408人。1990年，劳改队克服资金、师资、场地等困难，继续办好文化班，参加学习罪犯人数43人，全部通过初中考试，语文人均达87分，数学人均97分，有3人被评为优秀学员。

1985—1990年，地区劳改队参加技术培训的罪犯973名。参加自学考试获得大专证书的罪犯2名。

1996年，零陵监狱对在押犯中余刑一年半以上，年龄45岁以下和只有初小以下文化程度的206名罪犯，编成两个年级6个班开展文化教学，其中高小班3个，扫盲班3个。同时，先后开办5期技术培训班，95人取得上岗证。

1997年，零陵监狱育才职业学校开办文化教育2期，办班12个，招收高小班学员104人，经考试，有94名学员领取毕业证书；办扫盲班3个，招收学员109人，108名学员脱盲；举办岗位培训班5个，培训学员116名，89名学员获得上岗证。

1998年，学校文化教育全年开设12个班，小学和扫盲班各6个，完成教学240课时，考试合格率80%，发证率81%。技术教育，先后举办养殖、宝石加工、红砖生产等5个培训班，培训学员120人次，发证31人。举办报道员业务培训8期，参训学员178人次。

1999年，全年举办文化扫盲班、初小班、高小班12个，参加学习罪犯290名。

2000年，全年完成“三课”教育552课时，其中思想教育252课时，入学率100%；文化教育240课时，开办文化教育班11个（初小班5个，高小班6个），236人次参加学习，经考试25人脱盲，50人获小学毕业证书，63人由初小班进入高小班学习，考试及格率78.5%，达到省监狱管理局规定要求。

2001年，举办小学文化班6个，高小班6个，216名学员参加学习，49人由初小班进入高小班。全年完成教学任务240课时，考试及格率72.8%。技术教育坚持“面向生产、着眼就业、服务社会”的指导思想，重点放在岗位培训上。根据监狱生产工作和社会就业的需要，重点对彩灯生产、种养殖业、机修、电工等岗位进行培训。按照监狱制定的《犯人定职规定》和《罪犯劳动分级管理考核制度》，对罪犯按劳动工种及在岗时间进行定职活动。

2002年，零陵监狱在罪犯文化教育方面，除保证正常课堂化教学外，先后两次组织干警教员和犯人教员演示教学，公开观摩，并成立课题组，探讨如何展开情景教学及情趣教学。技术教育重点以水产养殖、彩灯加工技术培训为主。

2003 年，监狱开办文化教育班 12 个，参加人数 187 人，完成文化教育 240 课时，到课率 95%，考核合格率 75%。技术教育重点放在上岗培训，全年组织种养、彩灯、毛织、足球等生产培训，累计培训罪犯 478 人。

2005 年，全年开办文化教学班 6 个，参加学员 127 人，到课率 98%。完成教学 269 课时。技术教育组织开展球类、彩灯、毛织等 13 个培训班，参加培训学员 541 人。

2006 年，罪犯文化教育以小学为主，开办初小班 3 个，高小班 3 个，参加学员 128 人，到课率 98%，完成 252 课时。同时开展 2 次文化教研活动。技术教育继续将重点放在上岗培训，全年组织种养、球类、毛织等生产培训，累计培训罪犯 600 余人。

2007 年，监狱在突出抓好扫盲教育的同时，联合地方教育部门，开展学历教育。将强制罪犯参加学习改为引导罪犯自觉学习，引入激励机制，提高罪犯学习积极性。当年完成课堂化文化教学 277 课时，考核合格率 100%，优秀率 27.5%，发证率 68%。适应社会需要，开展面向就业市场的技术教育，主动与有关单位、学校、劳动部门建立联系，在即将出狱罪犯中开办一些“短、平、快”的技术培训班，使监狱技术教育与社会接轨。全年开办毛织、足球、丝印、电工、电脑、烹饪、种养殖等岗位技术培训班 18 个，参培率 99%，到课率 98%，发证率 15%。

1996—2010 年，零陵监狱育才职业学校举办各类文化班 156 个，累计参加学习罪犯 2000 余人；举办技术培训班 135 个，累计培训罪犯 5000 余人。

（三）心理健康教育

1995 年，司法部在《关于创建现代化文明监狱的标准和实施意见》中首次提出对罪犯进行心理矫治的要求。1996 年，零陵监狱选派干警教员参加湖南省监狱管理局在湖南师范大学举办的罪犯心理矫治培训。1997 年，零陵监狱开始开展罪犯心理健康教育。当年利用各种量表对罪犯进行心理测量 228 人次，建立罪犯心理档案 32 个，解答罪犯心理问题 90 余个。2006 年，监狱依托各方力量，开展罪犯心理健康教育课堂化教育，采用单个心理咨询、双向心理咨询互动、集体心理感应等方式，灵活机动教学。当年完成心理健康教育课堂化教学 176 课时，接受心理咨询罪犯近 400 人次。2007 年，开设心理健康教育课堂化教学 183 课时，参加学习和接受心理咨询罪犯 560 人次。1997—2010 年，零陵监狱每年都开办心理健康教育和咨询，罪犯心理健康教育逐步成为罪犯常规教育的重要内容之一，参加心理健康教育学习和接受心理咨询的罪犯累计 4000 余人次，为稳定监狱秩序和提高教育改造质量起到较好的作用。1996—2010 年，零陵监狱先后选派干警参加省监狱管理局组织的培训，参加全省心理咨询师统一考试，有 7 名监狱干警取得心理咨询师资格证书。

二、教育方式

（一）课堂教育

1996年12月26日，零陵监狱育才职业学校挂牌成立，监狱长王万书兼任校长。学校下设教务处和政治、文化、技术教研室。聘任政治教师7名，技术教师9名，文化教师3名。此外，在罪犯中通过摸底、考核，挑选6名专职文化教师。1996—2010年，育才职业学校对罪犯开展政治、文化、技术“三课”课堂化教育，课堂教学逐步走向系统化、规范化、制度化。

（二）个别教育

零陵监狱遵循因人施教的原则，开展干警对罪犯的个别教育，要求干警对自己所分管的罪犯做到“四知道”，即要知道罪犯的基本情况、犯罪情况、亲属情况和改造情况，提高教育改造的针对性。1987年，地区劳改队将干警对罪犯个别教育谈话的次数和包教顽固、危险罪犯的转化率列入《管教生产双承包实施办法》，督促干警加强对罪犯的个别教育。1990年，省劳改局颁布《干部“四知道”考核办法》，对“四知道”的内容，作出更详尽的要求。地区劳改队贯彻落实《干部“四知道”考核办法》和省劳改局召开的个别教育经验交流会精神，铅印个别教育登记簿和“四知道”小册子，干警人手一册，随身携带；建立定期检查制度，将“四知道”和个别教育列为干警考核，年终评优评先的条件之一。全年基层干警人均对罪犯个别教育谈话120人次，队领导人均对罪犯个别教育谈话80人次。对危、顽分子实行包管包教包转化。全年通过教育，顽、危分子的转好率达90%。1997年，零陵监狱实施《湖南省监狱人民警察个别教育工作实施细则》，全狱干警开展个别教育7153人次，使13名顽危犯得到不同程度转化，转化率86%，改好率70%。1998年，零陵监狱选派2名干警参加省监狱管理局“四知道”比武，1名获三等奖，1名获纪念奖，团体总分第七名。1999年，全狱干警对罪犯进行个别教育7930人次，对67名顽危犯教育转化率达80%。2000年，零陵监狱加强对干警的教育改造业务培训，开展“四知道”“个别谈话教育”比武，干警及格率达100%，人均得分84.13分。同年，落实省监狱管理局《监所主要领导包教反改造尖子制度》，监狱长、政委亲自对1～2名反改造尖子进行个别教育，实行包教包转化。2002年，零陵监狱开展教育改造安全年活动，出台《零陵监狱关于进一步落实教育改造安全年活动的安排意见》和《零陵监狱教育改造工作整改意见》，实施教育改造“一把手工程”，主要领导亲自抓教改工作，带头包教1名以上反改造尖子或顽危犯，带头做好对重点罪犯的攻坚转化工作。2003—2010年，零陵监狱在全狱干警中每年开展“个别教育攻坚招标工程”活动，制定《个别教育攻坚招标工程实施方案》，对年初确认的反改造尖子落实包教干警。实行干警对罪犯教改工作监房包干责任制，把个别谈话教育、“四知道”工作与干警年度考核和评优评先挂钩，对完不成基本教育改造工作的干警，在评先评优等方面实行“一票否决制”。2006年，零陵监狱制定推进攻坚招标奖惩措施，规定每转化一名反改造尖子，招标干警奖励100元，基本转化的奖励50元，包教对象没有转化的则罚款100元。

1996—2010年，零陵监狱开展干警对罪犯的个别教育年平均7000人次，每年顽危犯的转化率均在80%左右。

（三）社会帮教

1984年，地区司法局与团地委、工会联合，挑选6名曾有违法犯罪劣迹被拘留或劳改过，通过各级党团组织的帮教成为先进生产者或先进工作者的青工、社员组成“告别昨天、献身四化”报告团到全区11个县（市）劳改单位巡回报告17场次，以现身说法的形式开展法制、政策、前途的宣传教育。20世纪90年代，配合法制教育，零陵监狱组织罪犯到大中小学校和社会单位开展“现身说法”，成为社会治安综合治理的内容。2000年6月，零陵监狱与冷水滩区委政法委、区教委联合在监狱创建“永州市冷水滩区青少年法制教育示范基地”。1993—2002年，零陵监狱先后组织42名罪犯到全市37所中小学校和机关企事业单位进行现身说法60场次，听众6.96万人次。2006年，零陵监狱与冷水滩区教委、区司法局、区交警队及区公安局禁毒大队联合开展为期4天的社区警示教育活动，行程500余公里，受众面1.1万余人。2007年，零陵监狱组织罪犯开展现身说法6场次，受众面6000余人。2003—2010年，先后组织28名罪犯到零陵、冷水滩两区9所大中小学校和长铁永州站等单位、社区进行现身说法24场次，听众3.41万人次。

1996年，零陵监狱按照省监狱管理局《关于开展“万人帮教”活动的通知》精神，广泛动员各级领导、社会各界人士共同参与罪犯帮教工作，签订对罪犯的帮教协议。1997年，社会各界与罪犯签订帮教协议面达22%。1998年，签订帮教协议面达25%。2001年，邀请法院、检察院领导到狱对全体罪犯进行“三热爱”教育。2003年，零陵监狱大力开展社会帮教工程，坚持“利用社会资源，借助社会力量，拓宽教育门路，丰富教育内容”的指导思想，制订帮教工程计划，成立帮教工程领导小组。先后邀请罪犯亲属和市关工委、政法委领导到狱与罪犯座谈，进行思想教育活动。同年10月，与永州职业技术学院签订帮教协议，建立帮教共建关系。学院师生先后向罪犯捐赠图书1300余册，学院团委挑选32名学生干部与罪犯结成帮教对子。2005 年，零陵监狱开展“改造佳绩信中情，一封家信慰亲人”的改造情况汇报活动，积极动员罪犯亲属到狱看望关怀罪犯，亲情帮教。同时与社会各界关心和支持罪犯教育改造的爱心人士和单位联系沟通，与罪犯及罪犯亲属签订帮教协议 512 份。2007 年，零陵监狱开展亲情帮教，与罪犯亲属签订帮教协议 321 份。

（四）入监及出监教育

1984—1999 年，零陵监狱没有设立单独的出入监队，对罪犯的入监教育和出监教育由罪犯所在监区承担。1990 年，地区劳改队加强入监教育，把好入监教育“四关”，上好“六课”。“四关”即监规纪律关、犯人守则关、队列训练关、制订改造规划关。“六课”指监狱方针政策性质任务课，认罪服法课，认罪悔罪课，遵守监规纪律课，消除逃跑思想课，积极劳动改造，争取光明前途课，为罪犯以后的思想劳动改造打好基础。

2000 年，零陵监狱成立独立的出入监队，集中开展罪犯出入监教育。当年开展入监教育 8 期，教育入监罪犯 105 名，出监教育 2 期，教育出监罪犯 50 名。2000—2010 年，零陵监狱每年集中开展数期罪犯入监教育和出监教育，确保入监教育 3 个月，出监教育 1 个月。每年出入监教育合格率均为 100%。

（五）罪犯文化建设

1986 年，地区劳改队创办《零陵新生报》，其宗旨是向罪犯宣传社会主义法制、宣传党的劳改工作方针政策，报道罪犯教育改造、劳动生产等情况以及狱内重要工作，为提高罪犯教育改造质量服务。1986—1996 年，《零陵新生报》为月刊，每月出刊一期。1997 年，零陵监狱加强通讯报道工作力度，将《零陵新生报》由月刊改为半月刊，每月出刊两期。办报期间，零陵监狱对文化水平较高的罪犯开展通讯报道业务培训，组织罪犯积极向《零陵新生报》和《湖南育新报》投稿。1986—2010 年，《零陵新生报》累计出刊 448 期，罪犯累计投稿 4 万余篇，采用稿件 1.2 万篇，被《湖南育新报》采用稿件 196 篇。除创办《零陵新生报》外，零陵监狱各监区还不定期编排监区黑板报、墙报，宣传时事政策、反映各监区改造动态，进行狱务公开，辅助对罪犯的教育。

1996 年，零陵监狱举办首届监区运动会，组织罪犯开展乒乓球、篮球等体育比赛。1998 年，零陵监狱举办首届监区文化艺术节活动，组织罪犯发挥特长，排演各种文艺节目。1999 年 12 月，以“庆国庆，迎回归”为主题，举办第二届监区文化艺术节和第三届监区运动会，并组织参加省监狱管理局举办的犯人文艺会演。2003—2010 年，零陵监狱组织开展“环境教育工程”，丰富罪犯文化生活。2003 年，利用节假日组织罪犯开展各种棋类、球类、歌咏比赛、知识竞赛、游艺等活动

131 场次，组织开展“一封家书”和“改造座右铭”征文活动，并成功举办第五届监区文化艺术节。2005 年，零陵监狱在狱内大力营造“节日文化广场”理念，在重大节假日期间，组织开展系列监区文体活动，全年开展各种体育健身、游艺、卡拉 OK 比赛等 97 场次，开设罪犯广播点歌台、时事摘要专栏。2007 年，继续开展监区文化建设，办好狱内改造小报、黑板报、墙报，以“构建和谐社会”和“安全生产”为主题，开展罪犯征文活动，节假日开展全狱篮球、乒乓球、象棋、羽毛球、卡拉 OK 等文体活动。1996—2010 年，零陵监狱先后举办 7 届监区文化艺术节，6 届监区运动会，组织文艺会演 20 余场次，球类比赛 100 多场次，棋类比赛 194 场次，拔河比赛 189 场次，其他文体活动 700 多场次。

第三节 生活卫生管理

一、罪犯生活管理

1984 年，地区劳改队新建罪犯监舍 3122 平方米，人均面积达 5.7 平方米。1986 年，新建一栋 600 平方米的犯人食堂。1987 年，地区劳改队在罪犯伙食方面，增加小炒加工，对患病罪犯实行饮食优待。1988 年，地区劳改队增设生活卫生股，对犯人的生活进行全面管理。同年，劳改队为犯人添置床、被子、棉衣、蚊帐、解放鞋。罪犯月人均口粮 18 公斤、月伙食费 26.5 元，月零用钱 3 元。1990 年，劳改队开展以各中队为单位的自种自养，改善罪犯伙食，罪犯每月伙食标准提高到 40 元。

1994 年，根据省劳改局关于开展罪犯食堂自种自养和建立犯人生活物资供应站的指示精神，地区劳改支队改变从市场购买为主的方法，大力加强罪犯“三自”生产（自种、自养、自加工），基本做到猪肉、蔬菜、腌菜自给自足。全年自种蔬菜面积 75 亩，罪犯蔬菜供给率达 100%。罪犯食堂自养生猪 200 头，保证犯人吃肉需要，全年人均提供肉食 18 公斤。自加工腌菜 1.5 万公斤，自加工囚服 360 套。在物资供应方面，专门成立物资供应站，制定相关制度，明确工作职责，规定工作流程，严格办理手续。

1997 年，零陵监狱从监狱生产收入中补贴罪犯经费 20 余万元，保障罪犯伙食费标准提高到每月人均 80 元。当年罪犯自种自养自加工，全年种蔬菜 27 万公斤，养猪 207 头，全年人均提供肉类 18.4 公斤，基本做到使罪犯吃饱、吃热、吃卫生。为维护罪犯合法利益，零陵监狱改变过去监狱商店由干警家属经营的状况，收回监狱商店管理权，由监狱直接管理。

2000 年，零陵监狱罪犯伙食费标准提高至每月人均 100 元。每月人均食物量略高于省监狱管理局标准，其中每月人均大米 20.11 公斤，蔬菜 21.7 公斤，猪肉 1.8 公斤，食用油 0.8 公斤。节假日还给予补贴。

2002 年，零陵监狱将监狱商店由原来的各监区设点改为生活卫生科专人直接管理，确保物价稳定。挤出 3 万元资金为每名罪犯添置一床被套和床单，将罪犯的棉絮全部翻新。

2003 年，零陵监狱将罪犯伙食费提高至每月人均 108 元。其中每月人均大米 19.69 公斤，猪肉 1.85 公斤，食用油 0.65 公斤，豆制品 1.5 公斤，蔬菜 21.56 公斤。监狱还克服经费紧张困难，充分发挥罪犯物资供应站的作用，大宗物资采购实行“阳光工程”，专门拨款 4 万余元采购罪犯生活物资，由纪检监察部门全程监督，公开招标。同年，将原有的三个小伙房调整为一个大伙房，降低伙食成本，提高罪犯生活质量。

2004 年，监狱罪犯伙食费提高至每月人均 116.2 元，其中每月人均大米 21.57 公斤，蔬菜 19.34 公斤，食用油 0.72 公斤，肉食 1.95 公斤，鱼禽蛋豆 1.13 公斤。此外，罪犯医疗费每月人均 6.62 元，零花钱 5 元，杂支费 6.09 元。

2006 年，零陵监狱改扩建一期工程完成。罪犯生活、生产全部搬迁至新监房，建立一个面积 1200 平方米的大食堂，新添置全套食堂配套设备，统一配送开餐。当年，罪犯伙食标准每月人均达 136.8 元。其中每月人均粮食 21.73 公斤，蔬菜 20.18 公斤，食用油 1.06 公斤，肉食 2.45 公斤，鱼禽蛋豆 2.99 公斤。监狱商店实现的利润全部用于补贴罪犯的生活和添置各类生活设施。

2009 年，根据省监狱管理局《关于调整罪犯生活费标准的通知》，零陵监狱将罪犯伙食标准上调至每月人均 160 元。其中财政拨款 133.3 元。

零陵监狱在押犯的生活费由当地财政按人头包干，具体由生卫科管理，专款专用，单独设立会计和出纳。

二、医疗卫生管理

零陵监狱注重入监体检，发现重病患者拒绝收监。坚持“预防为主、防治结合”的医疗工作方针，大力开展防病、治病和卫生防疫工作。监狱卫生所的医疗原则是：以预防为主，治疗为辅，药品进出库严格执行领发调拨手续，罪犯患病就医、住院、预防消毒灭菌等开支实报实销。

1985—2000 年，零陵监狱以改善生活、卫生条件为重点，狠抓灭蚊、灭蛆、灭鼠环境工作，确保狱内卫生。每年组织开展“文明礼貌月”系列活动，制定文明卫生公约。每年根据不同季节，有针对性地开展疾病防治工作。定期购买消毒药品对监舍、生活卫生场地和饮用水进行清洁消毒。春夏秋季进行灭蚊灭鼠，组织罪犯烧开水、煮凉茶、泡生姜汤进行防暑降温。冬季做好防寒保暖工作。

2001—2010年，零陵监狱每年组织开展“春季爱国卫生”运动和夏季“三防”工作，绿化、美化、净化监区环境，除害灭菌，改善环境卫生状况。加强饮水消毒管理，强化食品卫生监督，防止病从口入。开展卫生常识宣传，教育罪犯讲究个人卫生，养成良好的卫生习惯。开展健康向上的文体活动，不断增强罪犯身体素质。

2002年8月初，零陵监狱一监区从事彩灯、米灯劳作的罪犯，先后20余人出现头昏、头痛、胸闷、腹胀、乏力、下肢浮肿等症状。监狱立即请永州市三医院急诊科医师到狱对病犯进行诊断，发现20余人患有不同程度低血钾症。监狱卫生所采取对症治疗后，病情缓解。针对部分罪犯出现缺钾情况，监狱于8月13日向冷水滩区卫生防疫站、市职业病防治所报告，市、区防疫部门组成联合调查组对监狱罪犯进行病案调查，并对监狱从事彩灯、米灯劳作的83名罪犯和23名干警进行血钾、钠、氯测定、尿铅测定和血常规检测，发现有31名罪犯有不同程度低血钾，检出率为45%。市、区防疫部门出具《零陵监狱在押犯人低血钾情况调查结果》，排除职业性毒物中毒、食物中毒和常见传染病暴发、流行等情况，并提出有关食品、劳动卫生等方面的整改意见。零陵监狱采取积极治疗措施，至8月底病情得到控制。同时零陵监狱完善监狱食堂卫生条件，调整罪犯食谱，食物做到多样化，以达到平衡膳食卫生要求。撤销一监区米灯生产线，对从事彩灯生产的罪犯，开展做工间操、工间跑步、听音乐等多种形式的工间活动，改善生产环境。

2003年，全国发生非典型性肺炎疫情。零陵监狱严格按照省监狱管理局和市司法局紧急部署，成立应急领导小组，制订应急预案，落实经费，采取果断措施，对全狱进行封闭管理，禁止罪犯与外界直接接触。全狱没有发生一例非典型性肺炎或疑似病例。

2004年，为预防高致病禽流感，零陵监狱对炊事岗位罪犯进行健康体检，积极开展狱内传染病普查和老弱病残犯的诊治，重点查治狱内肺结核病犯，及时隔离治疗。举办4期罪犯防治传染病知识培训班，开展“预防疾病，珍爱生命”为主题的宣传月活动，提高罪犯卫生常识和预防疾病意识。

2006年，零陵监狱全面组织开展春季“净化监区环境，预防疾病发生”的全狱爱国卫生运动，配齐医术精、技术硬的干警医务人员。每周两次对生产车间，生活区和监房进行灭蚊、灭蝇、灭鼠；配合驻地市、区疾控中心开展罪犯传染病普查工作，对在押犯进行100%的抽血普查，对查出的5名传染病者，及时进行隔离观察治疗，遏制肺结核、性病和肝病等传染病的相互传染和交叉感染；对重点部门实行重点把关，特别是对餐饮、炊具定期清洗和消毒，对食堂卫生及时检查，对从事食堂工作的罪犯全部进行健康检查，对患疾病的人员及时调离。全狱没有发生流行病。

1984—2010年，零陵监狱没有发生重大疫情蔓延和重大医疗事故。

第十一章　劳动教养与强制隔离戒毒

1982—2013年，永州市劳教所贯彻“教育、感化、挽救”的劳教工作方针，坚持以政治思想、道德品质教育为核心，以技术教育为重点，辅之以文化教育，尝试心理矫治教育的教学原则，开展对劳教人员的教育工作。实施“依法、严格、科学、文明”管理，建立健全一系列管理制度，突出行为管理、安全管理和生活管理。1999年，永州市劳教所被司法部劳教局评为全国劳教系统管教先进单位，被省司法厅记集体三等功1次。2001年，被司法部评为全国司法行政系统先进单位，被省司法厅记集体二等功1次。

2004年，公安部门进行劳教审批制度改革，对多次因吸毒被处罚而屡教不改的吸毒人员决定劳教戒毒。市劳教所收治的劳教戒毒人员逐年增多。2010年2月2日，市劳教所根据收治劳教戒毒人员比例达到收治人数78%的实际情况，申请加挂长茅坪强制隔离戒毒所牌子，得到湖南省劳教（戒毒）局批准。2013年12月28日，全国人大常委会通过废除劳动教养制度的决定，市劳教所劳教职能向强制隔离戒毒职能转化。2014年6月30日，市劳教（戒毒）所更名为市强制隔离戒毒所。2004—2013年，市劳教所对劳教戒毒人员实施戒毒矫治的同时，进行毒品认识、戒毒治疗常识和吸毒危害的教育。发挥戒毒警示教育基地的作用，创办戒毒人员家属学校，开展戒毒防艾宣传进学校进社区等戒毒警示教育活动。2014—2015年，市强制隔离戒毒所对强制隔离戒毒人员突出科学矫治、人文关怀，探索实施“服务性执法、教育性管理、综合性矫治”的戒毒工作新模式。

第一节　劳动教养

一、基础设施建设

1982年，地区劳教所成立，所址设在原县级永州市七里店乡长茅坪（原零陵四中学农基地），占地面积450亩。成立时对原零陵四中学农基地的6栋旧平房进

20 世纪 80 年代初期的劳教宿舍

行维修改造，总建筑面积为1860平方米。其中劳教宿舍2栋，劳教生活教育用房2栋，干警办公、住宿用房1栋，生产用房1栋，收容规模200人。

1983年，地区劳教所组织劳教人员烧石灰，打片石，修建长315米，高3米的内围墙，对劳教人员生活学习区实行封闭性管理。1985年，修建长3842米，高3米的劳教所外围墙，将劳教所与外界隔离。

1984年，地区劳教所利用地区财政拨给5万元资金，自制红砖、石灰，自己设计施工，新建劳教人员二层楼宿舍1栋，面积960平方米，平房1栋，面积180平方米，可收容劳教人员规模达400人；新建干警二层楼宿舍2栋，共12个套间，每套建筑面积为78平方米，总建筑面积936平方米。

1994年，地区劳教所恢复组建时，面临“七大难”，即：住房难、办公难、用水难、交通通信难、用电难、管教用房难、行路难。地区劳教所确立“稳定立所，改革兴所，发展强所”的工作思路和“发展生产，广辟财源；勤俭节约，广积财源；多方筹措，广纳财源”的所政建设导向。明确“五年打基础、两年上台阶”的建设目标。1994年，在地区财政拨给50万元建所经费基础上，采取干警集资74万元，建筑老板垫资，生产创收等方法筹资321万元，采取自己动手承包劳务等办法，做到能够自己承担的工程绝不外包，对外发包工程的劳务活一律由所部组织劳教人员承担，基建用的红砖、片石、碎石等基建材料一律由劳教所折价供应，最大限度地减少工程费用，全力建设劳教所。1996年，市劳教所征收40亩土地，总面积达490亩。

2002 年建成的劳教学员习艺楼

1994—2002年，市劳教所的基础建设得到全面加强，实现质的变化，基

2002 年建成的警戒监护中心

础建设进入全省地市劳教所前列。全所新增建筑面积 11320 平方米，总建筑面积达 15710 平方米。新建五层楼 20 个套间的民警宿舍 2 栋，三层楼的劳教人员宿舍 2 栋，教育综合楼 1 栋，会见医务商店小炒综合楼 1 栋，劳教习艺楼 1 栋，警戒监护中心 1 栋，彻底解决住房难。打挖一口水井，修建一座容量为 450 吨的水塔，重新铺设水管，保证全所的生产生活用水，解决用水难。新建一座配电房，将电容量由 95 千瓦增容至 450 千瓦，解决用电难。购置一台 45 座大囚车，2 台警车，2 台货车，所领导和科室安装程控电话，解决交通通信难。修建一条与零陵大道连接的水泥路，全所主要路面实现水泥硬化，解决行路难。2005 年，市劳教所再次投入 380 万元，修建集医务室、教室、劳教人员宿舍、心理咨询室、民警值班室、监控室、劳教文体活动室、大队商店、保管室、康复训练室、图书室于一体的多功能综合楼，建筑面积 5268 平方米，全所总建筑面积达 20978 平方米，在全省地州市劳教所中排名第二。

二、管理

（一）劳教对象

1982—1985 年，根据 1982 年国务院转发公安部制定的《劳动教养试行办法》，地区劳教所收容辖区内的劳动教养对象是：1. 罪行轻微、不够刑事处分的反革命分子、反党反社会主义分子；2. 结伙杀人、抢劫、强奸、放火等犯罪团伙中，不够刑事处分的；3. 有流氓、卖淫、盗窃、诈骗等违法犯罪行为，屡教不改，不够刑事处分的；4. 聚众斗殴、寻衅滋事、煽动闹事等扰乱社会治安，不够刑事处分的；5. 有工作岗位，长期拒绝劳动，破坏劳动纪律，而又不断无理取闹，扰乱生产秩序、工作秩序、教学科研秩序和生活秩序，妨碍公务，不听劝告和制止的；6. 教唆他人违法犯罪，不够刑事处分的。1986—1987 年，根据省劳教局安排，同时收容全省劳教尖子。

1986—1991 年，《治安管理处罚条例》《铁路运输安全保护条例》《关于禁毒的决定》《关于严禁卖淫嫖娼的决定》相继公布，新增 9 类劳动教养收容对象。1999

年 10 月 30 日，全国人大常委会《关于取缔邪教组织、防范和惩治邪教活动的决定》公布后，市劳教所还承担教育转化扰乱社会秩序的邪教劳教人员的任务。2002 年 4 月，公安部《公安机关办理劳动教养案件规定》对劳教对象归纳、梳理为“十类人员”。按照各个时期对各种对象予以细化的司法解释，劳教人员所犯罪错名称达 60 多种。

市劳教所历年收容的劳教人员，其罪错构成主要有五种类型：1. 侵财型。包括扒窃、盗窃、抢劫、抢夺、诈骗、赌博、非法侵占、非法经营、生产销售伪劣产品、非法出售发票、倒卖车船票等。2. 涉毒型。包括吸毒、贩毒、输毒、引诱吸毒、非法持有毒品等，其中以吸毒居多。市劳教所收容这一类型的劳教人员，1991 年只占 15%，2009 年占 78%。3. 滋扰型。包括聚众斗殴、寻衅滋事、煽动闹事、招摇撞骗、无理取闹、妨碍公务、扰乱治安秩序、公共秩序、交通秩序、市场秩序等。4. 淫乱型。包括卖淫、嫖娼，强迫、介绍、容留、引诱、组织妇女卖淫，聚众淫乱，制作、传播淫书、淫画、淫秽录像等，其中以卖淫、嫖娼占多。5. “三类劳教人员”。即因反革命罪错被劳教的人员，参与非法活动的宗教人员，非法组织非法刊物的人员。

1982 年，《劳动教养试行办法》规定对精神病人、呆傻人员、盲聋哑人、严重病患者、怀孕或哺乳未满一周岁婴儿的妇女以及丧失劳动能力者不予收容。1992 年 8 月 10 日，司法部颁发《劳动教养管理工作执法细则》，增加对不满十六周岁的少年不予劳动教养的规定。地区劳教所执行有关规定，拒收上述人员。

（二）行为管理

1984 年，地区劳教所按照“收得下、管得住、跑不了、改造好”的要求，坚持干部深入劳教人员生活、学习、劳动现场，摸清掌握劳教人员的思想动态，发现问题，及时处理。1985 年 9 月，地区劳教所实行民主管理办法，在劳教人员中经过民主推选，成立“民管会”、卫生评比小组和纪律检查组，建立做好事登记簿、干坏事登记簿、劳动学习登记簿、卫生检查登记簿，对劳教人员做到生活有规范、行为有准则、民主管理有办法、处理问题有记载，保持所内良好的改造秩序。1985—1987 年，地区劳教所按照《劳动教养试行办法》规定，制定劳教人员守则、日常纪律、行为规范、生活规则、百分制考核、奖惩、禁闭、请假、接见、所外就医等 56 项规章制度，对劳教人员的生活、卫生、教育、劳动和安全，实行依法管理、严格管理和文明管理，使管理工作逐步走向规范化、制度化。

1994 年，地区劳教所恢复后，落实司法部劳教局《劳教人员守则》和《湖南省劳教人员行为管理四条标准》，突出以行动军事化、生活集体化、卫生制度化、行为举止规范化为重点，规范劳教人员的日常行为和日常生活。规定劳教人员每天按时出操进行列队训练。凡集合行动必须列队点名，以及按时整理好内务卫生，做到室内物品摆设“三条线”，即被褥折叠一条线，生活用品摆置一条线，毛巾、衣服、鞋子等摆放一条线，并实行《日规则考核制》。劳教人员日常养成管理，采取由民警在饭前、课前、工前和晚点名进行点评；值班民警发现问题个别纠正；劳教人员班（组）长进行监督；每周班务会对一周表现进行小结等办法督促落实。1999—2013 年，坚持在劳教人员中开展“劳教人员行为养成月”等活动。2001 年，市劳教所二大队教导员傅治安针对全所劳教人员中文盲和小学文化占 70%、整体文化层次偏低的客观实际，编写出《劳教人员日常行为规范三字经》，全文分生活卫生、早操、用餐、生产、学习等十个方面，加上开篇的启发到结尾的鼓励，共 96 小节 288 个字，内容丰富，朗朗上口，便于劳教人员记忆。

（三）安全管理

1984—1987 年，地区劳教所把防逃跑、防重大恶性事故、防非正常死亡作为安全管理的重点，坚持干部值班制度，按照“五要十不准”守则，对劳教人员严格管理。1986 年，地区劳教所被省劳教局评为“半年无逃跑”先进单位，1987 年，被省劳教局评为“全年无逃跑”先进单位，并获锦旗、奖状。

20 世纪 80 年代，地区劳教所开展挖团伙交余罪打击所王所霸活动

1994 年，地区劳教所恢复组建不久，连续发生 3 起劳教人员脱逃事故。所党委高度重视，立即在全所开展“管教与劳动关系”的大讨论，统一思想，提高对安全管理重要性的认识，树立“生产受损失可以补救，管教出问题无法补救”的观念。制定《室外生产点防逃规定》《劳教人员安全生产规定》等一系列安全管理规章制度。坚持做到“五勤五早”，即难改人员勤教育，多方帮教早转化；“三大现场”勤巡查，事故隐患早消除；个别教育勤谈话，不良情绪早疏导；文化活动勤开展，思想阵地早占领；安全设施勤检查，“四防”漏洞早堵塞。在“三大现场”设置“三道防线”，即带班民警严格按制度办事，强化值班管理为第一道防线；特警队严格控制生产生活场所外围为第二道防线；所部值班人员和业务科室定期巡查，大面

积控制为第三道防线。1995—2004 年，市劳教所连续 10 年实现“四无”（即无逃跑、无非正常死亡、无重大责任事故、无流行性疾病蔓延），连续 6 年被评为全省“四无”所。1999 年，被司法部劳教局评为全国劳教系统管教先进单位，被省司法厅记集体三等功 1 次；2001 年，被司法部评为全国司法行政系统先进单位，被省司法厅记集体二等功 1 次。

（四）生活管理

1999 年，市劳教所成立劳教生活卫生管理委员会，实行财务、监察、劳教监厨三重监督。2000 年，劳教人员食物量达部颁标准，月人均伙食费 120 元，实现主食不限量供应，种养补贴达到伙食标准的 30%。坚持节假日调剂和改善劳教人员的伙食，基本达到营养和卫生标准。2002 年，劳教所新建三层楼的劳教人员宿舍 2 栋，会见医务商店小炒综合楼 1 栋，劳教习艺楼 1 栋，劳教人员的住房得到较好改善，生活场所配套设施比较齐全，有卫生洗漱间、活动室、阅览室。

2002 年，市劳教所设卫生所，医务用房 6 间 180 平方米，配有专职医务人员 3 名。同时，逐步加强卫生所的硬件建设，每年添置、补充设备器材，改善医疗条件，做到一般病员所内治和小病不出所。重视疾病预防工作。设立卫生宣传栏，介绍卫生防病知识。定期开展预防和检查工作，坚持每月对劳教人员宿舍、食堂、厕所等进行消毒，防止传染病的发生。2001 年，实行医务人员首诊负责制，强化工作责任，杜绝传染病流行和非正常死亡事故发生。2002 年 1 月，市劳教所生卫工作通过检查验收，达到司法部劳教局生卫工作一级标准。2003 年 4 月，全国“非典”疫情暴发。根据省劳教局部署，4 月 27 日，市劳教所实行封闭管理。封闭管理期间，市劳教所从 4 个大队、业务科室和行政科室抽调 21 名干警分 3 批，由所领导带队进入封闭场所值班，每批封闭期为一周，轮换干警提前三天进入封闭备勤点隔离观察，由零陵区疾控中心专业人员检测签字方可轮换。对有发热症状的，一律不得进入劳教封闭场所。封闭管理期间，管理、教育、生卫、生产工作正常开展。由于防疫措施严密，劳教人员和值班干警无一例感染发生。当年市劳教所被省司法厅评为“抗击‘非典’工作先进单位”，4 名干警被省劳教局评为“抗击‘非典’先进个人”。1994—2013 年，连续 20 年无一例传染病流行和非正常死亡事故发生。

（五）考核奖惩

按照《劳动教养试行办法》规定，劳教人员的奖励分为表扬、记功、物质奖励、减期、提前解教 5 种。其中减期和提前解除劳教，一般不超过原决定教养期限的二分之一。

对劳教人员的惩罚包括警告、记过、延长劳教期限 3 种。其中延长劳教期限累计不超过 1 年。

对劳教人员的表扬、记功、物质奖励和警告、记过由市劳教所审批。减期、延长劳教期限不足3个月（含3个月）的由市司法局审批。减期、延长劳教期限3个月以上以及提前解除劳动教养的，报省劳教局审批。

1984—1987年，地区劳教所根据《劳动教养试行办法》，制定百分制考核办法，按学习、纪律、生产劳动、生活卫生4个方面15项指标对劳教人员进行考核记分，根据考核记分情况对劳教人员进行奖惩，每季或每半年兑现一次。

1994年，地区劳教所按照《湖南省劳教人员百分考核办法》和《湖南省劳教人员奖惩办法（试行）》的规定，对劳教人员，每日按思想改造、遵规守纪、劳动安全、教育学习、生活卫生5项指标进行评分记事考核，达到要求的记满分（百分制）。日评记事以班（组）为单位，在干警掌控下，由劳教人员班长组织全班对每人当天表现情况，按5项指标考评，提出满分或扣、罚分意见，经分管干警审定，对突出的好、坏事逐人填写记事材料，报大队存档。在此基础上实行周检查、月小结、季评比、半年鉴定制。各队将每个劳教人员的全面情况和评分考核结果汇总并提出减、延劳教期限意见，报所部审定后宣布。1994—2013年，奖励劳教人员3764人次，处罚1032人次。

（六）所外执行及所外就医

1992年，省劳教局根据司法部第21号令《劳动教养管理工作执法细则》的规定，明确在劳动教养期间表现不好的，有重新违法犯罪危险的，患性病未治愈的，因吸毒被劳动教养未戒除毒瘾的，多次流窜作案被劳动教养的，不批准所外执行。1994—2013年，市劳教所办理所外执行3人。

所外就医，先由劳教所医务室或劳教所指定的医院出具劳教人员病情诊断书和所外就医书面建议，由家属或工作单位提出申请并同意担保，大队填写所外就医呈批表，经管理科审查，所领导集体研究同意后，报市司法局审核，再报省司法厅劳教局审批。劳教所根据批准意见，办理所外就医手续，填写劳动教养人员所外就医证明，通知担保人将患病的劳教人员领回治疗，并将所外就医证明副联寄送当地派出所。所外就医一般为3~6个月，医药费自理。劳教所每季度对所外就医人员进行一次检查。1994—2013年，办理所外就医81人，期间无违法犯罪活动，所外就医期满均能返所。

（七）解除劳教

解除劳教，是指劳教人员的劳动教养期限已满，或者在劳动教养决定的基础上变更的劳动教养期限执行完毕，劳教所依法及时解除其劳教这一强制性措施，恢复人身自由，并发给劳教人员解除劳动教养证明书和入所时携带的物品和路费。1994—2013年，市劳教所按期解除劳教人员3768人。

根据对解除劳教人员回归社会后表现情况的跟踪考察，多数人能遵纪守法，自食其力，有的还见义勇为，受到表彰。

三、教育

市劳教所坚持“教育、感化、挽救”的劳教工作方针，树立“三像”（即对待劳教人员要像父母对待孩子，医生对待病人，老师对待学生）理念，遵循以政治思想、道德品质教育为核心，以技术教育为重点，辅之以文化教育、尝试心理矫治教育的教学原则，开展对劳教人员的教育工作。

（一）政治思想教育

市劳教所根据《劳动教养试行办法》关于“对劳教人员应以政治思想教育为主”的精神，把社会主义法制教育、道德品质教育和人生观教育作为政治思想教育的主线，突出思想政治教育在整个教育工作中的核心地位。

法律常识教育 主要以《宪法》《刑法》《治安管理处罚条例》以及劳教工作有关法律法规为基本内容。1982—1984 年，使用公安部劳教局编写的《社会主义法制教育》课本，分 6 个单元 10 课进行教学。1985 年，改用辽宁省司法厅和沈阳市司法局合编的《劳教人员法律常识教材》，分 15 课时进行教学。1986—1987 年，采用湖南省司法厅劳教处编写的《法制教育参考资料》（后经司法部劳教局修改为《法律常识教学参考》）和省劳教局编写的《法律常识》教学。从国家开展第一个五年全民普法开始，对劳教人员进行普法教育，以增强其法律意识。2000 年 5 月 4 日，“永州市青少年法制教育基地”在市劳教所授牌成立，是湖南省成立的第一个青少年法制教育基地，《湖南日报》《永州日报》、永州电视台等新闻媒体予以报道。市劳教所的法制教育工作开始向外延伸。2000—2013 年，接待大专院校和高中新生到所参观座谈 18 次，组织法律专业人员和劳教人员代表到各大专院校、中学作法制专题报告和劳教人员现身说法 31 次，对预防和减少青少年违法犯罪发挥积极作用。

思想道德教育 20 世纪 80 年代初，对劳教人员的思想道德教育，采取作报告、训话、个别谈心等形式进行。1982—1985 年，采用公安部劳教局编写的《共产主义道德教育》教材，按课本分 9 课进行课堂化的思想道德教育。1986—1992 年，采用湖南省司法厅劳教处编写的《理想道德纪律》教材，结合《共产主义道德教育》课本进行教学；1993—2000 年，采用湖南省司法厅劳教局编写的《劳教人员行为规范》教材，使思想道德教育更贴近劳教人员的日常生活实际。2001—2013 年，将中共中央印发的《公民道德建设实施纲要》作为劳教人员思想政治教育的一项重要内容。

爱国主义教育　1994—2013 年，采用司法部劳教局编印的《爱国主义基本知识》教材，突出中国近代史、现代史与社会主义主题，分 16 课进行课堂化教学。开展每周“升国旗、唱国歌”活动，并结合国际国内的一些重大事件和活动，开展爱国主义思想教育。1995 年，进行纪念抗日战争胜利 50 周年教育。1997 年，开展香港回归祖国等一系列爱国主义教育，激发劳教人员爱国热情。

1994—2013 年，市劳教所劳教人员多次参加全省劳教人员政治思想教育统考，合格率均达 100%，优秀率达 87%以上，多次受到省劳教局表彰。

（二）技术教育

1982—1987 年，对劳教人员的技术教育主要考虑适应劳教生产的需要，进行“干啥学啥”的岗前技能培训。重点开展打烧红砖、种植柑橘、油茶和养殖业培训。

1994 年至 1997 年 7 月，贯彻落实省劳教局《湖南省劳教人员技术教育制度》对技术教育的指导思想、培养对象、办班条件、授课教材、教育时间、入学率、获证率及发证等问题的规定。1997 年 8 月，省司法厅、省教委、省劳动厅联合下发《关于贯彻司法部、国家教委、劳动部〈关于进一步加强劳教人员文化教育与职业培训的补充通知〉的实施意见》，将劳教人员的职业培训纳入当地劳动部门的培训规划，并对培训项目报批、培训教材等作出规定。劳教人员经过职业技术培训，凡考试、考核成绩合格者，由劳动部门核发职业技能培训证书。解教人员可凭上述证书向劳动部门进行就业登记。1998 年 4 月，省劳教局印发《湖南省劳教人员职业培训工作管理的暂行规定》。2000 年 6 月，省劳教局印发《湖南省劳动教养职业技术教育实施细则（试行）》。2001 年 3 月，省劳教局印发《关于进一步加强劳动教养职业技术培训工作的意见》，进一步明确指导思想，拓展培训项目，严格审定培训对象，建立考核奖励机制，规范收费，使职业技术教育持续健康发展。市劳教所根据上述文件，认真组织劳教人员进行职业技术培训。1994—2013 年，先后选送 78 人参加省劳教局举办的技术培训，获证 76 人；报经省劳教局批准，市劳教所与永州市工商职业中专联合办学，开办电工电焊班 16 期，参加培训 163 人，获证 159 人。另外，根据生产项目需要，开办彩灯加工岗位培训 48 期，培训 2396 人。

（三）文化教育

1994 年，地区劳教所贯彻落实司法部 27 号令《劳动教养教育工作规定》和省劳教局《湖南省劳教人员文化教育制度》，规范劳教人员文化教育的对象、入学率、年总课时、课程设置及考试发证。在开办学校和办校升级考评中，省劳教局对劳教所文化教育的教学设施进行实地考察，对课程设置、教学时间、老师备课、学员作业、劳教人员参学率、获证率等原始资料进行检查。1996 年 12 月 28 日，经省劳教局考核验收，永州市劳教所永新学校授牌成立。学校设立校务委员会、教务处以及

1996 年 12 月 28 日，永州市劳教所永新学校命名成立

教研室。设有标准教室 6 间，配置课桌椅 360 套，配备专兼职教师 30 名，其中具有教师资格证的劳教人员教员 5 名。使用司法部编印的教材，实行正规化教学，并保证人均 7 元的教育经费。1997 年，将劳教人员的文化教育正式纳入教委管理，并对劳教人员文化教育开办班级、教材选用等作出规定，劳教人员完成扫盲、小学或初中、高中教育课程或单科课程的，由教育行政部门组织考试，成绩合格者，发给同等学历证书。1994—2013 年，办扫盲班 10 期，参加学习人数 786 人，获证 786 人；办小学提高班 8 期，参加学习人数 380 人，获证 380 人。

（四）劳动教育和劳动生产

市劳教所坚持把劳动教育和劳动生产相结合，引导劳教人员正确认识劳动的意义，培养劳动光荣的思想。1986—1987 年，采用省司法厅劳教处编写的《改造好逸恶劳恶习，树立劳动光荣思想》教材，对劳教人员进行劳动教育，重点从劳动创造人类本身，劳动创造人类物质财富和精神文明，劳动将使人类进入更美好社会，使劳教人员认清劳动的意义；批判各种鄙视劳动的思想，明确社会主义制度下劳动光荣，引导他们认识劳动改造思想的作用，倡导学习劳动人民的优秀品质，养成热爱劳动的习惯。1994—2013 年，按照上级要求，主要是通过阐明劳动是人类生存的基本条件，勤劳是中华民族的传统美德，劳动是教育改造人的重要手段，使劳教人员接受劳动教育，树立劳动观念。与此同时，组织劳教人员参加习艺劳动，使其在习艺劳动过程中经受锻炼，接受教育。1982—1987 年，劳教人员习艺劳动主要是打烧红砖、种植柑橘、油茶和养殖业。1994 年，新建一座机压砖厂，扩大采石场规模，加大种养力度。1997 年，引进磨宝石和手表带项目。1998 年，引进彩灯加工项目。2000 年，引进焊接彩灯加工项目。2005—2013 年，取消一切室外生产项目，所有习艺劳动在车间封闭实施。

（五）个别谈话教育

个别谈话教育以认罪认错、做“四有”新人为主要内容，以转化思想、矫正恶习为目的，对劳教人员进行启发诱导。按照省劳教局 1994 年 4 月制定的《个别教育制度》，市劳教所明确规定中队民警每月找劳教人员个别谈话15人次以上，大队、科室民警每月谈话10人次以上，主管改造的所领导每月谈话5人次以上。民警个别谈话教育记录本每月送教育科查阅。根据省劳教局2001年2月制定的《湖南省劳教工作干警个别谈话教育考核办法（试行）》，市劳教所对个别谈话教育的考核组织、职责、内容、考核范围与标准及奖惩等问题作出规定，杜绝应付了事的做法，力求发现问题，帮助劳教人员解决实际困难。坚持逐月检查，及时点评，年度评比，奖优罚劣的工作方法，发挥个别谈话教育在稳定场所秩序、提高劳教人员改造自觉性等方面的作用。1996—2012年，评出所级个别教育能手48名，省级个别教育能手6名。2000年，民警黄忠被评为全省个别教育能手，并入选全省个别教育先进事迹报告团，到全省13个市州巡回报告。

（六）入所出所教育

入所教育 主要内容包括队列训练、法律常识教育、思想道德教育、心理健康教育、戒毒常识教育、所规所纪、劳教人员守则、生活规则、行为规范等内容。入所教育时间为一个月，结束入所教育时采取笔试、队列考核、戒毒动机激发情况全面考试考核，对未达到入所教育标准的，延长1个月的入所教育周期。

出所教育 1985—1987年，地区劳教所按湖南省新开铺劳教所编写的《出所教育大纲》，开展“振奋精神，走向光明”“努力做一个遵纪守法的好公民”等专题的出所课堂教育。出所教育时间为10~15天。1994年4月，《湖南省劳教人员出所教育制度》出台，地区劳教所出所教育按动员讨论、教育学习、总结鉴定、考核考试4个阶段进行。遵纪守法、道德品质、前途、形势政策等教育的基本内容不变，教育时间约为20天。1995年6月—1999年10月，按照司法部劳教局编印的《劳教人员出所教育课本》，分“牢记教训走新生活之路”“做遵纪守法的公民”等7课进行教学；1999年11月至2002年，用省司法厅劳教局制作的《新的起点——劳教人员出所教育》光盘进行教育；2003—2013年，采用湖南省劳教局《出所教育》教材进行教育。

第二节 强制隔离戒毒

一、劳教戒毒

2004年9月，市劳教所根据省劳教局的要求，挑选4名年富力强、政治业务素质过硬的民警，参加省劳教局举办的为期1个月的劳教戒毒业务培训班，系统学习司法部劳教局在劳教戒毒试点单位所取得的成功经验，学习《劳教戒毒工作暂行办法》，探讨在劳教戒毒工作中可能出现的新问题及矫治对策。同年10月，市劳教所组建劳教戒毒大队，开始收治劳教戒毒人员，首批收治29人。至12月底，收治劳教戒毒人员97人。对劳教戒毒人员收治、管理、教育、医疗卫生、习艺劳动、考核、奖惩等业务工作，按《劳教戒毒工作暂行办法》并参照劳教工作制度、规范执行。根据劳教戒毒人员生理心理特征及劳教戒毒人员在教育矫治过程中可能出现自伤自残、攻击其他劳教戒毒人员和管教民警等情况，市劳教（戒毒）所先后投入40多万元资金，对劳教戒毒人员收治场所进行改造，添置防控设施和单警装备。采取严格措施防止毒品入所，加强对劳教戒毒人员监控和治疗，强化劳教戒毒人员戒毒教育。2004年10月—2013年12月，市劳教（戒毒）所收治劳教戒毒人员1302人次，戒毒矫治效果良好。

（一）劳教戒毒人员收治

2004年至2013年12月，市劳教（戒毒）所收治劳教戒毒人员参照劳教人员收容规定执行。根据劳教戒毒人员的特性，为防止劳教戒毒人员夹带毒品入所，采取劳教戒毒人员净身入所，即将劳教戒毒人员自带的衣服鞋袜要求其亲属或押送民警带回，无人带回的，由入所大队收治民警装袋封存，待劳教戒毒人员解除时发还。在戒毒矫治过程中统一配发被服鞋袜。在劳教戒毒人员入所时，还要进行艾滋病等性病体检。

2006年3月，省劳教（戒毒）局针对全省各所收治患有艾滋病等性病的劳教戒毒人员存在严重隐患的情况，指定由管理、医疗条件较好的新开铺劳教所集中收治，其他所不再收治患有艾滋病等性病的劳教戒毒人员。市劳教（戒毒）所收治的17名患有艾滋病等性病劳教戒毒人员全部转新开铺劳教所戒治。

（二）劳教戒毒人员入所教育

2004年至2013年12月，市劳教（戒毒）所针对劳教戒毒人员的特点，将其入所教育与一般劳教人员入所教育分开，对劳教戒毒人员入所教育时间定为两个月，一个月为急性脱毒治疗教育期，一个月为正规的入所教育期。在入所大队配置戒毒工作必需的设施和防护装备。2005年，投入资金8万余元，将两间劳教人员寝室改装为劳教戒毒急性脱毒治疗室，地面及墙壁铺设一厘米厚的软胶，拆除床铺及毛巾晾晒架，清空房间一切物品，只留垫盖被褥，安装高清摄像头，24小时监控急性脱毒人员的行为，发现异常及时处置；投入资金5万余元，为值班民警配备防暴网枪、防暴叉、防暴盾牌、防刺手套，执法记录仪等装备，防止劳教戒毒人员暴力行为发生；常备美沙酮等戒治药品，缓解急性脱毒人员的戒断症状；劳教戒毒人员入所教育期间，每天安排两个小时的康复训练课程，由专业的医务人员指导，增强劳教戒毒人员的体质。对检查出患有艾滋病等严重性病的劳教戒毒人员单独编组隔离管理，由所医务室医师视病情用药治疗，暂不参加入所教育。

（三）劳教戒毒人员常规教育

2004—2013 年，市劳教（戒毒）所对劳教戒毒人员的常规教育除开设劳教人员常规教育课程外，增设毒品认知、戒毒治疗常识和吸毒危害三门课程；坚持每周组织劳教戒毒人员进行戒毒宣誓，每天集体背诵戒毒宣言 1 次。常规教育期间，劳教戒毒人员单独编队。2005—2010 年，市劳教（戒毒）所先后投入 10 多万元资金设置铁栏钢丝网，将劳教戒毒人员的生活、学习、生产区域与一般劳教人员隔离。投入 5 万余元，将一般劳教人员与劳教戒毒人员会见探视室隔开，对劳教戒毒人员会见探视室实行全封闭探视。劳教戒毒人员家属和直系亲属来所探视时，只能隔着玻璃用对讲电话交谈，除现金交财务人员打卡外，所有物品禁止入所，避免来所探视人员送毒品入所。

（四）劳教戒毒工作社会化

创办戒毒人员家属学校　2008 年 6 月 26 日，市禁毒委、市疾控中心、市关工委、市教育局、市司法局等单位联合，在市劳教所举办“拒绝毒品，珍爱生命，建设和谐温馨家园‘6・26’世界禁毒日”大型宣传活动。参加活动的领导、嘉宾、劳教戒毒人员家属、亲属代表、劳教戒毒人员近 1000 人。同时，永州市劳教所戒毒人员家属学校授牌成立，并开办第一期培训班，由省劳教（戒毒）局专家和疾控中心的专业人员主讲。原定 60 名戒毒人员家属代表参加培训，根据到所参加“6・26”世界禁毒日活动的戒毒人员家属、直系亲属的强烈要求，第一批参与培训的家属人数达 136 人。2009 年确定每年开班 2 期，至 2015 年办班 15 期，参与家属达 1350 余人次。戒毒人员家属运用所学到的戒毒知识，在探视期间对戒毒人员进行戒毒教育和亲情感召工作，使戒毒人员感受到家庭亲情的关爱，坚定戒毒的信心。

2013 年 6 月 24 日，举行戒毒人员家属学校开学典礼

戒毒防艾宣传进学校进社区　全市各级政府在“6・26”世界禁毒日和“12・1”世界艾滋病日都组织举办大型禁毒防艾宣传教育活动，提高全民对毒品危害的

2018 年，戒毒防艾教育进学校

认识，增强对毒品的抵抗能力。市劳教（戒毒）所积极配合市、县（区）政府工作，加大戒毒防艾宣传教育工作力度。自 2008 年起，由主管改造的所领导牵头，教育科和管理科具体负责，从全所戒毒表现好，劳教戒毒前职业为在校学生、企事业职工、个体户、务工人员的戒毒学员中挑选典型代表，组成戒毒防艾现身说法宣传小组，精心准备现身说法材料，制作戒毒警示宣传片，做到准备充分，学校、社区即请即到，取得良好的戒毒宣传教育效果。2008—2015 年，市劳教（戒毒）所先后到湖南科技学院、永州职业技术学院、永州工商职业中专、祁阳职业学校、永州一中等 10 多所大中专院校及冷水滩区普利桥、祁阳县浯溪、江永县桃川等 5 个社区进行戒毒防艾宣传教育 40 余场次。

发挥戒毒警示教育基地作用 2013—2017 年，先后有零陵机场、市农委、市司法局、双牌县残联和双牌县统计局等 10 个单位到市强制隔离戒毒所开展戒毒警示教育。2015 年，市关工委组织市委、市政府部分在校学习的子弟，利用暑假到所开展戒毒警示教育；2017 年 8 月 30 日，市直工委组织市直单位机关党委书记、专职副书记等 140 余人到所开展“不忘初心，坚守底线，做合格党员”主题党日戒毒警示教育活动，参加警示教育活动的干部通过观看戒毒学员的洞箫演奏、队列表演和八段锦演出，听取戒毒典型学员的现身说法，观看戒毒警示宣传片，深刻认识到吸毒的危险性，提高识毒辨毒

2017 年 6 月 24 日，社会各界人士接受戒毒警示教育

能力，增强在各自单位强化戒毒宣传教育的意识。

二、强制隔离戒毒

强制隔离戒毒属于一种新的戒毒模式，全国没有统一戒治管理教育治疗的方法，基本上是在劳教管理模式中加入部分戒毒治疗和身心康复的内容。2012 年，湖南省劳教（戒毒）局总结全省各戒毒所探索创新强制隔离戒毒工作模式的基础上，在全省戒毒所推行“服务性执法，教育性管理，综合性矫治”的戒毒工作模式，重点突出科学矫治、人文关怀，其内容仍留有劳教工作的管理痕迹。2014 年 8 月 1 日，永州市强制隔离戒毒所挂牌。2014 年 1 月—2015 年 12 月，收治强制隔离戒毒人员 1724 人。

2014 年 8 月 1 日，市强制隔离戒毒所挂牌

（一）强制隔离戒毒执法

强制隔离戒毒执法大致包含 11 个方面的内容，即接收、通信、通话、探访、探视、单独管理、离所就医、所外就医、诊断评估、解除、所务公开。其中，除诊断评估和所务公开外，其余 9 项执法工作仍是劳教戒毒执法工作的升级版。

2014 年 3 月，市劳教（戒毒）所设置法制科。法制科对全所执法管理性文件进行合法性审查，并报省戒毒局备案；法制科对 2012 年长茅坪强制隔离戒毒所挂牌收治戒毒人员以来的奖惩、所外就医、解除等执法活动进行合法性审查。经审查，2012—2014 年，奖励强戒人员 1351 人次，惩罚强戒人员 72 人次，报批所外就医强戒人员36人次，无一例违规违纪。市强制隔离戒毒所对应公开的强制戒毒执法依据、程序和执法结果采取印刷《政务公开手册》，设立所务公开栏，执法结果在所内公示的方法，自觉接受人大、政协和强戒人员亲属的监督。

（二）强制隔离戒毒管理

市强制隔离戒毒所的强制隔离戒毒管理分为：分别管理、分期管理、分级管理、安全稳定形势研判、安全排查、安全防控、应急处置、安全警戒、死亡处理、值班管理十个方面，由所管理科指导戒毒大队实施。

2014年，市强制隔离戒毒所强化对强戒人员的直接管理，投入36万元建立覆盖强戒人员生活、学习、生产三大现场的监控系统，在全所37个重点部位安装高清摄像头，将强戒人员24小时的行动纳入管理干警的视线。投入7万元建立指纹门禁系统，全所干警录入指纹，没有干警的带领，强戒人员无法离开规定的活动场所。没有执法资格的职工一律不再参加强戒人员的直接管理工作，确保强戒管理工作人员的资格规范合法。

2015年8月，市强制隔离戒毒所被湖南省禁毒委员会评为全省禁毒工作先进集体

2015年，随着永州市公安系统百日禁毒严打活动的开展，市强制隔离戒毒所配合公安严打工作，无论白天黑夜还是节假日，做到即送即收。严打活动期间收治强戒人员1175人。因市强制隔离戒毒所收治规模为600人，在请示省戒毒局批准后，将972名强戒人员分10批押送到省直属所戒治。2015年8月，市强制隔离戒毒所被评为全省禁毒工作先进集体。

（三）强制隔离戒毒教育

2014—2015年，市强制隔离戒毒所强制隔离戒毒教育分为入所教育、职业技能培训、回归教育、个别教育、辅助教育、心理矫治、教育矫治工作社会化七个方面，由所教育科指导戒毒大队实施。

2014年，市强制隔离戒毒所将二大队单列为出入所大队，对新入所的强戒人员进行第一阶段为期两个月的入所教育。主要内容包括队列训练、法律常识教育、思想道德教育、戒毒常识教育、心理健康教育等。结束入所教育时进行笔试、队列考核、戒毒动机激发情况全面考试考核。对未达到入所教育标准的，延长一个月的入所教育周期。强戒人员通过入所教育考试考核后，分配到一、三、四大队进行第二阶段的戒治。

第二阶段戒治突出习艺劳动与康复戒治。在入所教育的基础上，对法律常识、思想道德、戒毒常识、心理康复等教育进行强化。每周星期五定为教育日，由教育科指定专业人员授课。2012—2015 年，市强制隔离戒毒所干警黄红智探索创立“水管箫”音乐戒毒新疗法，用积极的吹奏成瘾取代吸毒人员消极的吸毒成瘾，举办吹箫培训班 12 期，参加培训戒毒人员 360 余人，取得良好的戒治效果。2015 年，黄红智被评为全省“最美戒毒警察”，受到时任副省长戴道晋的好评，《湖南日报》《永州日报》等多家媒体进行报道。

（四）强制隔离戒毒生活卫生

强制隔离戒毒生活卫生包括日常生活卫生管理、食品安全、财物管理、戒毒医疗、健康档案、诊治工作、药品管理、传染病防治、身体康复训练九项主要内容。通过生活卫生管理，确保全所强戒人员安全脱毒、巩固治疗、防止传染性疾病蔓延和非正常死亡，增强强戒人员体质。2014—2015 年，市强制隔离戒毒所收治强戒人员急性脱毒 1724 人。其中具有吸毒稽延性症状的 34 人。由于处置得当，未发生一例意外情况，3 次受到省戒毒局和市禁毒委的表彰。对强戒人员开展卫生教育，教育强戒人员维护良好的生活秩序，保证所区环境优美整洁、秩序井然。严格按部颁标准做到主食不限量供应，肉食、蔬菜合理搭配，让强戒人员吃饱、吃得卫生。另外每月给强戒人员发放 7 元零花钱，对特困强戒人员进行救助。

（五）强制隔离戒毒习艺劳动

强制隔离戒毒习艺劳动包括安全生产责任制、组织管理、基础设施、教育培训、车间现场管理、劳动保护、重点风险管理、应急与事故处置、检查整改九项内容。习艺劳动由所生产科指导三个戒毒大队实施。习艺劳动的目的是帮助吸毒人员进行心理生理康复训练，并且通过习艺劳动让吸毒人员掌握生产技能，使他们回归社会后有一定的谋生能力。2014—2015 年，市强制隔离戒毒所组织戒毒人员从事塑胶袖套、电子线圈、数据线、耳机生产。针对吸毒人员身体素质较差和易怒冲动的特点，市强制隔离戒毒所投入 10 多万元，在三个生产车间添置 12 个便携式灭火器，3 台手推式干粉灭火器，投入 4 万多元重新铺设用电线路，并在三个车间安装高清摄像头。划定吸烟区，打火机由带班干警直接控制。危险生产工具专人使用、定时收发，制订突发情况应急预案并定期演练，确保车间生产安全。

2000—2015年永州市强制隔离戒毒所（劳教所）收容（收治）劳教学员（戒毒人员）情况统计表

表11-1　　单位：人

年度	新收容劳教学员	新收治戒毒人员	合计
2000	117	0	117
2001	83	0	83
2002	不详	0	不详
2003	不详	0	不详
2004	94	97（劳教戒毒）	191
2005	103	68（劳教戒毒）	171
2006	75	52（劳教戒毒）	127
2007	51	70（劳教戒毒）	121
2008	67	49（劳教戒毒）	116
2009	53	2（劳教戒毒）	55
2010	49	96（劳教戒毒）	145
2011	8	98（劳教戒毒）	106
2012	0	231（劳教戒毒）	231
2013	0	539（劳教戒毒）	539
2014	0	549（强制戒毒）	549
2015	0	1175（强制戒毒）	1175
合计		3026	

第十二章　安置帮教与社区矫正

1986年6月15日，根据零陵地区社会治安综合治理情况，零陵地委政法委、地区经济委员会、财贸委员会、农业委员会、劳动人事局、公安处、司法局联合下发《关于做好刑满释放、解除劳教人员教育安置工作的联合通知》，对做好刑满释放、解除劳教人员教育安置工作提出指导意见。

1991年，党中央、全国人大、国务院针对社会治安综合治理问题，做出重要决策：对刑满释放、解除劳动教养人员（简称“刑释解教人员”）开展安置、帮教工作。安置帮教工作在党委、政府的统一领导下，依靠各有关部门和社会力量，对特定对象进行非强制性引导、扶助、教育、管理。

1994年，地区司法局组织祁阳县、县级永州市、双牌县、蓝山县、新田县、江华瑶族自治县和江永县7个县（市）司法局有关人员，到公安局、法院调查了解1991—1993年的刑释回归人员情况。7个县（市）1991—1993年共有刑释回归人员1968人，年平均刑释回归656人。根据调查情况，地区司法局撰写调研文章《必须高度重视刑释回归人员的管理教育工作》，总结刑释回归的基本情况和特点，指出刑释回归存在的突出问题，并提出做好刑释回归工作的建议，对安置帮教工作进行有益探索。1995年8月5日，地区司法局下发《关于成立帮教领导小组的通知》，成立由副局长汤升福担任组长的司法局帮教领导小组。1998年2月25日，市委、市政府召开第一次全市刑释解教人员安置帮教工作会议。会后，成立由市委分管政法工作的副书记谭政任组长的市刑释解教安置帮教工作领导小组（以下简称安置帮教领导小组）。1998年年底，11个县（区）先后成立相应的安置帮教领导小组，180个乡镇（街道）组建安帮工作站，形成党委统一领导、多方齐抓共管、全社会积极参与的安置帮教工作格局，开始有领导、有计划、有步骤地开展安置帮教工作，并逐步走上正规化、法治化。

社区矫正是指针对被判处管制、宣告缓刑、裁定假释、暂予监外执行四类犯罪行为较轻的对象所实施的非监禁性矫正刑罚。2008年，永州市社区矫正工作开始试点，2012年在全市推行。永州市社区矫正对象适用于长期居住在该辖区或不能确定居住地但户籍在该辖区的以下四类人员：被判处管制的罪犯；被宣告缓刑的罪犯；

被裁定假释的罪犯；被决定暂予监外执行的罪犯（有严重疾病需要保外就医的、怀孕或者正在哺乳自己婴儿的妇女、生活不能自理，适用暂予监外执行不致再危害社会的）。2008—2015 年，全市累计接收社区矫正人员 9847 人，解矫 5473 人。2015 年年底，在册社区矫正人员 4374 人。

第一节　安置帮教

一、机构和队伍

1998 年，全市第一次刑释解教人员安置帮教工作会议召开后，市委成立刑释解教安置帮教工作领导小组，市委分管政法工作的副书记谭政任组长，市委常委、市政法委书记唐代建，市委常委、副市长蒋桃生，市人大副主任杨祁贵任副组长，市编办、市综治办、市公安局、市司法局、市民政局、市劳动局、市财政局等 23 个单位的主要负责人为成员。领导小组下设办公室，办公室设在市司法局（简称市安帮办）。全市 11 个县（区）也相继成立安置帮教工作领导小组及其办公室（简称安帮办）。180 个乡镇、街道成立安帮工作站，4750 个村（居）委会、厂矿成立帮教小组。

2002 年，市安置帮教工作领导小组重新调整，市委副书记邓三龙任组长，市委常委、市委政法委书记唐代建，市委常委、副市长崔永平、市人大副主任杨祁贵任副组长。11 个县（区）也相继调整安置帮教工作领导小组。在 188 个乡镇（街道）设立安帮工作站的基础上，全市行政机关、企事业单位、村（居）委会建立群众性帮教组织 3590 个，拥有帮教工作人员 12270 人。

2007 年，市安置帮教工作领导小组再次调整，市委副书记唐长久任组长，市委常委、市委政法委书记蒋善生，市人大副主任杨祁贵、市政府副市长朱映红任副组长。

2015 年年底，市司法局和 11 个县（区）司法局均设立安置帮教工作管理机构，各乡镇（街道）均设立安置帮教工作站。此外，全市建立 1 个市级和 11 个县（区）级过渡性安置帮教基地。全市司法行政部门专职从事安置帮教工作人员 36 名，全市专职从事安置帮教工作的社会工作者 115 名，从事安置帮教工作的社会志愿者 4459 名。

二、安置帮教对象

1998—2013 年，永州市开展安置帮教工作的主要对象为永州市籍刑满释放 5 年和解除劳动教养 3 年内，没有生活出路和有重新犯罪倾向的人员。2013 年 12 月，劳动教养制度依法废止，安置帮教工作的对象限定为永州市籍刑满释放 5 年内的人员。2015 年，根据司法部、中央综治办等 12 家部委联合下发的《关于加强刑满释放人员救助管理工作的意见》，将社区服刑解矫人员纳入安置帮教对象，矫正期满后安置帮教期限为 3 年。

安置帮教对象分为重点对象和一般对象。重点对象包括：经评估认为回归社会后有明显重新违法犯罪倾向的人员；刑释解矫前仍未核实清楚基本信息的“三假”人员（假身份、假姓名、假地址）；刑释解矫后无家可归、无亲可投、无业可就的“三无”人员；危害国家安全罪犯。其他刑释解教人员为一般对象。

三、接茬衔接

1998 年，市司法局（市安帮办）贯彻落实省综治办、省公安厅、省司法厅和省安帮办于 1997 年联合下发的《关于做好刑满释放、解除劳教人员接茬帮教工作的意见》和全市安置帮教工作会议精神，市安帮办分组对各县（区）安帮工作进行全面检查，督促落实乡镇（街道）安帮工作站的建章立制工作，明确摸底造册、回归衔接、报到登记手续，建立定期走访、情况反馈等制度。

1998—2007 年，永州市、县（区）、乡镇（街道）、村（社区）四级安帮工作机构执行刑释解教人员接茬衔接制度，落实工作措施，全市刑释解教人员的衔接率达到 90% 以上。

2008 年，全市各级安帮办统一启用全国刑释解教人员安置帮教信息管理系统。通过管理系统平台，建立刑释解教人员信息库。乡镇（街道）安帮站也据此建立近 5 年内刑释解教人员的管理档案。2011 年，全国刑释解教人员安置帮教信息管理系统升级为网络版，市、县（区）、乡镇（街道）三级安帮机构均配备电脑，实现服刑在教人员基本信息的核实、传递网络化操作。全市各乡镇（街道）司法所每周至少登录一次信息管理系统，获取本辖区内服刑在教人员基本信息情况并及时进村入户进行核实，重点核实“三假”人员。核实情况于一个月内通过该信息管理系统向监所反馈。

2008—2015 年，全市各级安帮工作机构依托刑释解教人员信息管理系统开展服刑在教人员的信息核实、反馈和刑释解教人员衔接工作。全市服刑在教人员基本信息核实率均在 99% 以上。2012 年，全市排查“三假人员”18 名，位居全省第一。

2016 年 7 月 26 日，江永县司法局到广东江门监狱接回重点帮教对象曾某，图为该局工作人员与监狱管教警察交流曾某在监狱的表现情况

全市刑释解教人员的衔接率均在 98%以上，超过省司法厅要求。全市各级安帮工作机构落实刑释解教人员重点帮教对象必接制度，重点帮教对象接回率达 100%。一般帮教对象接回率超过 80%。同时，建立健全跟踪帮教、重点管控、定期排查、重要信息报告、检查考核、档案管理等一系列工作制度。落实双向管控，对流动安置帮教对象，实行以流入地为主，流出地配合的双向管理措施，防止脱管失控现象的发生。2010 年，全市接收刑释解教人员 1052 人，其中刑满释放人员 736 人，解教人员 316 人。2015 年，全市接收刑释解矫人员 3644 人，其中监狱刑释人员 1520 人，看守所刑释人员 120 人，社区矫正期满人员 2004 人。

四、安置

帮助回单位就业 1999 年，全市各县（区）安帮办主动与刑释解教人员原单位进行协商，实现原单位安置刑释解教人员 28 名。2002 年，湘南电器厂在安帮工作中采取包教育、包管理、包安置、包转化。该厂 22 名刑释解教人员无一人重新犯罪。

帮助落实责任田土 根据国家政策，全市乡镇安帮工作站积极帮助农村籍刑释解教（矫）人员与相关部门和村委会衔接，全部落实责任田土。

落实低保政策 全市安帮工作机构与民政部门衔接，为符合低保条件的刑释解教（矫）人员落实低保政策。2009 年，帮助 27 名刑释解教人员落实低保政策。2010 年，帮助 31 名刑释解教人员落实低保政策。2012 年，帮助 42 名刑释解教人员落实低保政策。东安县刑释人员魏某某患有精神病，生活不能自理。该县安帮办主动衔接，派人将其从监狱接回，组织相关部门召开联席会议，将其送至精神病医院治疗，为其解决低保，还帮他找到妹妹。2013 年，帮助 51 名刑释解教人员落实低保政策。此外，对符合农村救助条件的刑释解教（矫）人员，帮助纳入农村特困户基本生活救助范围。

鼓励、扶持自谋职业，自主创业　全市安帮工作机构与人力资源和社会保障部门联合，加强对刑释解教（矫）人员的培训指导，教育他们更新观念，引导、鼓励和支持他们根据市场需要，结合各自实际，多形式、多途径自谋职业，自主创业，尽快走上依法勤劳致富的道路。1999年，全市安帮工作机构帮助120余名刑释解教人员从事个体经营活动。2007年，市、县（区）、乡镇（街道）、村（社区）安帮工作机构开展“奔新生、奔富裕、促和谐”主题帮教活动，对重点刑释解教人员实施“四个一”（即进行一次家访、开展一次政策法制宣传教育、解决一个生活实际困难、制订一份脱贫致富就业计划）安帮措施。2008年，祁阳县和宁远县鼓励支持自谋职业，扶持有条件的刑释解教人员从事个体经营，出现一批“致富不忘本，带动大家富”的回归致富能手。宁远县刑释人员李某某，经县安帮办扶持致富后，创办仁禾昌发塑料厂，主动协助县安帮办安置回归人员。2011年，道县刑释人员何某某生活无着落，仙子脚司法所为其送去600元临时救济金，并帮其申领创业贷款，开办养鸡场，让何某某重新扬起生活的风帆。2012—2013年，全市安帮工作机构以“三帮一促”（即“帮助思想教育转化、帮助培训安置就业、帮助解决实际困难，促使其成为守法公民”）主题实践活动为载体，采取政策扶持、技术扶持、资金扶持等措施，帮助刑释解教人员实现自主创业。2012年，全市安帮工作机构帮助25名刑释解教人员实现自主创业。2013年，帮助36名刑释解教人员实现自主创业。2014—2015年，以“三帮一促”主题实践活动和“情暖高墙·关爱孩子”联合帮扶活动为抓手，加强信息协助、衔接管理和教育帮扶，帮助刑释解矫人员顺利回归。2014年全市刑释回归1000多人全部得到安置。2015年，全市安置刑释人员1254人。

过渡性安置基地安置　过渡性安置基地指具有一定规模，经县级以上司法行政机关确认并与之签订帮教协议，安置刑释解教（矫）人员达到员工总数一定比例的各类经济实体。过渡性安置基地重点安置无家可归、无亲可投、无业可就的“三无”人员。过渡性安置期一般不超过6个月。过渡性安置结束后，司法所对安置帮教对象落实后续安置帮教措施。2003年，全市创建过渡性安置基地10个，安置刑释解教人员67人。2005年，市、县（区）创办过渡性安置基地13个，经营范围涉及养殖、加工、建筑等7个行业，其中江华瑶族自治县、道县、宁远县全年安置刑释解教人员超过50人。当年全市562名刑释人员和240名解教人员基本得到有效安置。2008年，市司法局与永州市柑橘示范场签订协议，将该示范场定为市刑释解教人员过渡性安置基地。市司法局出资装修基地帮教办公室，购置办公设施。当年该基地过渡性安置刑释解教人员53人。2009年，全市12个过渡性安置基地安置回归

2015 年，宁远县司法局依托永州鑫农蔬菜种植基地创建安置帮教基地（社区矫正中心）

人员 358 人。2010 年，全市 12 个过渡性安置基地安置回归人员 636 人。2014 年，市柑橘示范场过渡性安置刑释人员 80 人。2015 年，宁远县依托永州鑫农蔬菜种植基地建立安置帮教基地。基地占地面积 10000 余亩，建筑面积 400 余平方米，设立教育学习室、办公室、安置帮教室、休息室、心理咨询室、食堂，集刑释解矫人员就业培训、“三无人员”安置、社区服刑人员就业培训和社区服务于一体。当年，安置“三无人员”10 人，累计开展过渡性安置刑释解矫人员、社区服刑人员就业培训 200 余人次，组织社区服刑人员社区服务 500 余人次，带动 30 余名社区服刑人员和刑释解矫人员从事蔬菜种植。2015 年年底，全市有过渡性安置基地 12 个。

五、帮教

监所帮教 原零陵监狱和原永州市劳动教养管理所均设立出入监区和出入所大队，对刑释解教前 1 个月内的罪犯和在教人员进行出监、所前的道德法制教育和心理辅导，以帮助其能顺利回归社会。

社会帮教 1998—2015 年，市安帮办与各县（区）安帮办先后建立健全“二帮一”“三帮一”责任帮教制度、跟踪回访制度、定期谈话制度、信息报告制度和委托帮教制度等一整套安帮工作制度。各县（区）安帮办及时向乡镇（街道）安帮站转发安帮通知书。乡镇（街道）安帮站均建立刑释解教（矫）人员的管理档案，并及时落实刑释解教（矫）人员的帮教人员，逐一签订帮教责任书。帮教人员积极与刑释解教（矫）人员进行沟通交流，采取定期谈话帮教、电话或书信帮教、登门回访帮教等多种帮教方法，了解掌握其家庭、生活情况和心理情绪，对刑释解教（矫）人员开展形式多样的思想、法制、道德、文化教育和心理引导，帮助其正确处理社会关系，较好地适应社会，以减少刑释解教（矫）人员重新犯罪，维护社会稳定；开展“创无重新违法犯罪乡镇（街道）活动”。1999—2002年，根据省司法厅创“无重新犯罪乡镇”竞赛活动的部署，全市各县（区）结合实际，制定实施方案，将竞赛活动纳入各级政法综治工作的总体部署和“一票否决”内容。2002年年底，全市有150个乡镇、街道成为无重新违法犯罪乡镇、街道。2008—2010年，各县（区）安帮办开展“奔新生、奔富裕、促和谐”主题帮教活动，对重点刑释解教人员落实“四个一”（即：每半年进行一次家访、开展一次政策和法制宣传、解决一个生活实际困难、制订一份脱贫致富的就业计划）帮教措施。祁阳县开展“三联系三包”帮教活动（一名司法助理员、一名村干部、一名亲属联系一个回归人员，包教育、包管理、包转化）。新田县探索开展“帮教工作进监狱”活动，组织安帮专干深入郴州监狱，提前介入对53名新田籍罪犯的帮教工作。2008—2010年，全市没有一个刑释解教人员脱管失控。2011—2015年，市安帮办和各县（区）安帮办引导家庭、社会参与帮教，避免因服刑在教人员与外界长期隔绝引发新的社会问题。2013年，在全市开展服刑在教人员未成年子女排查、走访、帮扶活动。联合民政、教育、妇联等部门对监所反馈的全市987名服刑在教人员的未成年子女逐一进行走访和帮扶，并动员服刑在教人员子女多与父母联系，经常给父母写写信，谈谈心，鼓励他们认真改造，早日重新做人。2014年，市、县（区）安帮办按照省司法厅的安排部署，以不能让服刑、强制隔离戒毒人员未成年子女因经济困难而生活失助、学习失教、安全失保，不能让服刑、强制隔离戒毒人员未成年子女因监护缺失而道德失范、情感失落、心理失衡，努力实现生活有依靠、就学有保障、成才有机会为目标，联合永州监狱、东安监狱开展“情暖高墙·关爱孩子”联合帮扶活动。市司法局印发《永州市“情暖高墙·关爱孩子”联合帮扶专项活动实施方案》，摸排建立691名服刑人员未成年子女信息台账，实现全市信息共享；成立工作领导小组，明确责任人；设立“情暖高墙·关爱孩子”专项扶贫济困资金和助学金。东安监狱干警职工捐助资金近5万元，资助10余名罪犯未成年子女；开通服刑人员和孩子会见的“绿色通道”，召开亲情帮教大会，组织100余名警察志愿者与服刑人员未成年子女结成“一对一”“多对一”定向帮扶对子，通过爱心捐助、心理疏导、法律援助等方式帮助孩子们健康快乐成长。深入到祁东县、麻阳县、新化县等偏远地区，走访慰问重点帮扶对象，为孩子们送去贴心的关爱。永州监狱精心组织一场“情暖高墙·关爱孩子”专题文艺演出，监狱警察、志愿者、社会爱心人士、罪犯及其家属代表联合倾情献上精彩纷呈的演出。通过情景小品、诗歌朗诵、小合唱、对唱、独唱等形式表达罪犯对回归家庭、回归社会的渴求，以及社会各界对失足人员的关爱。节目内容积极向上、感人至深。演出现场募捐的爱心资金及物资价值 17.65 万元全数纳入永州监狱“情暖高墙·关爱孩子”专项扶贫济困资金，用于对罪犯未成年子女的帮扶。现场对十余名服刑人员特困子女发放助学金、药品、衣物和书籍计 4.8 万元。

1985—2015 年，全市刑释解教人员的重新犯罪率均低于 3%的省综治考核要求。2015 年，全市刑释解矫人员 3644 人，重新犯罪率 1.2%。

第二节　社区矫正

一、机构与队伍

2008 年 11 月 26 日，永州市委办公室、永州市人民政府办公室联合下发《关于成立永州市社区矫正工作领导小组的通知》，成立由市委常委、市委政法委书记蒋善生任组长，市中级人民法院、市人民检察院、市公安局、市司法局等 14 个单位和部门为成员的社区矫正工作领导小组，领导小组在市司法局设立办公室，负责社区矫正日常工作。同年，冷水滩区成立社区矫正工作领导小组。2009 年，零陵区成立社区矫正工作领导小组。2011 年，全市 11 个县（区）均成立社区矫正工作领导小组。

2008 年至 2011 年 11 月，全市社区矫正工作由市司法局基层工作科负责指导和管理。2011 年 12 月，市编办批复市司法局成立社区矫正科，负责全市社区矫正工作的指导和管理。2012 年，社区矫正工作在全市推开，各县（区）司法局均成立社区矫正股（办），具体负责本辖区的社区矫正工作。其中，冷水滩区司法局社区矫正办、宁远县司法局社区矫正办明确为副科级。2015 年，市司法局社区矫正科加挂永州市社区矫正工作管理局牌子，新田县成立社区矫正工作局。

2008 年，全市启动社区矫正工作试点，有社区矫正工作人员 48 人。2009—2015 年，各县（区）司法局在成立工作机构的同时，采取招考公务员、招聘社会工作者和社会志愿者等方式，增强社区矫正工作力量，社区矫正工作队伍逐年壮大。2012 年，全市社区矫正工作队伍 680 人，其中司法行政机关社区矫正工作人员 32 人，司法所社区矫正工作人员 358 人，社会工作者 1 人，社会志愿者 289 人。2013—2015 年，全市社区矫正工作队伍分别为 1978 人，2154 人，2588 人；其中司法行政机关社区矫正工作人员分别为35人，35人，35人，司法所社区矫正工作人员分别为409人，441人，463人，社会志愿者分别为1534人，1678人，2060人，2015年还聘请社区矫正社会工作者30人。

二、社区矫正试点及全面实施

2008年，永州市被列为全国第二批社区矫正试点地区。市司法局及时召开局党组会议研究部署，制定《社区矫正试点工作方案》并向市委、市政府领导汇报，争取重视和支持。市委副书记唐长久、市委常委、市委政法委书记蒋善生，市政府副市长朱映红分别对开展社区矫正试点工作作出批示。2008年10月30日，市司法局、市中级人民法院、市人民检察院、市公安局联合下发《关于开展社区矫正试点工作的通知》，市委综治委下发《关于印发〈社区矫正试点工作方案〉的通知》，对开展社区矫正试点工作的指导思想和工作原则、适用范围和主要任务、试点范围和工作步骤、经费保障、组织领导和工作要求、相关部门职责等做出具体规定。确定冷水滩区为全市社区矫正试点区。市财政拨付市本级社区矫正工作经费10万元，冷水滩区财政拨付经费5万元，启动全市社区矫正试点工作。

市司法局和冷水滩区司法局积极与公安机关衔接，坚持“集中交接”和“人档齐全方可交接”的原则，2009年3月24日，在冷水滩区公安分局召开社区矫正对象交接大会，首批26名矫正对象连人带档由冷水滩区公安分局移交冷水滩区司法局管理。

市司法局指导冷水滩区司法局积极探索，先后制定衔接配合、监督管理、教育促进、奖惩考核、档案制作等工作制度，并进行经常性的现场指导，确保流程规范，措施到位。在政治敏感期和重要节假日，市司法局坚持对试点工作开展情况进行督促检查，严防社区矫正对象脱管失控和重新违法犯罪。冷水滩区司法局先后4次组织司法所工作人员进行社区矫正业务培训，培训60余人次，提高司法所工作人员的业务技能。

冷水滩区在社区矫正试点工作中，重点做好四个方面工作：一是规范衔接，防止漏管。冷水滩区人民法院在宣判时，均通过口头告知的方式责令当事人接受矫正，并将有关法律文书送达社区矫正工作机构。对宣判时已经在押的矫正对象，区社区矫正办工作人员均在第一时间前往羁押场所办理交接手续，移交有关乡镇列管。对宣判时已取保候审的，区公安分局规定，凭社区矫正机构出具的按时报到证明方可领取保证金。二是分级管理，因人施矫。冷水滩区司法局制定“三级”监管机制，即“两抢一盗”及生活在城区的青少年列为一级监管对象进行严管，经商及在城区打工容易引起纠纷的列为二级监管对象进行普管，务农以及过失犯列为三级监管对象进行宽管。在分级管理的基础上，因人施矫，进行个案矫正。通过认真分析矫正对象的犯罪原因、生活经历、家庭情况、年龄和心理特征等，有针对性地制定矫正方案，以达到最佳矫正效果。对于不讲道德的，组织矫正对象开展“八荣八耻”社会主义荣辱观教育活动；对于法制观念淡薄的，组织矫正对象开展系列法律法规学习教育；对与黑恶势力有联系的，发布“致社区矫正对象的一封公开信”，教育他们与黑恶势力划清界限，鼓励他们检举揭发，自觉同违法犯罪活动作斗争。2009 年，冷水滩区司法局累计接收矫正对象 46 人，正常解矫 5 人，年底在册矫正人员 41 人，无一人脱管失控，无一人重新违法犯罪。三是规范建档，严格考核。冷水滩区司法局印制矫正对象档案文书，规范文书制作。各司法所严格按要求建立矫正对象档案，将矫正对象的日常表现记录在案，为考核工作奠定基础。区公安局、检察院、司法局 3 家单位每季度对矫正对象进行联合考核评议，增强威慑力，调动矫正对象向好、向上的积极性。四是帮困解难。冷水滩区司法局联合税务、民政、劳动、妇联等单位，为矫正对象解决一些现实困难，帮助他们树立信心，以提高矫正效果。岚角山镇陈某因交通肇事被判缓刑，其爱人嫌其贫穷且身患重病，整日抱怨不休，导致陈某身心憔悴，甚至想到自杀。岚角山司法所了解情况后，与妇联的同志及时找其爱人谈心，引导和教育她摒弃抱怨，以爱心和温暖感化陈某，并介绍她到手套厂工作。通过帮教工作，陈某家庭和睦，对社会充满感激。

2010 年 6 月 29 日，零陵区公、检、法、司社区矫正工作联席会议召开

永州市冷水滩区的社区矫正试点工作得到省司法厅的充分肯定。2009 年，在全省首期社区矫正工作培训班上，市司法局做经验推介发言。

2010 年 6 月，全市社区矫正试点范围扩大至零陵区。2010 年年底，零陵区司法局接收69名社区矫正对象。全市累计接受矫正对象130人，正常解矫30人，年底在册社区矫正对象100人，实现无一人漏管，无一人脱管，无一人重新违法犯罪。

2011年6月，市司法局、市中级人民法院、市人民检察院和市公安局联合下发《关于在全市试行社区矫正工作的通知》，在全市11个县（区）87个乡镇开展社区矫正试点工作。全市摸排社区矫正对象1881人，法院提供案卷1578份，检察院核实法律文书1509份，发出检察意见书79份，公安机关整理档案468份。全市司法行政部门累计接收社区矫正对象611人，年底在册526人。

2012年，根据最高人民法院、最高人民检察院、公安部、司法部联合制定的《社区矫正实施办法》，结合永州社区矫正试点经验，社区矫正工作在全市范围全面实施。

三、社区矫正业务

2012—2015年，全市司法行政部门紧扣社区矫正衔接、社会调查评估、社区矫正对象管理、教育帮扶、社区矫正规范化建设、场所建设以及经费保障等环节，加强指导管理和组织实施社区矫正工作。

（一）社区矫正衔接

2012年，各县（区）社区矫正办开展社区矫正对象情况摸排，逐步进行登记造册和档案移交。全市摸排社区矫正对象781人，接收社区矫正对象1160人，解除166人，年底在册1661人。2013—2015年，各县（区）司法局和县（区）人民法院紧密配合，规范日常交接工作。法院在宣判时，均通过口头告知的方式责令当事人接受矫正，并由专人及时将有关法律文书送达社区矫正工作机构。对宣判时已经在押的社区矫正对象，社区矫正办工作人员均在第一时间前往羁押场所办理交接手续，移交有关乡镇列管。对宣判时取保候审的，公安机关规定，凭社区矫正工作机构出具的按时报到证明方可领取保证金。对市辖监所假释、保外就医的，均由监所负责送到当地司法所，经由派出所、司法所共同签字办理交接手续。通过规范日常交接，避免文书送达不及时、人员交接不及时的现象。在接收社区矫正人员后，各司法所每月与派出所衔接，对辖区内社区矫正对象进行清查比对，查漏补缺，防止漏管的发生。2013年，全市接收社区矫正对象2220人，解除920人，年底在册2961人；2014年，全市接收社区矫正对象1945人，解除1499人，年底在册3407人；2015年，全市接收社区矫正对象3566人，解除2599人，年底在册4374人。2015年8月27日，市委政法委牵头，组织公、检、法、司四家单位召开全市社区矫正工作联席会议。会议通报全市社区矫正工作开展情况以及衔接配合工作中存在的问题，审议讨论《关于进一步加强社区矫正工作衔接配合的意见》。会后，四家单位联合下发该意见。意见对社会调查评估、社区服刑人员的交接、撤销缓刑、假释、收监执行、社区服刑人员脱管后和重新犯罪后的追逃追捕工作进行规范，明确公、检、法、司四家单位在社区矫正工作中的职责，并且规定四家单位每年至少开展一次联合督查，以及时发现和解决衔接工作中存在的突出问题。

（二）社会调查评估

《社区矫正实施办法》第四条规定，人民法院、人民检察院、公安机关、监狱对拟适用社区矫正的被告人、罪犯，需要调查其对所居住社区影响的，可以委托县级司法行政机关进行调查评估。受委托的司法行政机关应当根据委托机关的要求，对被告人或者罪犯的居所情况、家庭和社会关系、一贯表现、犯罪行为的后果和影响、居住地村（居）民委员会和被害人意见、拟禁止的事项等进行调查了解，形成评估意见，及时提交委托机关。2012 年，全市司法行政机关完成社会调查评估 107 件，其中建议不予实行社区矫正 24 件，建议慎用社区矫正 9 件，委托机关的采信率为 98%。祁阳县规定社会调查评估是该县法院判决或决定实行社区矫正的必经程序。2013 年，全市司法行政机关完成社会调查评估 808 件，委托机关采信率为 95%。2014 年，全市 11 个县（区）全部展开审前社会调查评估工作，完成社会调查评估 1907 件。2015 年，全市司法行政机关完成社会调查评估 1667 件，其中建议不适用社区矫正 121 件，建议慎用社区矫正 157 件，建议适用社区矫正 1389 件，采信率为 90%。

（三）社区矫正对象监督管理

2012 年，各县（区）社区矫正机构借鉴试点工作经验，制定并落实矫正对象分级管理制度。根据社区矫正对象的犯罪原因、犯罪类型、危害程度、悔罪表现、家庭及社会关系等情况，把社区矫正对象分为严管、普管、宽管三个级别，不同的级别采取不同的监管措施，并根据矫正对象的表现动态调整其管理级别。各县（区）社区矫正办按照一人一档建立档案，严格执行走访、报到、迁居、会客、请销假、考核等制度。零陵区邮亭圩司法所提出“六多一少”“六个必访”的工作方法，即“多监管、多鼓励、多学法、多走访、多考核、多说我们、少说你们”“入矫必访、每月必访、重大节假日必访、思想波动时必访、困难时必访、解矫必访”，确保监管到位。2013 年，市司法局与市联通公司合作，建立全市社区矫正信息管理系统，利用手机定位功能设置“电子围墙”，对严管、普管级社区矫正对象进行实时监控，并进行电子档案管理，加大管控力度，提高工作效率。当年，全市对 2678 名社区矫正对象进行手机定位管理。2014 年，全市开展手机定位系统的排查工作，对手机定位中存在的信号不好、定位不准确、越界报警不准确等问题进行全方位排查，并将排查情况及时通报给市联通公司，督促市联通公司以乡镇为基本单位，逐步排查每个乡镇、每部定位手机，提高手机定位系统的实用性和准确性。当年，对 4211 名社区矫正对象进行手机定位管理。2015 年，进一步完善社区矫正对象手机定位监控系统，对 5542 名社区矫正对象进行实时监控。同年，市司法局与市检察院开展防脱管、漏管和重新犯罪联合督查。通过督查，发现 5 人因法院没有寄送法律文书而漏管，2 人因外出务工而脱管，相关县（区）对存在的问题进行及时整改，将漏管、脱管对象重新纳入监管范围。

2013 年 1 月 22 日，南六县社区矫正信息化建设现场会召开

在监管过程中，全市社区矫正机构严格落实奖惩制度，通过计分考核，对认真改造、表现良好的社区矫正人员给予表扬奖励，对不服从监管的进行训诫、警告直至提请收监执行，以体现刑罚执行的严肃性和权威性。

2011 年，零陵区水口山镇社区矫正对象杨某拒不服从监管，公、检、法、司密切协作，一致同意给予杨某撤销缓刑、收监执行的惩处。2011 年 6 月 2 日，永州市中级人民法院下达裁定书，对杨某撤销缓刑、收监执行。

2012 年，全市社区矫正机构给予社区矫正对象警告 33 人次，撤销缓刑 2 人。2013 年，给予社区矫正对象警告 71 人次，给予治安处罚 1 人次，撤销缓刑 11 人，撤销假释 1 人，对暂予监外执行罪犯收监执行 1 人。2014 年，给予社区矫正对象警告 120 人次，给予治安处罚 1 人次，撤销缓刑 3 人次，对暂予监外执行罪犯收监执行 7 人。2015 年，给予社区矫正对象警告 152 人次，治安管理处罚 5 人次，撤销缓刑 11 人，撤销假释 1 人。

（四）教育帮扶，提高矫正质量

把社区矫正对象改造成守法公民，使他们顺利回归社会是社区矫正工作的最终目的。2012—2015 年，全市社区矫正机构采取分段教育、社区服务、帮扶困难等措施强化教育矫正，提高教育矫正质量。

分段教育　各县（区）社区矫正机构将社区矫正期间划分为入矫教育、日常教育和解矫教育三个阶段。在入矫教育阶段，把教育目标定为促进社区矫正对象适应社区矫正机构的管理教育。教育内容以认罪服法和规范养成教育为主，告知其权利义务、日常监管和考核奖惩的相关规定，为开展下一阶段工作做好准备。在日常教育阶段，把教育目标定为矫正行为恶习，培养健康心理，增强法律意识和道德水平。教育内容以思想教育、法律常识教育、文化教育、劳动养成教育、心理健康教育为主，使社区矫正对象树立正确的人生观、世界观、价值观。在解矫教育阶段，把教育目标定为巩固矫正成果，增强自律意识。教育内容侧重于心理康复、待人接物、交际礼仪等实用技巧的培训，帮助社区矫正对象恢复正常的心理状态，养成良好的生活习惯，以尽快融入社会。

2012 年 3 月 20 日，冷水滩区菱角山街道社区矫正对象集中教育学习

在分段教育中，各县（区）社区矫正机构采取集中教育与个别教育相结合、正面教育与反面教育相结合，多种教育方式并用，开展法律常识、公共道德、时事政策教育和警示教育。冷水滩区菱角山司法所规定每月 20 日为社区矫正对象集中学习日，向社区矫正对象发出集中学习通知书，实行学习签到制度，精心安排学习内容，以案说法，组织社区矫正对象讨论，提高社区矫正对象学习的积极性，增强学习效果。各县（区）社区矫正机构还充分发动村（社区）干部、社区矫正对象家属以及“五老”等社会力

2015 年 9 月，祁阳县司法局组织社区矫正对象到德辉农场开展公益劳动

量参与社区矫正工作，为每个矫正对象确定“三帮一”或“四帮一”的矫正帮教小组。

2012—2015年，全市社区矫正机构组织社区矫正对象集中教育分别为11533人次、24831人次、34201人次和40797人次，开展个别谈话分别为8055人次、17330人次、20255人次和22354人次，进行心理辅导分别为2809人次、7449人次、8888人次和10934人次。

组织社区服务　2012年，全市建立公益劳动基地42个，组织社区矫正对象参加社区服务8873人次。2013—2015年，全市组织社区矫正对象参加社区服务分别为24091人次、30983人次和39815人次。

帮扶困难　各县（区）社区矫正机构对生活困难的社区矫正对象，在开展教育工作的同时，还通过解决实际困难来促其向善。2011年，零陵区社区矫正对象贺某，因其子患脊椎胶质瘤治疗花费巨大，家庭非常困难，贺某情绪波动很大。零陵区司法局及时协助贺某办理农村低保，并送去1000元慰问金，帮其渡过难关。冷水滩区岚角山司法所组织社区工作人员定期走访看望身患糖尿病的社区矫正对象陈某和身患尿毒症的罗某，嘘寒问暖，让他们深切感受到党委、政府的关爱和社会的温暖，更加坚定悔过自新、回报社会的信念。2012年，全市社区矫正队伍结合市委组织开展的“四深入两结对一测评”活动，与生活困难的社区矫正对象结对子，开展对社区矫正对象的社会适应性帮扶工作。先后走访32名生活困难的社区矫正对象，帮助社区矫正对象就业45人次，协助社区矫正对象办理低保13人。东安县社区矫正对象邓某入矫时抵触情绪严重。东安县司法局通过走访得知主要原因是家庭困难，积极与民政部门协调为其解决低保，促使其安心改造。2014年，全市社区矫正机构着力推动帮扶工作社会化。宁远县司法局积极与企业衔接，于2015年在鑫农淮山基地建立全市最大的社区矫正公益劳动和刑释解矫人员过渡性安置基地，最大程度解决社区矫正对象的就业问题，安排60余名社区矫正对象和刑释解矫人员就业。宁远县泽圣达公司建立社区矫正帮扶资金，对贫困社区矫正对象子女入学和自主创业进行重点帮扶。

2012—2015年，全市社区矫正机构帮助社区矫正对象落实低保分别为67人、70人、90人和137人，组织社区矫正对象通过参加公益劳动、社区服务开展技能培训分别为455人次、1008人次、992人次和1648人次，指导就业或就学分别为616人次、1223人次、2214人次和1801人次。

（五）社区矫正宣传

2008—2015年，全市司法行政部门采取多渠道、多途径、多形式广泛宣传社区矫正工作。市司法局联合公、检、法等部门在永州电视台综合频道开设《平安永州》栏目，每周一期。在《永州日报》、“永州法制网”“永州新闻网”“永州政府网”和“永州司法局网站”分别开设专栏，对社区矫正工作重要会议和活动、工作开展和动态等进行详细深入报道。2009年，市司法局副局长郑泽辉在永州电视台进行社区矫正专题宣讲，详细介绍社区矫正的性质、意义、适用范围和有关工作制度，提高社区矫正工作的社会认知度。2012—2015年，市司法局在加强新闻和网络媒体宣传基础上，每年开展全市“社区矫正宣传月”活动，组织现场宣讲，举办专题讲座，开设各类宣传专栏，印发宣传资料。同时，各县（区）司法局也采取多种方式广泛宣传。冷水滩区将社区矫正工作情况录制成4集节目，在永州都市频道热门节目《今天讲什嘻》连续播出；双牌县将社区矫正相关知识编入《常用法律知识简明读本》农村版和便民服务办事指南，印制数万册（张），进村入户进行宣传。

四、社区矫正规范化建设

2013年，市司法局制定《永州市2013年度社区矫正规范化建设方案》，组织开展社区矫正规范化建设年活动。要求各县（区）司法局落实规范化建设的任务、目标、责任人、措施。确定零陵区司法局和宁远县司法局为规范化建设单位，每个县（区）确定两个司法所为规范化建设示范司法所，将示范创建工作纳入2013年绩效考核、综治考评和全市司法行政系统精细化管理考核。同年，市司法局在全市开展社区矫正执法专项整顿，规范社区矫正执法行为。各县（区）司法局对社区矫正工作中是否存在假借调查评估、手机定位管理等向社区矫正对象乱收费，是否存在核实居住地、给予社区矫正对象警告、提请治安管理处罚、提请收监执行等执法活动中弄虚作假、违规办理行为，是否存在超越权限审批，履行职责不严等问题进行自查自纠，对检查出的问题制定整改落实措施。市司法局专门组成检查组到各县（区）司法局及司法所实地随机抽查。经检查，各县（区）司法局及司法所均能严格按照《社区矫正实施办法》的规定开展工作，操作规范，程序到位，并做到有据可

2013年5月7日，市司法局举办全市社区矫正与安置帮教工作培训班

2013 年 9 月 25 日，市司法局在各县（区）设立考点，举行全市司法行政系统社区矫正知识考试

2013 年 11 月 15 日，在市司法局会议室举办永州市“联通杯”社区矫正知识抢答赛

查，未发现有超越权限审批社区矫正事项的情况。通过检查核实居住地、审前社会调查、居住地变更审批、给予社区矫正对象警告、提请撤销缓刑以及提请收监执行建议等执法案卷，案卷材料齐全，证据充分，程序合法，内部审批手续完备，未发现弄虚作假、违规办理行为。检查中也发现对社区矫正对象的走访、学习教育、社区服务时间没有达到要求、日常管理记录缺失等 11 个履行职责不严的问题。市司法局检查组对检查情况进行通报，督促各县（区）制定整改措施 26 项并落实到位。同时，全市司法行政机关大力加强社区矫正队伍建设。2013 年 5 月 7 日，市司法局举办全市社区矫正与安置帮教工作培训班，全市司法行政系统 317 名干警参加培训。9 月 25 日，在各县（区）设立考点，统一举行社区矫正知识考试。11 月 15 日，举办全市司法行政系统社区矫正知识抢答赛。

2014 年，市司法局在宁远县召开全市社区矫正规范化建设现场推进会，对各县（区）先进做法进行现场学习和交流，督促各县（区）进一步统一思想，深入推进社区矫正规范化建设，努力提高全市社区矫正工作制度化、规范化和科学化水平。

2015 年，全市司法行政系统深入开展“社区矫正规范化建设巩固提高年”活动，重点规范社区矫正监督管理、考核奖惩等执法环节，严格社区矫正执法行为，严肃查处社区矫正执法工作中的违法违纪行为，进一步规范社区矫正工作。

五、社区矫正场所建设和经费保障

2014年9月12日，全市社区矫正规范化建设现场推进会在宁远召开

2015年建成的江永县社区矫正中心

场所建设 社区矫正是刑罚执行工作，应当建立一定的场所来承担社区矫正对象的交接、报到、教育管理、心理矫治、职业技能培训等工作。2015年，全市申报建立5个县（区）社区矫正中心，即零陵区、祁阳县、宁远县、新田县、江永县社区矫正中心，并纳入全省为民办实事项目。5个矫正中心统一名称、统一标牌、统一色调、统一设施、统一功能，并配有一定数量的工作人员，当年年底全部完成。2016年年底，全市11个县（区）社区矫正中心全部建设完成，当年市司法局被市委、市政府评为为民办实事先进单位。

经费保障 2009—2013年，各县（区）社区矫正工作经费没有统一规定，需要司法局积极争取预算。2009年，市财政拨付市本级社区矫正工作经费10万元，冷水滩区财政拨付经费5万元。2012年，社区矫正工作经费保障力度有所增大。零陵区、宁远县的社区矫正工作经费按人均1000元的标准纳入财政预算，冷水滩区、道县、江华瑶族自治县等县（区）也都拨付一定的工作经费，为社区矫正工作的开展提供必要保障。2013

年，全市社区矫正经费投入继续增加，冷水滩区、零陵区、宁远县、双牌县等县（区）社区矫正经费列入县级财政预算，道县拨付 11 万元，蓝山县拨付 17 万元，江永县拨付 15 万元，新田县拨付 29.5 万元，东安县拨付 8 万元。

2013 年 12 月，省财政厅、省司法厅联合下发《关于进一步加强社区矫正经费保障工作的实施意见》，规定县级司法行政部门社区矫正经费，按全县社区矫正对象每人每年不低于 1500 元的标准纳入财政预算。2014 年，全市市本级和 11 个县（区）社区矫正经费拨付 446.5 万元。2015 年，拨付 513.05 万元。

第十三章　法学教育与国家司法考试

1985年6月，零陵地区政法干部中等专业学校（以下简称政法干校）成立，标志着全市司法行政系统法学学历教育起步。1985—2005年，全市司法行政系统法学学历教育共办中专教学班28个，培养中专毕业生1259名；大专教学班27个，培养大专毕业生1500余名；本科教学班7个，培养本科毕业生282名。2006年，全市司法行政系统法学教育停止招生。在办好法学学历教育的同时，市司法局发挥市政法干校培养法律人才的基地作用，先后举办一系列法律短期培训班，对全市在职干部主要是政法干部进行法律知识培训，提高政策法律水平和业务能力。

2002年，国家司法考试制度实施。2002—2015年，永州市共组织14次永州考区国家司法考试，全市累计有8919人次报名参加，考试上线1586人，颁发法律职业资格证书1479本。

第一节　法学教育

永州市司法行政系统法学学历教育以成人教育为主。1985—1996年，市司法局宣传教育科加挂电大函大工作站、中华全国律师函授中心辅导站和市经法班教学委员会办公室牌子，在区域内行使法学教育行政业务主管部门职能。1997年，市司法局单独设立法学教育科（后更名为教育培训科），主管法学教育工作。

一、法学学历教育

（一）法律中专教育

永州市政法干校学历教育　1985—1986年，地区政法干校的主要职责是对全区政法系统干部进行法学教育短期培训。1986年9月，开设第一期法律专业干部中专班，招收学员13名。由于学校编制、经费未得到很好解决，办学条件有限，在教学两个多月后，将学员转至省司法学校继续学习。1987年和1988年，分别开设1

1997 年，97 级公安班学生军训

个法律专业干部中专班，招收培养在职干部 110 名。教学采取脱产学习形式，学制两年。学习期满，学校组织毕业考试，学员成绩合格，发给零陵地区政法干校中等法律专业文凭。1989 年，开始面向初中毕业生招生，当年开设 1 个法律中专班，招收初中毕业学员 70 名。1990 年，开设 1 个法律中专班，招收初中毕业学员 65 名。1991—1992 年，未招新生。1993 年，开设 2 个法律中专班，招收学员 109 名。1994—1995 年，未招新生。1996—1999 年，市政法干校开设法律班 4 个，文秘班 1 个，公安班 6 个，培养中专学历毕业生 545 名。

湖南省广播电视大学中专学历教育　1988 年，地区政法干校与湖南省广播电视大学附属中等专业学校（后改为湖南省广播电视大学中专部）联合，开设法律专业电视中专班 2 个，招收学员 89 名，学制为脱产三年。1991 年、1992 年、1995 年各

1991 年，88 级电大中专班毕业合影

开设1个法律专业电视中专班，学制为脱产两年半。1988—1995年，市政法干校共开设5个法律专业电视中专班，培养毕业生224名，颁发湖南省广播电视大学附属中等专业学校中等法律专业文凭。

1995—1998年，市司法局依托电大函大工作站开始开展电大法律中专学历教育。1995年，在县级冷水滩市开设1个电大法律中专班，招收学员25名，学制为脱产两年。1996年，在冷水滩区开设1个电大法律中专班，招收学员21名（1997年该中专班移交给市司法局负责教学管理），市司法局开设1个电大法律中专班，招收学员30名。1997年和1998年，市司法局分别开设1个电大法律中专班，招收学员36名。1995—1998年，市司法局开设电大法律中专班5个，培养法律中专毕业生112名，颁发电大司法分校文凭。

衡阳农校中专学历教育 1999年，市司法局与衡阳农校联合开设1个全日制法律中专班，在永州范围内招生，招收学员24名，脱产学习三年，颁发衡阳农校全日制中专文凭。

（二）法律大专教育

湖南广播电视大学法律大专学历教育 1985年，根据省司法厅、省人民检察院、省高级人民法院、省公安厅、省民政厅、省妇联、省电大联合下发的《关于办好电大法学专业的通知》精神，地区司法局设立电大函大工作站，负责全区电大法律专业的招生注册、组织授课、进行考试等工作，副局长文永鳌任站长，宣教科刘

1998年，95届大专班毕业合影

佑湘任副站长。当年开设3个电大班，招收学员150余名，学制为脱产三年，教学采取发放辅导资料，组织学员看录像、听磁带等方式进行。1986年，3个电大班移交给地区政法干校负责教学管理。学习期间部分学员中断学习。1988年，77名学员学习期满考试合格后取得湖南省广播电视大学法律大专文凭。1995年，经省司法厅和湖南省广播电视大学下达指标，地区政法干校开设1个全日制电大法律大专班，招收通过普通高考的学员30名。市政法干校负责教学管理的电大法律大专学历教育持续到1999年。1985—1999年，市政法干校开设成人电大班11个，全日制普通电大班1个，培养电大法律大专毕业学员661名。

1999—2005年，市司法局开设电大函授法律大专班。1999年，开设1个电大函授班（学制两年）和1个电大注册视听生班（学制三年）。2000—2005年，每年开设1个电大函授班，学制均为两年。1999—2005年，共开设电大函授班8个（含1个电大注册视听生班），培养法律大专毕业生537名，颁发湖南省广播电视大学大专文凭。

衡阳师范学院法律大专学历教育　2000—2001年，市政法干校与衡阳师范学院联合办学，开设成人法律大专班，学制为脱产三年。市政法干校负责招生注册、组织授课、进行考试等工作，考试合格后颁发衡阳师范学院法律大专文凭。2000年和2001年各招收1个法律大专班，培养毕业学员137名。2002年，市政法干校停止招生。

湖南省政法管理干部学院大专学历教育　1993年，地区司法局与湖南省政法管理干部学院联合办学，经省政法管理干部学院授权，在全区范围招收通过成人高考的法律大专学员，由地区司法局宣教科负责招生报名、学籍注册、教学管理、组织考试等工作，学习期满考试合格后颁发湖南省政法管理干部学院法律大专文凭。1993—1995年，每年开设1个法律大专班，学制为脱产两年；1996—1998年，每年开设1个法律大专

1997年，湖南省政法管理干部学院95级法律大专永州班毕业合影

班，学制为业余3年。1994—1998年，培养法律大专毕业生244名。

1987年，86级大专证书班毕业合影

中华律师函授班（自考）与法律大专证书班 20世纪80年代末和90年代初，地区司法局还开设过中华律师函授（自考）法律大专班和干部法律大专专业证书班。中华律师函授（自考）法律大专教育属于一种自学考试助学的形式，开设宪法学等14门课程，学制三年，采取自学、函授、刊授、面授相结合的方法教学。学员通过三年学习后，参加自学考试部门组织的统一考试。考试通过者，获得湘潭大学律师专业专科文凭。干部法律大专专业证书班招收脱产1年制大专证书学员。经过学习、考试成绩合格，取得湖南省政法管理干部学院法律大专专业证书。1990年，省委组织部规定，专业证书班毕业的学员在填写各类表格中“学历”一栏时，可以填写“法律大专专业证书”。

（三）湖南省政法管理干部学院本科学历教育

1994年，经省政法管理干部学院授权，地区司法局开始在全市范围招收通过成人高考的法律本科学员，由市司法局宣教科负责招生报名、学籍注册、教学管理、组织考试等工作，学习期满，考试合格后颁发湖南省政法管理干部学院法律本科文凭。1994—1995年，每年开设1个法律函授本科班，分别招收学员45名和20名，学制均为函授两年。1996年，开设1个法律函授本科班，招收学员38名，学制改为函授三年。1997年和1998年，未招生。1999—2002年，每年开设1个法律函授本科班，学制均为函授三年。1994—2002年，市司法局开设法律函授本科班7个，培养法律本科毕业生282名。2003年后，未再招生。

中专学历教育情况统计表

表 13-1

毕业学校	班级	专业	学历	毕业人数（人）	备注
湖南省广播电视大学附属中等专业学校	88 级电视中专一班	法律	中专（脱产三年）	42	成人教育
	88 级电视中专二班	法律	中专（脱产三年）	47	成人教育
	91 级电视中专班	法律	中专（脱产两年半）	45	成人教育
	92 级电视中专班	法律	中专（脱产两年半）	45	成人教育
	95 级电视中专班	法律	中专（脱产两年半）	45	成人教育
电大司法分校	95 级冷水滩中专班	法律	中专（脱产两年）	25	成人教育
	96 级冷水滩中专班	法律	中专（脱产两年）	21	成人教育
	96 级中专班	法律	中专（脱产两年）	30	成人教育
	97 级中专班	法律	中专（脱产两年）	28	成人教育
	98 级中专班	法律	中专（脱产两年）	8	成人教育
衡阳农校	99 级中专班	法律	中专（脱产两年）	24	全日制教育
政法干校	87 级干部中专一班	法律	中专（脱产两年）	43	成人教育
	88 级干部中专一班	法律	中专（脱产两年）	67	成人教育
	89 级中专班	法律	中专（脱产两年）	70	成人教育
	90 级中专班	法律	中专（脱产两年半）	65	成人教育
	93 级中专一班	法律	中专（脱产两年）	52	成人教育
	93 级中专二班	法律	中专（脱产两年）	57	成人教育
	96 级法律一班	法律	中专（脱产两年半）	65	成人教育
	96 级法律二班	法律	中专（脱产两年半）	65	成人教育
	96 级文秘班	文秘	中专（脱产两年半）	26	成人教育
	96 级公安班	公安	中专（脱产两年半）	47	成人教育
	97 级法律中专班	法律	中专（脱产两年半）	45	成人教育
	97 级公安一班	公安	中专（脱产两年半）	61	成人教育
	97 级公安二班	公安	中专（脱产两年半）	57	成人教育
	98 级法律中专班	法律	中专（脱产两年半）	45	成人教育
	98 级公安一班	公安	中专（脱产两年半）	45	成人教育
	98 级公安二班	公安	中专（脱产两年半）	47	成人教育
	99 级公安班	公安	中专（脱产两年半）	42	成人教育
合计				1259	

大专学历教育情况统计表

表 13-2

毕业学校	班级	专业	学历	毕业人数（人）	备注
湖南省广播电视大学	85 级电大班	法律	大专（半脱产三年）	77	成人教育
	88 级电大一班	法律	大专（脱产三年）	43	成人教育
	88 级电大二班	法律	大专（脱产两年）	74	成人教育
	89 级电大班	法律	大专（脱产三年）	36	成人教育
	90 级电大班	法律	大专（脱产两年）	51	成人教育
	92 级电大班	法律	大专（脱产两年）	45	成人教育
	93 级电大班	法律	大专（脱产两年）	65	成人教育
	94 级电大班	法律	大专（脱产两年）	62	成人教育
	95 级电大班	法律	大专（业余三年）	30	全日制教育
	95 级电大班	法律	大专（业余三年）	35	成人教育
	96 级电大班	法律	大专（脱产两年）	55	成人教育
	99 级电大班	法律	大专（脱产两年）	43	成人教育
	99 级电大班	法律	大专（脱产两年）	76	成人教育
	99 级注册视听生	法律	大专（业余三年）	16	成人教育
	2000 级电大班	法律	大专（脱产两年）	105	成人教育
	2001 级电大班	法律	大专（脱产两年）	53	成人教育
	2002 级电大班	法律	大专（脱产两年）	131	成人教育
	2003 级电大班	法律	大专（脱产两年）	84	成人教育
	2005 级电大班	法律	大专（脱产两年）	72	成人教育
湖南省政法干部管理学院	93 级大专班	法律	大专（脱产两年）	不详	成人教育
	94 级大专班	法律	大专（脱产两年）	64	成人教育
	95 级大专班	法律	大专（脱产两年）	54	成人教育
	96 级大专班	法律	大专（业余三年）	45	成人教育
	97 级大专班	法律	大专（业余三年）	46	成人教育
	98 级大专班	法律	大专（业余三年）	35	成人教育
衡阳师范学院	2000 级大专班	法律	大专（脱产两年）	92	成人教育
	2001 级大专班	法律	大专（脱产两年）	45	成人教育

本科学历教育情况统计表

表 13-3

毕业学校	班级	专业	学历	毕业人数（人）	备注
湖南省政法干部管理学院	94 级本科班	法学	本科（脱产两年）	45	成人教育
	95 级本科班	法学	本科（脱产两年）	20	成人教育
	96 级本科班	法学	本科（业余三年）	38	成人教育
	99 级本科班	法学	本科（业余三年）	44	成人教育
	2000 级本科班	法学	本科（业余三年）	43	成人教育
	2001 级本科班	法学	本科（业余三年）	25	成人教育
	2002 级本科班	法学	本科（业余三年）	67	成人教育
合计				282	

二、非学历法学教育

（一）法律短期培训班

1985—1986 年，地区司法局发挥地区政法干校培养法律人才的基地作用，开设一系列法律短期培训班，对全区在职干部主要是政法干部进行培训，提高政策法律水平和业务能力。1987 年后，地区政法干校主要开展学历教育，对全区在职干部的法律培训逐渐停止。

1985—1987 年地区政法干校开设法律短期培训班情况统计表

表 13-4

班级	培训时间	培训人数（人）	开设课程
全区政法干警培训班	1985. 07—1985. 09	45	宪法、刑法、刑事诉讼法、民法通则、婚姻法、经济合同法、民事诉讼法
全区政法系统、厂矿企业负责人及保卫人员培训班	1985. 10—1985. 12	75	宪法、刑法、刑事诉讼法、民法通则、婚姻法、经济合同法、民事诉讼法
全区政法系统及企事业保卫人员培训班	1985. 12—1986. 02	48	宪法、刑法、刑事诉讼法、民法通则、婚姻法、经济合同法、民事诉讼法

续表13-4

班级	培训时间	培训人数（人）	开设课程
全区军转干部法律培训班	1986.03—1986.05	30	宪法、法学基础理论、刑法、刑诉、民法、民诉、经济法
全区司法干警培训班	1986.06—1986.08	60	宪法、法学基础理论、刑法、刑诉、民法、民诉、经济法
全区各单位领导负责人大专证书班	1986.09—1987.07	85	宪法、法学基础理论、刑法、刑事诉讼法、民法、民诉、经济法、婚姻法、司法文书、公证律师与实务
政法系统培训班	1986.10—1986.12	65	宪法、法学基础理论、刑法、刑诉、民法、民诉、经济法、婚姻法、司法文书
全区法律工作者培训班	1987.03—1987.05	78	宪法、法学基础理论、刑法、刑诉、民法、民诉、经济法
全省司法助理员培训班	1987.06—1987.08	48	宪法、刑法、刑事诉讼法、民事诉讼法、民法通则、婚姻法、经济法、司法文书

（二）社会主义市场经济法律法规培训班和社会主义市场经济法律知识培训班

1991年，根据省司法厅的要求，地区司法局协同经委、工商、税务等部门，联合举办全区第一期经济法律法规培训班，培训对象主要是全区企业单位的厂长、经理、财务、销售人员，培训学员1931人，超额完成省司法厅计划招生指标的28.7%，荣获全省一等奖。培训内容主要有《经济法基础理论》《企业合同行为》《企业纳税行为规范》等。参训人员学完规定课程，考试成绩合格者，发给结业证书。1992年和1993年，分别举办第二期、第三期经济法律法规培训班，培训学员1831名和1300名。

1994年，根据省司法厅的要求，地区司法局联合经委、工商、税务等有关部门，举办第一期社会主义市场经济法律知识培训班（简称经法班）。培训班分初级班和高级班，高级班学员学完规定课程，经考试成绩合格者，发给中南政法大学高等教育法律专业证书，凭此证可报名参加律师资格考试。当年招收高级班学员366名，超额完成省司法厅下达任务的83%。招收初级班学员690名。1994—1997年，举办4期经法班，培训学员3964名。

第二节 国家司法考试

2001年6月30日通过的《法官法》修正案和《检察官法》修正案规定“国家对初任法官、检察官和取得律师资格实行统一的司法考试制度”。国家司法考试制度于2002年开始实施。

一、组织实施

2002年11月，市司法局获评全省首次国家司法考试工作先进集体

2001年12月30日，司法部发出公告，确定首次国家司法考试时间为2002年3月30日至31日。市司法局于2002年年初成立永州市国家司法考试领导小组，局长盘德力任组长。领导小组办公室设在公证律师管理科，负责组织实施司法考试各项工作。2002年3月30日至31日，市司法局按照“最权威、最规范、最严密、最廉洁”的目标和“组织严密、程序严谨、标准严格、纪律严明”的要求，在永州五中组织永州市首次国家司法考试。全市报名考试人数919人，考试合格人数57人，合格率6.2%。2002年11月，市司法局被省司法厅评为首次国家司法考试先进集体。2011年，湖南省单独组织在职法律职业人员统一考试，考点设置在长沙市。市司法局组织全市符合报名条件的154名在职法律职业人员参加考试，有44名参考人员考试合格取得法律职业资格（C类）证书。

2002—2004年，国家司法考试采取现场报名方式。即考生到市司法局考试机构现场提交报名资料进行报名。报名日期截止以前未取得规定本科学历证书的人员不得报名，学校开具的证明不得作为学历证书参加报名。永州市新田县和江华瑶族自治县列为放宽学历条件地区，学历放宽至法律大专。

2005—2008年，国家司法考试报名方式变更为“网上预报名+现场报名确认”方式。即考生先通过网络进行预报名，然后在约定时间内到市司法局考试机构进行现场确认。如果没有在网上预报名，也可在报名期间直接到市司法局考试机构进行现场报名。

2008年，国家司法考试开始允许符合学历和专业要求的大三学生报名，考试合格人员只需在次年6月提供毕业证书，审核通过即可申领法律职业资格证书。同年，永州放宽学历条件地区为新田县、江华瑶族自治县、祁阳县、江永县、宁远县、蓝山县。2008—2015年，永州市有265名大三学生司法考试成绩合格并在次年7月申领法律职业资格证书。

2009—2012年，国家司法考试报名方式变更为“网上报名+现场确认”方式。即考生必须事先通过网络报名后，然后在约定时间内到市司法局考试机构进行现场确认。没有在网上报名的不允许现场报名和确认。

2010年，国家司法考试永州考点

2013—2015年，国家司法考试统一实行网上报名，报名人员通过网络填报报名信息、交纳考试费、下载打印准考证，不再进行现场确认。考试合格后市司法局统一进行资格审核。

2015年以前，司法考试人员除携带身份证、准考证外，还需自备考试工具。市司法局每年购买适量的考试工具为考生提供备用。2015年，司法部下发通知，要求考试人员不能携带除身份证、准考证之外的任何工具进入考场，考试工具由考场统一提供。市司法局按照司法部通知，为全部考生购买考试用笔等全套考试工具，并提供饮用水，确保考生能顺利考试。同年，市司法局开通司法部考试管理系统，考场设置安检门，考生必须通过安检扫描身份证、现场拍照识别个人身份后方可进入考场，安检识别情况实时直传司法部。

2015年，永州国家司法考试设置安检门，考生接受工作人员的电子比对扫描

2002—2015年，市司法局组织14次国家司法考试。每年6月初发布司法考试公告，6—7月报名缴费，9月审核发放准考证（2013年后由考生自行打印准考证），设置考场、赴省司法厅领取试卷、实施考试，11月下旬发布成绩，12月为上线考生办理法律职业资格证申请手续，次年3月和7月颁发法律职业资格证书并办理备案手续。历次国家司法考试，市司法局都成立国家司法考试工作领导小组，由局长任组长负总责。对发出公告、组织报名、考点设置、考务工作准备、试卷运送保管、考场监考、领导巡视等工作都作出周密安排。特别是狠抓司法考试的考务工作准备，每次司法考试都精心制定《司法考试考务工作实施方案》《司法考试保密工作方案》《司法考试突发事件应急处置预案》，设立考务组、监考组、后勤组、医务组、试卷保管组、监察组、无线监控组、保卫组，确保司法考试组织严密，万无一失。2008年司法考试期间，市司法局无线监控组、考场保卫组和永州市无线委紧密配合，对监控到的异常无线信号进行追踪，在考场周边查获利用无线手段传输试卷答案进行作弊2起3人，收缴对讲

2015年，监控人员在监控室监控国家司法考试考场情况

机、手提电脑、无线信号发射器等作弊工具，移送公安部门查处，确保永州考场公平公正，受到省司法厅的肯定。市司法局组织的14次司法考试，全市有8919人次报名参加，考试上线1586人，平均合格率为17.78%。

二、颁发法律职业资格证

2015年，国家司法考试期间，市人大常委会副主任杨海河巡视考场

每年通过司法考试的人员，由司法部在次年颁发法律职业资格证书。法律职业资格证书按照区域考生是否享受放宽政策分为ABC三类，其适用范围也各不相同。A证授予条件：学历为大学本科，考试成绩达到合格线，可从事法律职业范围为法官、检察官、律师和公证员。B证授予条件：属于放宽报名学历地区且学历为法律专业专科，考试成绩达到合格线。B证持有人一旦取得本科学历，其证书效力与A证相同。C证授予条件：学历为大学本科或法律专业专科，符合放宽地区报名、申领条件，考试成绩达到司法部规定的放宽分数线（放宽线每年均不相同）。其证书适用范围为：在享受国家优惠政策的少数民族自治地方和国务院及中西部省批准的扶贫开发工作重点县（区、市）地域内从事法官、检察官、律师、公证员工作。2002—2015年，永州市司法考试上线人数1586人，颁发法律职业资格证书1479本，其中A证916本，B证45本，C证518本。

永州市司法考试上线人数与颁发法律职业资格证书数量不相符的原因是：部分考生没有通过发证审核；部分考取C证的考生放弃申领证书；部分非永州籍考生转外地发证；部分在外地参考的永州籍考生回永州申领证书。

2002—2015 年永州市国家司法考试情况统计表

表 13-5

年度	报名人数（人）	上线人数（人）	颁发法律职业资格证书本			考场	考试时间	报名方式	放宽学历条件地区	报名费（元）
			A 证	B 证	C 证					
2002	919	57	23	31	3	五中	3. 30—31	现场报名	新田、江华	200
2003	420	33	23	2	8	五中	10. 11—12	现场报名	新田、江华	200
2004	370	39	23	1	15	三中	9. 18—19	现场报名	新田、江华	200
2005	475	57	38	0	19	一中	9. 17—18	网上预报名+现场报名确认	新田、江华	200
2006	540	88	50	4	26	一中	9. 16—17	网上预报名+现场报名确认	新田、江华	200
2007	603	130	94	1	27	一中	9. 15—16	网上预报名+现场报名确认	新田、江华	260
2008	724	197	125	1	60	三中	9. 20—21	网上报名+现场确认	新田、江华、祁阳、江永、宁远、蓝山	260
2009	768	188	130		61	市职业技术学院	9. 19—20	网上报名+现场确认	新田、江华、祁阳、江永、宁远、蓝山	260
2010	665	158	94	2	54	市职业技术学院	9. 11—12	网上报名+现场确认	新田、江华、祁阳、江永、宁远、蓝山	260
2011	709	158	58	1	46	一中	9. 17—18	网上报名+现场确认	新田、江华、祁阳、江永、宁远、蓝山	260
2012	609	146	70	1	36	一中	9. 22—23	网上报名+现场确认	新田、江华、祁阳、江永、宁远、蓝山	260
2013	667	103	49	0	59	一中	9. 14—15	网上报名	新田、江华、祁阳、江永、宁远、蓝山	260
2014	731	109	59	1	50	一中	9. 20—21	网上报名	新田、江华、祁阳、江永、宁远、蓝山	260
2015	719	123	80	0	54	一中	9. 19—20	网上报名	新田、江华、祁阳、江永、宁远、蓝山	260
合计	8919	1586	916	45	518					

人　物

一、人物传记

周训清，男，汉族，中共党员，大专文化。1938 年农历四月二十七日出生在祁阳县潘市镇一个贫苦农民家庭，1959 年 12 月在祁阳一中加入中国共产党；1960 年 7 月高中毕业时，由学校择优保送志愿参加中国人民解放军，至广西桂林陆军军官学校学习，当学员兵；1960 年 12 月参加广州军区全军战士“先代会”，被广州军区政治部授予“五好战士”光荣称号，并获奖章；1961 年 1 月调祁阳县人民武装部任政工科见习助理；1963 年 3 月转业至祁阳县商业局任人事股股长；1968 年 10 月调祁阳县公安局、检察院、法院军事管制领导小组工作，担任县革委人保组副组长；1971 年 10 月任祁阳县人民法院副院长；1972 年 10 月任中共祁阳县委宣传部副部长；1974 年 3 月任中共祁阳县委办公室副主任；1976 年 7 月抽调担任祁阳县大江水库配套工程、二级电站建设工程指挥部常务副指挥长；1977 年 7 月抽调担任祁阳县石洞源水库扩建工程指挥部常务副指挥长；1978 年 12 月调任祁阳县羊角塘区委书记；1986 年 1 月调任祁阳县司法局局长；1986—1997 年，连续八年被评为市、县先进工作者、优秀共产党员；1982 年、1992 年先后当选为中共祁阳县委“党代会”两届党代表；1993 年被评为全国司法行政系统优秀政治工作者；1994 年被评为全省优秀司法局局长，并记个人二等功一次；1996 年 9 月赴北京参加“英模会”，被司法部、人事部授予“全国司法行政系统英雄模范”称号，并颁发奖章；1997 年 4 月任祁阳县人民政府助理调研员；1997 年 10 月退休；2007 年 12 月 1 日，在家中去世，享年 69 岁。

周训清任司法局局长的十年间，始终任劳任怨，以身作则，为全县司法行政事业的发展倾注大量心血。20 世纪 80 年代的祁阳县司法局没有独立的办公场地，局机关挤在县委大院的几间破旧房办公，交通通信装备极不完善，业务未全面拓展。为解决办公用房，他三上省城，向省司法厅及有关部门争取资金 20 万元，购置办公楼 1180 平方米。为解决职工住房困难，他想方设法集资 289 万元，建职工宿舍楼 3 栋 74 套。机关干部都说周训清有“四勤”，即腿勤、手勤、嘴勤、脑勤；县领导说周训清有“三最”，即找领导早晨最早、晚上最晚、次数最多。当时在县财政十分紧张的情况下，由于周训清的积极争取，每年都拨付普法经费上万元，多则几万元，使祁阳县司法行政工作能够较好开展。周训清担任司法局局长 10 年，每年下基层都在 100 天以上。十年间，撰写调查报告 20 篇，担任企业常年法律顾问 6 家，联系公证事项 2000 余件，参与非诉讼调解 16 起，防止纠纷械斗 8 起 200 余人次。1994 年，他带领机关 2 名同志下乡开展依法治村试点工作，一蹲就是半个月。一天晚上，他老伴突然心脏病发作，卧床不起，理应回家照顾的他却忙于工作，无暇顾及，只有儿女守在老伴身边。1995 年 5 月，他右膝关节骨质增生，疼痛不已，行走不便，医生已开住院证明，组织上要他休息，他硬是拖着病腿坚持工作四个多月。面对家人亲戚的抱怨，他时常挂在嘴边的一句解释就是：再苦再累，也不能耽误工作，作为单位一把手更要带好头，做好表率。十年间，组织上对他曾有过 3 次荣升和调动意向征求意见，他回答说：我热爱司法行政工作，想在这个岗位上再干几年，如果组织需要，可在这个岗位上干到退休。

周训清清正廉洁，不徇私情。1995 年 3 月，家乡一堂姑父想把媳妇当作女儿，以便顶替工作，请求周训清帮忙办理收养公证。周训清坚持原则拒绝办理，因此事得罪亲戚。周训清有两个姐姐在农村，有 11 个外甥女和 1 个外甥，均在家务农。大姐到县城要求弟弟帮唯一的外甥在县城找个工作，被他劝解后安心回到农村。家乡有人嘲笑说：“你弟弟当官 30 余年，唯一的外甥在农村种田都不照顾，有权不用真枉然。”周训清对别人的不理解和嘲笑不以为然。多年来他拒绝收礼、拒绝吃请、拒绝说情，以实际行动抵挡金钱物质诱惑，体现一个党员干部严于律己、清正廉洁、光明磊落的高尚情怀。

周训清率领全县司法行政干警团结一心、积极进取、锐意改革，努力开创全县司法行政事业新局面。1987 年，祁阳县司法局被县委、县政府授予“文明单位”，1995 年被省司法厅评为全省优秀司法局；连续四年评为“湖南省司法行政系统先进集体”；祁阳县公证处多次评为全省办证质量先进单位和公证先进集体。

胡贵军，男，汉族，道县桥头林场奔塘村人。1964 年 8 月出生，中专学历。1985 年 9 月加入中国共产党。1982 年 10 月应征入伍，历任陆军某部战士、班长、副连长、连长，云南省某军分区上尉、正连级作训参谋。1997 年 10 月转业回道县，先后在道县司法局清塘、祥霖铺、白芒铺、仙子脚司法所工作，2002 年 4 月—2006 年 3 月，任白芒铺司法所所长，2006 年 4 月—2011 年 4 月，任仙子脚司法所所长。2011 年 4 月 15 日，在调解一起突发民间纠纷中不幸英勇牺牲，时年 47 岁。2011 年年底，司法部追授胡贵军为“全国司法行政系统一级英雄模范”。

“人的一生只有自觉地为革命事业献身才有价值，就算是默默无闻的工作，也是有意义的”，胡贵军在日记中写下的这段话，激励着他二十多年如一日，以事业为重，以奉献为荣，牢记使命，恪尽职守，在平凡的岗位上默默耕耘着理想与希望。在部队期间，他带兵驻防 20 多公里边境，极少请假回家。1997 年 10 月转业到地方工作后，他全身心投入工作，把自己的时间和精力完全奉献给群众。接到群众电话约访或报案，总是第一时间赶到；没有约访或接案时，总会在早上 8 点钟之前赶到镇接访中心，或者利用赶场的机会沿街走访群众。“有事找我，随喊随到”，这是胡贵军常给当地干部群众讲的一句话。他逐户散发便民服务卡，将自己的联系方式广而告之，方便群众约访、报案。他长期工作在调处矛盾纠纷最前线，经常置身于双方剑拔弩张的局面中，总是不怕危险，挺身而出，以法为据，以理服人，以情动人，努力化干戈为玉帛。2006 年 4 月 21 日，白芒铺乡野竹福村 14 名周姓村民为争抢“风水宝地”，准备损毁一肖姓村民母亲的坟墓，收到信息的胡贵军一边向乡政府领导汇报，一边带领乡调委会人员赶到现场制止。在劝说过程中，肖姓族人组织 30 多人向现场冲来，胡贵军立刻安排一路人员陪护周姓村民回到村里，自己带人劝阻肖姓村民。随后，会同村、组干部，到肖姓家族长者的家里做说服疏导工作，分别组织肖姓、周姓族人召开座谈会，耐心细致地给他们讲法律、讲政策，宣扬墓葬新风俗，促成双方达成调解协议，一起一触即发的群体性械斗事件被消除在萌芽状态。2007 年 12 月，仙子脚镇岭背村青年龙某因年纪小、文化水平低没能当成兵，却怪父母没拿钱帮他请客送礼，与父母多次吵闹，扬言要杀掉父母然后自杀。胡贵军得知情况后赶到龙某家，先是分别与龙某本人和父母谈话，然后又叫一家三口坐在一起，苦口婆心交谈一个多小时，终于说服龙某，使龙家恢复平静。龙父要杀家里的土鸡招待胡贵军吃中饭，胡贵军借口还有事，回到镇里吃食堂饭。

多年来，起早摸黑、休息日不休息、带病坚持工作，对胡贵军来说是再平常不过的事。2009 年 12 月 30 日上午 10 时，因患重感冒正在县人民医院打点滴的胡贵军，得知桥头乡冲岭村两对村民夫妇因口角引发打架，纠纷有可能激化的消息后，不顾医生和家人的劝阻，立即骑上摩托车赶到离县城 30 公里的冲岭村。到村后，他会同村干部赶到纠纷现场，了解纠纷的情况，分别到双方当事人家里做思想疏导工作，承诺将依法公正处理。双方当事人看见胡贵军身体虚弱、大汗淋漓，深受感动，自愿接受调解。在做好双方当事人和家属的稳控工作后，为彻底消除纠纷隐患，胡贵军主动送受伤较重的一方当事人何某到县中医院住院治疗。何某住院期间，胡贵军先后两次到医院探视，在病房里给何某讲法律、摆道理。胡贵军还两次单独到另一方当事人家里做工作。通过他的调处，两个家庭捐弃前嫌、握手言和。

“你想得到群众的支持，必须与群众心连心，打成一片。”胡贵军是这样说的，也是这样做的。在工作中，他总是充分尊重群众，对群众将心比心、以心换心，在尊重群众的基础上求得群众对司法行政工作的理解和支持。2011 年 3 月 25 日，仙子脚镇干部黄浩告诉胡贵军已经与长余洞村村民杨某约好，第二天到村调处杨家与邻居的纠纷，当时没想到第二天是周末。26 日一早，下起中雨，胡贵军穿着雨衣骑着摩托车赶到镇里时，裤子和衣袖都已湿透。黄浩劝他说这样的雨天，又是星期六，可以改天来。胡贵军说：“和老百姓约好的事，可不能失约。”匆匆换身衣服后，就与黄浩两人骑着摩托车，赶到村里。杨某见到这样的情形，很是感动。

仙子脚镇各个村的干部群众都记得，为拉近与群众的距离，跟群众打交道时，胡贵军总是先拿出香烟递给对方抽。多年来，还没开口先递烟，已经成为胡贵军的一种习惯，一个标志性动作，一种很有效的工作方法。

胡贵军心中时刻装着群众，对群众有着真感情。他常说：“你选择了群众，群众就选择了你；老百姓看重的不是我们当了多大官，看重的是我们为他们做了多少事！”“好人胡贵军”，这是当地群众对他的朴素评价。

1998 年，胡贵军在大伟村蹲点，结识孤寡老人胡某某。老人性格孤僻，时常与本村和邻村村民闹意见。胡贵军主动与老人交朋友、“拜把子”，帮着干农活、做家务，打开老人心中的疙瘩。胡贵军 13 年如一日，时刻牵挂着老人，无微不至地照顾着老人。在仙子脚工作期间，他每个月都会骑着一辆破旧的自行车，在 8 公里的泥沙小路上颠簸去看望老人一两次。老人喜欢吃糖，牙口不好，每次看老人他都会带来软糖。有时遇上老人外出干农活，他就干起家务，还烧上一桌热腾腾的饭菜，等着老人回来。胡贵军还帮老人办理农村合作医疗和养老保险，使老人看病、生活有保障。老人信赖胡贵军，常说：“我听兄弟的话，咸不添水淡不添盐，再也不和大家闹意见，就算别人骂我也绝不还口，打我也绝不还手，不然对不住我兄弟。”

2007年7月，胡贵军在调处塘头村修路集资纠纷时，了解到村里一对外出务工夫妇因食物中毒死亡，留下70多岁的老母和年仅7岁的女儿。胡贵军奔走两个月，为祖孙俩办理农村低保。过年的时候，他还拿出100元钱，托村干部转交给小女孩，好让她去买学习用品。

2009年3月，在存富村发放法律宣传资料时，胡贵军发现73岁的老人何某某生活困难，油罐都见底，当即从身上仅有的100多元钱里拿60元，给老人买油。2010年，何某某老人逝世后，胡贵军特意买鞭炮和纸钱，把老人送上山。

2011年1月的一个深夜，石山脚村76岁的痴呆老人王某迷路，被群众辗转送到胡贵军的住处。胡贵军冒着严寒，租一辆面的车，把老人送回家，临走前再三叮嘱村干部照看好老人。后来还和村干部一道帮老人落实衣、被、米、面等救济物资。

对刑释解教人员的安置帮教，事关社会稳定和谐。多年来，胡贵军尽心尽力为辖区内每一名刑释解教人员提供帮助。仙子脚镇蒋家岭村刑释解教人员何某某，自幼丧父，服刑期间母亲出走。2011年1月出狱后，生活极为困难。胡贵军带他到有关部门申领600元临时救济款，多次打电话帮他联系工作，教育他要自食其力，积极摆脱生活困境。在得知何某某想办养鸡场苦于没有启动资金时，胡贵军帮助他申请创业培训，并表示愿意作他的创业贷款担保人。“他给我的帮助，让我感觉很温暖”，何某某切身感受到党和政府的关心，表示一定要遵纪守法、好好做人，不辜负胡所长的期望。

胡贵军扎根家乡的土地，长期从事高强度的基层工作，从不叫苦叫累。他曾多次带儿子到村组观摩纠纷调处。2011年，他的战友尹仁旺在与胡贵军最后一次见面时，劝他：“快50岁的人，争取回城区工作吧。”他说：“仙子脚的情况我熟，和群众关系也好，开展工作得心应手，那里的群众离不开我，我也舍不得离开他们，等有合适的同志接替我再说吧！”

在基层司法所工作13年，胡贵军直接调解各类矛盾纠纷500余起，调解成功率达98%以上；指导村调委会调处民间纠纷800余起；预防和化解群体性上访11起、群体性械斗5起，预防民转刑案件32起。“有事找胡所”成为广大群众的口头禅。

2011年4月15日下午13时39分，仙子脚派出所接到“110”转警，该镇仙子脚村村民齐某在S323公路上砸坏他人的一台摩托车，并手持凶器威胁着在场的群众。值班副所长何田宝立即带领3名巡逻队员赶赴案发现场。此时，胡贵军正与何田宝一道商讨该镇老福田村一村民祖坟被挖的纠纷。得知肇事者齐某是自己曾多次打过交道的仙子脚村民齐某空的儿子，胡贵军立即主动要求与民警一道前去出警。

当他们赶到现场时，齐某空手持菜刀，齐某手上攥着一把锄头，气焰十分嚣张。见此情景，副所长何田宝迅速安排3名巡逻队员疏散围观群众，自己一边听受害人反映案情，一边朝齐某空、齐某父子喊话，要求他们立即放下锄头和菜刀。此时，胡贵军考虑到自己与齐某空较熟悉，不顾安危，一边向齐某空递烟，一边上前劝父子俩放下凶器。不料，齐某突然挥起锄头朝胡贵军头部挖去。胡贵军英勇牺牲，年仅47岁。胡贵军牺牲后，数千名干部群众翻山越岭赶来为他守灵、送葬。出殡时，沿途群众自发扯横幅、夹道鸣炮为英雄送行。2011年年底，司法部追授胡贵军为“全国司法行政系统一级英模”。

二、局长简介

龙睦保，男，汉族，湖南省衡阳县人，高中文化，1933年10月出生，1949年7月参加工作，1954年10月加入中国共产党。1949年7月—1949年10月参加地下共青团活动；1949年11月进入衡阳县公安局工作；1953年8月—1958年3月，先后任衡阳县公安局政保股长、衡阳县委委员、县公安局肃反办公室主任、副局长；1958年3月—1959年8月，先后任衡阳县曲兰乡党委书记、党委第一书记；1959年8月—1962年4月，任衡阳县公安局局长；1962年4月—1962年11月，任衡阳专署公安处政保科副科长；1962年11月—1963年12月，任零陵专署公安处政保科副科长；1963年12月—1968年11月，任零陵行署办公室秘书；1968年11月—1969年11月，在零陵地区“五七”干校学习；1969年11月—1972年12月，任冷水滩军供站副站长；1972年12月—1975年1月，任零陵地区社队企业局副局长；1975年1月—1979年3月，先后任零陵县委宣传部部长、县委常委、宣传部部长兼邮亭圩区委第一书记；1979年3月—1981年2月，任零陵地区永州镇委常委、革委会副主任；1981年2月—1981年12月，任零陵地区检察分院副检察长；1981年12月—1984年12月，先后任零陵地委政法委委员、办公室主任、政法委副主任；1984年12月—1989年5月，任零陵地区司法局党组书记、局长；1989年5月任零陵地区公安处党组书记、处长；1993年10月经湖南省委组织部批准享受副厅级待遇离休；2009年9月因病去世。

唐际湘，男，汉族，湖南省祁阳县人，大专文化，1938年11月出生，1959年1月参加工作，1961年3月加入中国共产党。1959年1月—1961年7月，先后任41军122师战士、教导队教学班长、副区队长；1961年7月—1962年10月，在陆军桂林步兵学校学习；1962年10月—1963年3月，任广东省军区警卫营五连副排长；1963年3月—1964年9月，任汕头军分区海事大队排长；1964年9月—1965年3月，先后任黄岗独立营独立排排长、三连指导员（期间带职在信阳步兵学校学习）；1965年3月—1972年2月，先后任汕头军分区训练科参谋、副科长；1972年2月—1973年12月，任广东省军区教导队教员；1973年12月—1979年4月，先后任汕头军分区作训科副科长、科长；1979年4月—1984年4月，任汕头军分区司令部副参谋长、党组副书记，主持司令部工作；1984年4月转业至零陵地区司法局任纪检组组长；1986年2月—1989年8月，任零陵地区司法局党组成员、副局长（期间，1986年9月—1987年1月在中央政法管理干部学院干训部司法领导干部轮训班学习，并担任学员第九组组长；1988年9月—1989年1月在湖南省政法管理干部学院法律专业成人高等教育专业证书班学习，并担任班长）；1989年8月—1994年6月，任零陵地区司法局党组书记、局长；1991年8月—1994年6月，兼任地区劳改支队政委；1994年6月—1994年9月，任地区司法局顾问；1994年9月—1998年11月，任永州市司法局调研员；1998年11月退休。

钟佩章，男，汉族，湖南省新邵县人，大学文化，1946年3月出生，1969年9月参加工作，1979年7月加入中国共产党。1965年7月—1969年8月在湖南农学院农学专业学习；1969年8月—1970年8月下放湘西劳动锻炼；1970年8月—1973年11月，任零陵地区农业局技术员；1973年11月—1983年11月，任零陵地区农村办干事；1983年11月—1985年3月，任零陵地区农业局办公室主任；1985年3月—1987年2月，任县级永州市政府副市长；1987年2月—1989年12月，任东安县政府副县长；1989年12月—1991年2月，任东安县委常委、县政府副县长；1991年2月—1992年2月，任东安县委副书记；1992年2月—1994年6月，任零陵地区乡经委副主任、党组副书记；1994年6月—2001年9月，任永州市司法局党组书记、局长；1998年5月—2001年9月，兼任零陵监狱第一政委；2001年10月任永州市社会治安综合治理领导小组办公室主任兼市委政法委副书记；2003年12月—2004年12月，任永州

市委政法委副书记；2004 年 12 月提前离岗；2006 年退休。

钟佩章参加工作以来，多次被评为先进工作者、优秀党员，1998 年受到省司法厅、省人事厅记三等功表彰。

盘德力，男，瑶族，湖南省双牌县人，大专文化，1951 年 11 月出生，1971 年 6 月参加工作，1973 年 10 月加入中国共产党。1971 年 6 月—1976 年 3 月，先后任道县县委贫宣工作队队员，县委农村办、县委办干事；1976 年 3 月—1977 年 3 月，任道县寿雁公社党委副书记；1977 年 3 月—1980 年 2 月，在北京大学历史系中国历史专业学习；1980 年 2 月—1983 年 3 月，任零陵地委办调研科干事；1983 年 3 月—1985 年 3 月，任县级永州市朝阳乡党委书记；1985 年 3 月—1992 年 9 月，任县级永州市委副书记；1992 年 9 月—1994 年 2 月，任零陵地区民政局党组成员、副局长；1994 年 2 月—2001 年 9 月，先后任永州市民政局党组副书记、书记、局长；2001 年 9 月—2003 年 9 月，任永州市司法局党组书记、局长；2011 年 11 月退休。

盘德力为永州市司法局第四任党组书记、局长。

何建民，男，瑶族，湖南省江永县人，大学文化，1956 年 10 月出生，1976 年 9 月参加工作，1981 年 3 月加入中国共产党。1976 年 9 月—1977 年 10 月，任江永县农科所干部；1977 年 10 月—1981 年 9 月，任江永县农业局植保站干部；1981 年 9 月—1984 年 1 月，任江永县人事局干部；1984 年 1 月—1987 年 5 月，任江永县井边乡党委书记；1987 年 5 月—1991 年 1 月，任江永县农业委员会主任、党组书记；1991 年 1 月—1992 年 2 月，任江永县桃川试验区工委主任；1992 年 2 月—1993 年 1 月，任江永县县长助理；1993 年 1 月—1995 年 2 月，任江永县副县长；1995 年 2 月—1997 年 8 月，任江永县委副书记；1997 年 8 月—2004 年 2 月，任江华瑶族自治县县委副书记；2004 年 2 月—2006 年 7 月，任永州市司法局党组副书记、副局长（主持工作）；2006 年 7 月—2006 年 8 月，任永州市司法局党组书记、副局长；2006 年 8 月—2015 年 4 月，任永州市司法局党组书记、局长；2007 年 12 月，兼任湖南省零陵监狱第一政委；2015 年 4 月，提前退休。

2011 年，何建民被湖南省司法厅记二等功，2012 年被司法部评为全国人民调解能手。

雷廷玉，男，汉族，湖南省永州市冷水滩区人，大学文化，1964年2月出生，1984年7月参加工作，1990年6月加入中国共产党。1980年9月—1984年7月，在湘潭大学中文系汉语言文学专业学习；1984年7月—1991年12月，任零陵地委宣传部干事；1991年12月—1993年4月，任零陵地委宣传部副科长；1993年4月—1995年9月，任零陵地委宣传部科长；1995年9月—1997年4月，任江华瑶族自治县沱江镇党委副书记（挂职）；1997年4月—2002年8月，任江华瑶族自治县县委常委、组织部部长；2002年8月—2006年6月，任道县县委副书记、纪委书记；2006年6月—2010年1月，任永州市审计局党组副书记、副局长；2010年1月—2012年5月，任永州市城市管理行政执法局局长、党组副书记；2012年5月—2015年4月，任永州市城市管理行政执法局党组书记、局长；2015年4月，任永州市司法局党组书记、局长；2015年9月，兼任永州市强制隔离戒毒所第一政委。

三、表彰名录

获省部级表彰先进集体一览表

表14-1

受表彰集体	荣誉称号	表彰时间	表彰单位
宁远县神下村人民调解委员会	全国人民调解先进集体	1985.12	司法部
中共祁阳县委员会	全民普及法律常识先进集体	1990.04	中宣部、司法部
江华瑶族自治县码市法律服务所	全国优秀法律服务所	1990	司法部
祁阳县观音滩区法律服务所	全国优秀法律服务所	1992	司法部
祁阳县荷叶塘村人民调解委员会	全国模范人民调解委员会	1999.04	司法部
永州市劳教所	全国劳教系统管教工作先进单位	1999.12	司法部
永州市劳教所	全国司法行政系统先进集体	2001.04	司法部
永州市劳教所	素质教育考试考核先进集体	2002.11	司法部

续表14-1

受表彰集体	荣誉称号	表彰时间	表彰单位
祁阳县浯溪镇百花村调委会	全国模范人民调解委员会	2005.01	司法部
江华瑶族自治县白芒营司法所	全国先进司法所	2005.09	司法部
祁阳县	2001—2005年全国法制宣传教育先进县	2006	中宣部、司法部
宁远县司法局	全国人民调解宣传工作先进单位	2007	全国人民调解员协会
祁阳县司法局基层股	全国人民调解宣传工作先进单位	2007	全国人民调解员协会
新田县法律援助中心	第三届全国法律援助先进集体	2008.05	司法部
东安县委	全国“五五”普法中期先进单位	2009.03	司法部
冷水滩区岚角山镇人民调解委员会	全国模范人民调解委员会	2010.05	司法部
双牌县	2006—2010年全国法制宣传教育先进县	2011.05	中宣部、司法部
双牌县司法局	全国司法所建设先进单位	2011.09	司法部
宁远县舜陵司法所	全国先进司法所	2011.09	司法部
湖南顺胜律师事务所	第四届全国法律援助先进集体	2012.12	司法部
道县法律援助中心	全国法律援助便民服务示范窗口	2013.01	司法部
宁远县	全国法治县（市、区）创建活动先进单位	2013.03	全国普法办
零陵区七里店街道人民调解委员会	全国模范人民调解委员会	2013.08	司法部
永州市法律援助中心	第一届全国“敬老文明号”	2013.09	全国老龄委
双牌县	全国“六五”普法中期先进县	2014.03	全国普法办
零陵区司法局	全国人民调解宣传工作先进单位	2014.08	全国人民调解员协会

续表14-1

受表彰集体	荣誉称号	表彰时间	表彰单位
新田县司法局	全国人民调解宣传工作先进单位	2014.08	全国人民调解员协会
冷水滩区司法局	全国人民调解宣传工作先进单位	2014.08	全国人民调解员协会
祁阳县司法局	全国人民调解宣传工作先进单位	2014.08	全国人民调解员协会
江华瑶族自治县司法局	全国人民调解宣传工作先进单位	2014.08	全国人民调解员协会
双牌县司法局	第三批全国法治县创建活动先进单位	2015	全国普法办
零陵区司法局	全国人民调解宣传工作先进单位	2015.08	全国人民调解员协会
新田县司法局	全国人民调解宣传工作先进单位	2015.08	全国人民调解员协会
冷水滩区司法局	全国人民调解宣传工作先进单位	2015.08	全国人民调解员协会
祁阳县司法局	全国人民调解宣传工作先进单位	2015.08	全国人民调解员协会
江华瑶族自治县司法局	全国人民调解宣传工作先进单位	2015.08	全国人民调解员协会
冷水滩区上岭桥司法所	全国先进司法所	2015.11	司法部
零陵区七里店司法所	全国模范司法所	2015.12	司法部
宁远县	2011—2015全国法治宣传教育先进县	2016.05	中宣部、司法部
江华瑶族自治县司法局	全国人民调解宣传工作先进单位	2016.07	全国人民调解员协会

获省部级表彰先进个人一览表

表 14-2

姓名	单位（职务）	荣誉称号	表彰时间	表彰单位
罗秋月	江华县贝江村人民调解委员会主任	全国人民调解先进工作者	1985.12	司法部
何景达	祁阳县碧兰塘村人民调解委员会主任	全国预防民间纠纷激化先进个人三等奖	1988.07	司法部
罗秋月	江华县贝江村人民调解委员会主任	全国预防民间纠纷激化先进个人三等奖	1988.07	司法部
唐道明	东安县紫溪区司法员	全民普法先进个人	1990.04	中宣部、司法部
周训清	祁阳县司法局局长	全国司法行政系统优秀政治工作者	1993.12	司法部
陈惠强	江永县允山乡层家村人民调解委员会主任	全国模范人民调解员	1993.11	司法部
胡孝文	双牌县司法局	全国法制宣传教育工作先进个人	1996.03	中宣部、司法部
周训清	祁阳县司法局	全国司法行政系统英雄模范	1996.05	人事部、司法部
董铁钢	冷水滩区通化街居委会调解主任	全国优秀人民调解员	1997.03	司法部
董铁钢	冷水滩区通化街人民调解委员会主任	全国模范人民调解员	1999.04	司法部
文　艺	永州市劳教所所长	全国劳教系统管教工作先进个人	1999.12	司法部
何上海	道县桥头司法所所长	2000年度人民满意的司法助理员	2001.04	司法部
刘　华	祁阳县龚家坪司法所所长	2000年度人民满意的司法助理员	2001.04	司法部
何上海	道县桥头司法所所长	记一等功	2002	湖南省人民政府
李其正	东安县皂州村人民调解委员会主任	全国模范人民调解员	2002.09	司法部
谭友国	祁阳县白水镇竹山村人民调解委员会主任	全国模范人民调解员	2005.01	司法部
周局光	道县司法局祥霖铺司法所所长	全国模范司法所长	2005.09	司法部

续表14-2

姓名	单位（职务）	荣誉称号	表彰时间	表彰单位
邝秀潭	蓝山县司法局退休干部	2001—2005年全国法制宣传教育先进个人	2006.05	中宣部、司法部
郑国华	宁远县司法局宣教股股长	全国五五普法中期先进工作者	2009	中宣部、司法部、全国普法办
李时勋	双牌县塘底乡人民调解委员会主任	全国模范人民调解员	2010.05	司法部
张广生	宁远县舜陵镇人民调解委员会主任	全国模范人民调解员	2010.05	司法部
冯　辉	祁阳县黎家坪镇人民调解委员会主任	全国模范人民调解员	2010.05	司法部
秦瑞南	冷水滩区梧桐街道人民调解委员会主任	全国模范人民调解员	2010.05	司法部
秦瑞南	冷水滩区梧桐司法所所长	全国模范人民调解员、全国模范司法所长	2011.09	司法部
冯　辉	祁阳县黎家坪司法所所长	全国模范司法所长	2011.09	司法部
胡贵军	道县仙子脚司法所所长	全国司法行政系统一级英模	2011	司法部
吕志四	双牌县江村镇人民调解委员会调解员	全国人民调解能手	2012.08	司法部
唐芳政	零陵区七里店街道人民调解委员会调解员	全国人民调解能手	2012.08	司法部
何建民	永州市医疗纠纷人民调解委员会主任	全国人民调解能手	2012.08	司法部
唐灵云	冷水滩区菱角山街道人民调解委员会副主任	全国人民调解能手	2012.08	司法部
朱家运	道县寿雁镇人民调解委员会副主任	全国人民调解能手	2012.08	司法部
彭平胜	宁远县天堂镇人民调解委员会主任	全国人民调解能手	2012.08	司法部
肖绍泉	零陵区法律援助中心主任	第四届全国法律援助工作先进个人	2012.12	司法部
何　平	祁阳县白水司法所所长	全国模范人民调解员	2013.08	司法部
张又有	东安县大盛司法所所长	全国模范人民调解员	2013.08	司法部

续表14-2

姓名	单位（职务）	荣誉称号	表彰时间	表彰单位
雷亚军	零陵区司法局局长	全国“六五”普法中期先进个人	2014.03	全国普法办
邝秀潭	蓝山县司法局退休干部	全国十大法治人物	2014.12	司法部
邝秀潭	蓝山县司法局退休干部	全国关心下一代工作先进工作者	2015.08	中国关心下一代工作委员会、中央文明委办公室
刘红梅	新田县龙泉司法所所长	全国模范司法所长	2015.11	司法部
卜文舟	宁远县水市司法所所长	全国模范司法所长	2015.11	司法部
聂海平	道县司法局	第五届全国法律援助工作先进个人	2016.09	司法部

获市厅级表彰先进集体一览表

表 14-3

受表彰集体	荣誉称号	表彰时间	表彰单位
零陵地区司法局办公室	1985年度全省司法信息工作先进集体	1986.07	省司法厅
祁阳县公证处	1986年度全省办证质量先进单位	1987.02	省司法厅
零陵地区司法局办公室	1986年度全省司法信息工作先进集体	1987.03	省司法厅
零陵地区司法局	1987年度全省司法行政系统法学教育工作先进单位	1987.11	省司法厅
零陵地区劳改队二中队	全省劳改单位先进中队	1987.11	省劳改工作管理局
零陵地区司法局办公室	1989年度司法行政统计工作先进集体	1990.02	省司法厅
双牌县公证处	1989年度公证工作先进单位	1990.03	省司法厅
蓝山县公证处	1989年度公证工作先进单位	1990.03	省司法厅
冷水滩市律师事务所	1989年度律师工作先进单位	1990.03	省司法厅
永州市律师事务所	1989年度律师工作先进单位	1990.03	省司法厅
双牌县律师事务所	1989年度律师工作先进单位	1990.03	省司法厅
零陵地区司法局	1990年度律师管理工作先进单位	1991.03	省司法厅

续表14-3

受表彰集体	荣誉称号	表彰时间	表彰单位
冷水滩市律师事务所	1990年度律师工作先进单位	1991.03	省司法厅
道县律师事务所	1990年度律师工作先进单位	1991.03	省司法厅
新田县律师事务所	1990年度律师工作先进单位	1991.03	省司法厅
双牌县五里牌乡法律服务所	预防民间纠纷激化先进集体	1991.12	省司法厅
祁阳县潘家埠区司法办公室	民间纠纷排查治理先进单位	1991.12	省司法厅
零陵地区司法局	律师业务质量管理先进单位	1992.02	省司法厅
零陵地区律师事务所	律师业务质量先进集体	1992.02	省司法厅
永州市公证处	办证质量先进单位	1992.10	省司法厅
江永县公证处	办证质量先进单位	1992.10	省司法厅
祁阳县公证处	办证质量先进单位	1992.10	省司法厅
祁阳县城关镇法律服务所	全省优秀法律服务所	1992年度	省司法厅
道县清溪区法律服务所	全省优秀法律服务所	1992年度	省司法厅
江华瑶族自治县码市镇法律服务所	全省优秀法律服务所	1992年度	省司法厅
祁阳县司法局	“二五”普法先进集体	1993.08	省普法领导小组
祁阳县城关镇椒山村人民调解委员会	全省优秀人民调解委员会	1994.08	省司法厅
江永县允山乡层家村人民调解委员会	全省优秀人民调解委员会	1994.08	省司法厅
祁阳县司法局	优秀司法局	1995.02	省司法厅
蓝山县司法局	优秀司法局	1995.02	省司法厅
双牌县司法局办公室	全省司法行政系统1994年度先进办公室	1995.02	省司法厅
冷水滩市司法局政工股	全省司法行政系统先进政治工作机关	1995.02	省司法厅
东安县经贸律师事务所	全省律师工作先进集体	1995.02	省司法厅
祁阳县公证处	全省公证先进集体	1995.02	省司法厅

续表14-3

受表彰集体	荣誉称号	表彰时间	表彰单位
东安县司法局基层工作股	第一届全省十佳基层工作股	1996.01	省司法厅
零陵地区劳教所	全省劳教系统种养竞赛活动优胜单位（三等奖）	1996.04	省劳教工作管理局
永州市司法局（县级）	第三届全省司法行政系统先进集体	1996.04	省人事厅、省司法厅
冷水滩市公证处	第三届全省司法行政系统先进集体	1996.04	省人事厅、省司法厅
江永县桃川镇司法所	第三届全省司法行政系统先进集体	1996.04	省人事厅、省司法厅
零陵监狱	第三届全省司法行政系统先进集体	1996.04	省人事厅、省司法厅
冷水滩区司法局	全省“双百双联一促进”活动先进单位	1996.10	省司法厅
东安县司法局	全省“双百双联一促进”活动先进单位	1996.10	省司法厅
祁阳县司法局	全省“双百双联一促进”活动先进单位	1996.10	省司法厅
新田县司法局办公室	全省司法行政系统办公室先进集体	1997.01	省司法厅
祁阳县司法局办公室	全省司法行政系统办公室先进集体	1997.01	省司法厅
东安县司法局办公室	全省司法行政系统办公室先进集体	1997.01	省司法厅
祁阳县白水法律服务所	全省司法行政系统“四好”法律服务所	1997.12	省司法厅
祁阳县司法局	全省司法行政系统“五好”县级司法局	1997.12	省司法厅
冷水滩面粉厂人民调解委员会	全省防止民间纠纷激化先进集体	1997.12	省司法厅
道县审章塘瑶族乡松柳村人民调解委员会	全省防止民间纠纷激化先进集体	1997.12	省司法厅
东安县鹿马桥镇水溪村人民调解委员会	全省防止民间纠纷激化先进集体	1997.12	省司法厅
江华瑶族自治县贝江乡贝江村人民调解委员会	全省防止民间纠纷激化先进集体	1997.12	省司法厅
江永县消蒲镇陈家街村人民调解委员会	全省防止民间纠纷激化先进集体	1997.12	省司法厅

续表14-3

受表彰集体	荣誉称号	表彰时间	表彰单位
芝山区南津渡办事处七层坡人民调解委员会	全省防止民间纠纷激化先进集体	1997.12	省司法厅
新田县茂家乡五柳塘村人民调解委员会	全省防止民间纠纷激化先进集体	1997.12	省司法厅
宁远县天堂镇晓石村人民调解委员会	全省防止民间纠纷激化先进集体	1997.12	省司法厅
祁阳县浯溪镇椒山村人民调解委员会	全省防止民间纠纷激化先进集体	1997.12	省司法厅
新田县司法局办公室	全省司法行政办公室系统先进集体	1997.12	省司法厅
双牌县司法局办公室	全省司法行政办公室系统先进集体	1997.12	省司法厅
宁远县公证处	1997年度先进公证处	1998.01	省司法厅
永州市劳教所	1998年度全省劳教系统先进集体（记集体三等功）	1999.01	省劳教工作管理局
永州市劳教所一大队	1998年度全省劳教系统五好大中队	1999.01	省劳教工作管理局
永州市劳教所三大队	1998年度全省劳教系统五好大中队	1999.01	省劳教工作管理局
新田县司法局	创“四无”活动组织工作先进单位	1999.04	省司法厅
双牌县司法局	创“四无”活动组织工作先进单位	1999.04	省司法厅
新田县司法局办公室	1999年度全省司法行政办公室系统先进集体	1999.12	省司法厅
宁远县司法局办公室	1999年度全省司法行政办公室系统先进集体	1999.12	省司法厅
永州市劳教所	创建现代化文明劳教所先进单位	2000.01	省劳教工作管理局
永州市劳教所三大队	1999年度全省劳教系统五好大中队	2000.01	省劳教工作管理局
蓝山县公证处	全省司法行政系统“红旗”单位	2000.01	省司法厅
新田县司法局办公室	2000年度全省司法行政办公室系统先进集体	2001	省司法厅
江永县司法局办公室	2000年度全省司法行政办公室系统先进集体	2001	省司法厅
宁远县公证处	2000年度全省先进公证处	2001.01	省司法厅
永州市劳教所	2000年度全省劳教系统先进集体（记集体二等功）	2001.02	省司法厅

续表14-3

受表彰集体	荣誉称号	表彰时间	表彰单位
东安县法律援助中心	2000年度法律援助工作先进集体	2001.03	省司法厅
永州市司法局	2002年度全省法学教育工作先进集体	2002.01	省司法厅
零陵监狱党委	2001年度先进基层党组织	2002.06	中共永州市委
永州市司法局	国家司法考试工作先进集体	2002.11	省司法厅
道县司法局	基本素质教育考试考核组织工作先进集体	2002.12	省司法厅
新田县司法局	第四届全省司法行政系统先进集体	2002.12	省人事厅、省司法厅
东安县司法局	第四届全省司法行政系统先进集体	2002.12	省人事厅、省司法厅
道县寿雁镇司法所	第四届全省司法行政系统先进集体	2002.12	省人事厅、省司法厅
永州市司法局办公室	2002年度全省司法行政系统信息工作先进单位	2003.01	省司法厅
江永县司法局办公室	2002年度全省司法行政系统信息工作先进单位	2003.01	省司法厅
零陵区公证处	2003年度全省公证质量先进单位	2004.01	省司法厅
江华瑶族自治县白芒营司法所	湖南省人民调解工作优秀司法所	2004.06	省高级人民法院、省司法厅
新田县公证处	2004年度全省公证质量先进单位	2004.11	省司法厅
宁远县公证处	2004年度全省公证质量先进单位	2004.11	省司法厅
永州市劳教所政工科	全省司法行政系统政治工作先进集体	2005.12	省司法厅
永州市公证处	全省公证队伍教育规范树形象活动先进单位	2006.01	省司法厅
东安县公证处	全省公证队伍教育规范树形象活动先进单位	2006.01	省司法厅
祁阳县白水司法所	依法办事示范窗口单位	2006.04	依法治省领导小组
湖南济人律师事务所	湖南省优秀律师事务所	2006.04	省律师协会
湖南湘永律师事务所	湖南省优秀律师事务所	2006.04	省律师协会
祁阳县依法治县办公室	湖南省“四五”普法依法治理工作先进办公室	2006.08	省委办、省政府办
冷水滩区法律援助中心	全省法律援助工作先进集体	2006.12	省司法厅

续表14-3

受表彰集体	荣誉称号	表彰时间	表彰单位
新田县法律援助中心	全省法律援助工作先进集体	2006.12	省司法厅
祁阳县公证处	2006年度全省公证质量先进单位	2007.01	省司法厅
永州市司法局	全省“司法行政大动员，化解矛盾促和谐”专项维稳活动组织奖	2008.01	省司法厅
祁阳县白水司法所	全省“司法行政大动员，化解矛盾促和谐”专项维稳活动先进集体	2008.01	省司法厅
祁阳县司法局基层股	全省基层司法行政指导管理先进单位	2008	省司法厅
永州市劳教所	全省司法行政系统抗冰救灾先进集体	2008.02	省司法厅
蓝山县司法局	全省司法行政系统抗冰救灾先进集体	2008.02	省司法厅
蓝山县公证处	2008年度全省公证质量先进单位	2008.12	省司法厅
宁远县法律援助中心	湖南省老年维权示范岗	2008.12	省老龄委、省公安厅、省司法厅
新田县滨江法律服务所	湖南省老年维权示范岗	2008.12	省老龄委、省公安厅、省司法厅
湖南宗元律师事务所	湖南省老年维权示范岗	2008.12	省老龄委、省公安厅、省司法厅
冷水滩区岚角山镇人民调解委员会	湖南省先进人民调解委员会	2009.02	省司法厅
冷水滩区牛角坝司法所	第五届全省司法行政系统先进集体	2009.02	省人事厅、省司法厅
东安县紫溪市司法所	第五届全省司法行政系统先进集体	2009.02	省人事厅、省司法厅
祁阳县浯溪司法所	第五届全省司法行政系统先进集体	2009.02	省人事厅、省司法厅
宁远县舜陵司法所	第五届全省司法行政系统先进集体	2009.02	省人事厅、省司法厅
永州市司法局	全省“司法行政大动员，化解矛盾促和谐”专项维稳活动组织工作二等奖	2009.03	省司法厅
零陵区七里店司法所	全省“司法行政大动员，化解矛盾促和谐”专项维稳活动先进集体	2009.03	省司法厅
永州市柳子司法鉴定所	全省“司法行政大动员，化解矛盾促和谐”专项维稳活动先进集体	2009.03	省司法厅

续表14-3

受表彰集体	荣誉称号	表彰时间	表彰单位
冷水滩区法律援助中心	全省“司法行政大动员，化解矛盾促和谐”专项维稳活动先进集体	2009.03	省司法厅
祁阳县白水司法所	全省“司法行政大动员，化解矛盾促和谐”专项维稳活动先进集体	2009.03	省司法厅
东安县司法局	全省“司法行政大动员，化解矛盾促和谐”专项维稳活动先进集体	2009.03	省司法厅
双牌县峦山法律服务所	全省“司法行政大动员，化解矛盾促和谐”专项维稳活动先进集体	2009.03	省司法厅
宁远县鲤溪司法所	全省“司法行政大动员，化解矛盾促和谐”专项维稳活动先进集体	2009.03	省司法厅
道县公证处	全省“司法行政大动员，化解矛盾促和谐”专项维稳活动先进集体	2009.03	省司法厅
江永县潇浦镇玉岭村调委会	全省“司法行政大动员，化解矛盾促和谐”专项维稳活动先进集体	2009.03	省司法厅
永州市劳教所一大队	全省“司法行政大动员，化解矛盾促和谐”专项维稳活动先进集体	2009.03	省司法厅
零陵监狱	全省“司法行政大动员，化解矛盾促和谐”专项维稳活动先进集体	2009.03	省司法厅
江华瑶族自治县沱江司法所	全省“司法行政大动员，化解矛盾促和谐”专项维稳活动先进集体	2009.03	省司法厅
宁远县舜陵司法所	湖南省模范司法所	2009.03	省司法厅
宁远县舜陵司法所	2009—2010年全省依法办事示范窗口单位	2009.08	省依法治省领导小组
双牌县司法局	全省先进政法单位（记集体一等功）	2009.12	省人事厅、省委政法委
宁远县公证处	2009年度全省公证质量先进单位	2009.12	省司法厅
道县公证处	2009年度全省公证质量先进单位	2009.12	省司法厅
宁远县法律援助中心	湖南省法律援助工作先进集体	2009.12	省司法厅
东安县法律援助中心	湖南省法律援助工作先进集体	2009.12	省司法厅
双牌县司法局	全省“应对金融风险，促进富民强省”专项法律服务活动先进集体	2010.01	省司法厅
祁阳县司法局	全省“应对金融风险，促进富民强省”专项法律服务活动先进集体	2010.01	省司法厅

续表14-3

受表彰集体	荣誉称号	表彰时间	表彰单位
东安县司法局	全省“应对金融风险，促进富民强省”专项法律服务活动先进集体	2010.01	省司法厅
宁远县司法局	全省“应对金融风险，促进富民强省”专项法律服务活动先进集体	2010.01	省司法厅
江华瑶族自治县码市司法所	全省“应对金融风险，促进富民强省”专项法律服务活动先进集体	2010.01	省司法厅
江永县潇浦司法所	全省“应对金融风险，促进富民强省”专项法律服务活动先进集体	2010.01	省司法厅
冷水滩区公证处	全省“应对金融风险，促进富民强省”专项法律服务活动先进集体	2010.01	省司法厅
新田县公证处	全省“应对金融风险，促进富民强省”专项法律服务活动先进集体	2010.01	省司法厅
湖南湘律律师事务所	全省“应对金融风险，促进富民强省”专项法律服务活动先进集体	2010.01	省司法厅
永州市劳教所	全省“应对金融风险，促进富民强省”专项法律服务活动先进集体	2010.01	省司法厅
永州市司法局	全省“应对金融风险，促进富民强省”专项法律服务活动组织工作二等奖	2010.01	省司法厅
蓝山县依法治县领导小组办公室	湖南省“五五”普法依法治理先进办公室	2010	省司法厅
祁阳县公证处	2010年度全省公证质量先进单位	2011.01	省司法厅
零陵区七里店司法所	湖南省模范司法所	2011.01	省司法厅
冷水滩区岚角山司法所	湖南省模范司法所	2011.01	省司法厅
零陵区司法局	2010年全省法律援助为民办实事工作先进集体	2011.01	省司法厅
永州市劳教所	全省监狱劳教系统“四无”先进单位	2011.01	省司法厅
双牌县司法局	全省“人民调解化解矛盾纠纷专项攻坚活动”先进单位	2011.01	省司法厅
双牌县	全省法治县创建活动先进单位	2011	依法治省办
双牌县司法局机关党支部	湖南省司法行政系统先进基层党组织	2011.06	省司法厅党组

续表14-3

受表彰集体	荣誉称号	表彰时间	表彰单位
零陵区邮亭圩司法所	2011—2012年全省依法办事示范窗口单位	2011.07	省依法治省领导小组
冷水滩区杨家桥司法所	2011—2012年全省依法办事示范窗口单位	2011.07	省依法治省领导小组
零陵区依法治区领导小组办公室	全省依法办事示范窗口单位创建活动组织工作先进集体	2011.07	省依法治省领导小组
零陵区	全省“五五”普法依法治理先进集体	2011.09	省依法治省领导小组
冷水滩区	全省“五五”普法依法治理先进集体	2011.09	省依法治省领导小组
宁远县	全省“五五”普法依法治理先进集体	2011.09	省依法治省领导小组
蓝山县公证处	全省公证质量先进单位	2011.12	省司法厅
道县公证处	全省公证质量建设年活动先进单位	2011.12	省司法厅
永州市湘永司法鉴定中心	湖南省司法鉴定质量建设年活动先进集体	2011.12	省司法厅、省司法鉴定协会
永州市司法局计财装备科	2011年度全省司法行政系统计财装备工作先进单位	2012.03	省司法厅
蓝山县司法局	全省优秀“青少年维权岗”	2012.04	共青团省委、省司法厅
零陵区司法局	全省司法所建设工作先进集体	2012.06	省司法厅
零陵区司法局	湖南省司法行政系统先进集体	2012.07	省人社厅、省司法厅
江华瑶族自治县码市司法所	湖南省司法行政系统先进集体	2012.07	省人社厅、省司法厅
冷水滩区法律援助中心	湖南省司法行政系统先进集体	2012.07	省人社厅、省司法厅
零陵区司法局机关党支部	全省司法行政系统创先争优活动先进基层党组织	2012.08	省司法厅党组
宁远县律师事务所联合党支部	全省司法行政系统创先争优活动先进基层党组织	2012.08	省司法厅党组
零陵区邮亭圩司法所	全省社区矫正工作先进集体	2012.09	省社区矫正工作领导小组
零陵区邮亭圩司法所	2010—2011年度湖南省青年文明号	2012.10	省青工委

续表14-3

受表彰集体	荣誉称号	表彰时间	表彰单位
湖南正赢律师事务所	2008—2011年度湖南省优秀律师事务所	2012.11	省司法厅、省律师协会
零陵区邮亭圩司法所	湖南省模范司法所	2012.12	省司法厅
江永县公证处	2012年度全省公证质量先进单位	2012.12	省司法厅
祁阳县白水司法所	法治湖南谱写新篇章突出贡献单位	2013.01	省法治湖南建设领导小组办公室
宁远县司法局	2009—2012全省社会管理综合治理先进集体	2013	省人社厅、省综治委
湖南顺胜律师事务所	全省法律援助优秀服务标兵	2013.04	省司法厅
永州市法律援助中心	第一届湖南省“敬老文明号”	2013.09	省老龄委
祁阳县公证处	2013年度全省公证质量先进单位	2013.12	省司法厅
零陵区七里店司法所	2013—2015年全省依法办事示范窗口单位	2013.12	省法治湖南建设领导小组
零陵区司法局	全省法律援助基础建设年活动先进集体	2013.12	省司法厅
宁远县司法局	全省法律援助基础建设年活动先进集体	2013.12	省司法厅
江华瑶族自治县司法局	全省法律援助基础建设年活动先进集体	2013.12	省司法厅
冷水滩区上岭桥镇上司厅村	全省民主法治示范村	2014.11	省司法厅、省民政厅
冷水滩区凤凰街道办事处工业村社区	全省民主法治示范社区	2014.11	省司法厅、省民政厅
零陵区梳子铺司法所	湖南省模范司法所	2014.12	省司法厅
冷水滩区上岭桥司法所	湖南省模范司法所	2014.12	省司法厅
新田县龙泉司法所	湖南省模范司法所	2014.12	省司法厅
祁阳县中泰司法鉴定所	全省优秀基层司法鉴定机构	2015	省司法厅
新田县龙泉司法所	“三调联动化矛盾、息诉息访促平安”专项调解活动表现突出集体	2015.02	省司法厅
湖南杰联律师事务所	“助改革、促发展、保民生”法律服务系列活动表现突出集体	2015.02	省司法厅

续表14-3

受表彰集体	荣誉称号	表彰时间	表彰单位
宁远县司法局社区矫正办公室	“情暖高墙．关爱孩子”联合帮扶专项活动表现突出集体	2015.02	省司法厅
永州市强制隔离戒毒所二大队	“禁违拒腐、严管队伍”正风肃纪专项活动表现突出集体	2015.02	省司法厅
宁远县司法局流动人民调解庭	湘粤桂“四市”边界人民调解协作先进单位	2015.11	湘粤桂“四市”边界人民调解协作领导小组
祁阳县白水司法所	湖南省模范司法所	2015.12	省司法厅
宁远县司法局	集体三等功	2016.01	省司法厅
宁远县司法局社区矫正办公室	2014—2015年度全省司法行政系统“青年文明号”	2016.04	省司法厅
双牌“二次调解”成就司法调解新路子	2015年度湖南省最具影响力法治事件	2016.06	省法治办、省司法厅
双牌县	全省“六五”普法先进县	2016	省法治办、省司法厅、省委宣传部
冷水滩区司法局	全省“六五”普法依法治理先进集体	2016.09	省法治湖南建设领导小组办公室、省委宣传部、省司法厅
江华瑶族自治县	全省“六五”普法依法治理先进县	2016.09	省法治湖南建设领导小组办公室、省委宣传部、省司法厅
蓝山县	全省“六五”普法依法治理先进县	2016.09	省法治湖南建设领导小组办公室、省委宣传部、省司法厅
宁远县柏家坪司法所	湖南省模范司法所	2016.12	省司法厅
宁远县柏家坪司法所	2016—2018年全省依法办事示范窗口单位	2017.01	省依法治省领导小组

获市厅级表彰先进个人一览表

表 14-4

姓名	单位（职务）	荣誉称号	表彰时间	表彰单位
谢中浩	新田县司法局	全省司法系统先进工作者	1986	省司法厅

续表14-4

姓名	单位（职务）	荣誉称号	表彰时间	表彰单位
曾求明	蓝山县司法局	先进个人	1986	省司法厅
陈玉满	零陵地区司法局办公室	1986年度全省司法信息工作优秀信息联络员	1987.03	省司法厅
邓祖良	东安县司法局办公室	1986年度全省司法信息工作优秀信息联络员	1987.03	省司法厅
唐彰元	道县司法局办公室	1986年度全省司法信息工作优秀信息联络员	1987.03	省司法厅
朱香国	江永县司法局办公室	1986年度全省司法信息工作优秀信息联络员	1987.03	省司法厅
邝秀潭	蓝山县司法局干部	湖南省优秀校外少先队辅导员	1987.05	共青团湖南省委
陈田华	零陵地区政法干部中等专业学校副科长	1987年度全省司法行政系统法学教育先进工作者	1987.11	省司法厅
崔　莹	零陵地区政法干部中等专业学校教员	1987年度全省司法行政系统法学教育先进工作者	1987.11	省司法厅
肖太华	零陵地区劳改队	全省劳改单位先进中队干部	1987.11	省劳改工作管理局
陈玉满	零陵地区司法局	1987年度优秀信息联络员	1987.12	省司法厅
吕正杰	冷水滩市司法局	1987年度优秀信息联络员	1987.12	省司法厅
李玉明	东安县司法局	1987年度优秀信息联络员	1987.12	省司法厅
李月菊	零陵地区司法局	1987年度优秀统计员	1987.12	省司法厅
盘兰玉	江华县司法局	优秀司法局长（记二等功）	1988.03	省司法厅
陈田华	零陵地区政法干部中等专业学校	1989年度全省司法行政系统法学教育先进工作者	1989.12	省司法厅
李春艳	零陵地区政法干部中等专业学校	1989年度全省司法行政系统法学教育先进工作者	1989.12	省司法厅
陈玉满	零陵地区司法局	1989年度优秀司法信息联络员	1990.02	省司法厅
罗道湘	双牌县司法局	1989年度优秀司法信息联络员	1990.02	省司法厅
邓中新	祁阳县司法局	1989年度优秀司法信息联络员	1990.02	省司法厅
李德云	零陵地区司法局	1989年度计财先进工作者	1990.02	省司法厅

续表14-4

姓名	单位（职务）	荣誉称号	表彰时间	表彰单位
唐群球	新田县司法局	1989年度计财先进工作者	1990.02	省司法厅
张四元	祁阳县司法局	1989年度计财先进工作者	1990.02	省司法厅
黄辛平	零陵地区司法局	1989年度优秀司法统计员	1990.02	省司法厅
唐芳白	祁阳县公证处	1989年度先进公证工作者	1990.03	省司法厅
陈本文	祁阳县律师事务所	1989年度先进律师工作者	1990.03	省司法厅
唐生玉	东安县律师事务所	1989年度先进律师工作者	1990.03	省司法厅
刘大镛	零陵地区政法干部中等专业学校	1990年度全省司法行政系统法学教育先进工作者	1991.02	省司法厅
毛继元	东安县律师事务所	1990年度先进律师工作者	1991.03	省司法厅
罗秋月	江华瑶族自治县贝江乡贝江村调委会主任	预防民间纠纷激化先进个人（一等奖）	1991.12	省司法厅
蒋德宏	冷水滩市上岭桥乡竹塘村调委会主任	预防民间纠纷激化先进个人（二等奖）	1991.12	省司法厅
蒋仕英	双牌县城关镇九甲村调委会主任	预防民间纠纷激化先进个人（二等奖）	1991.12	省司法厅
黄启明	江永县松柏瑶族乡大同村调委会主任	预防民间纠纷激化先进个人（二等奖）	1991.12	省司法厅
柏小山	道县白芒铺乡政府专职人民调解员	预防民间纠纷激化先进个人（二等奖）	1991.12	省司法厅
濮　淼	永州市河西办事处司法助理员	预防民间纠纷激化先进个人（二等奖）	1991.12	省司法厅
戴煌展	祁阳县羊角塘区公所司法助理员	预防民间纠纷激化先进个人（二等奖）	1991.12	省司法厅
文金莲	祁阳县石坎乡湘湖村调委会主任	预防民间纠纷激化先进个人（二等奖）	1991.12	省司法厅
陈势群	新田县十字乡司法助理员	预防民间纠纷激化先进个人（二等奖）	1991.12	省司法厅
何宏瑞	蓝山县城关镇司法助理员	预防民间纠纷激化先进个人（二等奖）	1991.12	省司法厅
陈英友	东安县紫溪市镇司法助理员	预防民间纠纷激化先进个人（二等奖）	1991.12	省司法厅

续表14-4

姓名	单位（职务）	荣誉称号	表彰时间	表彰单位
张月喜	宁远县逍遥岩乡司法助理员	预防民间纠纷激化先进个人（二等奖）	1991.12	省司法厅
李镇庭	宁远县汪井区公所司法助理员	预防民间纠纷激化先进个人（二等奖）	1991.12	省司法厅
乐志勇	江永县城关镇司法员	二等功	1991年	省司法厅
蒋双生	冷水滩市律师事务所主任	三等功	1991年	省司法厅
何世忠	零陵地区司法局行政科副科长	先进工作者	1991年度	省司法厅
刘继发	祁阳县司法局监察员	先进工作者	1991年度	省司法厅
盘兰玉	江华瑶族自治县司法局局长	先进工作者	1991年度	省司法厅
唐群球	新田县司法局办公室主任	先进工作者	1991年度	省司法厅
曾求明	蓝山县公证处主任	先进工作者	1991年度	省司法厅
文奕武	道县律师事务所主任	先进工作者	1991年度	省司法厅
杨　夏	永州市公证处	办证质量先进个人	1992.10	省司法厅
何精一	江永县公证处主任	办证质量先进个人	1992.10	省司法厅
何景林	江华瑶族自治县公证处	办证质量先进个人	1992.10	省司法厅
盘兰玉	江华瑶族自治县司法局局长	优秀司法局长	1993.03	省司法厅
胡孝文	双牌县司法局局长	优秀司法局长	1993.03	省司法厅
刘佑湘	零陵地区司法局	1992年度先进法学教育工作者	1993.03	省司法厅电大函大法律分校
刘志民	零陵地区司法局副局长	“二五”普法先进个人	1993.08	省普法领导小组
莫吉贤	江华瑶族自治县普法办主任	“二五”普法先进个人	1993.08	省普法领导小组
杨盛南	江永县司法局宣教股股长	“二五”普法先进个人	1993.08	省普法领导小组
陈解英	道县司法局副局长	“二五”普法先进个人	1993.08	省普法领导小组
曾昭宏	东安县大庙口区司法员	“二五”普法先进个人	1993.08	省普法领导小组
胡孝文	双牌县司法局局长	“二五”普法先进个人	1993.08	省普法领导小组

续表14-4

姓名	单位（职务）	荣誉称号	表彰时间	表彰单位
王建成	宁远县司法局	“二五”普法先进个人	1993.08	省普法领导小组
何宣仁	江华瑶族自治县大圩区司法助理员	记二等功	1993.11	省司法厅
屈保祥	零陵地委政法委	法学会系统先进个人	1993.12	省法学会
周牧童	零陵地区司法局宣教科副科长	法制宣传先进个人	1994.01	省司法厅
胡锡亮	零陵地区司法局政治处主任	全省司法行政系统优秀政治工作者	1994.03	省司法厅
邓丕金	零陵地区劳改支队生产科科长	地区劳动模范	1994.05	零陵地区行署、工会
钟勇飞	零陵地区劳教所医师	全省劳教系统基层建设工作先进个人	1994.07	省劳教工作管理局
廖名国	永州市邮亭圩镇太平埔村调委会调解员	全省优秀人民调解员	1994.08	省司法厅
彭征林	江华瑶族自治县竹石乡石村调委会主任	全省优秀人民调解员	1994.08	省司法厅
厉良才	蓝山县大洞乡石磁村调委会主任	全省优秀人民调解员	1994.08	省司法厅
陈传明	东安县大庙口镇屯里村调委会主任	全省优秀人民调解员	1994.08	省司法厅
谢应兴	新田县新隆乡野乐村调委会主任	全省优秀人民调解员	1994.08	省司法厅
王景刚	祁阳县城关镇黄土岭村调委会调解员	全省优秀人民调解员	1994.08	省司法厅
义汉全	江永县上江圩乡朱家湾村调委会调解员	全省优秀人民调解员	1994.08	省司法厅
董铁钢	冷水滩市城中办事处通化街调委会主任	全省优秀人民调解员	1994.08	省司法厅
刘银辉	南岭化工厂调委会主任	全省优秀人民调解员	1994.08	省司法厅
杨友富	宁远县禾亭镇野鹿岗村调委会调解员	全省优秀人民调解员	1994.08	省司法厅
何荣松	道县祥霖铺郎龙村调委会调解员	全省优秀人民调解员	1994.08	省司法厅

续表14-4

姓名	单位（职务）	荣誉称号	表彰时间	表彰单位
唐怀宏	零陵地区劳改支队一大队教导员	全省优秀个别教育能手	1995.01	省监狱管理局
周训清	祁阳县司法局局长	全省优秀司法局长（记二等功）	1995.02	省司法厅
李龙善	永州市竹城律师事务所	全省优秀律师	1995.02	省司法厅
肖绍泉	永州市律师事务所	全省优秀律师	1995.02	省司法厅
李富国	双牌县律师事务所	全省优秀律师	1995.02	省司法厅
黄森较	祁阳县第一律师事务所	全省优秀律师	1995.02	省司法厅
蒋双生	冷水滩市第一律师事务所	全省优秀律师	1995.02	省司法厅
廖春元	祁阳县第二律师事务所	全省优秀律师	1995.02	省司法厅
李旭昇	永州市公证处公证员	全省优秀公证员	1995.02	省司法厅
卢荣生	东安县公证处主任	全省优秀公证员	1995.02	省司法厅
廖永健	冷水滩市公证处副主任	全省优秀公证员	1995.02	省司法厅
许彰武	蓝山县公证处副主任	全省优秀公证员	1995.02	省司法厅
蒋晓萍	零陵地区司法局办公室	全省司法行政系统1994年度先进办公室工作者	1995.02	省司法厅
钟勇飞	零陵地区劳教所生卫科科长	全省劳教系统十杰干警	1995.02	省劳教工作管理局
伍崇阳	零陵地区劳教所工人	先进工作者	1995.02	省劳教工作管理局
钟勇飞	零陵地区劳教所生卫科科长	记二等功	1995.03	省司法厅
蒋晓萍	零陵地区司法局	全省司法行政办公室系统先进个人	1995.11	省司法厅
罗功禹	零陵地区劳教所	全省劳教系统个别教育能手	1995.11	省劳教工作管理局
何美忠	道县上关乡法律服务所主任	全省十佳基层法律工作者	1996.01	省司法厅
邓连元	零陵地区司法局	全省法学教育工作先进个人	1996.01	省司法厅
乐国金	新田县司法局	全省法学教育工作先进个人	1996.01	省司法厅
刘保国	冷水滩市司法局	全省法学教育工作先进个人	1996.01	省司法厅
陈田华	零陵地区政法干校	全省先进法学教育工作者	1996.01	省司法厅
何国来	零陵地区司法局副局长	“二五”普法先进个人	1996.06	省普法依法治理领导小组

续表14-4

姓名	单位（职务）	荣誉称号	表彰时间	表彰单位
刘佑湘	零陵地区司法局宣教科科长	第三届全省司法行政系统记二等功	1996.04	省人事厅省司法厅
阳建华	新田县司法局局长	第三届全省司法行政系统记三等功	1996.04	省人事厅省司法厅
袁兰秀	蓝山县司法局办公室主任	第三届全省司法行政系统记三等功	1996.04	省人事厅省司法厅
曹云红	云虹律师事务所主任	全省十佳律师	1997.01	省司法厅
杨发国	祁阳县公证处	全省十佳公证员	1997.01	省司法厅
周牧童	永州市司法局办公室	全省司法行政系统办公室先进个人	1997.01	省司法厅
唐艾春	东安县司法局办公室	全省司法行政系统办公室先进个人	1997.01	省司法厅
黄仙阳	新田县司法局办公室	全省司法行政系统办公室先进个人	1997.01	省司法厅
卢名玉	祁阳县司法局办公室	全省司法行政系统办公室先进个人	1997.01	省司法厅
柏国生	祁阳县三口塘镇司法所所长	全省防止民间纠纷激化先进个人	1997.12	省司法厅
李资平	宁远县冷水镇神东村人民调解委员会主任	全省防止民间纠纷激化先进个人	1997.12	省司法厅
黄国永	新田县十字乡司法员	全省防止民间纠纷激化先进个人	1997.12	省司法厅
孙佳柱	芝山区朝阳办事处桃江村人民调解委员会主任	全省防止民间纠纷激化先进个人	1997.12	省司法厅
周重楼	江永县粗石江镇城下村人民调解委员会主任	全省防止民间纠纷激化先进个人	1997.12	省司法厅
张建平	东安县紫溪市镇荷叶塘村人民调解委员会主任	全省防止民间纠纷激化先进个人	1997.12	省司法厅
罗秋月	江华瑶族自治县贝江乡贝江村人民调解委员会主任	全省防止民间纠纷激化先进个人	1997.12	省司法厅
胡佳成	道县富塘法律服务所法律工作者	全省防止民间纠纷激化先进个人	1997.12	省司法厅

续表14-4

姓名	单位（职务）	荣誉称号	表彰时间	表彰单位
杨贵桥	祁阳县下马渡镇东溪元村人民调解委员会主任	全省防止民间纠纷激化先进个人	1997.12	省司法厅
董铁钢	冷水滩区肖家园通化街人民调解委员会主任	全省防止民间纠纷激化先进个人	1997.12	省司法厅
王　斌	江华瑶族自治县司法局办公室	全省司法行政办公室系统先进工作者	1997.12	省司法厅
唐满桂	冷水滩区司法局办公室	全省司法行政办公室系统先进工作者	1997.12	省司法厅
罗　蓉	零陵监狱办公室科员	电大司法分校优秀教师	1997.12	省电大、省司法厅法律分校
曹云虹	湖南云虹律师事务所	1997年度优秀律师	1998.01	省司法厅
毛善学	湖南泷泊律师事务所	1997年度优秀律师	1998.01	省司法厅
王万书	零陵监狱监狱长	优秀公仆	1998.03	省监狱管理局
唐安帅	零陵监狱一监区教导员	优秀警官	1998.04	省监狱管理局
蒋亚军	永州市司法局政治处主任	全省司法行政系统警务管理工作先进个人	1999.11	省司法厅
黄仙阳	新田县司法局	1999年度全省司法行政办公室系统先进个人	1999.12	省司法厅
贺　帆	宁远县司法局办公室主任	1999年度全省司法行政办公室系统先进个人	1999.12	省司法厅
汤小兵	永州市司法局办公室科员	1999年度全省司法行政办公室系统先进个人	1999.12	省司法厅
李时旺	双牌县司法局局长	全省“十佳司法局长”	2000.01	省司法厅
成火龙	新田天常律师事务所主任	全省“十佳律师”	2000.01	省司法厅
文　艺	永州市劳教所所长	全省“十佳劳教所长”	2000.01	省司法厅
钟佩章	永州市司法局局长	普法依法治理工作先进个人	2000.02	省普法依法治理领导小组办公室
杨晓波	永州市司法局公律科	湖南省1999年度法律援助先进工作者	2000.02	省司法厅
沈俭生	零陵监狱出入监队队长	追捕能手	2000.06	省监狱管理局
黄　忠	永州市劳教所副大队长	全省劳教系统“个别谈话教育能手”	2000.09	省劳教工作管理局

续表14-4

姓名	单位（职务）	荣誉称号	表彰时间	表彰单位
许彰武	蓝山县公证处主任	2000年度全省先进公证员	2001.01	省司法厅
邝秀潭	蓝山县司法局退休干部	湖南省优秀校外法制辅导员	2002.06	省依法治省领导小组
杨晓波	永州市司法局公律科科员	国家司法考试工作先进个人	2002.11	省司法厅
伍崇阳	永州市劳教所政工科科长	基本素质教育考试考核组织工作先进个人	2002.12	省司法厅
王秋明	零陵监狱政工科科长	基本素质教育考试考核组织工作先进个人	2002.12	省司法厅
罗　青	芝山区司法局政工室主任	基本素质教育考试考核组织工作先进个人	2002.12	省司法厅
齐福翠	道县仙子脚司法所司法助理员	基本素质教育考试考核优秀个人	2002.12	省司法厅
王平玉	东安县司法局科员	素质考试优秀个人	2002.12	省司法厅
何上海	道县桥头乡司法所所长	第四届全省司法行政系统先进个人（记一等功）	2002.12	省人事厅、省司法厅
吕小田	永州市劳教所政委	第四届全省司法行政系统先进个人（记二等功）	2002.12	省人事厅、省司法厅
刘佑湘	永州市司法局教育科科长	第四届全省司法行政系统先进个人（记三等功）	2002.12	省人事厅、省司法厅
李昌民	宁远县司法局宣教股股长	第四届全省司法行政系统先进个人（记三等功）	2002.12	省人事厅、省司法厅
唐　勇	永州市劳教所副主任科员	素质考试优秀个人	2003.01	省劳教工作管理局
刘联伟	永州市司法局办公室主任	2002年度全省司法行政系统信息工作先进个人	2003.01	省司法厅
陈　军	宁远县司法局	2002年度全省司法行政系统信息工作先进个人	2003.01	省司法厅
胡　斌	江永县司法局	2002年度全省司法行政系统信息工作先进个人	2003.01	省司法厅
李兴虎	祁阳县潘市法律服务所主任	全省“十佳”基层法律服务工作者	2004.02	省司法厅
李　辉	永州市劳教所生产大队教导员	全省劳教系统优秀警官	2004.02	省劳教工作管理局
吕小田	永州市劳教所政委	全省劳教系统优秀所长、政委提名奖	2004.02	省劳教工作管理局

续表14-4

姓名	单位（职务）	荣誉称号	表彰时间	表彰单位
肖　建	零陵监狱	2004年度优秀警察教师	2004.09	省监狱管理局
胡尊国	零陵监狱	2004年度优秀警察教师	2004.09	省监狱管理局
张　容	湖南君义律师事务所律师	湖南省优秀律师	2006.04	省律师协会
陈荣生	东安县司法局局长	湖南省优秀司法局长	2006.07	省司法厅
王曙光	零陵区司法局七里店司法所所长	湖南省优秀司法所长	2006.07	省司法厅
朱建祥	蓝山县司法局宣教股股长	全省“四五”普法依法治理工作先进工作者	2006.08	省委办公厅、省政府办公厅
何建龙	新田县法律援助中心主任	全省法律援助工作先进个人	2006.12	省司法厅
陈　勇	冷水滩区法律援助中心律师	全省法律援助工作先进个人	2006.12	省司法厅
赵振江	宁远县法律援助中心主任	全省法律援助工作先进个人	2006.12	省司法厅
李剑勇	永州市劳教所戒毒大队科员	全省监狱劳教人民警察岗位练兵活动标兵（记二等功）	2007.04	省司法厅
沈俭生	零陵监狱教育科科长	全省监狱劳教人民警察岗位练兵活动先进个人（记三等功）	2007.04	省司法厅
李　伟	永州市司法局基层科科长	全省“司法行政大动员，化解矛盾促和谐”专项维稳活动组织工作先进个人	2008.01	省司法厅
何　滨	双牌县司法局办公室主任	全省“司法行政大动员，化解矛盾促和谐”专项维稳活动组织工作先进个人	2008.01	省司法厅
邹拥军	双牌县司法局局长	全省“司法行政大动员，化解矛盾促和谐”专项维稳活动优秀司法局长	2008.01	省司法厅
熊伟平	新田县司法局局长	全省“司法行政大动员，化解矛盾促和谐”专项维稳活动优秀司法局长	2008.01	省司法厅
张群利	祁阳县司法局局长	全省“司法行政大动员，化解矛盾促和谐”专项维稳活动优秀司法局长	2008.01	省司法厅
郭青燕	冷水滩区岚角山司法所所长	全省“司法行政大动员，化解矛盾促和谐”专项维稳活动优秀司法所长	2008.01	省司法厅

续表14-4

姓名	单位（职务）	荣誉称号	表彰时间	表彰单位
吴汉阳	祁阳县梅溪司法所所长	全省“司法行政大动员，化解矛盾促和谐”专项维稳活动优秀司法所长	2008.01	省司法厅
黄　鹏	东安县新圩江司法所所长	全省“司法行政大动员，化解矛盾促和谐”专项维稳活动优秀司法所长	2008.01	省司法厅
胡宗彪	双牌县五里牌司法所所长	全省“司法行政大动员，化解矛盾促和谐”专项维稳活动优秀司法所长	2008.01	省司法厅
赵志平	江华瑶族自治县河路口司法所所长	全省“司法行政大动员，化解矛盾促和谐”专项维稳活动优秀司法所长	2008.01	省司法厅
谭　伟	江永县桃川司法所所长	全省“司法行政大动员，化解矛盾促和谐”专项维稳活动优秀司法所长	2008.01	省司法厅
陈少军	蓝山县大洞司法所所长	全省“司法行政大动员，化解矛盾促和谐”专项维稳活动优秀司法所长	2008.01	省司法厅
史忠诚	新田县龙泉司法所所长	全省“司法行政大动员，化解矛盾促和谐”专项维稳活动优秀司法所长	2008.01	省司法厅
杨连号	道县白马渡司法所所长	全省“司法行政大动员，化解矛盾促和谐”专项维稳活动优秀司法所长	2008.01	省司法厅
张广生	宁远县舜陵司法所所长	全省“司法行政大动员，化解矛盾促和谐”专项维稳活动优秀司法所长	2008.01	省司法厅
胡锡亮	零陵监狱政委	全省“司法行政大动员，化解矛盾促和谐”专项维稳活动矛盾纠纷排查调解能手	2008.01	省司法厅
祝世兴	永州市劳教所出入所大队大队长	全省“司法行政大动员，化解矛盾促和谐”专项维稳活动矛盾纠纷排查调解能手	2008.01	省司法厅

续表14-4

姓名	单位（职务）	荣誉称号	表彰时间	表彰单位
邹志军	零陵区珠山司法所副所长	全省“司法行政大动员，化解矛盾促和谐”专项维稳活动矛盾纠纷排查调解能手	2008.01	省司法厅
唐玉林	冷水滩区肖家园司法所所长	全省“司法行政大动员，化解矛盾促和谐”专项维稳活动矛盾纠纷排查调解能手	2008.01	省司法厅
李天喜	祁阳县文明铺司法所所长	全省“司法行政大动员，化解矛盾促和谐”专项维稳活动矛盾纠纷排查调解能手	2008.01	省司法厅
谢　荃	祁阳县浯溪司法所所长	全省“司法行政大动员，化解矛盾促和谐”专项维稳活动矛盾纠纷排查调解能手	2008.01	省司法厅
尹时会	东安县芦洪市司法所所长	全省“司法行政大动员，化解矛盾促和谐”专项维稳活动矛盾纠纷排查调解能手	2008.01	省司法厅
胡建华	双牌县何家洞司法所所长	全省“司法行政大动员，化解矛盾促和谐”专项维稳活动矛盾纠纷排查调解能手	2008.01	省司法厅
李日祥	蓝山县塔峰镇调委会调解员	全省“司法行政大动员，化解矛盾促和谐”专项维稳活动矛盾纠纷排查调解能手	2008.01	省司法厅
邓柏建	新田县骥村镇林家源村支部书记	全省“司法行政大动员，化解矛盾促和谐”专项维稳活动矛盾纠纷排查调解能手	2008.01	省司法厅
胡佳成	道县富塘司法所司法助理员	全省“司法行政大动员，化解矛盾促和谐”专项维稳活动矛盾纠纷排查调解能手	2008.01	省司法厅

续表14-4

姓名	单位（职务）	荣誉称号	表彰时间	表彰单位
何美忠	道县蚣坝司法所司法助理员	全省“司法行政大动员，化解矛盾促和谐”专项维稳活动矛盾纠纷排查调解能手	2008. 01	省司法厅
周成光	宁远县冷水司法所司法助理员	全省“司法行政大动员，化解矛盾促和谐”专项维稳活动矛盾纠纷排查调解能手	2008. 01	省司法厅
奉飞月	江华瑶族自治县码市司法所所长	全省“司法行政大动员，化解矛盾促和谐”专项维稳活动矛盾纠纷排查调解能手	2008. 01	省司法厅
何花全	江永县司法局	全省“司法行政大动员，化解矛盾促和谐”专项维稳活动矛盾纠纷排查调解能手	2008. 01	省司法厅
周胜利	永州市劳教所政委	全省司法行政系统抗冰救灾先进个人（记二等功）	2008. 02	省司法厅
吕志军	零陵监狱二监区副监区长	全省司法行政系统抗冰救灾先进个人（记三等功）	2008. 02	省司法厅
刘勇波	新田县十字乡司法所所长	全省司法行政系统抗冰救灾先进个人（记三等功）	2008. 02	省司法厅
顾娟宁	永州市司法局教育培训科科长	2004—2008年全省司法行政系统国家司法考试工作先进个人	2009. 01	省司法厅
冯　辉	祁阳县黎家坪司法所所长	湖南省“十佳”人民调解员（记一等功）	2009. 02	省人事厅、省司法厅
胡永林	永州市劳教所副所长	第五届湖南省司法行政系统先进个人（记二等功）	2009. 02	省人事厅、省司法厅
杨连号	道县白马渡司法所所长	第五届湖南省司法行政系统先进个人（记二等功）	2009. 02	省人事厅、省司法厅
蒋小波	江华瑶族自治县司法局局长	第五届湖南省司法行政系统先进个人（记三等功）	2009. 02	省人事厅、省司法厅
陈红兵	新田县司法局宣教股股长	第五届湖南省司法行政系统先进个人（记三等功）	2009. 02	省人事厅、省司法厅

续表14-4

姓名	单位（职务）	荣誉称号	表彰时间	表彰单位
秦瑞南	冷水滩区梧桐司法所所长	湖南省优秀人民调解员（记三等功）	2009.02	省司法厅
姜宁波	永州市司法局办公室主任	全省“司法行政大动员，化解矛盾促和谐”专项维稳活动先进个人	2009.03	省司法厅
姜　涛	永州市司法局基层工作科副科长	全省“司法行政大动员，化解矛盾促和谐”专项维稳活动先进个人	2009.03	省司法厅
贺　明	零陵区司法局	全省“司法行政大动员，化解矛盾促和谐”专项维稳活动先进个人	2009.03	省司法厅
龙孟秋	零陵区珠山司法所	全省“司法行政大动员，化解矛盾促和谐”专项维稳活动先进个人	2009.03	省司法厅
张　容	湖南君益律师事务所	全省“司法行政大动员，化解矛盾促和谐”专项维稳活动先进个人	2009.03	省司法厅
王干劲	祁阳县司法局局长	全省“司法行政大动员，化解矛盾促和谐”专项维稳活动先进个人	2009.03	省司法厅
漆　勇	祁阳县八宝司法所	全省“司法行政大动员，化解矛盾促和谐”专项维稳活动先进个人	2009.03	省司法厅
施祖银	东安县鹿马桥司法所	全省“司法行政大动员，化解矛盾促和谐”专项维稳活动先进个人	2009.03	省司法厅
周林海	双牌县司法局	全省“司法行政大动员，化解矛盾促和谐”专项维稳活动先进个人	2009.03	省司法厅
李时勋	双牌县司法局	全省“司法行政大动员，化解矛盾促和谐”专项维稳活动先进个人	2009.03	省司法厅
卜文舟	宁远县水市镇司法所	全省“司法行政大动员，化解矛盾促和谐”专项维稳活动先进个人	2009.03	省司法厅

续表14-4

姓名	单位（职务）	荣誉称号	表彰时间	表彰单位
胡忠胜	宁远县仁和司法所	全省“司法行政大动员，化解矛盾促和谐”专项维稳活动先进个人	2009.03	省司法厅
唐祥福	新田县司法局	全省“司法行政大动员，化解矛盾促和谐”专项维稳活动先进个人	2009.03	省司法厅
蒋飞燕	新田县冷水井司法所	全省“司法行政大动员，化解矛盾促和谐”专项维稳活动先进个人	2009.03	省司法厅
欧阳任昌	蓝山县司法局	全省“司法行政大动员，化解矛盾促和谐”专项维稳活动先进个人	2009.03	省司法厅
田志峰	蓝山县塔峰司法所	全省“司法行政大动员，化解矛盾促和谐”专项维稳活动先进个人	2009.03	省司法厅
何　敏	道县司法局基层股股长	全省“司法行政大动员，化解矛盾促和谐”专项维稳活动先进个人	2009.03	省司法厅
潘代跃	道县四马桥司法所	全省“司法行政大动员，化解矛盾促和谐”专项维稳活动先进个人	2009.03	省司法厅
张　斌	冷水滩区上岭桥司法所所长	全省“司法行政大动员，化解矛盾促和谐”专项法律服务活动先进个人	2009.03	省司法厅
蒋　迪	江永县司法局	全省“司法行政大动员，化解矛盾促和谐”专项法律服务活动先进个人	2009.03	省司法厅
黄叶飞	江永县司法局	全省“司法行政大动员，化解矛盾促和谐”专项法律服务活动先进个人	2009.03	省司法厅
周爱坤	江华瑶族自治县司法局	全省“司法行政大动员，化解矛盾促和谐”专项法律服务活动先进个人	2009.03	省司法厅
沈俭生	零陵监狱	全省“司法行政大动员，化解矛盾促和谐”专项法律服务活动先进个人	2009.03	省司法厅

续表14-4

姓名	单位（职务）	荣誉称号	表彰时间	表彰单位
李相国	永州市劳教所	全省“司法行政大动员，化解矛盾促和谐”专项法律服务活动先进个人	2009.03	省司法厅
罗　蓉	永州市司法局法制宣传科副科长	“依法办事示范窗口单位”创建活动组织工作先进个人	2009.08	省依法治省领导小组
杨晓波	永州市法律援助中心主任	湖南省法律援助工作先进个人	2009.12	省司法厅
陈　勇	冷水滩区法律援助中心副主任	湖南省法律援助工作先进个人	2009.12	省司法厅
何建龙	新田县法律援助中心主任	湖南省法律援助工作先进个人	2009.12	省司法厅
姜宁波	永州市司法局办公室主任	全省“应对金融风险促进富民强省”专项法律服务活动先进个人	2010.01	省司法厅
周亚林	永州市司法局	全省“应对金融风险促进富民强省”专项法律服务活动先进个人	2010.01	省司法厅
秦春元	东安县司法局	全省“应对金融风险促进富民强省”专项法律服务活动先进个人	2010.01	省司法厅
刘竺林	东安县司法局	全省“应对金融风险促进富民强省”专项法律服务活动先进个人	2010.01	省司法厅
何长青	祁阳县司法局	全省“应对金融风险促进富民强省”专项法律服务活动先进个人	2010.01	省司法厅
吴永友	双牌县司法局局长	全省“应对金融风险，促进富民强省”专项法律服务活动先进个人	2010.01	省司法厅
周林海	双牌县司法局纪检组组长	全省“应对金融风险，促进富民强省”专项法律服务活动先进个人	2010.01	省司法厅
李浮云	道县司法局	全省“应对金融风险促进富民强省”专项法律服务活动先进个人	2010.01	省司法厅

续表14-4

姓名	单位（职务）	荣誉称号	表彰时间	表彰单位
蒋继春	江华瑶族自治县司法局	全省“应对金融风险，促进富民强省”专项法律服务活动先进个人	2010.01	省司法厅
李昌民	宁远县司法局	全省“应对金融风险，促进富民强省”专项法律服务活动先进个人	2010.01	省司法厅
肖劲松	新田县司法局	全省“应对金融风险促进富民强省”专项法律服务活动先进个人	2010.01	省司法厅
欧阳任昌	蓝山县司法局	全省“应对金融风险，促进富民强省”专项法律服务活动先进个人	2010.01	省司法厅
周云飞	零陵区黄田铺司法所	全省“应对金融风险，促进富民强省”专项法律服务活动先进个人	2010.01	省司法厅
严跃云	冷水滩区岚角山司法所	全省“应对金融风险促进富民强省”专项法律服务活动先进个人	2010.01	省司法厅
卜文舟	宁远县水市司法所	全省“应对金融风险，促进富民强省”专项法律服务活动先进个人	2010.01	省司法厅
谭　伟	江永县上江圩司法所	全省“应对金融风险，促进富民强省”专项法律服务活动先进个人	2010.01	省司法厅
李龙善	零陵区法律援助中心	全省“应对金融风险促进富民强省”专项法律服务活动先进个人	2010.01	省司法厅
蒋双生	湖南正赢律师事务所	全省“应对金融风险，促进富民强省”专项法律服务活动先进个人	2010.01	省司法厅
钱华贵	零陵监狱政工科	全省“应对金融风险，促进富民强省”专项法律服务活动先进个人	2010.01	省司法厅
李相国	永州市劳教所管教科	全省“应对金融风险，促进富民强省”专项法律服务活动先进个人	2010.01	省司法厅

续表14-4

姓名	单位（职务）	荣誉称号	表彰时间	表彰单位
刘洁泉	冷水滩区法律援助中心主任	湖南省法律援助为民办实事先进个人	2010. 03	省司法厅
陈　勇	冷水滩区法律援助中心副主任	湖南省法律援助先进个人	2011. 01	省司法厅
郑建明	零陵区邮亭圩司法所所长	全省“人民调解化解矛盾纠纷专项攻坚活动”先进个人	2011. 01	省司法厅
雷亚军	零陵区司法局局长	湖南省司法行政系统优秀党务工作者	2011. 06	省司法厅党组
李琼芳	祁阳县司法局政工室主任	湖南省司法行政系统优秀共产党员	2011. 06	省司法厅党组
周局光	道县司法局祥霖铺司法所所长	湖南省司法行政系统优秀共产党员	2011. 06	省司法厅党组
邝秀潭	蓝山县司法局退休干部	2008—2010年湖南省禁毒人民战争先进个人	2011. 06	省人力资源和社会保障厅、省禁毒委员会办公室
张凌云	祁阳县司法局	全省依法办事示范窗口单位创建活动组织工作先进个人	2011. 07	省依法治省领导小组
吴永友	双牌县司法局局长	湖南省“五五”普法依法治理先进个人（记一等功）	2011. 09	省人社厅
罗　蓉	永州市司法局法制宣传科副科长	湖南省“五五”普法依法治理先进个人（记二等功）	2011. 09	省人社厅
杨晓波	永州市司法局政策法规科科长	全省司法鉴定优秀管理干部	2011. 12	省司法厅
陈泽华	永州市浯溪司法鉴定所	全省“司法鉴定质量建设年”活动优秀司法鉴定人	2011. 12	省司法厅、省司法鉴定协会
何进阶	永州市濂溪司法鉴定所	全省“司法鉴定质量建设年”活动优秀司法鉴定人	2011. 12	省司法厅、省司法鉴定协会
顾娟宁	永州市司法局教育培训科科长	全省国家司法考试工作先进个人	2012. 01	省司法厅
李春雷	永州市司法局政治部副主任	湖南省司法行政系统优秀政工干部	2012. 02	省司法厅
黄　忠	永州市劳教（戒毒）所二大队大队长	湖南省劳教（戒毒）系统第三届“百优民警”	2012. 03	省劳教局、省戒毒管理局

续表14-4

姓名	单位（职务）	荣誉称号	表彰时间	表彰单位
周玉军	永州市劳教（戒毒）所戒毒大队教导员	湖南省劳教（戒毒）系统第三届“百优民警”	2012.03	省劳教局、省戒毒管理局
曾红松	永州市劳教（戒毒）所一大队副教导员	湖南省劳教（戒毒）系统第三届“百优民警”	2012.03	省劳教局、省戒毒管理局
蒋先锋	永州市劳教（戒毒）所生卫科工人	湖南省劳教（戒毒）系统第三届“百优工人”	2012.03	省劳教局、省戒毒管理局
奉飞月	江华瑶族自治县码市司法所所长	2010—2011年度司法行政系统青年岗位能手	2012.03	省司法厅
邝秀潭	蓝山县司法局退休干部	全省“四好”老干部	2012.07	省委老干部局
周林海	双牌县司法局纪检组组长	湖南省司法行政系统优秀共产党员	2012.08	省司法厅党组
周局光	道县祥林铺司法所所长	湖南省司法行政系统先进个人（记一等功）	2012.07	省人社厅、省司法厅
张广生	宁远县舜陵司法所所长	湖南省司法行政系统先进个人（记二等功）	2012.07	省人社厅、省司法厅
唐　萍	双牌县泷泊司法所所长	湖南省司法行政系统先进个人（记三等功）	2012.07	省人社厅、省司法厅
何光松	江永县司法局副局长	湖南省司法行政系统先进个人（记三等功）	2012.07	省人社厅、省司法厅
何　平	祁阳县司法局白水司法所所长	湖南省司法行政系统先进个人（记三等功）	2012.07	省人社厅、省司法厅
邝秀潭	蓝山县司法局退休干部	全省十佳拥警模范	2012.09	省委宣传部、省委政法委、省公安厅
王曙光	零陵区司法局社区矫正办主任	湖南省社区矫正工作先进个人	2012.09	省社区矫正工作领导小组
蒋永锋	宁远县司法局社区矫正办主任	湖南省社区矫正工作先进个人	2012.09	省社区矫正工作领导小组
赵志平	江华瑶族自治县涛圩司法所所长	湖南省社区矫正工作先进个人	2012.09	省社区矫正工作领导小组
易　达	湖南湘律律师事务所律师	2008—2011年度湖南省优秀律师	2012.11	省司法厅、省律师协会
郁康明	湖南杰联律师事务所律师	2008—2011年度湖南省优秀律师	2012.11	省司法厅、省律师协会

续表14-4

姓名	单位（职务）	荣誉称号	表彰时间	表彰单位
易求新	祁阳县	全省“调解化积案、息访保平安”人民调解专项活动先进个人	2013.01	省司法厅
雷亚军	零陵区司法局局长	全省“调解化积案、息访保平安”人民调解专项活动先进个人	2013.01	省司法厅
彭满华	江华瑶族自治县司法局基层股股长	全省“调解化积案、息访保平安”人民调解专项活动先进个人	2013.01	省司法厅
齐福翠	道县司法局富塘司法所所长	全省“调解化积案、息访保平安”人民调解专项活动先进个人	2013.01	省司法厅
邓仁冠	江永县司法局	全省法律援助基础建设年活动先进个人	2013.01	省司法厅
蒋松军	永州市劳教（戒毒）所副所长	全省劳教（戒毒）系统政法干警核心价值观教育实践活动先进个人	2013.01	省劳教（戒毒）管理局
伍崇阳	永州市劳教（戒毒）所政工科科长	全省劳教（戒毒）系统基层基础建设年活动先进个人	2013.01	省劳教（戒毒）管理局
赵常斌	永州市司法局政治部主任	全省司法行政系统优秀政工干部	2013.03	省司法厅
邝秀潭	蓝山县司法局退休干部	“蓝结爱心人士”	2013.06	省禁毒委员会
薛志卫	零陵区七里店司法所所长	湖南省十佳司法所长	2013.12	省司法厅
陈晓兰	蓝山县司法局基层股股长	湘粤桂“四市”边界人民调解协作先进个人	2015.01	湘粤桂“四市”边界人民调解协作领导小组
伍秋生	永州市司法局戒毒管理科科长	“禁违拒腐，严管队伍”正风肃纪专项活动表现突出个人	2015.02	省司法厅
胡克勤	永州市柳子司法鉴定所所长	“助改革、促发展、保民生”法律服务系列活动表现突出个人	2015.02	省司法厅
蒋顺先	宁远县法律援助中心主任	“助改革、促发展、保民生”法律服务系列活动表现突出个人	2015.02	省司法厅

续表14-4

姓名	单位（职务）	荣誉称号	表彰时间	表彰单位
龙孟秋	零陵区珠山镇人民调解委员会主任	全省最美人民调解员	2015.12	省司法厅
黄　忠	永州市强制隔离戒毒所二大队大队长	2015年度“戒毒矫治能手”	2016.01	省戒毒管理局
雷亚军	零陵区司法局局长	全省“三调联动化矛盾，息诉息访促平安”专项调解活动通报表扬个人	2016.01	省司法厅
刘红梅	新田龙泉司法所所长	全省“三调联动化矛盾，息诉息访促平安”专项调解活动通报表扬个人	2016.01	省司法厅
王焕进	零陵区梳子铺司法所所长	2014—2015年度湖南省司法行政系统青年岗位能手	2016.04	省司法厅
何丽辉	江永县公证处副主任	2014—2015年度湖南省司法行政系统青年岗位能手	2016.04	省司法厅
廖信安	永州市司法局副局长	全省“六五普法”依法治理先进个人	2016.10	省法治办
欧阳建中	宁远县司法局局长	全省“六五普法”依法治理先进个人	2016.10	省法治办
唐　卑	东安县司法局局长	全省“六五普法”依法治理先进个人	2016.10	省法治办
王爱忠	双牌县司法局宣教股股长	全省“六五普法”依法治理先进个人	2016.10	省法治办
陈茜衡	蓝山县司法局宣教股股长	全省“六五普法”依法治理先进个人	2016.10	省法治办

附　录

一、市司法局法治建设

2006年，市司法局开始有组织、有制度的开展规范化的自身法治建设。2007年5月，经市编办批复，市司法局成立政策法规科，专责推进司法行政系统内部法治建设。2007—2015年，市司法局自身法治建设主要开展：起草、审查、清理局机关制定的规范性文件；组织指导司法行政系统执法监督检查和执法状况考评工作；开展司法行政系统内部的普法与依法治理工作；承办局机关行政许可、行政处罚的听证与审核工作；受理司法行政系统的行政复议与应诉；深化和推进执法公开工作。

（一）规范性文件起草、审查和清理

市司法局起草规范性文件，由业务工作部门、办公室、法制工作部门依照各自职责负责起草、审查和管理。政策法规科对规范性文件送审稿的合法性进行全面审查，就制定主体、权限、程序、内容、形式等提出合法审查报告。

规范性文件实行定期清理与即时清理相结合的制度。

2006年，市司法局制定出台《永州市司法行政机关行政执法依据》，明确行政执法机关、行政执法依据和行政执法职权，为全市司法行政系统开展行政执法行为提供规范性文件依据。

2009年9月，市司法局下发《关于印发永州市司法行政机关行政执法文书格式的通知》，制定13种行政执法文书格式在全市司法行政系统行政执法中统一使用，规范全市司法行政系统执法工作。

2010年7月和2013年12月，市司法局认真梳理相关法律法规，明确市司法局对违反《律师法》的28种情形、《法律援助条例》的11种情形、《公证法》的10

种情形、《基层法律服务工作者管理办法》的19种情形、《基层法律服务所管理办法》的11种情形、《湖南省基层法律服务所条例》的10种情形可实施行政处罚。据此，市司法局出台《永州市司法行政机关行政处罚裁量权基准》，主要内容包括行政处罚依据、裁量阶次、违法行为表现情形和行政处罚基准，确保司法行政机关实施行政处罚的规范性、准确性。

2010年9月，市司法局制定出台《永州市司法局规范权力运行制度》，规范司法行政机关正确履行职权。主要内容包括：《公证律师工作行政许可制度》《基层法律服务工作行政许可制度》《司法鉴定机构审核登记初审制度》《司法鉴定人审核登记初审制度》《法律援助服务工作行政许可制度》《劳教管理对劳教人员处罚制度规定》6项制度。

2011年9月，市司法局对2006年出台的《永州市司法行政机关行政执法依据》进行重新修订。

2015年，市司法局对历年出台的执法规范性文件进行清理，废止上述各项制度，重新制定永州市司法局权力清单和永州市司法局责任清单，绘制权力运行流程图，成为司法行政机关开展行政执法工作的最新法律依据。

（二）执法监督检查和执法状况考评

市、县（区）司法行政机关的政策法规科（股室）负责对本部门行政执法行为开展行政执法监督检查和执法状况考评。行政执法监督检查的主要内容有：法律、法规、规章的宣传贯彻；规章和其他规范性文件的合法性；行政执法主体的合法性；违法行为查处以及行政处罚、行政强制措施的合法性和合适性；行政复议和行政赔偿；行政执法机关法定职责的履行；行政执法队伍建设和行政执法证件的管理使用；法律、法规、规章规定需要监督的其他事项。

市司法局贯彻落实国务院办公厅《关于推行行政执法责任制的若干意见》《湖南省行政程序规定》《永州市人民政府关于贯彻实施〈湖南省行政程序规定〉的通知》精神，2009—2015年，每年都以案卷评查、执法状况考评为抓手，对全市司法行政机关执法活动进行监督与检查，提高全市司法行政机关执法水平，促进全系统依法行政。

案卷评查。每年5月至6月，市司法局成立案卷评查工作领导小组，制定下发《全市司法行政系统行政执法（业务）案卷评查工作方案》（以下简称《方案》），明确案卷评查的范围、评查案卷数量、评查内容、评分方式和评分标准等工作内容。案卷评查的范围主要是评查各单位年度内已办结的公证、律师、基层法律服务、人民调解、法律援助、司法鉴定、社区矫正等各类业务案卷。各县（区）司法局和市司法局直属单位按照《方案》要求，成立各单位案卷评查领导小组和工作机构，将各单位年度内已办结的案件进行整理，装订成册，按照评查内容和标准，从案件的办案程序、法律适用、事实认定、文书规范、案卷装订归档、社会效果以及是否存在玩忽职守、滥用职权、徇私舞弊等方面进行自查，对存在的问题实事求是作出评查报告，并逐一制定整改措施进行整改。8月，市司法局组成多个检查组以交叉检查的方式对全市11个县（区）、市司法局直属单位进行案卷抽查和评分，评查结果及时向被评查单位反馈。9月，市司法局汇总全市案卷评查情况，发出案卷评查通报，督促各单位落实整改。2012年，市司法局评查各类案卷1350件，其中优秀案卷356件，占26.4%；达标案卷952件，占70.5%；不达标案卷42件，占3.1%。

2008年4月16日，市司法局在祁阳召开全市法规及司法鉴定管理工作会议

执法考评。2005年，《湖南省司法行政系统执法质量考核评议办法》出台，市司法局据此对全市司法行政部门执法质量进行考核评议，接受省司法厅检查。当年执法质量考核评议结果为92分。

2008—2015年，市司法局贯彻湖南省人民政府《湖南省行政程序规定》和省司法厅《湖南省司法行政系统执法状况考核评议办法》，在每年年初的全市司法行政工作会议上，对全市司法行政系统执法工作进行总体安排，对执法状况考核评议工作进行全面部署。市司法局成立执法状况考评工作领导小组，由党组书记、局长负总责。下设办公室，由政策法规科科长任办公室主任，相关业务科室的工作人员为办公室成员，负责日常具体事务。市司法局直属单位和各县（区）司法局也成立相应的领导小组，加强对执法工作的组织领导。市司法局根据省司法厅要求，制定当年度《永州市司法行政系统执法状况考核评议细则》，明确司法行政执法工作的具体要求，完善司法行政机关执法工作的具体措施。每年6月开始，市司法局组成督查组赴各县（区）司法局，通过听取汇报、查阅执法案卷和档案资料、调查走访等方式开展执法执业状况督查，针对查找出来的问题督促各县（区）司法局加强整改。9月，由政策法规科牵头，市司法局各执法科室做好行政执法案件的案卷归档工作。10月中旬，迎接省司法厅开展的全省司法行政系统执法状况考评。2008年，市司法局执法状况考核评分为96.511分，被省司法厅评为优秀等次；2009年，市司法局执法状况考核评分为93.96分，被省司法厅评为达标等次；2010—2013年，市司法局执法状况考核评分分别为96.02分、97.558分、97.99分和98.8分，连续四年被省司法厅评为优秀等次。2014—2015年，省司法厅对各市州司法局执法状况进行考核，未公布评分情况和等次。

2010年6月23日，市司法局召开迎接市人大常委会“三法”执法检查跟踪督查汇报会

2007—2015年，市司法局先后建立健全包括办案流程、内部管理制度、执法人员行为规范、执法文书使用制度等一整套司法行政执法规章制度，保障文明规范执法。推行行政执法责任制，制定行政执法考核办法，将行政执法职责和权限分解到具体岗位和具体责任人员。建立执法人员执法档案，对执法人员的执法行为进行记录，作为当年评先评优、干部提拔任免的重要依据。严格落实执法过错责任追究制度，对违法、失职、滥用职权、执法腐败的，依法追究领导和相关人员的责任。

全市司法行政机关每年组织全体干部学习年度普法读本，并组织参加年度干部学法用法考试。定期组织司法行政执法人员学习行政执法法律法规和规范性文件，参加省、市统一执法资格考试。

（三）行政复议与应诉

市司法局政策法规科承担全市司法行政系统行政复议工作，主要履行如下职责：受理行政复议申请；向有关组织和人员调查取证，查阅文件和资料；审查申请行政复议的具体行政行为是否合法与适当，拟定行政复议决定；处理或者转送对司法行政机关具体行政行为所依据的有关规定的审查申请；对司法行政机关违反《行政复议法》的行为依照规定的权限和程序提出处理建议；组织办理因不服行政复议决定提起行政诉讼的应诉事项；指导下级司法行政机关的行政复议和行政应诉工作；培训行政复议、应诉工作人员，组织交流行政复议、应诉工作经验；法律、法规、规章规定的其他职责。

2008 年，零陵监狱服刑人员左某因病抢救无效死亡。左某父亲向零陵监狱提交请求国家赔偿申请书，零陵监狱作出不予赔偿决定书。左某父亲不服，向市司法局申请行政复议。经市司法局办案人员查阅案件材料，并听取申请人、被申请人意见后，认为零陵监狱作出的不予赔偿决定书事实清楚，证据确凿，适用依据正确，程序合法，内容适当。市司法局依法作出行政复议决定书，维持零陵监狱不予赔偿决定。这是市司法局政策法规科成立以来受理办结的第一起行政复议案件。2008—2015 年，市司法局受理办结行政复议案件 5 起。

市、县（区）司法局的政策法规科（股室）分别承担本单位行政应诉工作，截至 2015 年年底，全市司法行政机关无一例行政应诉案件。

（四）行政许可、行政处罚的听证与审核

2007—2015 年，全市司法行政系统没有一例行政许可听证案例。

2009 年，律师熊某在一起交通肇事案中，担任附带民事诉讼案中被告刘某的代理人，同时又担任肇事者毛某的辩护人，且在同日签订两份授权委托书。市司法局拟对其作出停止执业六个月并处人民币 1 万元的罚款，于 2009 年 9 月 10 日向熊某发出行政处罚听证告知书。熊某未提出申请。处罚决定作出后，熊某及时执行处罚决定，未申请复议及提起诉讼。

（五）行政执法公开

2007—2015 年，市司法局先后建立健全信息公开审查、投诉处理、首问责任制、

服务承诺制、限时办结制等各项制度，全面推行行政执法公开，主动接受社会监督。

2012 年 5 月 10 日，市司法局召开迎接市人大常委会工作审议动员大会

2009 年 5 月，根据省司法厅安排，市司法局集中开展推进执法公开工作。2010 年，贯彻落实省司法厅《关于进一步深入推进执法公开工作的意见》，将各单位依法应该公开的司法行政执法事项通过各种形式向管理对象和社会公布，增强司法行政工作的透明度，树立司法行政系统公开、公正、民主的良好社会形象。

市司法局将执法公开分为对外公开和对内公开两个方面。执法对外公开坚持全面依法进行，只要法律没有禁止性规定的尽可能公开透明，保障当事人和人民群众对执法工作的知情权、参与权、表达权、监督权，维护其合法权益。市司法局执法对外公开的主要内容是执法职责、执法权限、执法依据、执法程序、执法期限以及执法纪律、举报投诉机构、电话等内容。执法对外公开的主要形式有外网公开（市司法局官方网站）、上墙公开（公告栏、宣传栏）和触摸屏公开（市法律援助中心设置触摸屏机）等。对内公开则是将执法结果和执法文书在内网或内部场所公开，让单位领导、纪检监察、法制、政工等内部工作机构更多、更及时了解执法工作状况，实现更为有效的内部监督，确保执法活动合法、公正。

2015 年，市司法局对外公开的执法工作主要有：律师管理 7 项；公证管理 8 项；基层法律服务管理 8 项；司法鉴定管理 8 项；法律援助 7 项；社区矫正 6 项；法制 6 项。

在深化执法公开的同时，市司法局于 2014 年建立法律顾问制度。当年 10 月，市司法局向湖南湘律律师事务所律师易达发放聘书，聘请其为市司法局法律顾问。

2014年10月11日，市司法局聘请易达律师担任市司法局法律顾问

法律顾问受单位委托，主要履行以下职责：

1. 就单位的重大决策、重大行政行为提供法律咨询意见或进行法律论证；

2. 对单位起草或者拟发的规范性文件，提出法律修改意见和补充建议；

3. 参与处理涉及单位的尚未形成诉讼的民事纠纷、行政纠纷和其他重大纠纷；

4. 代理单位参加诉讼、复议或仲裁，维护单位的合法权益；

5. 参加以单位名义洽谈、签约的经济项目的谈判，协助起草、审查重大经济合同、经济项目法律意见书以及其他重要法律文书；

6. 办理单位的其他法律事务。

二、文件辑录

中共永州市委 永州市人民政府
关于进一步加强和推进依法治市的意见

永发〔2003〕13号

（2003年10月8日）

依法治国，是党领导人民治理国家的基本方略，是发展社会主义市场经济的客观需要，是国家长治久安的根本保障，也是我们党实践“三个代表”重要思想的重要体现。为深入贯彻党的十六大精神和依法治国基本方略，进一步加强和推进我市依法治市工作，根据中共湖南省委、湖南省人民政府《关于进一步加强和推进依法治省的意见》（湘发〔2003〕8号），结合近几年来我市依法治市工作的实践情况，特制定以下意见。

一、深入贯彻十六大精神，认真实施依法治国基本方略，加强法制教育，提高全民尤其是各级领导干部和执法人员的法律素质

1. 进一步明确目标和要求，推进依法治市工作深入开展。扩大社会主义民主，健全社会主义法制，实施依法治国基本方略，是党的十六大提出的全面建设小康社会奋斗目标的重要内容。按照十六大精神的要求，进一步解放思想，实事求是，与时俱进，开拓创新，坚持依法执政、依法行政、公正司法，是我们党始终代表最广大人民群众根本利益的重要途径，也是各级各部门义不容辞的责任。各级党委、政府要站在实践“三个代表”重要思想、确保改革发展稳定大局和国家长治久安的高度，充分认识实施依法治国基本方略、加快推进我市依法治市步伐的重要意义。要紧紧围绕“人人学法、人人懂法、人人守法”这一目标，通过广泛深入的法制宣传教育，形成各级党组织真正依法执政，各级政府依法行政，所有国家工作人员尤其是各级领导干部和执法人员带头依法决策、依法办事、公正执法，全体公民依法维权、遵纪守法的浓厚法律氛围。

2. 加强领导干部的法制教育，使各级领导成为遵守宪法和法律的模范。一是要按照党的十六大的要求，进一步增强自觉性，深入学习宪法、法学基础理论和与全面建设小康社会、维护社会稳定密切相关的法律法规。二是要进一步健全和落实党委（党组）学习中心组学法制度和领导干部学法考试制度。三是要全面推行领导干部法律素质考察制度。对领导干部的任前、任中和例行考察，都要包括法律素质考察的内容。

3. 加强国家工作人员尤其是执法人员的法制教育，提高执法水平。一是要加强以宪法为核心的国家基本法律和重要法规的学习，尤其要熟练掌握与履行职能相关的专业法律法规。各部门和单位要制定学法规划，健全和落实分部门、分层次的干部学法用法考试考核制度。二是要进一步发挥党校、行政院校及各级各类教育（培训）机构的作用，形成法律学习教育网络。

4. 加强群众的法制教育，提高全民法律素质。一是要结合“四五”普法，突出抓好维护社会稳定和公民基本权利义务等方面法律法规的教育，使广大群众既充分享受法律赋予的权利，又充分履行法律明确的义务，做到权利与义务相统一。二是要动员和组织各方面力量，广泛有效地开展群众性法制宣传教育活动。要以开展“全市农村法制宣传教育月”“全市青少年法制宣传教育月”、法律进社区等活动为契机，加强农村和街道社区法制宣传阵地建设，建立专、兼职相结合的法律宣传队伍，开辟法制宣传专栏和法律服务窗口，普及法律简明读本，使法制宣传教育进村入户，掀起群众性法制宣传教育活动的热潮。

二、围绕全面建设小康永州目标，为加快推进“三化”进程创造良好的法治环境

创造良好的法治环境，要围绕全面建设小康永州奋斗目标，把发展作为执政兴国的第一要务，加快推进我市工业化、农业产业化、城镇化进程，大力推进依法治市，实现依法行政、公正司法、诚实守信。

5. 规范行政执法行为，推进依法行政。一是大力推进相对集中行政处罚权工作，切实解决多头执法、重复处罚、执法扰民和执法机构膨胀等问题。按照精简、统一、效能的原则和决策、执行、监督相协调的要求，逐步实行行政管理权、审批权和监督权、处罚权适当分离，建立符合社会主义市场经济发展要求的行政执法体制。二是切实改进行政执法，规范行政执法程序。严格实行行政执法责任制和执法过错追究制，加强行政执法质量考核监督工作，强化执法责任和过错追究。要严格执法持证上岗、执法公示、执法听证、重大行政处罚集体讨论等制度。要严格按照属地管理原则和法律法规授予的权限开展执法检查。三是规范行政审批和收费行为。进一步清理审批收费项目和标准，今后凡新设立审批、收费项目，要全面纳入法制轨道。要针对社会关注的热点问题，继续开展基建工程报建、中介组织、车辆收费等领域的专项整治工作。四是要严格实行“收支两条线”、“罚缴分离”、会计集中核算或委派制度，从制度上堵塞“四乱”源头。五是要进一步推进政务公开。凡直接面向社会公众进行经常性办证收费的部门和单位都要设立办事大厅，实行“一站式”审批和“一个窗口”服务；对一些关系群众切身利益的社会公益和公用事业服务项目价格及其他重要商品价格，实行价格听证制度，接受社会监督。六是要继续清理整顿行政执法机构和队伍。凡不具备法定行政执法主体资格的机构一律不得行使执法权；任何地方和部门都不得设立以收费、罚款为经费来源的执法机构。要坚决清退执法队伍中的合同工、临时工。要严格纪律、严格管理，对滥用权力、胡作非为、欺压群众的执法人员必须严肃处理并清理出行政执法队伍。

6. 切实推进公正司法，确保社会公平竞争。一是要按照公正司法和严格执法的要求，完善司法机关的机构设置、职权划分和管理制度，进一步健全权责明确、相互配合、相互制约、高效运行的司法体制，全面推行审判公开、检务公开、警务公开和司法行政公开。二是要加强执法队伍管理，建立健全执法检查和错案责任追究制度，对违法违纪，徇私枉法，办关系案、人情案的，一经查实，严肃处理；情节严重的，坚决清出执法队伍；构成犯罪的，依法追究刑事责任，确保公正司法。三是要加强司法质量考评监督工作，推进公正司法。四是要严格执法资格制度。执法人员上岗执法前必须进行执法资格培训，参加执法资格考试，没有经过培训和培训后考试不合格的，不得从事执法工作。五是要建立健全法律服务和法律援助制度，解决困难企业和一般群众法律咨询难、打官司难的问题。

7. 以诚实守信为重点，建立健全社会信用体系。一是要实行依法治国和以德治国相结合，认真开展诚信教育，努力提高全社会的诚信意识。二是要建立和完善信用评级制度，建立信用信息披露与信用信息资源共享制度，形成合理的失信约束惩罚机制。三是要大力开展诚信政府的创建活动，通过政府信用带动和改善社会信用。四是各类企业、事业单位经营管理人员要加强社会主义市场经济法律法规和世贸组织相关法律法规的学习，在经济活动中做到诚信守法，杜绝坑蒙拐骗、假冒伪劣经营行为。要严格按照《合同法》办事，增强合同约束力，提高合同履约率，维护正常的市场经济秩序，保护合法、守信的经营活动。

三、切实保障人民群众合法权益，依法调处人民内部矛盾，确保社会政治大局稳定

要高度重视和正确处理新形势下的人民内部矛盾，立足夯实基层基础工作，依法保障人民群众的合法权益，创造安定和谐的社会环境。

8. 依法保障人民群众合法权益，从源头上预防化解矛盾纠纷。一是要认真落实党在农村的各项方针政策，着力解决好农民负担、土地权属、计划生育、宗族等方面的矛盾纠纷问题。二是要采取有效措施，认真做好城镇“两个确保”、失业保险、“低保”等社会保障工作，切实保障困难群众基本生活。同时，要全面落实下岗职工再就业优惠政策，帮助下岗职工自谋职业和自主创业。三是要依法调处土地征用、房屋拆迁补偿等方面的矛盾纠纷，维护群众的合法权益。四是要落实有关政策，切实解决“213 人员”、农村五保户、军烈属、残疾人、受灾群众等特殊困难群体生活问题，密切党和政府与人民群众的血肉联系，消除部分群众中存在的消极抵触情绪，防止人民内部矛盾激化。五是各级党委、政府要从维护人民群众根本利益出发，科学慎重决策，避免因决策失误引发各类矛盾纠纷。

9. 夯实基层基础工作，把矛盾纠纷化解在基层解决在萌芽状态。一是要大力发展基层民主，尤其是要大力推进村（居）民委员会的自治工作，让村民和居民群众直接行使管理自治范围内各种事务的权力，依法妥善处理内部事务、解决内部矛盾纠纷，实现自我管理、自我约束、自我调节、自我发展。二是要进一步完善职工代表大会和其他形式的企事业单位民主管理制度，依法保障工会行使参与和监督企事业单位各项管理、维护职工合法权益的职能；建立健全依法处理企事业单位内部涉权争议纠纷的制度，妥善调处企事业单位内部的矛盾纠纷，维护企事业单位正常的生产生活秩序。三是要积极探索城市社区管理新办法，增强社区群众自我管理、自我教育和自我监督的功能。四是要认真做好矛盾纠纷的调处工作。各级党委、政府要充分发挥党的思想政治工作优势，认真做好矛盾纠纷的化解工作；要紧紧依靠基层组织的力量，以市、县区、乡镇为单位建立健全矛盾纠纷预警预报网络和协调组织，负责对一些重大矛盾纠纷及时上报和化解，严防发生大的群体性事件；要对人民群众中存在的热点难点问题认真研究，早做预案，提前防范和化解可能出现的矛盾纠纷；要坚持利用人民调解、行政调解、行政仲裁、司法调解和诉讼等手段畅通人民内部矛盾的化解渠道，切实解决重复上访、越级上访问题。

10. 依法科学处置群体性事件，防止事态扩大。一是各级党政领导要把妥善处置群体性事件作为维护社会稳定的一项重要工作，高度重视，亲自督办，亲自指挥，牢牢把握主动权。二是要根据不同类型群体性事件的性质、特点和规律、建立健全处置群体性事件的工作预案。要根据“可散不可聚、可顺不可激、可解不可结”的要求，坚决执行慎用警力、慎用武器警械、慎用强制措施的原则，防止因处置不当而激化矛盾。为适应处置暴力恶性群体性事件的需要，各县区要建立一支处置突发事件的专门队伍，制订具体处置办法，加强规范性指导，切实提高处置能力。三是要讲究方法和策略。按照“打击少数，严惩首恶，争取多数，维护稳定”的原则，对涉及群众利益的一些实际问题，要坚持以疏导教育为主，多做争取群众的工作；对有违法行为的为首分子、骨干成员，要牢牢控制，适时依法打击。四是要高度警惕敌对分子和别有用心的人利用人民内部矛盾煽动闹事，蓄意制造事端，影响社会安定。

四、继续坚持“严打”方针，依法严厉打击各类犯罪活动，切实加强社会治安综合治理

维护社会稳定，必须坚持“打防结合、预防为主”的方针，一手抓“严打”整治斗争，一手抓社会治安综合治理，努力解决危害本辖区社会治安的突出问题，保持良好的社会秩序，切实增强人民群众的安全感。

11. 进一步深化“打黑除恶”斗争。一是要按照“彻底摧毁黑恶势力的组织体系，彻底查处其后台和保护伞，彻底摧毁其赖以生存的物质基础”的要求，部署“打黑除恶”工作。市里要建立“打黑”专门队伍，紧紧盯住社会上的黑恶势力，坚持露头就打。二是公、检、法等政法部门要加强配合，相互支持，对一些基本事实清楚、基本证据确凿的黑恶势力犯罪案件，坚持快捕快诉快判，依法予以严厉打击。

12. 深入开展专项整治斗争。一是要严厉打击抢劫、抢夺、盗窃等多发性侵财犯罪和其他严重犯罪，对经常发生抢劫、抢夺案件的重点部位和路段，要派警力蹲点守候，路面查控，跟车抓捕。二是要加大打击经济犯罪的力度。重点打击金融诈骗、商业欺诈、虚开增值税发票、制造假冒伪劣商品等影响社会稳定、破坏经济秩序的犯罪行为，加大追逃力度，全力追捕那些涉案金额巨大、社会影响恶劣的犯罪嫌疑人，尽力挽回经济损失。三是要加强治安混乱地方和场所的整治，切实改变一些地方治安不好的状况。

13. 深入开展新形势下的对敌斗争。一是各级党委、政府，特别是各级政法机关要严密防范、依法打击境内外各种敌对势力和敌对分子的各种破坏活动。二是要把打击暴力恐怖犯罪工作摆到十分突出的位置来抓，立足预防、主动打击，扎实做好反恐怖斗争的各项工作，努力提高应对恐怖袭击事件的能力和水平。三是要进一步加强同邪教组织斗争的各项工作，依法严厉打击其捣乱、破坏活动，特别是要注重依法打击利用互联网、电视传媒、电信等手段进行的违法犯罪活动，维护网络安全。

14. 切实抓好社会治安综合治理。一是要建立健全社会治安防控体系。加强“110”报警服务、巡警和治安卡口建设，完善快速反应机制，扩大对社会面的防控范围，增强防控效果；积极推进社区警务战略，在城区、城郊接合部、县城和中心镇，落实一区一警或一区多警；在城区和治安复杂的城镇组建治安巡逻队。二是要落实对重点人员的帮教措施。以创建安全社区、“无毒社区”活动为载体，针对流窜人员、刑释解教人员、吸毒人员、有轻微违法行为或严重不良行为的青少年等重点人员，加强控制和管理，落实帮教措施，减少和防范违法犯罪案件的发生。三是要认真落实治安法人负责制和责任追究制。凡是发生可防性案件的单位，首先要追究单位主要负责人的责任。同时，要进一步完善社会治安综合评估制度，切实增强各级各部门抓社会治安的责任感。

五、加强组织领导，确保依法治市各项工作落到实处

实行依法治市、推进社会主义民主法制建设是一场深刻的政治体制改革，必须在党的领导下，充分调动社会各方面的力量广泛参与，有步骤、有秩序地进行，逐步形成“党委统揽全局、各方积极推进、狠抓贯彻落实”的工作格局。

15. 进一步明确责任，形成依法治市的工作合力。一是各级党委要发挥“总揽全局、协调各方”的作用，把依法治市作为经济社会发展的重要战略抓紧抓好。要把依法治市工作作为根本性、基础性、全局性的工作摆上重要议事日程。要定期听取工作汇报，及时作出重大决策和总体部署，协调和解决工作中出现的重大问题。二是各级人大要在依法治市工作中发挥积极作用，切实履行好立法和执法监督的职能，积极督促行政机关和司法机关遵守和执行宪法和法律法规。三是各级政府和法院、检察院要积极发挥执法主体作用，严格依法行政、公正司法。要进一步强化各部门和单位的责任，按照“谁主管、谁负责”的总要求，把依法行政、公正司法落到实处。四是各级政协要在推进依法治市工作中充分发挥政治协商、民主监督、参政议政的作用，特别是要进一步加强反映社情民意的工作，不断丰富民主监督的内涵，促进依法治市工作。

16. 进一步创造条件，为依法治市工作提供必要的支持。一是要建立健全机构。各级党委要建立健全依法治理领导班子，充实力量，理顺关系，逐步形成以地方依法治理领导小组办公室为枢纽，条块结合的依法治市工作网络。二是要做好经费保障工作。各级各部门要保障领导小组办公室开展工作所必要的经费；同时，要千方百计保证行政执法机关和司法机关的工作经费。各级行政执法机关和司法机关要控紧支出，坚决杜绝一切奢侈浪费行为，不得在执法办案过程中搞利益驱动、以罚代法。

17. 进一步加强监督检查，确保依法治市工作取得实效。一是要建立健全经常性的依法治市监督机制，畅通依法治市工作信息反馈渠道，引导依法治市工作步入规范化、法制化的轨道。要充分发挥党内监督、人大监督、法律监督、行政监察、舆论监督、社会监督的作用，形成执法监督网络。各级各部门要设立执法监督举报电话，采取集中受理、分类处置的办法，做到有报必查、有查必果、有错必究。对于那些问题较多、影响较坏的执法单位，要实行执法评议、个案调卷监督。二是要建立常年执法巡回督查制度，不定期在全市范围内进行执法巡回督查，接受群众投诉，处理违法执法行为。三是要严格行政复议制度，经审查确认为违法的具体行政行为，要坚决撤销，不当的坚决变更。要严格执行国家赔偿和追偿制度，强化行政执法人员的执法责任意识。

18. 进一步加强执法队伍建设，为依法治市工作夯实组织基础。一是要针对不同时期、不同阶段的特点，制定队伍建设规划，明确总体目标、具体任务和工作措施。二是要进一步加强领导班子建设，增强领导干部的政治意识、大局意识、责任意识和法纪意识。三是要进一步加强全体执法人员的法制教育和职业道德教育，着力建设一支“政治坚定、业务精通、作风优良、执法公正”的执法队伍。

中共永州市委　永州市人民政府
关于创建“平安永州”的实施意见

永发〔2004〕7号

（2004年11月2日）

为认真贯彻落实党的十六大和十六届四中全会精神，为全市改革发展提供更加良好的社会环境，确保全面建设小康永州目标的实现，按照省委、省政府的安排部署，市委、市政府决定，从今年起，在全市开展创建“平安永州”活动。其实施意见如下：

一、创建“平安永州”的重大意义和指导思想

创建“平安永州”，是市委、市政府立足我市实际，着眼于全市经济社会全面、协调、可持续发展作出的一项重大战略决策；是贯彻十六届四中全会精神，构筑社会主义和谐社会的重大举措；是实践“三个代表”重要思想、落实科学发展观，促进改革和各项事业顺利发展、全面建设小康永州的需要。对确保全市社会大局稳定和人民群众安居乐业，具有重大的现实意义。创建“平安永州”要抓住“依靠人民搞创建、搞好创建为人民”这个根本，坚持打防结合以预防为主，坚持上下结合以基层为主，坚持城乡结合以城镇为主，正确处理人民内部矛盾，全面加强社会治安综合治理，为全市经济发展、社会进步、人民安康创造一个更加和谐稳定的社会环境。

二、创建“平安永州”的工作目标和大体步骤

创建“平安永州”的总体目标是：经济持续发展，社会和谐稳定，人民安居乐业。具体目标是实现“三降三无”，即刑事案件上升幅度明显下降：无引发社会恐慌的特大恶性案件；因人民内部矛盾引发的上访逐步下降，无造成严重影响的重大群体性事件；火灾、交通和危险品引发的安全责任事故下降，无造成严重后果的重特大责任事故。到2006年，全市80%的县区和90%以上的乡镇、街道基层单位达到平安创建标准。用三年时间把永州建设成为社会政治稳定、治安秩序良好、经济环境优良、人民群众满意的“平安永州”。整个创建工作大体分三步进行：从现在至2005年为第一阶段. 主要是制定方案，宣传发动，抓好创建示范点和平安城镇、平安乡村、平安大道、平安边界、平安信访秩序等五个方面创建工作；2006年为第二阶段，全面开展平安创建工作，实现目标任务；2007年为第三阶段，主要是总结验收，巩固提高。

三、平安创建的工作标准

（一）平安县区标准

1. 领导机制健全。将平安县区创建工作纳入本地经济社会发展总体规划和“三个文明”建设目标，列入党委、政府的重要议事日程，与各级各部门领导的政绩挂钩，健全和落实维护稳定和平安创建工作领导责任制、目标管理责任制、责任查究制和五部委联席会议制度；平安创建工作的领导及办事机构健全，宣传发动广泛深入，形成了齐抓共管、全民共创的格局；平安创建的保障工作有力，平安创建和综治维稳经费按省里的标准列入财政预算并落实到位；在全省社会治安评估排名中靠前。

2. 政治大局稳定。建立健全群体性事件、突发事件和暴力恐怖事件的信息预警机制和紧急处置机制；敌对势力渗透破坏活动得到及时有效打击，各种邪教组织、非法宗教组织和活动得到及时取缔，无邪教人员进京滋事、集体弘法、电视插播等事件；无失泄国家机密的案件；矛盾纠纷排查调处机制得到全面落实，不发生在全国、全省、全市有重大影响的群体性事件，无规模到市赴省上访，无集体进京上访；无恶性民转刑案件。

3. 治安秩序良好。刑事案件总量和万人发案率的上升幅度明显下降，90%以上的城乡基层单位不发生可防性刑事案件，辖区内不发生黑社会性质团伙犯罪，不发生在全国全省有影响的重大恶性案件；刑事破案率稳中有升，“两抢一盗”案件侦破率60%以上，八类案件侦破率80%以上，命案侦破率100%；治安重点地方和突出治安问题得到及时整治，无治安混乱地区和治安失控村、难管村；无影响恶劣的“黄、赌、毒”违法犯罪活动；生产安全和公共安全监管有力，无重大交通、生产、集体中毒、环境污染等安全责任事故，一般事故发生率同比稳中有降；群众对治安状况的满意率在90%以上，90%以上的乡镇街道达到平安标准，无毒乡镇（街道）

在80%以上。

4. 普法成效明显。“四五”普法和依法治理有规划、有考核，干部参学率100%，职工参学率95%以上，居民和农民参学率90%以上；大、中小学校配齐法制副校长，预防青少年违法犯罪措施有力，成效明显，大、中学生刑事犯罪率不超过2‰；司法机关设有政府财政保障的法律援助机构，有基层法律服务热线，有法制教育基地；执法单位和执法人员严格公正文明执法；群众法制观念增强，既依法维权，又依法办事，社会治安综合治理和平安创建活动参与意识强，扶正祛邪、见义勇为形成风气。

5. 防控能力增强。基层政法、综治、维稳组织和各种群防群治组织健全，派出所、司法所、法庭等基层政法单位规范化建设达到50%，社区居委会警务室规范，社区民警不少于2人，流动人口管理、刑释解教人员安置帮教、预防青少年违法犯罪、学校及周边治安综合治理、铁路护路联防等领导小组及其办公室工作开展正常，刑释解教人员、吸毒人员、流散青少年和流动人口管理有序，重点人员帮教率达100%，重新犯罪率逐年下降；内部单位综治维稳、安全保卫机构健全，有专抓领导和人员，法人责任制落实，95%以上单位无可防性刑事案件，无重大责任安全事故。

（二）平安乡镇（街道）标准

1. 基层综治维稳及群防群治组织健全。乡镇（街道）成立综治委及其办公室，党政主要负责人任综治委主任，党委（工委）副书记任综治办主任，配备2~3名综治维稳专干；人民调解、司法调解中心等调解组织健全、工作规范，村（居）委会治保、调解组织健全、人员配齐、报酬落实、作用发挥好；村、居民小组有1名以上综治维稳信息员；街道和重点镇成立专职治安巡逻队，辖区内普遍成立各种义务巡逻守护队；综治维稳经费，按标准列入当地财政预算并落实到位，保障平安创建和综治工作的正常开展。

2. 各类矛盾纠纷得到及时调处。民事纠纷调处率100%，调成率95%以上，做到小事不出村（居）、乡镇（街道），大事不出县（区），矛盾不上交。无越级赴省集体上访，无单个进京上访和群体性事件发生，无邪教组织滋事和捣乱。

3. 90%以上的基层单位不发生可防性刑事案件和严重的“黄、赌、毒”案件；无重大火灾、交通、生产等安全责任事故，无群体性械斗事件，群众对治安状况满意率达到90%以上。

4. 流动人口管理有序，刑释解教人员、吸毒人员、轻微违法犯罪青少年等重点人员管理台账健全，帮教率达100%，转好率达80%以上，重新犯罪率逐年下降。

其他平安社区. 村和单位的创建标准由各县区按照平安县区、乡镇（街道）的要求制定。总的要求是达到“十无”。即无可防性刑事案件、无有影响的治安案件、无民转刑案件、无集体上访、无邪教组织和非法宗教组织活动、无刑释解教人员重新犯罪、无地痞地霸和村痞村霸、无群体性纠纷械斗、无毒品违法犯罪、无治安灾害事故。

四、创建“平安永州”的工作重点

开展创建“平安永州”活动，要因地制宜，从实际出发，既要着眼长远，更要立足当前，选准工作突破口，解决当前几个方面的突出问题，让人民群众在创建活动中得到实惠，增强对创建工作的信心。从长远来说，要始终做到“四个坚持”，即坚持以加强排查调处矛盾纠纷为重点，确保社会政治大局持续稳定；坚持以加强严打整治为重点，确保社会治安秩序良好；坚持以加强基层基础建设为重点，构建牢固的治安防控体系；坚持以加强组织协调为重点，形成齐抓共建的工作格局。近期要着重抓好以下五项工作。

（一）创建“平安城镇”

创建“平安城镇”主要在市区、县城和人口相对集中、经济较发达、交通便捷的建制镇开展。主要工作任务及目标是：继续贯彻“严打”方针，建立“严打”整治经常性工作机制，严厉打击影响群众安全感的严重刑事犯罪和“两抢一盗”等侵财性违法犯罪活动，做到命案必破；加强治安管理和重点整治，查禁各种社会丑恶现象；进一步推进社区警务战略，建立群防群治网络和社会治安防控体系，确保全市城镇社会治安大局平稳，实现发案少、秩序好、群众满意的工作目标。为加强组织领导，成立创建“平安城镇”专项工作小组。由唐代建、刘新普同志牵头，秦伍生同志任组长，涂乙林、黎解清同志任副组长，市公安局、市检察院、市中级法院、市司法局、市综治办为成员单位，办公室设在市公安局。

（二）创建“平安乡村”

创建“平安乡村”重点是治安难管村、后进村。主要工作任务及目标是：加强农村基层组织和群防群治组织建设，及时化解和消除影响农村社会稳定的各种不安定因素；加强法制宣传教育，提高农村基层干部和群众法制观念；结合建整扶贫工作，着力加强对治安难管村、后进村的重点整治，落实党在农村的各项政策，推动和促进农村改革和经济的发展，实现“十无”的创建工作目标，确保农村社会大局持续稳定。为加强组织领导，成立创建“平安乡村”专项工作小组。由唐松成、程晨曦、秦伍生同志牵头，文干英同志任组长，高增遗、雷土明同志任副组长，市委组织部、市建整办、市公安局、市农办、市民政局、市司法局为成员单位，办公室设在市建整办。

（三）创建“平安大道”

要把创建平安大道工作的重点放在永连公路、永州大道、322国道、207国道及境内其他省道上。主要工作任务及目标是：积极组织开展交通安全社会化管理和创建交通安全示范乡镇活动。抓好公路危险路段治理，加强对病害路段的维修整改，完善标志标线，整治道路交通秩序，取缔“马路市场”，切实消除公路安全隐患。按照国务院“五整顿、三加强”的要求，抓好机动车生产、改装企业、驾驶员队伍的集中整顿，规范车辆和驾驶员的管理，严把道路交通安全源头关。加强路面监控，严厉打击车匪路霸，严肃查处影响道路交通安全的各类违法行为，确保全市道路交通事故的次数、死亡人数、受伤人数、经济损失四项指数同比下降。杜绝群死群伤的重大恶性交通安全事故。为加强组织领导，成立创建“平安大道”专项工作小组。由陈金荣、刘新普、刘湘凌同志牵头，廖秋文同志任组长，唐喜迎、李章发同志任副组长，市交通局、市公路局、市公安局交警支队、市农机局、市卫生局、市市场管理中心为成员单位，办公室设在市公安局交警支队。

（四）创建“平安边界”

创建“平妥边界”，要突出在省、市际边界开展创建工作。主要工作任务及目标是：坚持主动走访联谊，促进边界睦邻友好，共创平安边界；积极防范和排查化解边界矛盾纠纷特别是山林水土权属纠纷，不发生因权属纠纷引发的群体性械斗事件，确保边界地区长治久安，促进边界地区经济发展。为加强组织领导，成立创建“平安边界”专项工作小组。由崔永平、程晨曦同志牵头，唐庆生同志任组长，严星明同志任副组长，市调纠办、市民政局、市林业局、市水利局、市国土局为成员单位，办公室设在市调纠办。

（五）创建“平安信访”秩序

创建“平安信访”秩序，要着力解决涉军人员、国企改革、城镇征地拆迁、农村土地征收、涉法涉诉上访等五个方面的突出信访问题，尽力减少赴省进京上访量。主要工作任务及目标是：加大依法信访宣传力度，规范上访和接访行为，坚决打击信访过程中的违法犯罪行为，切实畅通信访渠道；坚持依法按政策办事，把加强思想教育疏导工作与解决实际问题相结合，加大办结力度，集中时间、集中精力解决一批信访突出问题；坚持分级负责，健全接待制度，实行责任制和责任追究制，把问题解决在基层，把人员稳控在当地，实现矛盾不出乡、初访不出县、重访不出市的工作目标，切实减少集体访、越级访和重复访，在全市范围内建立起良好的信访秩序。为加强组织领导，成立创建“平安信访”秩序专项工作小组，由唐长久、荣燕明同志牵头，刘建林同志任组长，肖以连同志任副组长，市联席办各专项小组的正副组长为成员，办公室设在市信访局。

五个专项工作小组要根据主要工作任务及目标，制定具体工作方案，认真组织实施。工作方案上报市创建工作领导小组办公室。各县区要参照市里的做法成立相应领导小组及其办公室，制订实施方案，抓好工作落实。市里五个专项工作小组要对口加强对各县区相关平安创建工作的指导、督促和检查。今年底或明年初，市里将以县区为单位对五项工作的开展情况进行考核评比，表彰先进单位，通报批评差的单位。

五、创建“平安永州”的工作要求

1. 加强组织领导。各级各部门领导特别是党政一把手要从树立和落实科学发展观、正确政绩观的高度，进一步提高对社会治安综合治理和平安创建工作重要意义的认识，把创建“平安永州”活动摆到重要议事日程，纳入本地、本部门“三个文明”建设的总体规划，作为执政为民、保一方平安的政治任务，加强领导，切实抓好。市委、市政府成立创建“平安永州”领导小组，负责研究、指导、协调、督促平安创建工作。领导小组由曾庆炎、刘爱才同志任顾问，邓三龙同志任组长，唐代建、杨祈贵、刘新普、徐肇玲、秦伍生同志任副组长，市委办、市政府办、市委组织部、市委宣传部、市人事局、市监察局、市综治办、市中级法院、市检察院、市公安局、市司法局、市国安局、市民政局、市信访局、市财政局、市安监局、市消防支队、市农办、市交通局、市经委、市劳动局、市卫生局、市国土局、市水利局、市林业局、市农机局、市公路局、市调纠办、市公安局交警支队等部门负责同志为成员，领导小组下设办公室，与市综治办合署办公。各县区、场、管理区、开发区要结合本地实际，成立相应的领导小组及办事机构，制定具体的实施方案，切实抓好平安创建工作。各地的实施方案于 11 月 20 日以前报市领导小组办公室。

2. 广泛宣传发动。各级各部门要紧紧围绕“依靠人民搞创建、搞好创建为人民”这个根本，层层召开创建工作的动员会，进行广泛深入的思想宣传发动。宣传部门要围绕创建活动，制订宣传计划，正确把握舆论导向，组织报刊、广播、电视等新闻媒体，以辟专栏、设专题等多种形式，大张旗鼓地宣传有关法律法规政策，宣传市委、市政府的工作部署，宣传“平安永州”创建活动中的先进典型。通过广泛深入的宣传发动工作，形成强大的平安创建舆论氛围，使社会各界和广大人民群众都来关心、支持、参与创建，为创建献计献策，为创建“平安永州”奠定良好的群众基础，推动“平安永州”创建工作不断深入发展。

3. 加强基层基础建设，突出抓好建立健全“一中心五网络”。建立一个“中心”。即乡镇（街道）成立综治委及其办公室，党政“一把手”担任综治委主任，党委（工委）分管副书记担任综治办主任，并至少配备 2~3 名专干。综治委（办）

作为抓综治维稳工作的“中心”，在党委、政府的领导和上级业务部门的指导下，整合矛盾纠纷（司法）调解中心、人民调解委员会以及派出所、司法所、法庭、民政等相关部门的力量，开展政策法制教育和社会治安综合治理，指导村（居）治保会、调委会工作，抓好治安防范管理，排查调处矛盾纠纷，维护辖区的安全和稳定。建立五个网络。即矛盾纠纷排查调处网络；治安群防群治网络；联防联治网络；街面巡控网络；处置突发事件联动应急网络。

4. 开展平安创建试点工作。以县区为单位开展“222”平安创建试点工作。即每个县区抓好 2 个乡镇、20 个村、2000 户星级文明户的试点。试点的 2 个乡镇其中一个必须是县城所在镇。20 个试点村是指试点乡镇之外的村，并与“小康富裕村”建设活动相结合，即“小康富裕村”必须是平安创建试点村。2000 户试点户，可以包括 20 个试点村的户数。

5. 建立齐抓共管的工作格局。创建“平安永州”活动是一项宏大的社会系统工程，是全社会的共同责任。各级机关、团体、院校和企事业单位都要按照“谁主管，谁负责”、“条块结合，以块为主”和“属地管理”的原则，自觉服从所在地党委、政府的统一领导和综治委的指导、协调、督促和检查，明确并认真履行职责任务，全面参与“平安永州”创建活动，形成齐抓共管、共创“平安永州”的工作格局，承担起共同维护社会稳定和社会治安的责任。市直各部门、单位都要按照本实施意见的要求，制定具体的实施工作方案，于 11 月 20 日以前报市领导小组办公室。

6. 完善经费投入机制。各级党委、政府要加大对平安创建的投入和保障力度。各级财政要将社会治安综合治理和平安创建的工作经费按省里标准列入预算，确保平安创建工作和综治工作的需要。要防止因经费保障不力使平安创建工作走过场、流于形式，确保实现平安创建工作目标。

7. 严格考核验收。为确保平安创建活动高标准、高质量开展，各级综治委和创建工作领导小组要把创建工作与综合治理检查考核结合起来。市里负责对县区的考核，对达标县区授予“平安县区”称号；县区对乡镇（街道）和社区、村进行考核，对达标乡镇（街道）报请市创建工作领导小组、市综治委审核并授予“平安乡镇（街道）”称号；社区、村和内部单位由县区进行考核并授予“平安社区（村、单位）”称号。对创建工作不落实，考核不合格的，视其问题的严重程度，分别作出通报批评、黄牌警告、一票否决的处理。未达到创建标准的，不能参加文明单位的评选。

中共永州市委办公室　永州市人民政府办公室 关于进一步加强“法治永州”创建工作的实施意见

永办发〔2011〕8号

（2011年10月17日）

为保障我市经济社会又好又快发展，根据《法治湖南建设纲要》和永州实际，特制定进一步加强“法治永州”创建工作实施意见。

一、指导思想

坚持以邓小平理论和“三个代表”重要思想为指导，深入贯彻落实科学发展观，以贯彻实施《法治湖南建设纲要》为主线，以推进社会管理创新为抓手，大力弘扬社会主义法治精神，深入开展法制宣传教育，全面推进“法治永州”建设，促进全市社会主义物质文明、政治文明、精神文明和生态文明协调发展，营造公开、公平、公正、可预期的法治环境，为永州科学发展、赶超崛起、实现社会和谐稳定提供有力的法治保障。

二、基本原则

坚持党的领导。把党的领导贯穿法治永州建设的全过程和各方面，实现党的领导、人民当家做主和依法治市的有机统一。坚持以人为本。把保障公民合法权益作为法治永州建设的根本出发点和落脚点，充分发挥人民群众在法治建设中的主体作用，使法治永州建设成为全市人民共同参与的社会实践。

坚持服务大局。把法治建设贯穿于经济、政治、社会、文化建设和生态文明建设之中，紧紧围绕科学发展、富民强市大局开展执法、司法、普法工作，创造良好的法治环境。

坚持法制统一。以宪法和法律为依据，维护宪法、法律的尊严和权威，确保宪法和法律在永州的正确实施，确保党的路线方针政策在永州的全面贯彻落实。把坚持法制统一与探索地方特色结合起来，立足永州实际开展法治建设，使法治永州建设体现地方特色、增强针对性。

坚持公平公正公开。坚持法律面前人人平等，依法保障全体社会成员平等参与、平等发展的权利，健全完善社会公平保障体系，维护社会公平正义，推进权力运行程序化和公开透明。

坚持改革创新与循序推进相结合。解放思想，大胆探索，努力从法治层面破除制约科学发展的体制机制障碍，争创科学发展的法治优势。同时遵循经济社会发展的客观规律，把握法治建设的长期性和渐进性，着眼长远，立足当前，着力加强基层基础工作，有计划、有步骤、有秩序地推进法治永州建设。

三、工作目标

力争到2020年，地方性规章制度更加完备，公共权力运行更加规范，公民合法权益得到切实尊重和保障，全社会法治意识和法律素质普遍提高，经济社会秩序良好，人民安居乐业。

——公共权力行使得到有效规范和制约。各级党委领导方式和执政方式有效改进，科学执政、民主执政、依法执政的要求得到全面落实。人民代表大会制度、中国共产党领导的多党合作和政治协商制度、民族区域自治制度、基层群众自治制度进一步巩固和完善，社会主义民主政治建设全面进步。行政管理体制比较完善，依法行政能力明显增强。司法机关依法独立公正行使职权，司法公信力显著提高。

——公民权利得到有效保障。公民的经济、政治、文化、社会权益得到切实尊重和保障，政治参与有序扩大，民意表达渠道畅通，公民的知情权、参与权、表达权、监督权得到有效落实，社会公平正义得到有效维护。政府提供公共服务的能力显著增强，覆盖城乡居民的公共服务体系更加完善，基本实现全体居民基本公共服务均等化，社会弱势群体的合法权益得到有效保护。

——政府规范性文件制定更加完备。政府规范性文件遵循法定程序，体现科学、民主，充分反映客观规律和最广大人民的根本利益，形成更加完备的与法律、行政法规相配套，与我市经济、政治、文化、社会发展要求相适应，富有地方特色的规范制度，为全市物质文明、政治文明、精神文明和生态文明协调发展提供制度保障。

——法律实施机制更加完善。各级党组织和党员干部在宪法和法律范围内活动，国家工作人员依法办事，企业依法经营，公民知法守法。全市经济、政治、文化、社会等各项事业在法治的轨道上有序运行。

——监督问责体系更加完备。监督问责机制健全并有效发挥作用，权力行使得到有效监督，违法行为得到及时纠正和制裁，腐败行为受到及时查处，执法过错和错案责任得到追究。

——安全诚信规范的经济社会秩序基本建立。各类市场主体的合法权益得到平等保护，社会信用体系健全，法律服务体系完备，公平公正、诚信规范的市场竞争环境基本建立。多元化的社会矛盾纠纷化解机制和利益协调机制健全，社会矛盾纠纷得到有效防范和及时化解，经济社会秩序良好，人民安居乐业，社会和谐稳定。

——全社会的法治意识和法律素质普遍提高。社会主义法治理念深入人心，社会主义法治精神、法治价值得到普遍认同，法治文明不断进步，国家工作人员特别是领导干部的法律素养和法治观念进一步增强，全社会崇尚法治、尊重法律、遵守法律、维护宪法和法律权威、自觉依法办事的氛围基本形成。

四、主要任务

（一）提高各级党委依法执政的能力和水平

改革和完善党委领导方式和执政方式，坚持科学执政、民主执政、依法执政。按照党委总揽全局、协调各方的原则，党委在同级各种组织中发挥领导核心作用，支持人大及其常委会依法行使职权，支持政府依法行政，支持政协围绕团结和民主两大主题履行职能，支持审判机关和检察机关依法独立公证行使审判权和检察权，支持工会、共青团和妇联等人民团体依照法律和各自章程开展工作。以明确权责为重点，健全完善党委领导制度和工作机制。全市各级党组织在宪法和法律范围内活动，全体党员模范遵守宪法和法律。

改革和完善党委决策机制。坚持以党章为根本，以民主集中制为核心，推进党委决策的科学化、民主化、规范化，提高科学决策、民主决策、依法决策水平。研究制定党委重大决策程序规定，把调查研究、征求意见、法律咨询和集体讨论决定作为党委重大决策的必经程序。各级党委要按照集体领导、民主集中、个别酝酿、会议决定的原则决定重大事项。发挥全委会对重大问题的决策作用，推行和完善党委讨论决定重大问题和任用重要干部票决制。对涉及经济社会发展全局的重大事项，要广泛征求意见，充分进行协商和协调；对专业性、技术性较强的重大事项，要认真进行专家论证、技术咨询、决策评估；对同群众利益密切相关的重大事项，要实行公示、听证制度，扩大人民群众的参与度。加强党委决策咨询工作，强化决策信息和智力支持系统。

推进党务公开。除涉及党和国家秘密等依照规定不宜公开的以外，党内事务应当通过党内有关会议、文件、简报等方式及时向党员公开，涉及经济社会发展和公民、法人及其他组织权利义务的重大决策，应通过网站、报刊、电视等便于公众知晓的方式及时公开。除党组织主动公开的党务信息外，党员可以按规定向党的基层组织申请公开相关党内事务。建立健全党内情况通报和党内事务听证咨询制度，畅通党员意见表达渠道，保障党员民主权利。党委常委会和全委会可邀请党代表列席，讨论涉及公众利益、需要公民广泛知晓和参与事项的党委常委会议，可以公开举行，邀请党员、人大代表、政协委员或公民列席旁听。推进县委权力公开透明运行。适应民主法治建设的新要求，不断探索完善党务公开的内容、途径和形式，确保党委权力在阳光下运行。

建立党内规范性文件备案审查制度。县级以上党委制定的党内规范性文件，应当报送上一级党委备案；党委工作部门制定的党内规范性文件，应当报送本级党委和上一级党委相应部门备案。接受备案的机关应当对报送备案的党内规范性文件进行审查，对超越权限、同法律法规或者中央的方针政策相抵触的，应当作出处理。各级人大常委会和各级政府发现党内规范性文件存在问题的，应当由其党组向该规范性文件制定机关或其上一级党委报告，由制定机关或其上一级党委作出处理。

（二）推进人民民主的制度化、规范化、程序化

充分发挥人民代表大会制度在社会主义民主政治建设中的重要作用。各级党委要加强和改进对人大工作的领导，支持和保证人大及其常委会依法行使权利。各级人大及其常委会要在本级党委的领导下切实履行好宪法和法律赋予的职责。支持人大及其常委会加强自身建设，进一步完善人大及其常委会的会议制度、工作程序和议事规则，坚持人大代表列席和公民旁听人大常委会会议制度，充分发挥人大各专门委员会的作用。

充分发挥人民政协政治协商、民主监督、参政议政的作用。把政治协商纳入决策程序，重大决策要广泛听取各民主党派和无党派人士、各人民团体和各族各界人士的意见。依照政协章程的规定保障政协委员的各项民主权利，鼓励和支持政协委员议政建言，充分发挥政协委员在履行政协职能中的主体作用。支持政协加强自身建设。进一步加强与民主党派、工商联和无党派人士的合作共事和民主协商，提高统一战线工作科学化水平。

加强民族区域自治和基层民主政治建设。认真落实民族区域自治制度，依法保障少数民族和民族自治地方的合法权益，巩固和发展平等、团结、互助、和谐的社会主义民族关系，促进各民族共同团结奋斗，共同繁荣发展。完善乡镇组织选举制度，完善乡镇（街道）政务公开和民主决策制度，强化乡镇人大监督职能。扩大基层群众自治范围，充分保障基层群众自我管理、自我服务、自我教育、自我监督的各项权利。依法落实村（居）委会民主选举制度，完善选举程序。规范村（居）级重大事务民主议事决策范围、程序和方式，凡涉及全体村（居）民利益的重大问题，应由村（居）民会议、代表会议讨论决定。依法完善村（居）民自治章程和村（居）规民约，健全各项民主管理制度。以“民主法治示范村（社区）”创建活动为契机，进一步深化村（居）财务、事务公开，推进党支部、村（居）委会报告工作和民主评议干部制度，建立健全村（居）干部离任审计制度。完善以职工代表大会为基本形式的企业事业单位民主管理制度，拓展厂务公开、民主管理的内容和形式，维护职工合法权益。重视农民工依法参与企业民主管理的权利。实施集体合同制度，积极推进工资集体协商制度，构建和谐劳动关系。加强工会、共青团、妇联等基层组织建设，支持其参与社会管理和公共服务，发挥其在扩大群众参

与、反映群众诉求、维护群众合法权益等方面的作用。

（三）加强规范性文件制度建设

健全完善与法律、行政法规实施相配套的政府规范性文件制度建设。重点加强促进经济发展方式转变、推进“两型社会”和生态文明建设、保障民生和发展社会事业、加强和创新社会管理、统筹城乡发展、加强科技创新等方面的制度建设。加强制定前论证，提高科学性、合理性。探索建立多元化的规范性文件起草工作机制，除依法需要保密以外的规范性文件草案应通过互联网向社会公布，公开听取社会各方面的意见，不断完善听证、专家咨询论证以及公开征求意见、听取和采纳意见情况说明制度。坚决克服制定过程中的部门利益化倾向。制定政府规范性文件要符合经济社会发展规律，着眼解决问题，突出地方特色，增强科学性、合理性和可操作性。加强规范性文件的监督管理。严格按照法定权限和程序制定规范性文件，严格执行规范性文件统一登记、统一编号、统一公布制度和有效期制度。加强规范性文件备案审查，切实维护法制统一和政令畅通。加强规范性文件数据库和检索系统建设，全面落实定期清理制度，及时向社会公布清理结果。

（四）加快建设法治政府

深化行政管理体制改革，加快转变政府职能。除法律法规另有规定外，政府各职能部门要逐步将公民、法人和其他组织能够自主解决、市场机制能够自行调节、社会组织通过自律能够解决的事项转移出去，更好地履行经济调节、市场监管、社会管理和公共服务职能。探索实行职能有机统一的大部门体制，加快推进政府职责、机构和编制的法制化，建立健全机构编制管理与财政预算、组织人事管理的协调制约机制。深化行政审批制度改革，进一步规范、减少和下放行政审批。推进事业单位分类改革。

完善行政决策机制。认真执行重大行政决策程序规定，完善重大行政决策听证制度，严格执行公开产生听证代表、及时向社会公布意见采纳情况等程序。完善重大行政决策专家咨询论证和风险评估机制。严格执行重大行政决策合法性审查制度和集体讨论决定制度。加强重大决策执行情况跟踪反馈和责任追究。

完善行政执法体制和机制。深化行政执法体制改革，推进综合执法，减少行政执法层级。探索完善乡镇行政执法体制，采取依法授权、委托等方式，加快赋予经济发达镇城镇建设管理等方面的行政执法权。改革和创新执法方式，坚持管理和服务并重、处置和疏导结合，实现法律效果和社会效果的统一。加强行政执法信息化建设，推进执法流程网上管理，提高执法效率和规范化水平。严格执行行政执法程序，认真落实行政执法调查取证与证据适用规则，健全完善行政裁量权基准制度，严格规范行政裁量权行使。加强行政执法责任追究，完善行政执法公示制、评议制和执法过错追究制。

推进政府服务法治化。规范政府服务行为，明确政府服务内容、标准、程序和时限等事项，加快服务型政府建设。完善政府公共服务平台，加强政务服务中心建设，建立和发展社区服务和社会求助服务平台。推进政府服务公开，健全完善服务承诺制、限时办结制、首问负责制等制度。减少和规范行政事业性收费，加强公共服务行政事业性收费监管。

创新政府管理方式。充分运用间接管理、动态管理和事后监督管理等手段，采取行政指导、行政规划、行政合同、行政奖励、行政调解等方式管理经济社会事务。建立健全政府信息公开监督和保障机制，重点推进财政预算决算、公共资源配置、重大建设项目批准和实施、社会公益事业建设等领域的政府信息公开。加强电子政务建设，建设好互联网信息服务平台和便民服务网络平台，建立和完善网上审批系统和电子实时监察系统，扩大网上服务项目的范围。加强公共资源交易平台和知识产权交易平台建设，探索建立全市统一招投标平台，依法加强对招投标行业和行为的监管。

（五）推进公正司法

认真落实中央深化司法体制机制改革的各项部署，优化司法职权配置，进一步健全完善司法职权结构和组织体系。完善贯彻落实宽严相济刑事政策的制度和措施。完善司法队伍管理制度，加强司法职业保障。建立健全司法经费保障体制。完善司法救助制度和刑事赔偿制度。进一步规范和完善人民陪审员、人民监督员制度，扩大司法参与。

加强司法规范化建设。以程序公正为基础，制定科学合理的司法工作规范，明确司法各个环节的办案要求和操作规则，形成权责明确、行为规范、监督有效的司法工作机制。规范证据收集、审查和认证、采信，严格贯彻执行刑事、民事、行政证据规则，全面落实和完善讯问犯罪嫌疑人全程同步录音录像制度。加强对民事案件执行、涉案款物处置、执法办案安全防范等的规范。全面规范自由裁量权，推进量刑规范化改革，加强案例指导，统一裁判和执法尺度。严格执行案件办理期限制度，积极探索繁简分流和速裁机制，研究建立轻微刑事案件快速审理制度，提高司法效率，降低诉讼成本。

全面推进司法公开。推行“阳光司法”，进一步完善审判公开、检务公开、警务公开、狱务公开制度，扩大公开范围，拓宽公开渠道，创新公开形式。除依法不能公开的外，法律依据、司法程序、办案各个环节和结果都要向社会公开。进一步完善司法听证制度、新闻发布制度以及当事人权利义务告知、群众旁听庭审、裁判文书上网、诉讼档案查询等制度。推进司法信息化建设，加大数字法庭建设力度，建立案件信息查询系统，推行庭审同步录音录像、同步记录、同步显示和重要案件庭审的电视或网络直播。

强化诉讼活动法律监督。加强对司法工作人员渎职违法犯罪行为的监督，防止和纠正徇私舞弊、枉法裁判等行为。加强对诉讼程序严重违法，侵害公民、法人、其他组织合法权益和社会公共利益行为的监督，防止和纠正有案不立、违法立案，刑讯逼供、违法取证，违法查封、扣押、冻结、处理款物，在执行判决、裁定活动中严重不负责任或滥用职权致使公民、法人、其他组织合法权益和社会公共利益遭受损害等问题。加强对认定事实、适用法律严重错误案件的监督。加大对刑罚执行和监管活动的监督，促进监管场所依法管理。探索开展对民事执行活动的监督。

保障司法机关依法行使职权。各级党委要带头维护司法权威，各级人大及其常委会要依法实施监督，各级行政机关要依法参与诉讼活动、认真履行协助义务、自觉履行生效裁判。对重大行政诉讼案件，行政机关负责人要主动出庭应诉。加强司法保障机制建设，建立对非法干预司法活动进行备案登记、查处的责任追究制度，坚决排除地方保护主义和本位主义对司法活动的干扰，依法规范新闻媒体对司法机关正在办理案件的报道，保障司法机关依法独立公正行使职权。加强司法公信力建设，着力解决人民群众反映强烈的司法不公问题，健全司法纠错机制. 加大生效裁判的执行力度，建立健全执行联动威慑机制，有效解决执行难问题。

（六）加强对权力运行的制约与监督

加强党内监督，完善党内监督程序，坚持以领导干部特别是各级领导班子主要负责人为监督重点对象，加强对干部人事权行使、司法权行使、行政审批权和行政执法权行使、财政资金分配使用、行政事业单位和企业国有资产监管、政府投资、政府采购、公共资源交易等重要领域和关键环节权力行使的监督。完善领导干部报告个人有关事项制度。严格执行领导干部述职述廉、诫勉谈话、函询等制度。认真落实党政主要领导干部经济责任审计规定。坚持标本兼治，建立健全教育、制度、监督并重的惩治和预防腐败体系，坚决查处各种违法违纪案件。

强化人大、政府、司法的监督职能。加强各级人大及其常委会的监督工作，综合运用听取和审议专项工作报告、执法检查、计划预算审查、规范性文件备案审查、询问和质询等形式，依法监督“一府两院”依法行政、公正司法，确保法律法规有效实施。加强政府内部层级监督和专门监督，严格执行行政赔偿和补偿制度，加强执法监察、廉政监察和效能监察，保证和支持审计、监察等部门依法行使监督权。强化司法监督，加强人民法院依法受理、审理和执行行政诉讼案件工作，监督和维护行政机关依法行政。健全公安、检察、审判机关相互配合、制约和监督的工作机制，加大惩治和预防职务犯罪力度。

加强社会监督。进一步加强人民政协及民主党派、工商联、无党派人士的监督和工会、共青团、妇联等群众团体的监督。完善群众举报投诉制度，畅通群众监督渠道。加强新闻舆论监督平台建设，建立健全人民群众和新闻媒体反映问题的处理机制，对人民群众举报投诉、新闻媒体反映的问题，有关单位和部门要认真调查核实，依法及时作出处理，并通报处理结果。依法管理和规范舆论监督，维护舆论监督的正常秩序。

全面推行问责制。强化国家工作人员的责任意识，坚持权责统一，做到有权必有责、用权受监督、违法受追究、侵权须赔偿。认真执行党政领导干部问责规定。逐步在全市各级党政机关和国家工作人员中全面推行工作责任制和责任追究制。健全问责制度，规范问责程序，推进问责法治化。加强绩效管理，开展绩效评估，建立健全绩效管理体系。对决策失误、违法行政、滥用职权、失职渎职等行为，要严格依法依规追究有关领导和工作人员的责任。

（七）推进经济法治建设

依法保障各类市场主体的合法权益。坚持平等保护物权，建立公正、透明的市场准入规则和各种所有制经济平等竞争的市场环境。

推进企业依法经营。依法建立现代企业制度，建立健全企业内部经营管理制度，实现企业经营管理的规范化、程序化和合法化。企业要实行依法决策、守法经营、规范管理、诚实守信，遵守市场竞争规则和商业道德，依法保护自身合法权益，自觉履行企业应尽的义务和社会责任。健全完善企业法律顾问制度，发挥法律顾问在企业依法经营管理中的作用，提高企业防范处理法律风险的能力和依法经营管理水平。

依法规范市场经济秩序。健全公平有序的竞争交易规则，加大市场监管执法力度，依法维护市场秩序。依法严厉查处危害食品药品安全、农产品质量安全、生产安全、自然资源和环境保护等方面的违法案件，严厉打击各种破坏市场经济秩序的违法犯罪活动。加强对垄断行业的监管，依法查处不正当竞争和限制竞争行为，严肃查处商业贿赂。

建立健全社会信用体系。以法制为基础，信用制度为核心，以健全信贷、纳税、合同履约、产品质量的信用记录为重点，加快建立社会信用体系。加强政府信用建设，增强政府公信力，建设诚信政府。加强行业信用建设，发挥商会、协会作用，促进行业守信自律。加强企业信用建设，建立健全企业信用自律机制和信用风险防范机制，促进企业诚信经营。加强个人信用建设，教育引导公民把诚实守信作为基本行为准则。

加强知识产权保护。依法保护知识产权权利人及消费者的合法权益，营造鼓励自主创新、推动科技进步的法治环境。强化对重点领域知识产权的司法保护，加强对企业关键核心技术自主知识产权、商业秘密、驰名商标、农产品原产地标志以及战略性新兴产业和现代服务业商标权的保护，促进自主品牌的形成和品牌经济的发展。

（八）推进社会法治建设

创新社会管理体制。完善公共治理结构，完善党委领导、政府负责、社会协同、公众参与的社会管理格局。强化政府社会管理职能，创新社会管理方式，更加注重运用法律手段调节社会关系，平衡社会利益，解决社会矛盾，促进社会和谐。推进基层社会管理体制改革，加强城乡社区建设，探索“社区管理社会化”，推进社区公共服务事项准入制度。加强流动人口管理和服务，推行“以证管人、以房管人、以业管人”的管理模式。加强特殊人群帮教管理，全面推行社区矫正。加强和完善信息网络管理，提高对虚拟社会的管理水平。

畅通社情民意表达渠道。健全完善公众参与、诉求表达机制。发挥人大、政协、人民团体、社会组织以及大众传媒等的社会利益表达功能，推行公共决策社会公示、听证、咨询论证等制度。建立社会协商对话机制，积极主动回应社会关切。

健全公民权益保障和利益协调机制。着力保障和改善民生，认真实施就业增收、社会保障、素质提升、全民健康、安居宜居、畅通、安全、解困八大民生工程，依法保障公民就业、社会保障、教育、医疗等各项民生权利。逐步建立以公正的利益分配、有效的利益调控、畅通的利益诉求表达、有力的利益约束、合理的利益补偿为重点的利益协调机制，引导公民以理性合法的形式表达利益诉求。公民在行使自由和权利的时候，不得损害国家的、社会的、集体的利益和其他公民的合法的自由和权利。依法逐步建立以权利公平、机会公平、规则公平、分配公平为主要内容的社会公平保障体系，重点做好妇女、未成年人、老年人、残疾人、进城务工人员、下岗困难职工等社会群体的权益保障工作。

健全完善多元化的矛盾纠纷解决机制。加强人民调解工作，大力拓展工作领域，健全组织网络，完善工作制度，推动人民调解走上法治化、规范化轨道。完善人民调解、行政调解、司法调解“三调联动”工作体系，推广建立医疗纠纷、交通事故等各类专业性、行业性调解组织，及时有效地化解矛盾纠纷。以案结事了为目标，把调解优先原则贯穿于执法办案中，积极推行刑事自诉、轻微刑事、民事诉讼、行政诉讼等案件的和解解决模式。畅通行政复议申请渠道，创新行政复议体制机制，探索开展相对集中行政复议审理和行政复议委员会试点工作，充分发挥行政复议在解决矛盾纠纷中的作用。大力发展仲裁事业，依法加强仲裁体系建设，创新仲裁工作机制，努力扩大仲裁覆盖面。完善信访制度，畅通信访渠道，依法规范信访行为，促进信访与诉讼、复议、仲裁、执法监督相配合，积极引导信访当事人通过法律途径解决矛盾纠纷。加强社会矛盾纠纷排查，全面推行社会稳定风险评估，健全群体性事件应急处置机制。

加强和完善社会治安防控体系。深入开展平安创建活动，把社会治安综合治理措施落实到基层。建立健全点线面结合、网上网下结合、人防物防技防结合、打防控管一体化的社会治安防控体系。依法严厉打击各类违法犯罪活动，重点加强对城乡接合部、城中村等治安混乱地区的整治，加大对严重暴力犯罪、黑恶势力、涉枪涉爆、抢劫抢夺盗窃、涉黄涉赌涉毒、拐卖儿童妇女、电信诈骗、金融诈骗等犯罪活动的防范打击力度和应急救援工作机制。积极探索新形势下群防群治的新途径新办法，全面提升社会治安防控能力。

（九）推进文化法治建设

认真落实文化法律法规和规章，为推进社会主义文化大发展大繁荣提供有力的法治保障。依法加强公共文化服务体系建设，保障人民群众基本公共文化权益。依法推进文化产业发展，促进文化市场主体做大做强。注重运用法治手段深化文化体制改革，推进文化创新。深入推进社会主义核心价值体系建设，加强公民道德建设，充分发挥思想道德规范在法治建设中的重要作用。

依法加强文化市场监管。加大文化市场执法力度，建立健全以综合行政执法、社会监督、行业自律、技术监控为主的文化市场监管体系，保障文化市场健康有序发展。加强对网络传播行为和网吧的监管，落实网吧上网实名制，规范网站经营，依法制裁互联网上的违法行为，净化网络环境，保障网络传播健康发展。加强对图书报刊、影视音像制品、娱乐休闲等重点领域的监管，深入整治非法出版物、违法音像制品和非法营利性演出，严厉打击侵害消费者合法权益、损害青少年身心健康和社会风气的行为。

（十）推进生态文明法治建设

加强资源环境执法，推进资源环境行政执法体制改革，探索在资源环境领域开展相对集中行政处罚权、相对集中行政许可权等工作，实行综合执法，整合执法资源，提高执法效能。加强执法协调，探索建立区域环境监管执法联动机制，推进执法手段和机制创新。完善环保信息公开机制和公众参与机制，增强公众资源环境意识，加强对资源环境执法的监督。探索建立环境公益诉讼制度，强化对资源环境的司法监督，有效保护生态环境，维护公民的环境权益。

（十一）加强法制宣传教育

全面实施普法规划，深入学习宣传宪法、基本法律和促进经济发展、保障改善民生、加强社会管理、反腐倡廉相关法律法规。加强公民法制意识教育，深入开展社会主义法治理念教育，推进社会主义法治文化建设。重点加强对领导干部、公务员、青少年、企事业经营管理人员和农民的法制宣传教育。大力提高国家工作人员特别是领导干部的法治意识和能力。各级国家工作人员特别是领导干部要带头学法守法用法，不断增强法治理念，提高法律素养，自觉养成依法办事的习惯，切实提高运用法治思维和法律手段推动工作、促进发展、解决经济社会发展中突出矛盾和问题的能力。健全落实党委（党组）中心组集体学法、政府常务会议学法、法制讲座、法制培训、法律知识考试考核制度，各级党委中心组每年安排集体学法或法制讲座。各级党校、公务员培训机构要把法制教育纳入教学课程，加强通用法律知识和与公务员履行职责相关的专门法律知识学习。推行领导干部任职前法律知识考察、离任评估和公务员录用法律知识测试制度，将考察评估结果作为任职的重要依据。公务员录用考试要注重对法律知识的测试。深入开展青少年学生法制宣传教育，全面落实《中小学法制教育纲要》，完善法制副校长、法制辅导员制度，建立学校、社会、家庭相结合的法制教育体系。着力推进企业经营管理人员的法制宣传教育，建立完善企业经营管理人员学法用法制度，开展多种形式的企业法制教育和法制培训。加强对农民的法制宣传教育，提高农村“两委”干部民主管理、依法管理农村事务的能力，增强农民工自觉守法和依法维权的民主法制意识。加强法制宣传教育阵地建设。完善城乡公共活动场所法制宣传教育设施。加强法治文化产品创作和推广，加强法治文化传播体系建设，鼓励和引导广播、电视、报刊等各类媒体办好普法节目、专栏和法治频道，鼓励和引导互联网、移动媒体等新兴媒体开展法治宣传教育，鼓励各类文化团体参加法治文化建设。坚持法制宣传教育与法治实践相结合，用法治实践推动法制宣传教育。

（十二）加强和规范法律服务

健全法律服务体系，完善律师、公证、基层法律服务、司法鉴定、法律援助等法律服务体系，全面提升法律服务业的发展水平。不断拓展法律服务领域，整合法律服务资源，积极为重大工程建设、招商引资、经济结构调整、信访、民生等领域提供法律服务。切实维护律师执业权利，依法保障律师履行职务，为律师执业提供良好的法治环境。整合本市律师资源，积极引导律师事务所走专业化、规模化、国际化的道路，重视培育具有国际视野、专业能力突出的大型律师事务所和知名律师。

加强法律服务市场监管。完善法律服务市场行政管理与行业自律相结合的管理体制，建立健全法律服务行业的准入机制、执业状况评估机制、执业奖惩机制和动态管理机制。加强对法律服务行业和从业人员的教育、培训、管理和监督，切实增强服务意识，提高服务质量和水平。加强法律服务接受者权益保护制度和司法鉴定技术标准建设，建立服务质量纠纷调处机制，切实保护委托人的合法权益。

建立健全法律顾问制度。积极引导律师和基层法律服务工作者为机关、企事业单位、城乡自治组织和其他社会组织提供法律服务。健全政府法律顾问制度，以政府购买和财政补贴相结合的方式，聘请律师和法律工作者担任政府法律顾问，为党委和政府科学决策、依法办事提供专业法律服务。健全农村法律服务机制，为基层和农民提供法律服务。

五、工作要求

（一）加强组织领导

法治永州建设在市委的统一领导下进行，建立党委统一领导，人大、政府、政协、司法机关各司其职、各负其责，人民群众广泛参与的法治建设推进机制。市、县区（管理区）要成立创建工作领导小组，加强对创建工作的领导，定期研究解决工作中的重大问题。领导小组下设办公室，具体负责指导、协调、督促检查创建活动的各项工作。要结合实际，研究制定实施意见和配套的政策文件，加强对创建活动的组织、指导、协调、督查和考核评比，促进创建工作落到实处。各级各部门要建立创建工作班子，落实创建工作责任。

（二）健全工作机制

建立推进法治永州建设责任制，明确党委、人大、政府、政协的职责，明确法院、检察院以及有关部门的任务，形成统一领导、分工负责、相互配合、上下联动、有序推进的工作机制和齐抓共管、协同推进的合力。建立健全领导小组工作例会制度和联席会议制度，定期研究解决工作推进中的重大问题。积极开展法治先进城市、先进县区（管理区）、先进乡镇（街道）和民主法治示范村（社区）等的创建活动。

（三）加强督促检查

探索建立法治永州建设考核评价体系，制定考核办法，把创建工作纳入各级党委、政府目标管理，将考核情况作为各级领导班子和领导干部任期目标考核和年度述职报告的重要内容，作为干部提拔使用的重要依据。加大督促检查力度。依法治理领导小组及其办公室要定期对各地各部门开展创建活动的情况进行检查考核，促进创建活动各项任务的落实。

（四）加大宣传力度

充分发挥新闻媒体的舆论导向作用，广播电台、电视台、报纸、杂志、网站等媒体要开设专栏、开办专题，集中力量、版面、时段，广泛深入宣传法治永州创建活动的意义、任务、工作重点和好经验、好典型，引导广大群众自觉投入创建活动，营造法治永州建设的良好氛围。

关于印发《永州市律师工作联席会议制度》的通知

永政法通〔2014〕8号

各县区党委政法委，市中级法院、市检察院、市公安局、市国家安全局、市司法局、市维稳办、市律师协会，各县区人民法院、人民检察院、公安局、司法局：

现将《永州市律师工作联席会议制度》印发你们，请遵照执行。

中共永州市委政法委员会
2014年8月12日

永州市律师工作联席会议制度

为贯彻落实中办发〔2010〕30号、湘办发〔2012〕27号通知精神，建立健全律师工作沟通协调机制，解决律师工作中的重大问题，加强律师执业监督、指导，提升执法、司法、执业水平和公信力，推进法治永州建设，根据省委政法委和市委政法委的要求，结合我市实际，建立本制度。

一、联席会议成员单位

联席会议由市委政法委牵头，市委政法委、市中级人民法院、市人民检察院、市公安局、市国家安全局、市司法局、市维稳办、市律师协会各一名负责同志参加。

联席会议下设办公室，办公室设在市司法局律师管理科，负责日常协调联络工作。各成员单位明确一名职能部门负责人担任联络员。

二、联席会议职责任务

（一）听取各成员单位对律师工作和律师队伍建设的意见建议，加强和改进律师工作。

（二）听取律师行业对人民法院、人民检察院、公安机关、国家安全机关、司法行政机关的意见建议，加强和改进执法司法工作。

（三）反映、研究律师工作中的重要情况、重要问题。

（四）协调加强律师执业监督。

（五）协调加强法律服务市场监管。

（六）需要联席会议研究、协调的其他事项。

三、联席会议议事规则

（一）联席会议由市委政法委负责同志主持，定期召开，原则上每年1~2次；如有需要，经成员单位提议，市委政法委同意，可以酌情召开。

（二）联席会议办公室负责制定会议议程，确定会议时间、地点，安排会务，督促落实会议议定事项等有关工作。

（三）会议议题由联席会议办公室在会前向各成员单位收集，报市委政法委确定。

（四）联席会议有关成员单位按照会议议程和要求，准备有关材料，派出相关人员参加会议。

（五）联席会议议定事项由联席会议办公室形成会议纪要，送与会成员单位领导审阅后，报市委政法委领导签发。

（六）各成员单位对会议纪要应当认真执行，对执行情况和执行中发现的问题应当及时向联席会议办公室反馈。

各县区可参照本制度建立律师工作联席会议制度。

附件1：

市律师工作联席会议组成人员名单

唐国玉　　市委政法委副书记
高和平　　市中级人民法院副院长
赵秋生　　市人民检察院副检察长
沈林松　　市公安局副局长
何军芳　　市国家安全局纪委书记、政治部主任
杨长耀　　市司法局副局长
盛金付　　市维稳办副主任
蒋双生　　市律师协会会长

附件2：

市律师工作联席会议联络员名单

潘志鹏　　市委政法委执法监督室副主任
盛金付　　市维稳办副主任
黄文德　　市中级人民法院刑一庭庭长
程　晖　　市人民检察院公诉处处长
谢帮兵　　市公安局法制信访办副主任
李卓徽　　市国家安全局办公室主任

魏绍辉　　市司法局律师管理科科长
杨名海　　市律师协会副秘书长

律师会见在押犯罪嫌疑人被告人规定

永政法通〔2014〕10号

第一条　为依法维护在押犯罪嫌疑人、被告人的合法权益，保障和规范律师会见在押犯罪嫌疑人、被告人的执业行为，根据《中华人民共和国刑事诉讼法》《中华人民共和国律师法》《最高人民法院、最高人民检察院、公安部、国家安全部、司法部、全国人大常委会法制工作委员会〈关于实施刑事诉讼法若干问题的规定〉》及有关规定，结合我市实际，制定本规定。

第二条　律师与在押犯罪嫌疑人、被告人会见应当遵守相关法律、法规及规定。看守所应当保障律师依法进行会见，并提供必要的便利条件。

第三条　法律规定不需经侦查机关许可的情形，律师可以向看守所要求会见在押的犯罪嫌疑人、被告人。律师不得与同案中其他在押的犯罪嫌疑人、被告人会见，也不得以其他人员身份随同其他律师参与对同案中其他在押犯罪嫌疑人、被告人的会见。

第四条　律师要求会见在押犯罪嫌疑人、被告人的，看守所应当查验律师执业证、律师事务所证明和委托书（附委托人的身份证复印件）或者法律援助公函。对于危害国家安全犯罪、恐怖活动犯罪、特别重大贿赂犯罪案件，还应当查验侦查机关许可会见的证明。手续齐全的，看守所应当及时安排会见。其他辩护人要求会见在押的犯罪嫌疑人、被告人的，应当查验人民法院、人民检察院的许可文书。

因侦查人员正在讯问、没有会见场所等特殊情形无法及时安排会见的，看守所应当向律师说明情况并在48小时内安排会见。需要办案机关许可会见的案件，办案机关应当及时安排会见。对于需要临时借用讯问室安排律师会见的，应当事先征得辩护律师同意，并不得被监听、监视。

第五条　律师会见犯罪嫌疑人、被告人需要聘请翻译人员的，按照案件所在不同阶段，应当经侦查机关、人民检察院或者人民法院许可。

第六条　因特殊情况，律师需要在节假日或者法定办公时间段以外会见在押犯罪嫌疑人、被告人的，应当由律师事务所书面提出申请，并经看守所长批准。律师会见在押的犯罪嫌疑人、被告人应当遵守办案机关和看守所工作时间和作息时间的规定。

第七条 看守所应当在会见场所安装必要的安全戒护设施，但对律师会见在押犯罪嫌疑人、被告人，不得进行监听、监视。

第八条 看守所应当为律师会见犯罪嫌疑人、被告人提供独立的会见场所，会见场所应当设置有金属栅栏将律师与犯罪嫌疑人、被告人进行分隔，以确保律师的人身安全。不得在会见场所设置有碍律师与犯罪嫌疑人、被告人进行交流的设施。

第九条 律师会见在押的犯罪嫌疑人、被告人时，应当遵守法律、法规和看守所的规定，恪守律师职业道德和执业纪律规范，禁止以下行为：

（一）以明示或者暗示的方式诱导、教唆犯罪嫌疑人、被告人作虚假供述、辩解；

（二）为在押的犯罪嫌疑人、被告人及其亲友传递信件、钱物或者妨碍刑事诉讼活动的任何信息；

（三）将手机等能与外界联络的工具交予在押的犯罪嫌疑人、被告人使用；

（四）为犯罪嫌疑人、被告人传递、夹带香烟、火机、食品、酒水、手机、纸条、现金等影响看守所安全管理的违禁物品提供便利；

（五）帮助犯罪嫌疑人、被告人隐匿、毁灭、伪造证据或者串供，威胁、引诱证人作伪证以及进行干扰司法机关诉讼活动的行为。

第十条 律师会见在押犯罪嫌疑人、被告人完毕后应当及时通知看守所收押在押的犯罪嫌疑人、被告人。

第十一条 办案机关、看守所及其工作人员违反法律或者本规定，限制侵犯律师执业权利的，律师、该律师所在的律师事务所可以依照刑事诉讼法的规定向检察机关申诉，要求检察机关责令看守所纠正。也可以向司法行政机关或律师协会反映。

第十二条 律师与在押的犯罪嫌疑人、被告人会见时违反法律或者相关规定的，看守所应当制止。对于严重违反规定或者不听劝阻的，看守所可以立即决定停止本次会见，并通报其所在的律师事务所或者司法行政机关和律师协会。同时，视其情节轻重，依法由相关机构追究其行政或刑事责任。

第十三条 本规定自下文之日起实行。

中共永州市委政法委员会　永州市中级人民法院
永州市人民检察院　永州市公安局
永州市国家安全局　永州市司法局
2014 年 8 月 12 日

关于依法规范法律服务市场的若干规定

永政法通〔2014〕11号

为保障法律正确实施，充分发挥法律服务机构在建设法治永州中的作用，促进律师、法律服务工作者依法执业，规范律师和法律服务工作者执业行为，维护当事人合法权益，依据《中华人民共和国刑事诉讼法》《中华人民共和国民事诉讼法》《中华人民共和国律师法》和司法部《基层法律服务工作者管理办法》以及司法部有关法律服务市场管理的法规，结合我市实际，特制定本规定。

一、未经司法行政机关批准，任何单位或个人不得擅自开展有偿法律服务。严格依法实行资格认证和执业年度考核（注册）制度。无律师、法律服务工作者执业证或虽有法律职业资格证书但无执业证书，或虽有执业证书但未经年度考核（注册）的人员，均不得以律师或法律服务工作者的名义从事有偿法律服务. 法律服务工作者不得以律师的名义开展刑事辩护业务。

二、律师和法律服务工作者开展业务时应主动向有关部门出示有效的执业证书。在办理诉讼代理业务时，还应向案件承办机关出示律师事务所或法律服务所信函以及当事人的授权委托书。律师和法律服务工作者在办理有关业务时，应积极主动配合有关部门查验相关证件。经查验有效的，法院、检察、公安、国安机关应当为律师和法律服务工作者履行职责提供必要的方便条件。

三、在民事诉讼中，以公民身份参与诉讼代理的，应当符合《民事诉讼法》第五十八条第二款第（二）、（三）项规定。公民代理的，法院除查验身份证和当事人的授权委托书外，还应根据以下情况查验相关证件，并将相关证件复印件归档：

1. 公民以单位推荐身份代理的，法院应查验社区、单位及社会团体的推荐书；

2. 公民以近亲属身份代理的，法院应查验亲属身份公证文书。

四、任何单位和个人，均不得有偿聘用无律师执业证、法律服务工作者执业证，或虽有律师执业证书和法律服务工作者执业证但未经年度考核（注册）的人员担任法律顾问或法律事务委托代理人。

五、没有取得有效的律师执业证书，以律师名义从事诉讼代理或者辩护业务的，由司法行政机关依据《律师法》等法律法规予以行政处罚。

六、律师和法律服务工作者应当严格遵守《中华人民共和国刑事诉讼法》《中华人民共和国民事诉讼法》《中华人民共和国律师法》和司法部《基层法律服务工作者管理办法》以及司法部有关法律服务市场管理的法规，进一步规范律师代理、执业公示、执业利益冲突审查、服务质量跟踪反馈、责任赔偿、奖惩等行为，增强法律服务行业的透明度。

七、各县、区委政法委及公、检、法机关应积极主动地支持、配合司法行政机关做好法律服务市场的管理，共同创造和维护良好的法律服务环境，保证法律的公正实施。

八、本规定自下文之日起施行。

中共永州市委政法委员会　永州市中级人民法院
永州市人民检察院　永州市公安局
永州市国家安全局　永州市司法局
2014年8月12日

中共永州市委办公室　永州市人民政府办公室关于加强司法行政基层基础工作的意见

永办发〔2015〕3号

（2015年1月6日）

基层司法所和人民调解组织是司法行政机关履行职责的前沿阵地，是化解社会矛盾的第一道防线。为贯彻落实省人民政府《关于加强司法行政基层基础建设有关问题的会议纪要》（湘府阅〔2013〕90号），进一步发挥基层司法所和人民调解组织在维护社会和谐稳定中的源头治理作用，经市委、市人民政府同意，现就加强全市司法行政基层基础工作提出以下意见：

一、进一步加强司法所建设

（一）加强机构建设，理顺管理体制

根据《司法部关于进一步加强乡镇司法所建设的意见》（司发〔2009〕7号）规定，每个乡镇（街道）均应设立司法所，经济技术开发区、农林区根据工作需要设立基层司法机构。基层司法机构的设立，由县区司法局提出意见报机构编制部门，按规定程序审批。乡镇（街道）司法所是县区司法局的派出机构，实行县区司法局和乡镇（街道）双重领导，以县区司法局管理为主，即其人、财、物、事权由县区司法局管理，对于司法所人员职务任免、工作调动等事项，县区司法局应征求乡镇党委的意见，并按干部管理规定的权限办理。

（二）加强编制管理，确保专编专用

司法助理员所用编制属司法专项编制，严禁其他机关和单位挤占挪用。已挤占挪用的，各县区要结合干部人事和机构编制领域突出问题专项治理活动，及时整改到位，确保专编专用。

（三）加强队伍建设，保障工作力量

司法所工作人员按辖区人口3万人以下的不少于3人、辖区人口3万人以上的不少于4人的要求配备，且司法所工作人员应具备公务员身份。司法助理员专项编制有余额的，按有关规定通过公开招录或选调等方式，及时补充工作人员，因编制紧缺无法按要求配齐司法所工作人员的，按照民政部、财政部《关于购买社会工作服务的指导意见》（民发〔2012〕196号），由政府为司法所的人民调解、社区矫正工作以购买服务的方式加强司法所人员力量，所需经费由县区财政统筹解决。要充分调动基层司法所工作人员的积极性，按照省、市有关文件精神，参照公安派出所所长、人民法庭庭长的职级待遇，明确司法所主要负责人职级待遇。

二、进一步加强人民调解工作

（一）加强村（社区）人民调解工作，努力把矛盾纠纷化解在村组

各级政府要将村（社区）人民调解组织建设纳入村民（社区居民）委员会建设的总体规划，同部署、同检查、同落实，及时调整、整顿、充实村（社区）人民调解组织，实现村（社区）人民调解组织全覆盖。要加强对村（社区）人民调解工作的领导和指导，强化考核奖惩，积极推行人民调解以奖代补制度，充分调动村（社区）人民调解员的工作积极性。

（二）加强乡镇（街道）人民调解工作，妥善化解复杂疑难矛盾纠纷

每个乡镇（街道）均应设立人民调解委员会，原则上由司法所长兼任调解委员会主任，聘请热心人民调解工作、群众威望高的的退休老干部、老教师、老政法干警、老党员等，或村（社区）调解委员会主任担任调解员。有条件的地方，可通过设置公益岗位、政府购买服务等方式，聘请具有专业技能和专门知识的人员担任专职人民调解员，优化人民调解员队伍结构，提高调处复杂疑难矛盾纠纷的能力。

（三）积极推进专业性、行业性人民调解工作，妥善化解新型热点矛盾纠纷

各有关单位和行业要适应维稳新形势需要，积极在医疗纠纷、道路交通事故民事损害赔偿纠纷、征地拆迁、物业管理、生态和环境保护、婚姻家庭纠纷等领域，开展专业性、行业性人民调解工作，妥善化解新型热点纠纷。专业性、行业性人民调解组织由相关单位、行业根据实际需要组建，报县区司法行政部门备案。司法行

政部门会同相关单位和行业加强对专业性、行业性人民调解工作的指导。

三、进一步加强经费保障

（一）落实司法所公用经费

司法所公用经费保障标准同所属县区司法局机关公用经费保障标准，按国扶县、省扶县和少数民族自治县人平每年不低于2万元，其他县区人平每年不低于2.2万元标准执行。为司法所聘请的社会工作者应纳入司法所公用经费保障范畴。司法所公用经费应根据经济社会的发展逐步提高。

（二）落实人民调解工作经费

人民调解工作经费包括司法行政机关指导人民调解工作经费、人民调解委员会补助经费和人民调解员补贴经费。司法行政机关指导人民调解工作经费由同级财政纳入预算，基本保障工作需要。人民调解委员会补助经费按乡镇（街道）每个每年不低于2500元、村（社区）每个每年不低于1000元的标准，由县区财政纳入预算。人民调解员补贴经费以上一年度辖区人民调解案件总数为基数，按平均每件补贴不低于50元的标准，由县区财政纳入预算。人民调解委员会补助经费和人民调解员补贴经费发放办法由县区司法局商财政局制定。人民调解工作经费应根据经济社会的发展逐步提高。

（三）落实社区矫正经费。社区矫正经费开支范围包括：

司法行政机关社区矫正工作指导管理费、社区矫正工作经费、社区矫正设备费，按照全县（区）社区矫正人员每人每年不低于1500元的标准纳入县区财政预算。

永州市人民政府
关于普遍建立法律顾问制度的意见

永政发〔2015〕20号

各县区人民政府，各管理区，永州经济技术开发区，市直和中央、省驻永各单位：

为深入贯彻落实依法治国基本方略，进一步推进“法治永州”建设，根据党的十八届三中、四中全会关于“普遍建立法律顾问制度”、“积极推行政府法律顾问制度”的部署和《永州市贯彻落实党的十八届四中全会决定重要举措2015年工作要点》中确定的“制定普遍建立法律顾问制度的意见”的目标任务，结合我市实际，现就在全市行政机关普遍建立法律顾问制度制定如下意见：

一、指导思想和目标任务

（一）指导思想

坚持以科学发展观为指导，以十八届三中、四中全会精神为统领，围绕建设法治政府、法治社会的目标，充分发挥法律专家特别是执业律师的专业知识优势，普遍建立政府法律顾问制度，把法律服务、法律保障和法律宣传覆盖到我市各级政府及其工作部门，提高行政机关依法行政的能力和水平，有效防范行政机关在行政活动中的法律风险，为我市经济社会改革发展创造良好的法治环境。

（二）目标任务

各级政府法律顾问制度进一步完善，工作机制进一步健全。2016 年 12 月底前，在市、县区（管理区、经开区）政府工作部门普遍建立法律顾问制度，全面建成政府法律顾问网络，实现政府法律顾问全覆盖。市属国有企事业单位以及涉法事务较多的基层组织可结合实际，推进法律顾问制度建设。

二、法律顾问的基本条件和聘任程序

（一）基本条件

担任法律顾问的专家、律师，必须坚决拥护党的路线、方针、政策，模范遵守宪法和法律；具有良好的职业道德和社会责任感；具有良好的专业素质和较为丰富的法律实务工作经验，有一定的专业影响力；热心为政府和社会提供法律服务，有时间和精力履行法律顾问职责。

（二）聘任程序

政府法律顾问应以从执业律师队伍中聘任为主，采取协商推荐、定向邀请与公开选聘相结合的方式，由本级司法行政机关会同政府法制机构择优筛选，提出法律顾问建议名单，供聘请单位选择聘任；聘请单位也可根据实际需求，采取公开招聘、定向邀请等方式，自主选择聘请法律顾问。法律顾问聘任名单审定后，由聘任单位向受聘者颁发聘书，并向社会公开。聘任单位聘请律师担任法律顾问的，应与律师事务所签订委托合同，明确聘请期限、双方权利义务、工作方式、工作范围、报酬支付等事项。受聘律师事务所自合同签订之日起一个月内，将聘任协议向主管司法行政机关备案。

三、法律顾问的主要职责和履职要求

（一）主要职责

根据聘任单位的要求和委托，参与规范性文件和重大决策、行政措施、管理行为的合法性审查工作，提出法律意见和建议；代理诉讼和非诉法律事务，参与调解、仲裁活动；为对外交往和重大经济项目谈判中涉及的法律问题提供咨询论证、风险评估，起草或审查合同、协议以及其他法律事务文书，参与相关事务的谈判、磋商；提供法律咨询服务，参与信访、维权、维稳案件的调处；承办聘任单位交办的其他涉法事务，维护其合法权益。

（二）履职要求

在履行职责期间，可以应邀参加聘任单位有关会议，发表咨询意见和提出法律建议；根据工作需要，可以按照有关程序查阅、摘录、复制与履行职责相关的文件和信息资料；为履行职责需要，可以参加聘任单位的调研、考察。同时，严禁利用参与政府法律顾问工作所获得的非公开信息，为本人以及他人谋取利益或以政府法律顾问身份从事商业活动；严禁违反有关保密规定；未经授权，不得擅自对外透露所承担的工作内容；不得在诉讼或非诉讼以及仲裁活动中，担任聘任单位对方当事人的代理人；不得以聘任单位法律顾问身份从事非聘任单位交办、委托的法律事务，或者对有关单位和当事人施加影响；不得有其他损害聘任单位合法权益的行为。存在上述禁止性行为之一的，一经发现，则予以解聘，并追究相应责任。

四、工作要求

（一）提高认识，加强领导

各地、各部门要充分认识普遍建立政府法律顾问制度在促进依法行政和加快法治政府、法治社会建设中的重要作用，将法律顾问制度建设工作摆在重要位置，积极采取措施，认真抓好落实。各级司法行政机关和政府法制部门要加强统筹协调，指导各单位推进政府法律顾问制度建设。各单位要把法律顾问制度建设与提高依法行政水平结合起来，借助以执业律师为主体的专业队伍力量，不断提高依法行政工作水平，加快推进“法治永州”建设。

（二）落实责任，规范管理

各地、各部门要建立健全法律顾问建设的相关制度，规范工作程序，明确工作职责，落实工作责任。政府法制机构要做好政府法律顾问制度建设工作的指导、督促工作，不断提高政府法律顾问工作质量。司法行政部门要积极做好优秀律师事务所、执业律师推荐工作，加强对律师事务所、律师提供法律服务的行业监管，引导律师正确处理经济效益和社会效益的关系，不断提高法律顾问律师的服务水平。要落实经费保障，各县区政府要将聘请法律顾问的费用列入财政预算，部门聘请法律顾问经费在单位公用经费中统筹解决；属于政府向社会力量购买的法律顾问服务，可以通过政府购买服务的方式提供。

（三）健全机制，提高实效

市政府将进一步完善政府法律顾问工作规则及有关制度建设，并将法律顾问工作纳入年度依法行政目标考核范围。各地、各部门要建立健全法律顾问工作机制，为法律顾问发挥职能作用提供便利和创造条件，建立法律顾问工作绩效考核评价机制，作为选聘、解聘和评优的重要依据。各级政府法制部门和司法行政机关要加强对政府法律顾问工作的监督指导，有效发挥政府法律顾问的作用；探索建立公职律师制度，不断优化法律顾问队伍结构；要结合律师执业情况和专业特长，建立政府法律顾问人才库，完善履职考评激励和动态更新机制，为法治政府建设提供专业人才保障。

永州市人民政府

2015 年 12 月 8 日

编后记

2016 年 3 月，根据市委、市政府的安排部署，永州市司法局决定编纂《永州市司法行政志》。局党组成立以党组书记、局长雷廷玉任主任的《永州市司法行政志》编纂委员会，下设编辑部，党组成员、纪检组组长罗成担任主编（2017 年 9 月罗成调离，党组成员、副局长赵常斌接任主编），李春雷、全跃进、罗爱月任编辑。2017 年 8 月，为加快编纂进度，提高编纂质量，聘请永州市零陵区史志办原主任唐日政担任执行主编。

《永州市司法行政志》编辑人员合影

本志编写工作经历六个阶段：准备阶段（2016 年 3 月至 8 月）。本阶段成立编纂委员会和编辑部，起草编纂工作实施方案，初步拟定志书编纂目录。8 月初，编辑部成员参加市史志办举办的为期两天的志书编纂培训班。8 月中旬，编辑部成员到常德市司法局学习取经，回来后对志书编纂目录做进一步修改。8 月 19 日，市司法局召开《永州市司法行政志》编纂工作动员会，对编纂工作进行动员部署。市史志办副主任高波到会指导，11个县（区）司法局局长和市强制隔离戒毒所、市政法干校等直属单位负责人参会。会上将编纂工作实施方案下发到各单位和局机关各科室，并对资料收集、初稿纂写进行任务分解。各单位负责人和局机关各科室负责人向局长雷廷玉递交修志责任状。收集整理资料阶段（2016年9月—2017年3月）。编辑部负责到市档案局、市统计局等部门收集历年司法行政工作资料。各县（区）司法局、市局直属单位和局机关各科室积极协助收集史志资料。在收集整理资料过程中，针对年代久远、纸质资料缺失较多的情况，编辑部多方走访离退休老领导、老同志，加强口碑资料的收集，力求史志资料完整真实。2017年3月，史志资料基本收集整理完毕。根据收集整理的资料，编辑部对志书目录纲要做进一步修改完善。初稿写作阶段（2017年4月—2018年7月）。编辑部、各县（区）司法局、市局直属单位和局机关各科室按照任务分工完成各自承担的编纂任务，然后由编辑部汇总修改，并将修改后的志稿交各科室征求意见。根据各科室意见反复修改，于2018年7月形成全书初稿。内部评审和修改阶段（2018年8月至11月）。编辑部将志书初稿打印成书后送市局领导、各县（区）司法局、市局直属单位、局机关各科室和离退休老领导进行阅改，收集多方意见。根据收集整理的意见，编辑部对志书初稿进一步修改形成评议稿。评议修改阶段（2018年12月—2019年4月）。评议稿经市史志办审批同意后，于2018年12月14日召开市级评议会，《永州市志》总纂、市史志办的领导等12名专家、学者对志书进行了精心点评。根据评议会的意见，编辑部对评议稿进一步增补和修改，精心打磨后于2019年4月形成送审稿。终审阶段（2019年5月—2020年4月）。经局党组审阅同意，编辑部将《永州市司法行政志》送审稿报市史志办、方志出版社终审。根据终审意见，编辑部进行了最后的修改和校对等工作，于2020年5月付梓出版。

本志在编修和出版过程中，市司法局党组高度重视，在人力、物力、财力等方面给予了有力保障。各县（区）司法局、市局直属单位和局机关各科室在收集资料和编纂等方面给予了大力支持和配合。司法行政系统老前辈和老领导也提出了许多指导性意见和建议。与此同时，市史志办在编修过程中给予了具体指导，特别是《永州市志》总编蒋政平、市史志办副主任高波多次到市司法局精心指导，细心审改，认真负责的态度令人钦佩。在此，谨向为本志做出贡献的领导和同志表示衷心感谢！

本志由于记载内容涉及时间长，编修时间紧，加之编纂人员水平有限，缺陷和疏漏之处在所难免，恳请专家、学者和广大读者批评指正。

《永州市司法行政志》编辑部

2020年4月

索 引

说明：本索引中章、节、目名称按第一个字的汉语拼音首字母顺序排列。

J

L

Q

R

S

W

X

Y

Z